HISTÓRIA DA VIDA PRIVADA NO BRASIL 1

HISTÓRIA DA VIDA PRIVADA NO BRASIL

1

Cotidiano e vida privada na América portuguesa

Coordenação geral da coleção
Fernando A. Novais

Organizadora de volume
Laura de Mello e Souza

1ª reimpressão

COMPANHIA DE BOLSO

Grafia atualizada segundo o Acordo Ortográfico da Língua Portuguesa de 1990, que entrou em vigor no Brasil em 2009.

Nesta versão de bolso, não foram reproduzidas as ilustrações que constam na primeira edição da coleção *História da vida privada no Brasil*, publicada originalmente pela Companhia das Letras em 1997-8. As mais de trezentas imagens deste volume agora estão disponíveis na página do livro na internet: www.companhiadasletras.com.br/vidaprivada1

Capa
Jeff Fisher

Secretaria editorial e pesquisa iconográfica
Fernanda Carvalho

Preparação
Márcia Copola

Revisão
Érica Borges Correa
Renato Potenza Rodrigues

Índice remissivo
Verba Editorial

Dados Internacionais de Catalogação na Publicação (CIP)
(Câmara Brasileira do Livro, SP, Brasil)

História da vida privada no Brasil, 1 : cotidiano e vida privada na América portuguesa / coordenação geral da coleção Fernando A. Novais, organizadora de volume Laura de Mello e Souza. — 1ª ed. — São Paulo : Companhia de Bolso, 2018.

Bibliografia.
ISBN 978-85-359-3172-3

1. Brasil — Usos e costumes 2. Brasil — Civilização 3. Civilização — História 4. Brasil — Condições sociais 5. Família — Brasil — História I. Fernando A. II Souza, Laura de Mello e.

18-20089 CDD-390.0981

Índice para catálogo sistemático:
1. Brasil : Usos e costumes : História 390.0981

Iolanda Rodrigues Biode — Bibliotecária — CRB-8/10014

EDITORA SCHWARCZ S.A.
Rua Bandeira Paulista, 702, cj. 32
04532-002 — São Paulo — SP
Telefone: (11) 3707-3500
www.companhiadasletras.com.br
www.blogdacompanhia.com.br

SUMÁRIO

Prefácio — *Fernando A. Novais* 7

1. Condições da privacidade na colônia — *Fernando A. Novais* 12
2. Formas provisórias de existência: a vida cotidiana nos caminhos, nas fronteiras e nas fortificações — *Laura de Mello e Souza* 32
3. Famílias e vida doméstica — *Leila Mezan Algranti* 62
4. Cotidiano e vivência religiosa: entre a capela e o calundu — *Luiz Mott* 121
5. Moralidades brasílicas: deleites sexuais e linguagem erótica na sociedade escravista — *Ronaldo Vainfas* 176
6. Ritos da vida privada — *Mary del Priore* 221
7. O que se fala e o que se lê: língua, instrução e leitura — *Luiz Carlos Villalta* 258
8. A sedução da liberdade: cotidiano e contestação política no final do século XVIII — *István Jancsó* 304

Conclusão — *Laura de Mello e Souza* 346
Notas *351*
Bibliografia *389*
Índice remissivo *412*
Sobre os autores *421*

PREFÁCIO

Era previsível: o êxito editorial da *Histoire de la vie privée*, dirigida por Philippe Ariès e Georges Duby, sucesso de crítica e de público, na França em especial e no mundo em geral, tornou a obra, muito naturalmente, referência inescapável para empreendimentos correlatos em outros países. Entre nós, sobretudo, a obra teve por assim dizer ressonância imediata; é que nossa corporação de historiadores vinha desde o início tentando aclimar os padrões da *nouvelle histoire*, procurando compassar-se com os debates da nova historiografia. Se este não é o lugar adequado para avaliar os resultados desse esforço de atualização, importa, contudo, acentuar que envolve pelo menos um aspecto positivo indiscutível, qual seja um indício de desenvolvimento ou mesmo de maturidade das nossas novas gerações de historiadores. Assim se entenderá que o previsível tornou-se inevitável, e o resultado é a obra que agora começamos a entregar ao leitor. Assim se compreenderá também o título e o formato, mas será preciso explicitar as questões mais substantivas da concepção e dos procedimentos.

Quanto aos procedimentos, nosso trabalho guarda com a matriz francesa uma explícita convergência: também aqui procuramos um labor de equipe e uma discussão intensa dos textos, envolvendo os autores, os organizadores dos volumes e o coordenador-geral. Nem havia por que divergir desse *modus faciendi*, e a experiência desses meses tem sido enriquecedora e gratificante para todos.

Já com respeito à concepção e ao conteúdo a relação é mais complexa. E isso porque sempre nos pareceu que a grande e principal qualidade da "nova" história está na abertura de nova temática, com o consequente enriquecimento do discurso historiográfico; mas também, em sentido contrário, sua fragilidade básica reside na como que recusa em elaborar um esquema conceitual igualmente novo e adequado à abordagem dos novos temas, preferindo antes acentuar o seu caráter "descritivo", melhor seria dizer narrativo. De tal postura, muito visível, aliás, nos diversos "manifestos" da nova escola (que, diga-se de passagem, é fértil neste tipo de reflexão), decorrem duas consequências: de um lado, belíssimas reconstituições dos hábitos, dos gestos, dos saberes, dos amores, do cotidiano, da sensibilidade, enfim da *mentalité*, ficam pairando no espaço, como se nada tivessem a ver com as outras esferas da existência, as formas de estruturação da sociedade e do Estado, os modos de organização da vida material etc. — temas todos esses da "velha" história; por outra parte, e por isso mesmo, a "nova" história pode se apresentar como alternativa salvadora da perenidade de Clio.

Ora, precisamente neste passo, pareceria mais justo que os historiadores brasileiros ousássemos avançar, no sentido de procurar apreender aqueles nexos, recompor aquelas articulações que permitem uma reconstituição mais compreensiva desses novos fragmentos da vida humana que vão entrando para o horizonte da historiografia. A isso se liga, doutra parte, uma observação que se pode fazer — e temo-la feito, a revezes — sobre o surto brasileiro da "nova história": ou seja, o que devêramos assimilar da nova e brilhante tendência seria antes de tudo a atitude de abertura para novos temas, e não (como temos feito, no mais das vezes) os novos temas diretamente. Atente-se bem: há evidentemente novos temas que são universais, bem como outros mais específicos de cada formação social. O que estamos querendo dizer, para explicitar nossa postura, é que devemos tratar dos dois tipos, esforçando-nos, no primeiro caso (os temas coincidentes, que, é óbvio, são maioria), para descobrir o modo específico como se expressam em nossa história. E com isso vamos marcando o lugar de onde falamos, e tomando posição em face dos desafios envolvidos no empreendimento: se assumimos a inspiração do modelo e mesmo as sugestões editoriais, tentaremos elaborar uma obra que tente ser, ao mesmo tempo, uma contribuição à história da vida privada e do cotidiano entre nós, bem como uma reflexão sobre os caminhos da nova historiografia. Buscaremos, portanto, reconstituir aspectos do cotidiano e da vida privada na formação brasileira, isto é, no processo histórico de nossa formação. E isto significa, repitamos, o esforço da recomposição dessas esferas de existência articuladas com o quadro geral de nossa "velha" história; assim como procurar nela que novos temas fazem sentido, no seu transcurso. Em suma: o objetivo, através da indagação dos novos temas, continua o mesmo, ou seja, a procura de nossa particularidade, pois a história, segundo Paul Veyne, é o "inventário das diferenças"; e, poderia acrescentar, a compreensão das mudanças. Nem nos iludamos com a insistência do mestre na longa duração; desde o prefácio de *La Méditerranée* e nos ensaios clássicos reunidos nos *Écrits sur l'histoire*, Braudel sempre preconizou o estudo dos fenômenos de longa duração exatamente para apanhar o nível estrutural no fluxo da história; e, num plano mais teórico, para delinear um critério fundado na temporalidade para organizar os dados empíricos, isto é, a multiplicidade dos acontecimentos. Nessa passagem da temporalidade para a historicidade (aí reside justamente o objetivo de todo discurso historiográfico) é que devemos delinear o perfil do específico de cada configuração; e ao mesmo tempo cuidar para não diluir, na investigação das estruturas de maior duração, a própria temporalidade. Pois, por mais que nos fixemos na longa ou até mesmo longuíssima duração, será sempre a "duração" o objeto do historiador. Pois não há, nem pode haver, história da mesmice nem da imutabilidade.

Convergência e autonomia hão de guardar, portanto, nossa relação com a fonte originária de inspiração. Convergimos, sim, mas não tomamos vida privada em sentido muito estrito, antes ampliamos o seu contorno para o universo da intimidade e do cotidiano, ou, como diz Duby, "zona de imunidade oferecida ao recolhimento". Conceitualmente, vida privada contrapõe-se a "vida pública", e pressupõe o Estado moderno como critério de delimitação; por conseguinte, a rigor, só seria possível uma história da vida privada a partir do século XIX, quando se vai encerrando a era das revoluções liberais. Mas se, nas pegadas de Philippe Ariès (ver "Pour une histoire de la vie privée"), historicizarmos o conceito, alargando as indagações para as manifestações da intimidade em momentos e contextos em que seu espaço ainda não se encontrava plenamente definido, então talvez possamos recompor a pré-história da vida privada, apanhar o seu processo *in fieri*. A *démarche* guarda uma certa analogia com as análises de E. P. Thompson sobre a classe trabalhadora inglesa: historicizando o emprego da noção, pôde apreender, a um tempo, o gestar-se do objeto e do seu conceito. E isso nos remeteria de novo à questão da suposta incompatibilidade entre a velha e a nova história...

Reconstituir, no texto, as manifestações da intimidade na Colônia portuguesa, procurando articulá-las com as estruturas mais gerais da colonização, e, ao mesmo tempo, explicitar as peculiaridades desse processo, não é, por certo, nem de longe, uma tarefa fácil. Mas é ao mesmo tempo indispensável, para entendermos os contornos da privacidade no Brasil propriamente dito que, gestados no interior da Colônia, desenvolvem-se ao longo dos séculos XIX e XX, e que serão objeto dos volumes subsequentes. Já se vê que mantivemos a periodização "tradicional", mas convém assinalar que não o fizemos por inércia: é que, se entendermos os marcos divisórios como "momentos de transição", estamos absolutamente convencidos de que os dois momentos (fim do século XVIII e início do XIX e fim do século XIX e início do XX) configuram de fato pontos de inflexão de nossa história. Nem havia por que aderirmos a essa postura novidadeira, muito em voga em certos meios, que rejeita qualquer tradição pelo simples fato de ser tradição; antes, preferimos a prudência de Jorge Luis Borges, para quem "as novidades importam menos que a verdade". É claro, como se verá no desenrolar dos capítulos e dos volumes, que flexibilizaremos a periodização, promovendo a interpenetração entre os momentos, o que é tanto mais necessário quanto é fluido nosso objeto de estudo. Mais difícil que a periodização, a seleção dos tópicos a serem abordados envolveu problemas mais complexos. Na impossibilidade material de tentar reconstituir as manifestações da privacidade ao longo de todo o período (da formação colonial e desenvolvimento nacional) em todo o território, na medida em que ia sendo ocupado, guiamo-nos em nossa programação por dois critérios que, se não resolvem em absoluto a questão, sustentam-se, a nosso ver, como justificativa viável para enfrentar o projeto: de fato, procuramos analisar de preferência aqueles setores que, no espaço e no tempo, incorporaram-se ao movimento de nossa formação social, contribuindo efetivamente para a sua configuração atual; e, ao mesmo tempo, quisemos efetuar um balanço geral das abordagens que, sobre esses novos objetos, vêm se realizando entre nós. Estamos, pois, plenamente conscientes das dificuldades de toda ordem inerentes à empreitada; ao aceitarmos o desafio, sabemos que provavelmente o desempenho ficará aquém das expectativas. Mas consolamo-nos lembrando que, em história, não pode haver nunca a obra definitiva; tudo a que podemos aspirar são aproximações mais ou menos felizes. Estaremos gratificados pelo esforço se nosso trabalho puder considerar-se uma dessas aproximações.

Fernando A. Novais

1. CONDIÇÕES DA PRIVACIDADE NA COLÔNIA

Fernando A. Novais

Notava as coisas e via que mandava comprar um frangão, quatro ovos e um peixe para comer, e nada lhe traziam, porque não se achava na praça, nem no açougue, e, se mandava pedir as ditas coisas e outras mais às casas particulares, lhas mandavam. Então disse o bispo: verdadeiramente que nesta terra andam as coisas trocadas, porque toda ela não é república, sendo-o cada casa.
Frei Vicente do Salvador, *História do Brasil* (1500-1627) [1]

Emblemático, o trecho de nosso primeiro historiador parece-nos simplesmente perfeito como ponto de partida de nossas indagações. Trata-se de tentar nada menos que uma como que arqueologia (no sentido de "condições de possibilidade") das manifestações da vida privada nos quadros da colonização portuguesa no Novo Mundo; noutros termos, tentaremos desbravar aquelas sendas de mediações entre as estruturas mais gerais do universo colonial e as expressões do privado no seu cotidiano. Ora, escrevendo na terceira década do século XVII, esse incrível frei Vicente do Salvador já nos aponta suas características essenciais: em primeiro lugar, a profunda imbricação das duas esferas da existência, aqui na Colônia, e isto, que já não seria pouco, ainda não é tudo. Pois, em segundo lugar, o arguto cronista deixa claro que os níveis do público e do privado, para além de inextricavelmente ligados, apresentavam-se da mesma forma curiosamente invertidos. Pois, como terá de imediato notado o atento leitor, a inversão é também uma forma de articulação.

Atentemos, portanto, por um momento, e como ponto de partida, para esses passos do cronista coevo. Eles nos remetem, como indicamos acima, para dois aspectos essenciais de nosso objeto: de um lado, sua inserção nos quadros da civilização ocidental; de outro, a sua maneira peculiar de integrar-se naquele universo. No primeiro aspecto (isto é, a imbricação das esferas), revela-se o que a Colônia tinha de comum com o mundo metropolitano; no segundo (isto é, a sua inversão), talvez resida a sua peculiaridade, pois o referencial de nosso frade, que provocava sua estranheza, era, naturalmente, o mundo europeu.

E, de fato, a imbricação das esferas do público e do privado é uma das características marcantes da Época Moderna, do Renascimento às Luzes, como transparece praticamente em todo o volume organizado por Roger Chartier.[2] Entre a Idade Média feudal, quando no Ocidente cristão se configura propriamente uma "sociedade sagrada", e o mundo contemporâneo burguês e racionalista que se expressa na laicização do Estado, estende-se essa zona incerta e por isso mesmo fascinante, já não feudal, ainda não capitalista, não por acaso denominada de "transição". Encarado em conjunto, esse período da nossa história — a história do Ocidente — revela sempre essa posição intermediária; em todas as instâncias, de todos os ângulos, é sempre essa a sua característica definidora. No plano econômico, por exemplo, defrontamo-nos com uma produção dominantemente mercantil (pelo menos, é o setor mercantil que imprime a dinâmica ao conjunto), e portanto não mais a economia "natural" dominante no feudalismo; mas ainda não capitalista, pois a força do trabalho ainda não se mercantilizara, ou, noutros termos, o salariato não é o regime de trabalho dominante (nem a servidão, em franco declínio; o que parece dominar é o produtor independente). Se nos voltarmos para o nível político, o poder não se encontra mais diluído na teia das relações vassálicas, como na sociedade feudal; mas a monarquia absolutista, primeira fase do Estado moderno em formação, ainda vai abrindo caminho, como mostrou Eli F. Heckscher em análise clássica, entre as forças universalistas e particularistas. Se já não vige mais a fusão do espiritual com o temporal (fusão, aliás, dificílima, que deu lugar, na Idade Média, às lutas entre o Sacerdócio e o Império), o monarca de direito divino não pode prescindir da "religião de Estado", que se expressa na fórmula famosa: "*Cujus regio, ejus religio*". Assim, aos conflitos entre os papas e os imperadores (do "Sacro Império") sucedem as guerras de religião ou a permanente tensão entre o poder real e o papado romano.

Se dirigimos, agora, o olhar para as formas de intimidade, a paisagem com que deparamos não é mais a de quase total indistinção, na Alta Idade Média, que Michel Rouche pôde descrever como a conquista, pela vida privada, do Estado e da sociedade; mas também não podemos vislumbrar aquela clara e distinta separação das esferas, que J. Habermas analisa para o nosso tempo.[3] Entre a indistinção feudal da Primeira Idade Média e a separação formal que se instaura com as revoluções liberais, abre-se, portanto, um período em que as esferas do público e do privado já não estão indistintas, mas ainda não estão separadas — estão imbricadas. Reconstituir as manifestações da intimidade nesse período trata-se de tarefa difícil: há que apanhar tais práticas *in fieri*, isto é, no próprio processo de definição de espaço do privado, o qual corre paralelo ao da constituição do Estado moderno, que delimita o território do público. E isso não escapou ao nosso historiador seiscentista.

Mas, como frisamos antes, ele não se detém aí. Ao acentuar a inversão das esferas, frei Vicente parece indicar que, além de conectadas, as duas faces do público e do privado surgem-nos como invertidas, e isso é apresentado como específico "desta terra", isto é, da Colônia. Fixemos, portanto, nossa atenção na observação do cronista: no mundo colonial, as coisas aparecem "trocadas", e isso causa estranheza; e se causam estranheza, é porque não "deviam" aparecer desse modo. E assim vamos tocando, nas pegadas do cronista, numa das dimensões mais essenciais da colonização moderna. Isso nos lembra os versos em que Gregório de Matos desvelava "a ilusão ideológica que transforma a colônia numa perfeita réplica da metrópole":[4]

Do que passeia farfante
mui prezado de amante,
por fora, luvas, galões,
insígnias, armas, bastões,
por dentro pão bolorento:
Anjo Bento.[5]

Para explicitar as condições da vida privada na América portuguesa, numa tentativa de procurar as articulações do sistema com as manifestações da intimidade que ocorrem no seu interior, a fim de esboçar o que seriam como que as estruturas do cotidiano na Colônia, levemos em linha de conta, sempre, essa ambiguidade básica da situação, tão vivamente apanhada por dois protagonistas particularmente sensíveis, o poeta e o cronista. Havemos de retornar a esse ponto no final de nossa trajetória, mas por ora convém adiantar que, se na Europa da Época Moderna as manifestações da intimidade vão se definindo em relação à formação dos Estados, na Colônia (no mesmo período) elas estão associadas ainda mais à passagem da colônia para a nação, ou melhor, à própria gestação da nação no interior da colônia. E isso talvez tenha algo a ver com aquela peculiaridade configurada na inversão do público e do privado.

Reconstituir, portanto, a "história da vida privada no Brasil Colônia" implica tentar surpreender um processo em gestação, na sua própria constituição e especificidade. O título que se preferiu para este volume — *Cotidiano e vida privada na América portuguesa* — não é, pois, apenas uma questão de modéstia ou de prudência. É que desejamos, desde logo, patentear nossa preocupação de evitar o anacronismo subjacente a expressões como "Brasil Colônia", "período colonial da história do Brasil" etc. Pois não podemos fazer a história desse período como se os protagonistas que a viveram soubessem que a Colônia iria se constituir, no século XIX, num Estado nacional. Nesse sentido, se procuramos reconstituir as manifestações da intimidade articuladas num quadro mais geral, a definição, ou melhor, o recorte desse quadro não pode ser "Brasil", e sim a colonização moderna em geral, situando-se a colonização portuguesa no Novo Mundo dentro desse contexto. Em suma, o antigo sistema colonial. No contexto da colonização, portanto, a privacidade vai abrindo caminho não só em contraponto com a formação do Estado, mas ainda com a gestação da nacionalidade.

Fixado este ponto básico, tentemos um primeiro passo nessa aproximação, na busca das correlações entre as estruturas da colonização e as manifestações da intimidade. Na esteira de Braudel, comecemos pela base, isto é, pelas gentes — a demografia. A colonização moderna não foi um fenômeno essencialmente demográfico, mas por certo tinha uma dimensão demográfica muito importante. Não foi essencialmente demográfico no sentido de que o movimento colonizador não foi impulsionado por pressões demográficas (como, na Antiguidade, a colonização grega), mas tem dimensão demográfica no sentido de que envolve amplos deslocamentos populacionais. Fora a colonização moderna um fenômeno essencialmente demográfico, os países mais densamente populosos teriam montado as maiores colônias. Ora, é quase o oposto que se dá. Portugal, pioneiro da expansão, contava no século XVI com no máximo 1 milhão de almas; a França dispunha à mesma época de 15 milhões de habitantes, e só mais tarde constituiu pequenas colônias, e os populosos Estados alemães e italianos não participaram do processo de expansão colonial. A colonização moderna foi um fenômeno global, no sentido de envolver todas as esferas da existência, mas seu eixo propulsor situa-se nos planos político e econômico. Quer dizer, a colonização do Novo Mundo articula-se de maneira direta aos processos correlatos de formação dos Estados e de expansão do comércio que marcam a abertura da modernidade europeia. É fácil observar que a sequência dos países colonizadores (Portugal, Espanha, Inglaterra, França, Províncias Unidas dos Países Baixos) é a mesma da formação dos Estados e expansão mercantil e marítima. O pioneirismo de Portugal deve-se, assim, à precocidade da centralização política (acelerada a partir dos Avis), e não, como é costume dizer-se, à posição geográfica no extremo ocidental da Europa (o "jardim à beira-mar plantado"), pois sempre esteve lá e somente no século XV realiza as grandes navegações.

Encarada no conjunto, na dimensão demográfica, a colonização revela já aquela ambiguidade e contradição que é o seu traço distintivo, marcado com tanta acuidade por frei Vicente do Salvador no trecho com que iniciamos nossas reflexões, e ao qual voltaremos permanentemente. A colônia é vista como prolongamento, alargamento da metrópole (a mãe-pátria), mas é, ao mesmo tempo, a sua negação. Assim, a população da colônia na perspectiva metropolitana é equivalente à da metrópole, porém a metrópole é uma região de onde as pessoas saem (região de emigração) e a colônia é uma região para onde as pessoas vão (de imigração). Falamos de demografia na visão metropolitana porque, evidentemente, a mentalidade dos ameríndios não contemplava esse tipo de preocupação: o que, aliás, aponta a complexidade do fenômeno colonial, que envolvia um confronto de culturas. E esta é a primeira e importantíssima característica que devemos ressaltar para iniciar a demarcação, no plano demográfico, das estruturas do cotidiano na colônia: a contínua chegada de novos contingentes populacionais. A intensa *mobilidade* aparece, portanto, como a mais geral característica da população no mundo colonial, em contraposição à relativa estabilidade característica do Velho Mundo. E a primeira face dessa mobilidade é o *crescimento rápido*; no final do século XVIII a Colônia tem uma população semelhante à de Portugal, entre 3 milhões e 4 milhões de almas.[6] Para Portugal, estudos relativamente recentes de demografia histórica[7] indicam, para o início do século XIX, uma população semelhante à da Colônia (um pouco menor, na realidade: 2 931 000 para 1801). Em todo o caso, é possível constatar, para o século XVIII português, uma taxa de crescimento demográfico que não discrepa da média europeia. É digno de nota, portanto, que, pequena metrópole de imensa colônia, Portugal, ao longo da época da "revolução vital", acompanhou no geral o crescimento populacional europeu médio.

Já se vê a importância decisiva dessa primeira caracterização para descrever e compreender as formas que foram assumindo aqui as relações íntimas — essa constante necessidade de integrar novas personagens nos círculos de intimidade por certo que imprimia uma grande fluidez em tais relações que, por assim dizer, não tinham tempo de se sedimentar. E isso é tanto mais decisivo quando lembramos que, para além do crescimento pela agregação de novas levas, a *mobilidade* se expressa também e intensamente de forma *horizontal*, isto é, nos contínuos deslocamentos no espaço. Basta olhar para os mapas das linhas de povoamento[8] para constatar essa permanente mobilidade; ou reler o capítulo "Correntes de povoamento" de *Formação do Brasil contemporâneo* de Caio Prado Jr. para experimentar a mesma sensação:[9] a movimentação tumultuária que devia permear a vida cotidiana, no universo da Colônia. Antonil, já em 1711, comparava os deslocamentos dos primeiros povoadores das Minas ao dos "filhos de Israel no deserto".[10]

Móbil, instável, e mais ainda dispersa, a população na Colônia devia provavelmente angustiar-se diante da dificuldade de sedimentar os laços primários. E note-se que essa dispersão decorre diretamente dos mecanismos básicos da colonização de tipo *plantation* que prevaleceu na América portuguesa: da sua dimensão econômica (exploração para desenvolvimento da Metrópole) resulta a montagem de uma economia predatória que, esgotando a natureza, tende para a itinerância. A extraordinária fertilidade do massapé do Nordeste, garantindo a consolidação e a permanência multissecular da lavoura canavieira, é claramente uma exceção no mundo colonial, e mais adiante iremos indicar os desdobramentos desse padrão para o nosso tema. No geral, a economia colonial predatória, com seu baixo grau de reinvestimento, apresenta uma forma de crescimento puramente extensivo, que tende para a itinerância, e isso é que lastreia a contínua dispersão das populações a que nos referimos. Por outro lado, da sua dimensão política (fortalecimento dos Estados), decorre um permanente esforço metropolitano no sentido de expandir o território da dominação colonial, para além das possibilidades de exploração econômica; é que os Estados modernos em gestação na Europa estão se formando uns contra os outros, de aí essa furiosa competição para garantir espaços na exploração colonial. No caso português, esse processo é levado ao limite, e é o que explica a enorme desproporção entre a pequenez da Metrópole e a imensidão da Colônia. E é também de aí que resulta a enorme dispersão e rarefação das populações coloniais; esse perfil devia aparecer aos olhos dos protagonistas da colonização como uma incômoda e mesmo angustiante sensação de *descontiguidade*, sensação tanto mais intensa se nos lembrarmos que a descontiguidade contrastava rudemente com a experiência de vida na Metrópole.

Mobilidade, dispersão, instabilidade, enfim, são características da população nas colônias, que vão demarcando o quadro dentro do qual se engajaram os laços primários e se foi desenrolando a vida do dia a dia. Para compormos ainda mais explicitamente esse quadro é preciso agregar-lhe outra característica, que, aliás, vai na mesma direção: refiro-me à necessária *diversidade* das populações na Colônia. Por definição, as gentes na Colônia se dividem entre os colonizadores e os nativos: mas na colonização do Antigo Regime, nas áreas em que a compulsão do trabalho foi levada ao limite da escravidão, essa diversidade se acentuou com o tráfico negreiro, que carreou para o Novo Mundo os contingentes africanos. Se nos lembrarmos de que tanto ameríndios como africanos tinham também grande diversidade interna, começaremos a entender a complexidade do *melting-pot* colonial. E do convívio e das inter-relações desse caos foi emergindo, no cotidiano, essa categoria de *colonos* que, depois, foi se descobrindo como "brasileiros". "Brasileiros", como se sabe, no começo e durante muito tempo designava apenas os comerciantes de pau-brasil. A percepção de tal metamorfose, ou melhor, essa tomada de consciência —, isto é, os colonos descobrindo-se como "paulistas", "pernambucanos", "mineiros" etc., para afinal identificarem-se como "brasileiros" — constitui, evidentemente, o que há de mais importante na história da Colônia, porque situa-se no cerne da constituição de nossa identidade. Precisamente, isso decorre lentamente nos domínios da intimidade e do cotidiano, o que mostra, aliás, que, longe de ser uma história de nemigalhas e futilidades, estamos aqui no núcleo fundamental de nossa trajetória, visamos então ao ponto central de nossa constituição enquanto povo e nação, abrimos a possibilidades de compreender algo do nosso modo de ser. Estudar, portanto, as manifestações da privacidade e do cotidiano, neste caso, significa sondar o processo mais íntimo de nossa emergência na história.

E já que vamos, a pouco e pouco, nos acercando do "caso Brasil" no quadro geral da colonização moderna, convém marcar que aquela diversidade acima indicada aqui extremava-se na imensidão do território e na variedade de formas que o povoamento ia necessariamente assumindo; a essa variedade correspondiam, por certo, diferentes e mutáveis modos de convívio. Para descrever tal espectro, temos de partir dos extremos: de um lado o Nordeste açucareiro, a exceção a que antes aludimos — exceção muito especial porque forma o eixo mesmo da colonização portuguesa. Aqui, como vimos, o povoamento tendeu para a permanência, fixidez e uma certa estabilidade; e, em decorrência, formas de convívio mais sedimentadas e profundas — o patriarcado revivido por Gilberto Freyre, em *Casa-grande & senzala*. No polo oposto, na periferia do sistema, uma paisagem social como a de São Paulo, com um povoamento rarefeito, em permanente mobilidade: as "bandeiras" já foram caracterizadas como uma "sociedade em movimento", e abriram os caminhos para atingir as fronteiras, no dizer de Sérgio Buarque de Holanda. E note-se o paradoxo: a sociedade mais estável, permanente, enraizada, está voltada para fora — a economia açucareira organiza-se para a exportação; e a economia de subsistência (como a de São Paulo, ou a pecuária nordestina), que está voltada para dentro, dá lugar a uma formação social instável, móvel, sem implantação. De outro ângulo, o contraponto entre o caráter profundamente rural da sociedade litorânea, e marcadamente urbano das Minas, realça a diversidade até o paradoxo: o mais estável, permanente, é o setor litorâneo, voltado para fora, nas bordas; o mais fluido e superficial é o setor interiorizado e urbano. Se nos lembrarmos agora das pequenas aglomerações estrategicamente implantadas nas fronteiras distantes, ou mesmo das populações das guarnições fortificadas, os "presídios" no antemural da Colônia, podemos imaginar o sentimento de isolamento e sobretudo de solidão que devia atravessar a vida no dia a dia nos confins do Novo Mundo. E somos tentados a falar em *confinamento* para caracterizar esse quadro. Podemos, então, entender como um observador arguto como Roger Bastide pode falar em "terra de contrastes",[11] para nos caracterizar.

É levando tudo isso em conta que podemos pressentir as dificuldades do processo de tomada de consciência da situação colonial por parte dos colonos — ou a tortuosidade das veredas de nosso percurso. Lento, dificultoso, penoso percurso de gestação dessa "comunidade imaginária" que, na definição de B. Anderson,[12] constitui a nação. Nas Índias de Castela, parece ter sido mais intensa essa tomada de consciência; lá, os colonos se nominavam *criollos*. *Mazombo*, que entre nós seria o termo correspondente, nunca teve a mesma difusão ou generalização. Na América portuguesa, o mais comum era chamar *reinóis* aos nascidos na Metrópole. Quer dizer: os colonos hispanos identificavam-se positivamente pelo que eram ou acreditavam ser ("nós somos *criollos*"); os luso-brasileiros identificávamo-nos negativamente ("nós não somos reinóis"), pelo que sabíamos não ser. Nos tempos de frei Vicente, a percepção dessa diferença era apenas nascente; aflora nas entrelinhas dos *Diálogos das grandezas do Brasil* (1618), e o nosso cronista refere-se aos povoadores não só como "os que de lá vieram, mas ainda aos que cá nasceram". Distantes, portanto, estávamos ainda daquela clareza com que se expressava, em 1803, Luís dos Santos Vilhena: "Não é das menores desgraças o viver em colônia".[13]

Pois é, exatamente, esse "viver em colônias" que forma o objeto deste estudo. Os vários capítulos irão descrever, analisar, esmiuçar as várias faces e de diversos ângulos esse fugidio objeto. Neste capítulo, procuramos apenas indicar os nexos que articulam tais manifestações da intimidade cotidiana com as estruturas básicas da formação social na Colônia. *Diversidade*, *fluidez*, *dispersão*, aparecem então como categorias intermediárias que enquadram as manifestações do privado e do cotidiano, modelando-lhe o perfil. Talvez ainda mais relevante é a *clivagem* das populações coloniais que importa agora destacar na montagem desse quadro. A implantação da exploração colonial da Época Moderna, em função de seus determinantes políticos e econômicos, trazia no seu bojo a compulsão do trabalho como um de seus componentes estruturais; e a América portuguesa foi, como se sabe, uma daquelas áreas onde esse componente foi levado ao limite, configurando o escravismo. As populações aparecem, pois, clivadas em dois estratos: os que são compelidos ao trabalho e aqueles que os compelem, os dominadores e os dominados, os senhores e os escravos. Entre os dois polos, toda uma imensa gama de situações intermediárias. A *clivagem* intransponível entre as gentes é, pois, uma das categorias essenciais a definir o quadro no qual se desenrolam as vivências do dia a dia. A organização familial, por exemplo, bem como as formas de moradia são diretamente afetadas por essa clivagem fundamental; os tipos de família e as formas de moradia configuram-se diferentemente nas áreas e nas situações em que dominam os extremos (senhor/escravo) ou em que predominam as formas intermediárias de homens livres pobres, pequenos produtores etc. A criação de zonas intermediárias ou momentos de aproximação (amaciamento, diria Gilberto Freyre) passa a constituir um traço marcante da vida de relações na Colônia. A miscigenação foi o principal e mais importante desses espaços de encontro (as festas foram outros), e Gilberto Freyre insistiu, corretamente, nesse aspecto. Mas, ao mesmo tempo, era também uma forma de dominação, pois o intercurso era, evidentemente, entre o dominador branco e a negra escrava; e o mestiço resultante nascia escravo. Por aí se vê a complexidade das relações levada até o paradoxo. A miscigenação foi, assim, ao mesmo tempo, um canal de aproximação e uma forma de dominação, um espaço de amaciamento e um território de enrijecimento do sistema.

Do fundo das estruturas básicas da colonização emergem, portanto, situações de vida muito características, e que enquadram as manifestações do cotidiano e da intimidade das populações coloniais; como que uma camada intermediária, pela qual se articulavam aquelas estruturas fundantes e a recorrência dos acontecimentos. Delineava-se, assim, uma *camada intermediária de sensações* — distanciamento, descontinuidade, clivagem etc. — que iam balizando as manifestações do cotidiano, em meio às quais ia se formando algo que poderíamos pensar como uma mentalidade *colonial*, esboço de uma fugidia identidade *nacional* em gestação.

Aqui, o ponto fundamental: a escravidão como relação social dominante (embora não exclusiva) repercute na esfera do cotidiano e da intimidade de maneira decisiva; delineiam-se três tipos básicos no sistema de relações primárias (cotidianidade, intimidade, individualidade, vida familial etc.) — as relações intraclasse senhorial, as relações internas ao universo de vida dos escravos, as relações intermediárias entre senhores e escravos. No curso dos acontecimentos cotidianos, essas esferas, permanente e recorrentemente, interpenetravam-se criando situações e momentos de aproximação, distanciamento e conflito. Mas a *clivagem*, básica, permanecia irredutível. É, evidentemente, difícil determinar na reconstituição desta história os dois momentos de interpenetração e de manutenção das distâncias. Para dar um exemplo: a atitude em face do trabalho, decisiva em qualquer formação social, fica marcada pelo estigma insuperável que identifica trabalho com servidão, lazer com dominação. Por mais que os espaços de "amaciamento" e os momentos de aproximação possam atenuar os polos dessa clivagem, ela remanesce irredutível.

Se aproximarmos, agora, as duas observações sobre as condições da intimidade e do cotidiano na Colônia, tal como emanam das estruturas da colonização, podemos começar a vislumbrar o perfil dessa esfera da existência colonial, na sua maior complexidade. De um lado, notamos que o tipo de exploração econômica que se desenvolvia no Novo Mundo impunha uma constante e grande mobilidade às populações; de outro, a compulsão do trabalho, exigida pela mesma exploração da Colônia, levava à clivagem radical entre os dois estratos básicos da sociedade. De fato, gestando-se no processo de expansão mercantil da época dos descobrimentos e articulando-se ao não menos importante processo de formação dos Estados, a faina colonizadora tendeu sempre a ampliar a área de dominação (competição entre os Estados) e a montar uma empresa de exploração predatória, itinerante, compelindo o trabalho para intensificar a acumulação de capital nos centros metropolitanos. Disso resultava, como vimos, ao mesmo tempo, uma permanente mobilidade das populações e uma clivagem entre os vários estratos sociais. E aqui reside, precisamente, o ponto essencial: é que as sociedades de estamentos, em geral, apresentam uma mobilidade mínima, tanto horizontal quanto vertical. A sociedade colonial, ao contrário, configura uma sociedade estamental com grande mobilidade, e é essa conjunção surpreendente e mesmo paradoxal de clivagem com movimentação que marca a sua originalidade. E isso precisa ser levado em conta para se desenhar o quadro das condições em que se manifestava a vida privada colonial: a sociedade da Colônia, ao mesmo tempo, estratificava-se de forma estamental e apresentava intensa mobilidade; o que, provavelmente, criava uma sensação de *ambiguidade*, pois a junção dessas duas características envolvia, simultaneamente, tendência de aproximação e distanciamento das pessoas. Essa mesma ambiguidade, aliás, aparece quando consideramos em particular o estrato superior dos colonos, os senhores de terra e de escravos: a dominação direta sobre os homens (escravidão) e a posse de terras (ainda mais recebidas por doação) imprimiam-lhes na mentalidade uma configuração fortemente senhorial; mas, agentes de uma produção mercantilizada em extremo, defrontavam-se no dia a dia com o mercado, o que lhes exigia um comportamento fundamentalmente burguês. Mais ainda: era através do mercado que obtinham os escravos, isto é, a condição senhorial. Essa inextricável ambiguidade está por certo na base do padrão de relacionamento que tendiam a praticar no cotidiano de sua intimidade.

Esse conjunto de sensações contraditórias, advindas diretamente das estruturas básicas da colonização, formava como que a camada intermediária de enquadramento do cotidiano e do íntimo do "viver em colônias". Mas eram todas elas — as sensações — dominadas pela mais abrangente de todas, que dimanava do próprio sentido mais geral da colonização. Referimo-nos, evidentemente, ao caráter da extroversão da economia colonial, montada para acumular externamente. A partir das análises clássicas de Caio Prado Jr. ("Sentido da colonização"), procuramos, em trabalho anterior,[14] articular a exploração das colônias ao processo de formação do capitalismo; disso resultava que a colonização tinha um caráter essencialmente comercial, voltada para fora, mas, para além disso, compunha um mecanismo de estímulo à acumulação primitiva de capital mercantil autônomo no centro do sistema.[15] A externalidade da acumulação aparece, pois, nesta análise, como a estrutura básica, no plano econômico, definidora da colonização. Ora, ao mesmo tempo, é essa estrutura fundante que lastreia o por assim dizer sentimento dominante do viver em colônias, ou seja, essa sensação intensa e permanente de *instabilidade*, *precariedade*, *provisoriedade*, que se expressa por todos os poros de nossa vida de relações. É tal sensação profunda e duradoura que, ao que parece, integra e articula as demais que vimos até aqui descrevendo; e quando nos lembramos de que a outra face da externalidade da acumulação era, como mostrou L. F. de Alencastro,[16] a extraterritorialidade do aprovisionamento da mão de obra, começamos a perceber os fundamentos daquele sentido de "desterro" tão bem assinalado por Sérgio Buarque de Holanda na primeira página de *Raízes do Brasil*. E, mais uma vez, vão pouco a pouco revelando-se os nexos entre as estruturas fundantes e o nosso modo de vida íntimo e cotidiano.

Curioso ainda notar que, se os historiadores levamos muito tempo para assinalar esse "sentido" profundo da colonização e analisar seus mecanismos estruturais, e alguns ainda recalcitram em admiti-lo, não assim nosso insuperável cronista-historiador pioneiro; implacável na sua capacidade de penetração da realidade histórica, escreveu frei Vicente do Salvador (Livro 1, cap. 2): "E deste modo se hão os povoadores, os quais, por mais arraigados que na terra estejam, e mais ricos que sejam, tudo pretendem levar a Portugal, e, se as fazendas e bens que possuem souberam falar, também lhes houveram de ensinar a dizer como os papagaios, aos quais a primeira coisa que ensinam é: papagaio real pera Portugal, porque tudo querem para lá. E isto não têm só os que de lá vieram, mas ainda os que cá nasceram, que uns e outros usam da terra, não como senhores, mas como usufrutuários, só para a desfrutarem e a deixarem destruída".

Realmente, não podemos evitar uma certa melancolia ao constatar que, depois de muito meditar e analisar, tudo quanto logramos foi caracterizar a "externalidade da acumulação primitiva de capital comercial autônomo" no mundo colonial da Época Moderna; quanto a frei Vicente, este simplesmente dizia, na terceira década do século XVII: "Tudo querem para lá". É claro que essa frase, límpida e direta, contém todo o conceito longamente elaborado. Mais ainda: liga este fundamento geral com os comportamentos, as práticas, esse "modo" com que "se hão" os colonizadores; e não só os reinóis, como também os nativos. E isso sem comentar a última frase, para não nos distanciarmos muito do assunto, em que se contrapõem a posse senhorial da terra (o senhorio feudal produtor de valores de uso), que era o seu referencial, ao uso mercantil, destrutivo, que se implantava no Novo Mundo. E depois vieram alguns historiadores a falar no caráter feudal da colonização...

Instabilidade, *precariedade*, *provisoriedade* parecem pois formar o núcleo dessa "camada de sensações" que, provindo das estruturas mais profundas da colonização, enquadram as demais, dando o tom de conjunto na vida de relações nessa parte do Novo Mundo na Época Moderna; mas, para irmos até o fim nessa tentativa de descrever e analisar as condições da intimidade e do cotidiano colonial, temos de voltar-nos para a sensação de *ambiguidade* e *desconforto* que atravessa a vida social da Colônia de lés a lés, e que derivava, também ela, das condições básicas da colonização. Já nos referimos anteriormente a que as colônias eram vistas como o prolongamento das metrópoles, o Novo Mundo só se distinguindo do Velho pela sua recentidade; daí a toponímia: Nova Inglaterra, Nova Espanha, Nova Granada, Nova Lusitânia... Ora, a tal visão contrapunha-se a realidade da colonização, que ia configurando formas sociais muito diferentes e em certos sentidos negadoras da Europa moderna. De fato, a colônia é tão diversa da metrópole, quanto a região dependente o é da dominadora; contrastemos, por exemplo, a evolução da organização do trabalho num e noutro polo do sistema: enquanto na Europa se transita da servidão feudal para o salariato através do trabalho independente de camponeses e artesãos, no mundo colonial acentuava-se a dominância do trabalho compulsório e, no limite, a escravidão. O núcleo desse descompasso situa-se, com certeza, na contradição, no plano mais geral da colonização do Antigo Regime, entre a ideologia (catequese) e a prática (exploração) dos colonizadores. Nem poderia ser de outra forma: a religião (por meio da catequese do gentio) aparece desde o início como o discurso legitimador da expansão que era vista, assim, como "conquista espiritual"; é junto ao papado que os reinos ibéricos, pioneiros da colonização e expansão, buscam autoridade para dirimir as disputas pela partilha dos mundos a descobrir; e, a partir daí, a legitimação da conquista pela catequese. Na própria gênese do processo, já deparamos, portanto, com o discurso legitimador da catequese cristã; ele acompanha toda a colonização moderna, variando evidentemente de intensidade de um momento para outro, e de uma região para outra. Mas nos países ibéricos pioneiros a sua presença é levada ao máximo, e isso nos afeta diretamente, muito de perto.

Mais uma vez, aqui, deparamos, portanto, com as colônias exacerbando os traços da metrópole. Na Europa moderna, efetivamente, a religião mantinha-se imprescindível à ordem social hierárquica e ao Estado absolutista, ambos fundados no privilégio. Esse peso da religião acentuava-se nas colônias como legitimação da conquista. Para bem entender estas conexões será preciso ter sempre em conta que, se distinguimos analiticamente, para melhor compreendê-los, os vários processos da transição para a modernidade — formação dos Estados, expansão mercantil, reformas religiosas, mutação cultural etc. —, eles, na realidade, ocorrem ao mesmo tempo e inextricavelmente interligados. A colonização acontece nesse contexto, movida ao mesmo tempo por "fatores" político-econômicos e religiosos, radicalizando suas tensões, mostrando suas entranhas. Com efeito, a formação dos Estados relaciona-se com a crise religiosa na medida em que a ruptura da hierarquia feudal encimada pela suserania dupla do Sacerdócio e do Império envolvia em certa medida a "nacionalização" das Igrejas, ou uma certa autonomia em relação ao papado; em sentido contrário, o poder absoluto de direito divino não podia prescindir da legitimação religiosa: o Estado absolutista precisa controlar a Igreja, e ao mesmo tempo dependia de sua legitimação. Todo o movimento, aliás, associa-se a uma relativa laicização da cultura, que cruza com a quebra da unidade da cristandade medieval, com o advento das Igrejas reformadas; o luteranismo foi a primeira heresia triunfante, no compasso da ruptura das hierarquias do feudalismo. As transformações religiosas, nas suas duas vertentes — a Reforma heterodoxa protestante e a Reforma ortodoxa católica —, encaminham conflituosamente o processo, confluindo no princípio do "*cujus regio, ejus religio*", pelo qual se expressa a insuperável necessidade de o Estado absolutista manter a unidade religiosa. É nesse contexto que se pode entender o estabelecimento da Inquisição nos países ibéricos, precoces na centralização e pioneiros na expansão colonial. Portugal foi, aliás, o primeiro país a homologar de maneira integral as decisões do Concílio Tridentino. O Santo Ofício que, como se sabe, atuaria rigidamente na perseguição dos mouriscos e marranos (cristãos-novos) estenderia seus tentáculos para o Novo Mundo.

Extremavam-se, no mundo colonial, as tensões do mundo metropolitano; assim, nas colônias ibéricas, será na dimensão de Contrarreforma que a Reforma católica marcará sua presença. O empenho da Igreja se concentra na "conquista" do gentio para o seio da cristandade e na manutenção dos colonos na mais estrita ortodoxia. Missionação e Inquisição, em suma, cifram o processo de colonização das almas; em contrapartida, em toda a parte e por todo o tempo, uns e outros opunham desesperada resistência a essa forma de dominação. Ainda que, sob esse último aspecto, tenha havido certa diferença entre a América portuguesa e as Índias de Castela, pois nestas instalaram-se os Tribunais da Fé, enquanto na América portuguesa tivemos apenas as famosas visitações — pode-se dizer que a presença da Inquisição era constante (através da rede de "familiares" que penetrava por todos os desvãos da sociedade colonial, no seu afã de engendrar delações e apresentar denúncias) o suficiente para criar esse ambiente de *insegurança*, *apreensão* e *temor*, que por sua vez encontrava, reforçando-o, aquele sentimento de *instabilidade* e *precariedade* que vimos analisando até aqui.[17] A famigerada instituição (o Santo Ofício) comparecerá, assim, nos capítulos sequentes como uma das principais fontes da documentação que permite devassar a intimidade e o cotidiano da Colônia.

E assim cruzavam-se as duas vertentes estruturais da colonização, os seus móveis político-econômico e religioso. Mas esse entrelaçamento não se expressava apenas na confluência acima apontada; num nível mais estrutural, as duas vertentes contrastavam fortemente nas suas práticas, tensionando os comportamentos, engendrando conflitos — e, mais uma vez, reiterando a sensação de *desconforto* e *desterro* que domina a ambiência do cotidiano e do privado em nossa América. Pois foi essa contradição básica da formação colonial que nosso cronista frei Vicente do Salvador apreendeu claramente na abertura desse notável segundo capítulo do livro primeiro de sua *História*:

> O dia que o capitão-mor Pedro Álvares Cabral levantou a cruz, que no capítulo atrás dissemos, era a 3 de maio, quando se celebra a invenção da santa cruz em que Cristo Nosso Redentor morreu por nós, e por esta causa pôs nome à terra que havia descoberto de Santa Cruz e por esse nome foi conhecida muitos anos. Porém, como o demônio com

o sinal da cruz perdeu todo o domínio que tinha sobre os homens, receando perder também o muito que tinha em os desta terra, trabalhou que se esquecesse o primeiro nome e lhe ficasse o de Brasil, por causa de um pau assim chamado de cor abrasada e vermelha com que tingem os panos, que o daquele divino pau, que deu tinta e virtude a todos os sacramentos da Igreja, e sobre que ela foi edificada e ficou tão firme e bem fundada como sabemos. E porventura por isso, ainda que ao nome de Brasil ajuntaram de estado e lhe chamam estado do Brasil, ficou ele tão pouco estável que, com não haver hoje cem anos, quando isto escrevo, que se começou a povoar, já se hão despovoados alguns lugares, e sendo a terra tão grande e fértil como ao diante veremos nem por isso vai em aumento, antes em diminuição.

Realmente, nesse capítulo que vimos glosando desde o início, frei Vicente do Salvador, na esteira de Zurara, João de Barros e Gandavo,[18] aponta de maneira iluminada para as estruturas básicas da colonização moderna em geral e da colonização portuguesa em especial; e ao mesmo tempo remete para as práticas, os comportamentos, ao dia a dia do viver em colônias... Neste último passo, com que vamos também encerrando nosso capítulo, através da metáfora religiosa do combate entre Deus e o diabo no intertrópico, o que ressalta é o contraste e mesmo o conflito entre as duas vertentes básicas: o impulso salvífico (os móveis religiosos, a catequese) e os mecanismos de produção mercantil (exploração) do Novo Mundo; sendo que a primeira dimensão (a catequese do gentio) dominava o universo ideológico, configurando o projeto, e a segunda (dominação política, exploração econômica) definia as necessidades de riqueza e poder. Ao lamentar a vitória do demônio nestas terras de perdição, o que o cronista está apontando, na realidade, é para as imposições da vida material em detrimento do universo espiritual, isto é, do mundo da cultura. As duas vertentes coexistiam e inextricavelmente se articulavam de forma conflituosa, pois o conflito é também uma forma de articulação. De um lado (ideológico), pensava-se a exploração para a cristianização, isto é, a exploração como uma necessidade para chegar à evangelização, que era o objetivo; doutro lado, nas práticas sociais, o que transparece é o inverso, isto é, a exploração instrumentalizando a missionação para garantir o domínio. E essa ambiguidade, que se espalha por toda a parte e atravessa todo o período, expressa-se de forma candente na questão da compulsão do trabalho: sem compelir os nativos ao trabalho produtivo (isto é, produtor de mercadorias), a colônia não se mantém nem floresce; mas a compulsão do trabalho (no limite, a escravidão) pode levar ao seu deperecimento, isto é, dos nativos. A tortuosa procura de um meio-termo nesse dilema levou ao longo debate que Lewis Hanke chamaria de "luta pela justiça";[19] mas é o mesmo conflito e debate que se desenrola também na América portuguesa, nos atritos recorrentes entre jesuítas e colonos, e nos debates intensos, no Velho e Novo Mundo, em torno da legitimidade da servidão ou da escravidão não só dos aborígines americanos como dos negros africanos. Expressão contundente de tal dilema é a consciência dilacerada de um padre Antônio Vieira. E é essa mesma *ambiguidade* que envolve o ambiente de *descontiguidade*, *desconforto*, *instabilidade*, *provisoriedade*, *desterro* enfim, que vai configurando o clima de nossa vida de relações, marcando o específico da cotidianidade e da intimidade no viver colonial. Por causa dessa mesma obsessão pela especificidade, este primeiro volume, que trata da vida privada na América portuguesa, onde e quando se gestou nossa formação social, inicia-se com o estudo da solidão dos colonos na imensidão do território, e se encerra com o da dimensão "privada" da percepção dessa nossa fugidia identidade de colonos imersos na exploração — tomada de consciência que se exprimiu nas inconfidências. Se esta primeira aproximação, ainda que sucintamente, pôde delimitar os percursos, no espaço e no tempo, podemos agora iniciar a travessia.

2. FORMAS PROVISÓRIAS DE EXISTÊNCIA: A VIDA COTIDIANA NOS CAMINHOS, NAS FRONTEIRAS E NAS FORTIFICAÇÕES

Laura de Mello e Souza

Partindo do litoral, os colonos foram aos poucos incorporando o território da América portuguesa ao âmbito do Império: mundo sempre em movimento onde as hierarquias sociais se superpunham com maior flexibilidade e rapidez; onde os limites geográficos foram, até meados do século XVIII, fluidos e indefinidos; onde os homens inventavam arranjos familiares e relações interpessoais ao sabor de circunstâncias e contingências; onde aldeias e vilarejos se erguiam de um dia para o outro, nada garantindo que durassem mais do que alguns anos ou que crescessem com a feição e o ritmo das aglomerações urbanas de além-mar.

Foi nos espaços abertos e nas zonas distantes que se passou boa parte da história da colonização lusitana na América: longe das igrejas e conventos erguidos nos núcleos administrativos do litoral; longe dos engenhos da várzea pernambucana e do Recôncavo; longe dos povoados pioneiros, como a vila de Porto Seguro ou de São Vicente, rústicos mas acessíveis às frotas periódicas que vinham do Reino, e que, para as construções, traziam pedra lioz; para os engenhos, ferramentas e negros; para os povoados, filhos segundos da nobreza, aventureiros de passado nem sempre impoluto, réus da justiça civil ou inquisitorial, órfãs da rainha em busca de marido honrado ou ambicioso.

Nos caminhos difíceis pelos quais fluíam víveres de um extremo a outro da Colônia; no topo de morros ou costões que espreitavam a aproximação de alguma vela corsária ou herege; nos presídios de pau a pique, onde, com roças e bandidos recrutados à força, esperava-se conter o avanço dos índios bravos e firmar novos núcleos de povoamento; nas canoas que venciam as corredeiras dos rios levando os funcionários encarregados de traçar mapas ou plantar padrões de pedra, definindo assim os limites territoriais; ou ainda nos acampamentos a céu aberto, fustigados por chuvaradas e nuvens de insetos, pouso rápido de mamelucos caçadores de índio e de ouro — longe, portanto, da costa e da influência europeia mais imediata, constituíam-se formas variadas e originais de convívio íntimo.

O fato de diferirem fundamentalmente das formas consagradas pelo processo civilizacional europeu, ou ainda de possibilitarem que se questionasse a sua própria natureza de vivência do privado, não deve importar aqui. Foi nesses espaços novos e nesse mundo distinto que homens cada vez mais familiarizados com hábitos de privacidade improvisaram, à sua moda, novas formas de vivê-los — inclusive para poderem suportar melhor o imprevisto de situações inéditas e neutralizar a angústia ante seus desdobramentos. Vivências que, no limite, inviabilizavam a intimidade, ou levavam a isolamento tal que a própria vida ficava ameaçada. No território vasto e ralamente povoado que aos poucos foi se constituindo em Brasil, o isolamento, a precariedade das formas cotidianas de existência e a força duradoura dos padrões opostos à intimidade estenderam-se por séculos, vigorando até pouco tempo. É dessas privacidades insólitas e improvisadas que se vai tentar tratar agora.

EM MOVIMENTO

Como decorrência do caminho, do movimento, constituiu-se a civilização paulista.[1] Para entender-se os primórdios de um sentimento de intimidade no Centro-Sul da América portuguesa, é obrigatório reportar-se aos hábitos cotidianos desenvolvidos pelos sertanistas de Piratininga: num primeiro momento, distanciam-se dos trazidos da mãe-pátria europeia, e adotam os próprios às populações indígenas da região; em seguida, começam a desenvolver hábitos compósitos, nos quais a mescla repousa sobretudo no processo analógico, que seleciona, na cultura adventícia, os elementos que se harmonizam melhor com a cultura original. Num terceiro momento — e o ponto de referência é sempre Sérgio Buarque de Holanda — ocorre a adoção de hábitos europeus: mas não se tratará, aqui, desta fase, e sim das duas anteriores.

No Norte e no Nordeste, desde o início do século XVII, consagrara-se uma forma específica de mover-se e se manter no mato: a guerra brasílica, contra a qual nada puderam os chefes franceses no Maranhão nem os generais batavos em Pernambuco. Diante das escaramuças não declaradas dos luso-brasileiros, neutralizava-se a tática pesada dos europeus. Se a falta de víveres corroía as forças holandesas, os defensores da terra eram homens a quem, como dissera Jerônimo de Albuquerque, um punhado de farinha e um pedaço de cobra bastavam.[2] Contudo, se tal estratégia de sobrevivência florescera em virtude da contingência excepcional de uma adversidade — a tônica sendo dada, no Nordeste, pela cultura sedentária e morna das casas-grandes de engenho —, em São Paulo acabou se tornando constitutiva da própria subsistência pelo largo período de quase dois séculos.

Na faina sertaneja e predadora dos paulistas, desenvolveram-se hábitos próprios, tributários dos indígenas e incorporados mesmo por aqueles que haviam nascido na Europa, como o alentejano Antônio Raposo Tavares. Nas campinas alagadas do Paraguai, os bandeirantes andavam "dias inteiros com a roupa pela cabeça e água pela barba".[3] Iam a pé, pois, diferentemente do que aconteceu nas possessões castelhanas, suas vizinhas, o cavalo foi quase desconhecido na zona de influência paulista até o primeiro quartel do século XVII — mesmo porque estas eram regiões de cobertura vegetal muito mais densa.[4] Não levavam calçados, esparramando, como os índios, toda a planta dos pés pelo chão ao andar, e virando os artelhos um pouco para dentro, o que diminuía o cansaço e facilitava em muito a marcha.[5]

Vários contemporâneos não esconderam a admiração diante da capacidade dos do planalto em improvisar a subsistência em meio o mais hostil. Quando faltavam as provisões, iam "passando com o que dava a espingarda", em pousos forçados para caçar; até cavalo morto, que quebrara a perna, servia de refeição.[6] Por volta de 1690, dizia um anônimo que eram "homens capazes para penetrar todos os sertões, por onde andam continuamente sem mais sustento que caças do mato, bichos, cobras, lagartos, frutas bravas e raízes de vários paus".[7] Montoya, que tanto os hostilizou, reconhecia que caminhavam pelo mato como se estivessem nas ruas de Madri, sempre aptos a providenciar comida por conhecerem a época de maturação dos pinhões e os melhores lugares para se achar alimento — fosse nas roças dos índios, fosse nas colmeias da floresta, que aprenderam, com aqueles, a localizar, e que se mostraram particularmente numerosas no vale do Tietê.[8] Depositários de invejável senso topográfico, farejando a umidade do vento e perscrutando sinais de água em pedaços de paus, intuíam a existência de água "sob uma laje, ou um rochedo, ou mesmo disfarçado por um tronco de árvore", valendo-se dos depósitos acumulados em cactáceas que eram verdadeiras "samaritanas do sertão".[9]

Mas a coleta, a caça e a pilhagem não eram as únicas formas que tinham de encontrar alimento. Ao longo dos caminhos percorridos, plantavam roças de subsistência, que iam colher ao voltar ou que deixariam para outros sertanistas usufruírem. A presença de tais roças é constante nos roteiros da penetração paulista. Quando Fernão Dias Pais entrou pelo sertão atrás de esmeraldas, deixou o genro, Manuel de Borba Gato, no Rio das Velhas, "fazendo plantas de mantimentos para os achar prontos quando voltasse". Ao longo do rio Cuiabá, as duas margens viam-se tomadas por roças e fazendas com plantações de milho, feijão, "excelentes mandiocas" para farinha, bananas de gosto muito suave, melancias, melões, fumo e batatas "singulares". Há a hipótese, muito convincente, de que a grande difusão do milho na área de influência paulista se deveu sobretudo à facilidade com que se podem transportar os grãos do cereal nas longas jornadas. As ramas da mandioca, ao contrário, seriam muito mais incômodas para carregar, e a demora das viagens alteraria em muito sua capacidade germinativa.[10] Passados os primeiros tempos da expansão, o hábito de plantar roças nesses pousos improvisados permaneceu, tornando-se constante entre as expedições de desbravamento: em 1769, por exemplo, o mestre de campo Inácio Correia Pamplona e seus homens plantaram roças em alguns dos acampamentos que fizeram para as partes das picadas de Goiás.[11] Por essa época, também a alimentação dos viajantes assumia formas mais ordenadas, e os integrantes das monções dificilmente passariam fome, cozinhando, de noite, o que se comeria no dia seguinte.[12]

As canoas levavam, então, os mantimentos habituais: feijão, farinha, toucinho "e algumas galinhas só para os doentes", tendo-se que completar a dieta com a caça, a pesca e a coleta realizadas ao longo da viagem: patos-bravos, "maiores e mais saborosos que os do reino"; perdizes, apreciadas apesar de não terem comparação com as de Portugal; mutuns airosos, "bem feitos e de bom gosto"; veados tenros; pacas; capivaras gordas, pois as magras provocavam diarreias; jaús; profusão de dourados; as "laranjas maravilhosas" dum pomar que, "sem cultura alguma", dessedentavam os viajantes próximo a Avanhandava; cajus; bananas de um bananal sem dono; o arroz que, no Pantanal, crescera espontaneamente, indo o gentio colhê-lo todos os anos; palmitos que, se comidos crus, lembravam as castanhas europeias. Os alimentos novos ocasionavam experiência e improvisação: esfolado e seco ao fogo, o palmito bocajuba era socado numa pedra e comido em mingau, fazendo as vezes da panela uma pequena bacia de arame. Mas também traziam surpresas: famintos, os sertanistas que haviam deixado São Paulo com o Anhanguera se fartaram de jenipapos, cometendo tal excesso que lhes sobreveio prisão de ventre terrível.[13]

Pousava-se onde dava: num rancho velho, numa prainha — nas do Tietê, onde eram comuníssimas, sempre se podia topar com a companhia preguiçosa de uma sucuri esquentando ao sol —, numa ilhota com menos verdura, num cotovelo de rio, como o que, sugestivamente, se apelidara de Pouso Grande.[14] No século XVIII, os viajantes dormiam em redes, "a cama mais pronta e mais portátil" que havia; mas esta não era bastante para enfrentar a incomodidade dos mosquitos e das chuvas fortes, sendo preciso recorrer ao *mosquiteiro*, adaptação do dossel com cortinado próprio às lides nos matos fragosos e recriada — pois que tudo indica ser já conhecido dos europeus — em torno da expansão monçoeira.[15] Consistia numa cobertura de aniagem lançada por cima de uma corda presa aos paus em que se amarrava a rede, e cuidadosamente disposta de forma a vedá-la até o chão. Quando chovia, colocava-se sobre "toda a máquina" uma baeta suplementar, que a cobria completamente. Um governante de Mato Grosso surpreendeu-se com o fato de o dispositivo resistir "ainda nas chuvas maiores", destacando o curioso arranjo acessório inventado para conter os pertences do entrante: "serve o vão que fica entre a rede e o chão como de uma pequena barraca para todos os usos da vida", verdadeira alcova improvisada ao relento e sob as intempéries.[16]

Houve ocasião, entretanto, que inimigos diversos dos mosquitos obrigaram a improvisar formas de pouso inusitadas: as pessoas enterravam-se completamente na areia, em ilhotas fluviais, para escapar das flechadas de gentio, sem poder dar um tiro "para remédio da fome, que não era pouca".[17]

Além dos mosquitos, as mais variadas castas de animais povoavam o cotidiano sertanejo, e nem sempre era possível defender-se delas. No século XVIII, conta-nos um sertanista que, procurando de manhã as meias de linho descalçadas na véspera, delas encontrou apenas "o canhão de uma, e o mais haviam comido as formigas"; um dos missionários a entrarem com o capitão-general Rolim de Moura em direção ao Cuiabá teve as vestes inutilizadas pelos mesmos animaizinhos, que, durante a noite, tudo roíam. O próprio governante, emboaba de origem ilustre, resignou-se às imposições do meio: como as canoas roçavam nos paus e ramos ribeirinhos, que muitas vezes chegavam a fazer um teto sobre o rio, toda a "porcaria e bicharia" existente neles era arremessada para dentro das embarcações: "Isto me familiarizou tanto com as aranhas que já me não cansava em as sacudir de mim, porque a todo o instante estavam caindo". De noite e de dia, diferentes tipos de pernilongos não cessavam de picar, provocando bolhas e comichões insuportáveis, e, é ainda Rolim de Moura quem se queixa, "eram tantos que nos cansávamos em os enxotar, e nos não podíamos livrar deles por mais que trabalhássemos". Certos vermes picavam a pele e nela introduziam "um bicho negro gadelhudo à semelhança de uma lagarta de couve"; miúdos como piolhos-de-galinha, havia carrapatos que se formavam em "bolas do tamanho de nozes", pendendo das folhas das árvores e, ao cair sobre alguém, provocando tal estrago que era preciso o ofendido despir-se "e outra pessoa correr-lhe todo o corpo com uma bola de cera da terra, ou esfregá-lo com caldo de tabaco de fumo, ou sarro de pito". Os marimbondos andavam em nuvens, e era "finíssima a dor da sua picada". Quando se navegava o Pardo, chegava-se a matar três cobras por dia, que a nado demandavam a canoa. Os companheiros do Anhanguera foram certa feita acossados por tal quantidade de morcegos que tiveram de levantar acampamento e procurar pouso noutro lugar: "Nos custou muito a livrar deles; porque como vínhamos já nus, tanto que fechávamos os olhos, se pregavam logo em nós, e nos sangravam de sorte que acordávamos banhados todos em sangue".[18]

Mas havia também bichos que ajudavam o homem em movimento pelo sertão a melhor ordenar sua vida cotidiana. Na falta dos relógios, as lindas anhupocas, pintalgadas de branco, preto e encarnado, faziam as suas vezes: à meia-noite, às duas da manhã e, por fim, às quatro — horário em que se levantavam geralmente os sertanistas — era certo ouvi-las entoar um canto triste e saudoso.[19]

Quando os entrantes adoeciam, o próprio meio natural lhes fornecia o remédio: banha de animal para o reumatismo; dentes de jacaré para os ares; limões azedos para as fraquezas e deficiências vitamínicas; casca de jaboticaba para os cursos de sangue; angu e batatas para os desfalecimentos; jacus e jacutingas de "bom gosto e saudáveis", por isso próprios à dieta dos enfermos; ervas diversas para as mezinhas — o tinguerilho terrestre, a caiapiá do campo, febrífugos poderosos, receitas conhecidas em todo o Brasil da época como "remédios de paulistas". Havia ainda os medicamentos levados pelos viajantes: a pimenta-malagueta e o gengibre para os saca-trapos; a aguardente com sal para as mordeduras de cobra; a triaga de venia, que livrava "das malignas doenças" aqueles que navegavam pelos rios, e distribuída por d. Rodrigo César de Menezes entre os da sua comitiva. Às vezes os inventários bandeirantes acusam a presença de lancetas e bolsinhas com pedra-ume e verdete, próprias para sangrias e tratamentos, ou ainda de "um estojo de cirurgia". Também em expedições posteriores parece ter se conservado o hábito de manter "boticas" e até mesmo cirurgiões.[20]

Se morriam no sertão, os piratininganos dos primeiros tempos proviam, com frequência, à elaboração do testamento, e recebiam os últimos cuidados religiosos. Assim, reproduzia-se naquelas lonjuras um ritual profundamente identificado com a vida privada. As bandeiras não deixavam de levar capelães, mesmo porque morria muita gente. Em 1692, Domingos Jorge Velho se lamentava de que lhe desertasse o capelão às vésperas de uma campanha: "Mandei-o buscar; não quis vir; de necessidade busquei o inimigo; sem ele morreram-me três homens brancos sem confissão, coisa que mais tenho sentido nesta vida; peço-lhe pelo amor de Deus me mande um clérigo em falta de um frade, pois se não pode andar na campanha, e sendo com tanto risco de vida, sem capelão". Entre os que se esqueciam de Deus durante boa parte da jornada, a iminência da morte era o momento de remediar a falta, prometendo-se novenas aos santos.[21]

Quase toda a roupa que tinham ia no corpo. O resto do enxoval era constituído pela rede de dormir, o cobertor, "a almofadinha com sua fronha". Um ou outro sertanista mais cioso do bem-estar levava pentes, toalhas de rosto e de mão, vários guardanapos, lençóis, tinteiros, uma faca de mesa, "seis ou sete carreiras de alfinetes", tesouras, algumas colheres de prata. Manuel Preto foi o único a levar um baralho e dois livros velhos — objetos, todos eles, que indicam preocupações de conforto, mesmo se rudimentar, e o intuito de construir, como possível fosse, uma certa bolha de privacidade no meio das andanças pelo sertão.[22]

Já no final do século XVIII, durante a viagem que o levava

para servir como magistrado em Cuiabá, o dr. Diogo de Toledo Lara e Ordonhes se desenfastiava jogando cartas e atirando a esmo, "mesmo dentro da barraca". Os dois bons cozinheiros que integravam a comitiva deram aos viajantes a ilusão de que viviam em povoado: comia-se com gosto, nada faltava. Mas o medo estava sempre rodeando: de cachoeira, de bicho, do cometimento do gentio. A privacidade acabava sendo ilusória, um mero arremedo:

> O acordar bem escuro para embarcar já não me dava abalo, nem o dormir dentro do mato: só quando chovia, trovejava, e havia grandes tempestades à noite é que me afligia bastante, suposto que estava a enxuto. Tinha muito medo de onças e de qualquer cobra que subisse à minha cama, e por isso sempre se armava entremeio das outras, o chão bem varrido no modo possível, e com uma espingarda e uma pistola à cabeceira. Tive várias vezes algumas ameaças de moléstia, que não porfiava adiante; e era do que tinha mais medo.[23]

Mesmo porque, apesar das tentativas de recriar a intimidade doméstica em meio adverso, a volta ao lar permanecia como um farol no horizonte de cada um. Após anos de andança Brasil afora, quando os camaradas paulistas de uma expedição fluvial deixaram para trás o rio Grande e começaram a subir o Tietê, a alegria com a proximidade "do país natalício" os ensandeceu: entre vivas e gritarias, gastaram frasco e meio de pólvora, e entornaram outros tantos de aguardente. Alegria fingida, talvez, pontifica o mais ilustre membro daquela expedição — mero pretexto para temperar a dureza cotidiana e "subir a frasqueira a riba".[24]

NO POUSO

Em 5 de agosto de 1754, d. Antonio Rolim de Moura deixou o porto de Araritaguaba para assumir sua função como governador de Mato Grosso. Seguiam com ele 190 homens, e o aspecto da comitiva foi bem descrito pelo autor da "Relação da chegada que teve a gente de Mato Grosso...", destacando-se-lhes as insígnias exteriores do status e a ordenação hierárquica das embarcações. Conta-nos que o guia do caminho seguia na primeira das canoas, junto com o capitão-general e "muito bem vestido com farda azul, e chapéu de plumas todo agaloado", os demais remeiros portando "véstea e calção encarnado, e carapuça ou barrete" com as armas do governador "abertas em prata". Atrás ia a canoa dos padres da Companhia, acompanhada de perto pela dos oficiais da sala, pela canoa de guerra capitânia — "em que comandava o capitão dos dragões" —, pela dos criados e, por fim, pelas de carga, "nas quais se embarcaram 1130 sacos de mantimento fora o fato e barrilame, e outras cargas mais". Fechava o cortejo fluvial a canoa *Almiranta*, comandada pelo tenente da Companhia e encarregada de nunca deixar para trás embarcação alguma.[25]

Apesar de atenta às roupas e ordenação da comitiva, a "Relação" é lacônica quanto ao modo como foi pernoitando durante a viagem. Restaria ao leitor imaginar de que maneira homens tão inadequadamente vestidos se arranjaram mato adentro, não fosse a narrativa de viagem escrita pelo próprio governador, conde de Azambuja, que, riquíssima na descrição da fauna, fornece alguns detalhes sobre o pouso. Como era de praxe, este aconteceu, alternadamente, em fazendas e sítios localizados pelos caminhos; em ranchos de palha ou ainda, na ausência deles, no próprio mato, em acampamentos — local, aliás, onde mais se pernoitou. Assim, ora dormiu-se "numa fazenda dos Padres do Carmo", ora muito precariamente "dentro em um capão de mato que terá quatro léguas de comprido", ora num palmital copado, do qual, "de qualquer parte que se olhasse, se via uma rua como de quinta, coberta com aquela espécie de abóbada formada daqueles ramos", ou ainda perto do morro de Araraquara, onde o gentio preferiu cuidar de sua lavoura a cair sobre a luzida companhia. O pouso que mais mau humor despertou no fidalgo foi um aguapé do Pantanal, aonde foram ter quase às nove horas da noite, tangidos pelo vento e pelas ondas, vendo-se impedidos de cear por não poderem acender lume ou lenha que aquecesse a refeição. Em geral, não se deixava o pouso antes das nove horas por causa da névoa cerrada que tudo cobria até essa hora — a "densa lebrina" de que fala outra narrativa, e que, enquanto não se levantasse, impedia o navegar, "porque encobre os perigos que por este sertão se encontram". Quando se falhava por mais tempo em tais paragens, podia ocorrer de os ares se corromperem em decorrência da quantidade de caça morta para o sustento dos viajantes, os quais, na nostalgia dos hábitos sedentários, exageravam, talvez, na ingestão de carne. Foi por isso que, em certa ocasião, d. Antonio Rolim de Moura e seus homens tiveram que levantar acampamento.[26]

Trinta e tantos anos antes, o autor do relato sobre a viagem de um outro governador, agora de Minas Gerais, estendeu-se detalhadamente sobre as etapas da jornada, possibilitando que se conheça ainda melhor o modo como viajavam os altos funcionários da administração colonial da época. D. Pedro de Almeida Portugal, conde de Assumar, saíra do Rio a 24 de julho de 1717 para governar a capitania de São Paulo e Minas do Ouro, que constituía então uma só unidade administrativa. Passou o Natal na vila do Ribeirão do Carmo, hoje Mariana, a primeira capital das Minas, antes de Vila Rica assumir esse papel. Durante os cinco meses em que viajou, teve manifestações de hospitalidade por parte de vários habitantes do interior, dos mais ricos aos mais humildes. Ao lado de observações agudas sobre os habitantes e os costumes da nova terra, o que mais ressalta da pena do escritor desse diário é o apreço pelas noites bem-dormidas, pelas acomodações asseadas, pela mesa farta, pela obrigatoriedade das missas matutinas, sem as quais parece que o dia não raiava. O padrão era o europeu, mas havia certa flexibilidade nos juízos: uma recepção honesta e esforçada era vista com gratidão, reconhecendo-se "a decência que permitia o deserto".[27]

Nem sempre eram as melhores casas que abrigavam os viajantes. Mesmo se o dono era homem incapaz de oferecer aos hóspedes um punhado de farinha de pau com sedimento, seu engenho, próximo à estrada, servia para um descanso breve, bastante para aliviar os rigores do sol e refazer as forças esvaídas em cinco horas de jornada ininterrupta. Na fazenda jesuítica de Santa Cruz, Assumar e sua comitiva, talvez na esperança de reconstituir um ambiente mais europeu e familiar, insistiram para que o cozinheiro que levavam pudesse preparar-lhes os alimentos; os padres, de má vontade, não consentiram, e o grupo teve que se contentar com os acepipes dos cozinheiros negros, por eles qualificados de "guizados de frades". Mesmo nas lonjuras do sertão, procuravam preservar os hábitos que prezavam em condições normais; para temperar o peixe, lastimavam a falta do azeite e do vinagre, retidos com o carregamento que não chegava, e buscavam novos atrativos para o paladar: "Se alguma coisa tivemos em abundância foi laranjas da China excelentes, assim na grandeza como no gosto, limões, batatas, carás, fruta da terra, que sem estar tudo isto cultivado [...] é sumamente bom".

Havia tolerância para com os exotismos, e espaço para comparações. No rancho de palha de um paulista, o conde passou a noite perseguido pelas baratas, praga análoga aos percevejos europeus. Apesar de não ter coragem bastante para aceitar a oferta generosa de uma ceia de "meio macaco e umas poucas de formigas", que era tudo quanto existia para comer no casebre, o governante não conseguiu conter a curiosidade, e quis saber o gosto das iguarias; o hospedeiro "respondeu que o macaco era a caça mais delicada que havia naqueles matos circunvizinhos, e que as formigas eram tão saborosas, depois de cozidas, que nem a melhor manteiga de Flandres lhes igualava".

Privados de boa comida, ou assustados com o exótico de algumas delas, os viajantes também se ressentiam da falta de suas roupas e pertences, que seguiam em carregamentos distintos e demoravam a alcançá-los nos pernoites. Ao se verem sem pouso decente, improvisaram um, em que serviram "de colchões o capote e as casacas de cobertores": instintivamente, aproximavam--se, assim, dos hábitos dos naturais da terra, como os vaqueiros do Rio Grande de São Pedro, que dormiam ao relento tendo por leito os arreios dos cavalos envoltos em pelegos, por travesseiros os lombilhos, por cobertores os ponchos.[28] Perdidos no litoral, perto de São Sebastião, foram dar na casa de um paulista, onde cada um, inclusive o governador, armou sua rede e dormiu até o dia seguinte.

Se boa parte dos pernoites correu, nessa viagem, por conta do imprevisto e da improvisação, fica claro que instituições militares — como as fortalezas — e religiosas — como os conventos e os colégios jesuíticos — desempenhavam papel destacado como locais de sociabilidade e do exercício de uma privacidade possível, por contraditório que tal possa parecer. Após 24 horas de um jejum forçado, Assumar e seus homens cearam na fortaleza de Santos: "Não adivinhamos o quê, porém pareceu-nos o mais delicioso manjar". Na ermida de Nossa Senhora da Penha, a duas léguas da vila de São Paulo, Assumar rezou e "comeu algum doce do muito que havia em uma mesa". Por outro lado, os poderes públicos providenciavam para que o governador tivesse boas acomodações, e tanto em São Paulo como em Moji prepararam-se alojamentos especiais para sua estada.

Malgrado, portanto, certo intuito acomodatício, e certa complacência de europeu em viagem pela selva tropical, o autor desse diário não esconde a crença num *estilo estamental* em bem hospedar. No sítio do Rio Verde, por não habitá-lo ninguém mais do que o feitor, "passou-se parcamente", como se a baixa condição social do hospedeiro o impossibilitasse de exercer adequadamente as *honras* da casa. No sítio do Tororó, um frade do Carmo ofereceu pouso ao conde, mas este o recusou e não quis usufruir da hospedagem ofertada, "por algumas sinistras informações que lhe tinham dado do seu procedimento". Já na olaria de Manuel da Silva Rosado, a recepção foi magnífica, pois o homem havia sido criado de Antonio de Albuquerque Coelho de Carvalho, fidalgo de alta estirpe que governara a capitania alguns anos antes. Do patrão, o empregado não incorporara apenas a honra, mas os hábitos europeus, o que possivelmente tornava ainda melhor o pernoite: no quintal, encontrava-se "muita fruta do reino, como uvas, figos e outras".[29]

Em 1780, Francisco José de Lacerda e Almeida começava em Belém do Pará uma longa viagem pela América portuguesa, terminando-a, nove anos depois, na sua cidade de origem: era paulista de nascimento, e, após estudos em Coimbra, voltava à Colônia como astrônomo da comissão de demarcação dos limites. Doenças, perigos, imprevistos também pontuam sua longa viagem, e nela, como nas outras, nota-se o intuito de criar ou improvisar a vivência de intimidades fugazes. Um forte semidestruído serviu, em Santarém, de abrigo aos doentes até o restabelecimento, e de distração para todos graças à variedade e colorido dos objetos confeccionados pelos índios do lugar. Quando deixaram Vila Bela com destino a Cuiabá, reveses forçaram um pouso mais longo, momento para secar as roupas encharcadas na exaustiva travessia de um lamaçal, curar os pés escalavrados por paus e espinhos, aguardar a chegada de companheiros retardatários ou das cargas de boca e de guerra. Pelos sítios e fazendas do caminho — como a de um velho, onde se viram agasalhados "com carinho e caridade" —, foram pelejando contra as sangrias, as purgas, os vomitórios, os defluxos dentários, as sarnas de carrapato, a profusão de onças (estas eram tantas que, "além das que se mataram, e das que fugiram", causava admiração ver "a terra revolvida pelas unhadas delas, como se fora cavada com enxadas"), os incômodos de uma noite fria passada com a roupa molhada colada ao corpo pelo vento sul. Em pleno pantanal, sem terra por perto, houve noite em que tiveram de dormir nas árvores ou nas canoas, comendo "uma pouca de farinha e marmelada já ardida". Depois das agruras, uns poucos palmos de chão seco pareciam a terra da Promissão: ali se fazia alto, se estendiam os toldos para o abrigo da chuva, acendiam-se as fogueiras para mais comodamente se enfrentar o frio. "Vi então por experiência própria", comenta Lacerda e Almeida, sob efeito do descanso, "que o melhor guizado do mundo, e o mais inocente, é o feijão e toucinho pouco cozido."[30]

Nove anos passados, a dieta imposta pelo mato e os caprichos que envolviam a aquisição de alimentos aparecem com naturalidade no diário do cientista. O Natal de 1788, "por ser tão solene", foi festejado com os habituais feijão e toucinho e enriquecido por "quatro macacos preparados de quatro modos diferentes". No dia seguinte, interrompeu-se a navegação e se esperou pacientemente por cinco horas e meia até que surgisse do fundo do rio uma anta morta pelos homens da expedição. Bastava colocar uma luz no centro da canoa para que os piabuçus e as piracanjubas saltassem mais facilmente para dentro dela, dando um bom jantar. Nada que se comparasse, entretanto, à "boa ceia de hortaliça, de frangos e leitões assados, de galinha ensopada e de frutas do país" com que o brindou em Araritaguaba o camarada que governara seu batelão: primorosa reintegração ao universo da intimidade doméstica, "tudo feito pela mulher com muito asseio, e melhor vontade, e sem gasto de um só real por ser tudo da sua criação".[31]

Se era sujeito a imprevistos e reveses o pernoite de fidalgos que vinham à América para governar, ou de cientistas escolhidos pelo governo para demarcar limites — todos eles, afinal, representantes do rei —, pode-se imaginar a precariedade do pouso de homens comuns. As tropas de muares e cavalares que vinham do Sul dormiam muitas vezes ao relento, batendo estacas à beira de algum córrego a fim de, nelas, amarrar seus animais. Para acomodar as cargas e provisões, preferiam os declives, por onde, em caso de chuva forte, as águas podiam escorrer mais facilmente. Levando cozinheiro, que preparava carne-seca com feijão, os camaradas se juntavam à noite para fumar, conversar e arriscar alguma cantoria, havendo os que, cheios de cuidado, escreviam bilhetes para casa, às vezes para descompor um filho rebelde.[32]

No sertão, após as jornadas longas de até seis léguas, quando havia água, e de vinte léguas quando esta faltava, parava-se pelos caminhos, onde se iam formando sítios e lavouras que, além do pouso, forneciam aos viandantes a sobra do que plantavam. No dizer de Capistrano de Abreu, "alguns, graças aos conhecimentos locais, melhoraram e encurtaram as estradas; fizeram açudes, plantaram canas, proporcionaram ao sertanejo uma de suas alegrias, a rapadura".[33]

Se, ao longo dos caminhos, ia se organizando o convívio social, os pousos permitindo que os viandantes construíssem momentaneamente ilhas de privacidade no meio das agruras da viagem ou da expedição, houve quem, apesar da solidariedade circunstancial, não desejasse levar prejuízo algum por conta de um ato hospitaleiro. Acolhendo em sua fazenda chamada Brejo do Campo Seco o camarada doente de um seu conhecido, Antonio Pinheiro Pinto contabilizou, no seu *Livro de razão*, a quantia despendida com o tratamento: purgas e dieta de caldo de galinha somaram 1280 réis, muito mais do que o fazendeiro gastava habitualmente com os pernoites comuns, quando a alimentação constava apenas de carne-seca e farinha de mandioca.[34] Ainda nos primeiros tempos da mineração, morava próximo ao rio das Mortes um paulista chamado Tomé Portes, "que vendia mantimentos aos passageiros e era senhor da canoa de passagem" e, por motivo não mencionado, acabou sendo morto por seus empregados.[35]

Houve mesmo quem buscasse extrair proveito máximo de tal ordem de coisas. Vários colonos passaram a pedir sesmarias com o intuito de explorá-las para a subsistência dos transeuntes, o que aconteceu com particular intensidade ao longo do Caminho Novo, em Minas. Foi também o caso de muitas das estalagens abertas nas bordas dos caminhos mineiros para hospedar comerciantes e estocar suas cargas, possivelmente revendidas depois de algum tempo.[36] Por volta de 1730, intensificou-se o movimento de tropas de mulas que, do Sul, seguiam para as regiões do Centro-Leste: viagem de sol a sol, arrastada e vagarosa. Os sesmeiros que tinham terras atravessadas por caminhos deveriam conservá-los; entretanto, nunca o faziam, deixando que ficassem em estado lastimável e ocasionassem verdadeiras tragédias no tempo das águas: as enxurradas erodiam o solo em precipícios, que tragavam os cavalos quando estes não ficavam presos nos lamaçais. Para não se verem totalmente prejudicados, sem alimárias e sem cargas, "perdidas pelas estradas ao rigor do tempo",[37] os tropeiros paravam nos pousos. Podiam, então, recorrer a ferradores, estrategicamente instalados junto às vendas dos caminhos mais percorridos, onde também se vendia milho para os animais.[38]

A falha nos pousos poderia acabar se estendendo além do desejado. Havia má-fé na falta de conserva dos caminhos, os donos dos pousos obrigando, assim, o viajante ao maior consumo de seus gêneros. Em Minas, na passagem do Pilar para o Couto, um vigário mandava que se colocassem paus atravessados no rio para impedir a passagem das canoas em que iam os transeuntes, que se viam na contingência de pernoitar em sua casa e ali gastar dinheiro.[39]

Famoso pelo papel tido na expansão paulista foi o pouso de Camapuã, fazenda fundada por volta de 1728 e situada às margens do ribeirão de mesmo nome, a meio caminho da rota comercial para o Cuiabá. Lá falhavam as canoas que navegavam o rio Pardo, renovava-se o estoque de víveres, retemperavam-se "energias para o prosseguimento da jornada".[40] Lá, viajantes ilustres, como d. Antonio Rolim de Moura, despiam-se pela primeira vez, passados três meses da partida de Araritaguaba, e podiam, talvez, gozar as delícias de um banho — ou, caso isso fosse exagero ante o comedimento dos hábitos higiênicos da época, dedicar-se "pelo menos ao tradicional lavapés".[41] O governante parece ter gostado dos alojamentos — "casas de sobrado muito suficientes para a parte em que estão" —, surpreendendo-se com o asseio da capela contígua e, saudoso talvez dos hábitos reinóis, cogitando que o pátio interno às edificações comportaria até uma tourada.[42] Também Lacerda e Almeida gostou de Camapuã, lembrando-se da amenidade climática que encontrara em Portugal e entregando-se à "alegria que um país aprazível pode causar" após oito anos de difícil andança por sertão eriçado de "matos altíssimos, ásperos e de algum campo pela maior parte inundado e pestífero".[43]

Camapuã nunca se tornou um centro dinâmico, mantendo "um ritmo sonolento e rotineiro de velha fazenda sertaneja" que a chegada das frotas mal interrompia.[44] Os carros de boi eram poucos e os animais, mal alimentados, eram lerdíssimos, tornando morosa a condução das cargas. Mesmo assim, plantavam-se mantimentos, criavam-se capados e galinhas, fabricavam-se, para uso local, panos toscos, redes, louças — articulavam-se, portanto, os elementos de uma vida privada.

Os ataques dos Caiapó, índios que viviam do corso do trânsito fluvial, sacudiam vez por outra o torpor de Camapuã. Em 1730, queimaram as casas e roças onde se abasteciam os viajantes. Na mesma ocasião, foram, junto com os Gualacho, ter às roças do Cajuru, que, às margens do rio Pardo, haviam antecedido o pouso de Camapuã como local de escala das monções. Lá, destruíram plantações e queimaram casas. Por causa desses *piratas*, os roceiros viviam como em presídio: armas sempre nas mãos, mesmo quando trabalhavam a terra; caminhando sempre aos pares, mesmo quando iam buscar a água que tinham ao lado da casa.[45]

Já no fim do século, em 1778, surgiu, na margem direita do rio Paraguai, o pouso de Albuquerque, onde depois se desenvolveria a cidade de Corumbá. Era constituído por um grande pátio fechado, "com casas em torno, formando quatro lances e um portão em frente ao rio", roças de milho e feijão que bastavam para os duzentos moradores e mais os navegantes que pernoitavam. Muitos dos pousos destinados originalmente a agasalhar tropas vindas do Sul também depois se tornaram vilas.[46]

A mais curiosa das manifestações de civilidade e de organização do cotidiano fora do âmbito doméstico teve lugar numa expedição ocorrida em Minas no ano de 1769. Foi então que o mestre de campo Inácio Correia Pamplona e seus homens saíram das proximidades de São João del Rei para bater os matos atrás de quilombolas e, simultaneamente, conceder terras a sesmeiros dispostos a se estabelecer para os lados das picadas de Goiás. Durante quatro meses, os entrantes caminharam por uma região ainda pouco habitada, alternando os pousos, como nos casos acima descritos, entre as fazendas e os acampamentos, e escandindo a jornada difícil com rituais civilizadores.

Com frequência, o fazendeiro escalava um grupo de homens — entre os quais ele próprio podia se incluir — para aguardar os entrantes nas imediações da fazenda e guiá-los até o local que lhes serviria de pouso. No dia seguinte, ao partir a comitiva, repetia-se o procedimento, o dono da casa escoltando os viajantes por algum tempo, chegando às vezes, num ato de cortesia e civilidade contrastante com a vida rude daqueles sertões, a percorrer com eles distância considerável.[47]

Há um cuidado extremo em nomear fazendeiros e fazendas nesta "Notícia diária e individual das marchas e acontecimentos", no intuito, talvez, de conferir um tom mais ameno e afetivo às desoladas paragens percorridas. Fosse na fazenda do padre João da Costa Resende, na de Bernardo Homem, na do tenente Serra, ou ainda nas terras de Francisco Pinto, José Rodrigues da Cruz, Antonio Álvares, Manuel Dutra; fosse na fazenda de Cataguases, na da Misericórdia, na do Manteúdo, na da Cachoeira; fosse no pouso improvisado junto ao capão de mato que se batizou com o nome de Capitinga, onde se ergueu rancho e se desbarrancaram córregos para as bestas beberem, passando-se "admiravelmente de todo o necessário", ou num outro capão, por eles nomeado "cabeceiras de Santo Estêvão", ou ainda no que se estendia ao pé da serra da Canastra; fosse junto ao ribeirão chamado das Araras, onde também se passou "com abundância costumada", ou próximo ao ribeirão dos Arantes, ao de São Rafael, ao das Onze Mil Virgens, cujas margens excessivamente enlodadas fizeram atolar os animais até a barriga; fosse, enfim, junto ao ribeirão do Salitre, quando se armou um arraial de casas de capim "muito bem airoso, porque a paragem é de si mesma mui vistosa e agradável" — em qualquer local onde se pernoitasse, havia uma série de rituais que se repetiam: davam-se graças a Deus pelos bons sucessos; rezavam-se missas a cada alvorecer; ouvia-se a música, sacra mas também profana, executada por uma incrível orquestrinha formada de escravos negros.[48] O ato de comer envolvia procedimentos que, talvez mais ainda do que outros, destoavam do cenário agreste: quando demoravam a se pôr à mesa, o cozinheiro recolhia as panelas "por não esfriar"; no decurso do jantar, sucediam-se os brindes, feitos com "excelente vinho" — sabe-se lá de que forma remetido às picadas de Goiás; "por sobremesa", ao final de cada refeição, sempre havia versos: os presentes ofereciam, uns aos outros, poemas encomiásticos, destacando-se os bajulatórios dedicados ao mestre de campo.[49]

A expedição de Pamplona ilustra, dessa forma, que o pouso podia ser ocasião de se construir um ambiente de domesticidade e polidez, recuperando, talvez, o desejo de uma vida privada que os núcleos urbanos de Minas já conheciam, e que seus habitantes, com uma ponta de nostalgia, recriavam no sertão por desbravar.

NA FRONTEIRA

Envolvendo figurões da administração e das armas luso-brasileiras, a expedição que demarcou, entre 1752 e 1756, os limites ao sul da Colônia e guerreou os índios das missões de Sete Povos também apresenta curioso apreço pelos hábitos de uma sociabilidade cortesã, tentando preservá-los, assim como a intimidade, no meio de operações militares e embates com o meio físico adverso. Do lado português, era comissário Gomes Freire de Andrade, depois conde de Bobadela; respondia pelo rei de Espanha o marquês de Val de Lírios, e ambos tentavam manter a precária construção diplomática traçada em 1750 por ocasião do tratado de Madri, e que logo viria a desmoronar.

Um relato sobre a expedição testemunha, mais uma vez, a fragilidade da vida naqueles tempos, mais do que hoje vulneráveis às intempéries e aos ataques de feras. Onças, cobras, rios cheios, capinzais altos, de tiririca, que cortavam como vidro quebrado e pegavam fogo à menor fagulha provocam baixas em meio à soldadesca, somando-se às investidas dos índios, que largam para trás cadáveres com raízes de mandioca enfiadas nas feridas.

Além de preservar as normas diplomáticas vigentes na Europa de então — e no meio de um regato, grosso pelas chuvas, os dois comissários se demoram em "cortesãs disputas", vencendo Gomes Freire antes da primeira das entrevistas, que se estendeu por três horas —, as duas partes procuram manter, da mesma forma, certos traços da sociabilidade própria às elites europeias. Pagavam-se visitas nos acampamentos, e os presentes oferecidos — outra praxe diplomática — revelam a marca dos hábitos íntimos: fivelas, caixinhas, relógios, tabaco castelhano para ser partilhado com amigos, "um jogo de chá e chocolate, de pau coberto por dentro de prata dourada", "um livrinho de ouro com folhas de marfim, para memórias".

Davam-se banquetes nos acampamentos e nas vilas aonde chegava o exército. No início de 1756, próximo às cabeceiras do rio Negro, o general espanhol d. José Andonegue deu em sua barraca um "banquete esplêndido" a Gomes Freire e seus oficiais mais graduados, que terminou às quatro horas da tarde com "uma saúde às majestades Fidelíssima e Católica, dando-se ao mesmo tempo uma salva de treze tiros de peça de artilharia". No campo de Bacacaí-Mirim, refeição semelhante foi oferecida por Gomes Freire aos espanhóis, contando entre eles o governador de Montevidéu e o do Paraguai. No ano anterior, na ilha do Desterro, o governador d. José de Mello Manuel, fidalgo de alta estirpe, recepcionara com brilho os oficiais; nas manhãs seguintes, ao se recolherem da missa, estes cultivaram o hábito de ir tomar chocolate com pão de ló e bolinhos na casa do governante. Aproveitaram também a estadia para visitar amigos e restabelecer relações antigas. Enquanto se entretinham dessa forma, fugiram dois fuzileiros, fazendo com que toda a infantaria fosse forçada a se recolher ao iate para assim se evitarem novas fugas.

E havia as festas. Em setembro de 1752, em meio aos acampamentos do Chuí, Gomes Freire levou às barracas do marquês de Val de Lírios um "sarau" com dança de caboclos, de jacarés, de tigres, de chinas, e uma, encenada por oficiais e subalternos, que representava as partes do mundo — Europa, América — e as quatro estações do ano, somando nove danças, que "nenhuma se errou". Todos achavam-se muito bem-vestidos, "e sem embargo de ser cousa de campo, podia aparecer em qualquer cidade, porque até diamantes houve para duas figuras de mulher". Estas — não se diz se verdadeiras ou travestidas — deslumbraram os castelhanos, adereçadas com anéis, finos laços de ouro, saias, camisas, "coletes e roupas abertas, que se fizeram de colchas". A noite ajudou o brilho do espetáculo, e todos admiraram que se pudesse fazer "cousa tão boa" em meio a manobras militares.

Em meados de 1756, em Santo Ângelo, após festividades de caráter mais acentuadamente público — exposição do Santo Lenho, missa cantada por índios, banquete farto para todos —, o comissário português ofereceu aos padres missionários sarau semelhante ao que tivera lugar anos antes: minuetos, "dança de caboclos ao uso das aldeias do Brasil", "contradanças nobilíssimas". Os Tape pasmaram, como os castelhanos, com as figuras femininas, "por ser a maior novidade de verem mulheres tão formosas e singularmente vestidas daquela forma".[50]

São hábitos bem distintos os que outra expedição fronteiriça registrou. Em 10 de março de 1769 — no mesmo ano, portanto, em que Pamplona percorria o atual Triângulo Mineiro com seus escravos músicos e seus poetas da roça — partia de Araritaguaba, rumo ao presídio do Iguatemi, uma expedição acomodada em 36 embarcações e composta por "setecentos e tantos homens, mulheres, rapazes, crianças de todas as idades", além dos soldados pagos e dos animais. A viagem duraria dois meses e dois dias, e dois anos e dois meses a estadia, no Iguatemi, daquele que a comandara, o sargento-mor Teotônio José Juzarte, auxiliar direto do governador de São Paulo, Morgado de Mateus, em suas investidas sertão adentro.[51]

Situado na margem esquerda do rio do mesmo nome, sobre "barranca bastantemente alta", o presídio tinha sido fundado em 1767 pelo ituano João Martins de Barros, integrando um conjunto de medidas da administração colonial destinado a fazer do Tietê uma linha estratégica que possibilitasse a ocupação mais efetiva do Oeste e do Sudoeste e, ao mesmo tempo, contivesse os eventuais avanços espanhóis. Enquanto existiu, foi o terror dos desertores, dos desocupados, dos miseráveis — negros, mulatos e criminosos com pouco a perder, a quem não interessava a honra e só a conveniência podia obrigar, como dizia um dos militares que lá serviram, valendo-se de eufemismos para sugerir que seguiam à força para povoarem aquela frente avançada.[52]

A viagem foi uma odisseia. Logo no começo, duas das mulheres pariram. Uma, de nação Bororo, retirou-se "um pouco do tumulto da gente", e, junto ao mato de uma prainha, deu à luz a criança, levando-a, em seguida, e sempre sozinha, para banhar-se com ela no rio; no dia seguinte, "andava sem moléstia alguma". A outra, solteira e filha de um povoador, achava-se grávida sem que a família soubesse; não podendo mais sofrer os "ardores do parto", e sem condições de retirar-se, teve que expor sua intimidade, parindo "publicamente no meio e à vista de tanto povo".[53] Passados poucos dias, manifestou-se entre os povoadores uma diarreia generalizada, então vulgarmente conhecida por *corrução*. Mais uma vez, violou-se o caráter privado de atos íntimos, os doentes tendo de fazer suas necessidades corporais onde fosse possível, uns tentando se esconder nos matos, outros, desfalecidos e sem poder se movimentar, tendo de ser carregados em redes ou removidos pelos sãos. Em seguida, sobreveio uma tempestade, sendo necessário embicar as embarcações no barranco e prendê-las com cordas de ferro aos troncos e às raízes das árvores das margens; as rezas e ladainhas não impediram que caíssem dois raios. Passada a noite de horrores, amanheceu morta uma criança, dando-se-lhe sepultura no mato. Decidiu-se então que era melhor saltar em terra, cada família fazendo a sua fogueira para se aquentar e cozinhar comida — como que tentando refazer, após tanta exposição pública de dores, vergonhas e doenças, a privacidade esfrangalhada.[54] Quando os que saíam atrás de caça voltavam bem aquinhoados, os animais eram repartidos entre os povoadores; primeiro se serviam os doentes e os mais necessitados, e "cada um por sua parte, uns assando, outros cozendo, cada um cuidava na sua comida". Mas bastou uma praga de carrapatinhos para que todos tivessem que ficar nus; o máximo que o pudor conseguiu foi dividirem-se os gêneros: de um lado, os homens se esfregavam com o popular caldo de tabaco de fumo ou bolas de cera da terra; do outro, "as mulheres lá se remediavam umas com as outras, e todos conforme podiam, e permitia a ocasião".[55]

Mas se por um lado o convívio imposto pela viagem tolhia a intimidade das famílias e dos indivíduos, o isolamento total podia, em certas circunstâncias, pôr a vida em risco. Numa tarde, quando se preparava o pouso na Barra de Piracicaba, perdeu-se um dos homens que haviam saído para caçar. Era um dos trinta soldados pagos que acompanhavam os povoadores; pelo mato e pelo rio seguiram destacamentos atirando, no intuito de orientar o perdido. Já noite, às oito horas, ouviram os gritos do infeliz, e deram com ele trepado numa árvore, "sem saber em que parte estava, e disposto a ficar e morrer naquele sertão". Contou que lá subira acossado por um bando de porcos-do-mato, perseguidos, por sua vez, por uma onça de "extraordinária grandeza"; os companheiros resgataram-no da incômoda pousada. Outro episódio curioso envolveu uma família, ansiosa, talvez, por buscar certa intimidade dentro do convívio promíscuo da expedição: às dez horas da noite, soltou-se rio abaixo uma embarcação em que dormiam uma mulher, seu marido e dois filhos; acordaram à mercê da correnteza, e "sem governo algum", pondo-se a gritar pedindo socorro aos companheiros. Da margem do rio, uma sentinela viu passar o barco desgarrado, alertando, aos brados, os homens de um batelão, que, nus, conseguiram reconduzir os quase náufragos ao pouso.[56]

Não bastassem os acidentes a envolver a expedição de povoadores e seus membros — os doentes, cujo número aumentava sempre, dando cuidado aos demais e atrasando a viagem; as mulheres que pariam, acudindo-se-lhes conforme podia ser; o mantimento que escasseava, as farinhas corrompendo-se com a umidade e o feijão brotando todo; a lenha, já pouca para fazer fogo e esquentar a gente —, havia os perigos do rio. O Tietê, de navegação acidentada, era considerado um rio saudável. Já o Paraná — ou Grande, como então se dizia —, quase sem cachoeiras, era sujeito a ventanias, a redemoinhos e sorvedouros fortíssimos e, principalmente, tinha fama de pestilento e doentio.

Por fim, passados dois meses, chegou-se à praça do Iguatemi. A fortificação heptagonal, no estilo consagrado por Vauban na França, achava-se inacabada e não dava defesa alguma, "porque se penetrava de dentro para fora e de fora para dentro quase por toda a parte".[57] A igreja, desprovida de qualquer ornamento, fora fabricada com parede de mão, e o telhado era de casca de palmito. As casas, construídas da mesma forma, tinham o teto de capim. Havia duas fontes de boa água. A guarnição compunha-se de um capitão-mor regente, um capitão de infantaria vindo do Rio para, como engenheiro, fortificar a praça, três companhias de paisanos pedestres e seus oficiais competentes, totalizando cerca de trezentos homens. Achava-se nua, morta de fome e sem comunicação com parte alguma.

No domicílio novo, os povoadores tentaram aos poucos organizar sua vida, improvisando soluções. Em "uma gamela de pau, se batizaram cinco crianças que nasceram pela viagem". As famílias receberam, cada uma, "chãos para fabricarem suas casas dentro na praça", e terra, fora dela, para cultivarem roças. Mas a pobreza geral impunha demoras: faltavam artífices, ferramentas, meios para remunerar o corte das madeiras e seu transporte dos matos para o povoado. Os que tinham escravos, ou agregados, puderam erguer suas casas; já os miseráveis "por ali ficaram, agregando-se uns por casa de outros".[58]

Logo "principiou a Parca a fazer sua colheita": cortou-se a perna a dois homens, os doentes contavam-se às dezenas, sucederam-se as mortes. Vieram, depois, pestes sucessivas: de ratos, de pulgas, de bichos felpudos, de baratas, de grilos, de gafanhotos, de mosquitos borrachudos, que perseguiam os cavalos pelos campos, deixando-os desatinados a ponto de entrarem pelas casas do povoado e meterem "as cabeças junto com a gente por cima do fogo para se livrarem daquela imundície". Os povoadores tentavam burlar as condições adversas e preservar certa normalidade: continuavam os casamentos, os ritos religiosos, as procissões e ladainhas em honra da Virgem. No princípio de setembro, cinquenta deles se juntaram em frente à porta do capitão-mor, clamando que tinham fome e que suas famílias se encontravam ao desamparo. Nada mais havia, então, para comer: nem sal, "nem coisa alguma mais que algumas abóboras a que chamam quibebes", e os grelos delas, chamados cambuquiras, cozidos n'água sem sal nem gordura. Foi sorte, semanas depois, que surgisse pelas imediações grande vara de porcos-do-mato: cada homem matou, então, mais de um animal, "de sorte que vieram contentes por terem com que alimentar naqueles dias suas famílias".[59]

Não bastassem as doenças, as mortes, as pestes de bicho, a fome extrema, no início de novembro abateu-se sobre os povoadores o flagelo do gentio. Investiu contra os ranchos externos à povoação, incendiando, quebrando, despedaçando tudo quanto achou dentro das casas. Ouvindo, ao romper da lua, o barulho do ataque, uma pobre mulher, que tinha dois filhos, fugiu com o pequeno, ainda de peito, e esqueceu do maiorzinho, que dormia numa rede. Os índios entraram no rancho, acordaram o menino, mataram-no, "metendo-lhe três flechas que parecia um são Sebastião". A mãe escapou com o pequenino, "metida no rio com água pelo pescoço". Houve grande murmuração entre os moradores, e, no dia seguinte, "largando-se os sítios e plantas com medo do gentio", recolheram-se todos à praça. Quando sumia gente, não se sabia se a causa era desnorteio no mato ou nova investida de gentio. Este rondava a praça sem trégua, às vezes se contentando com a oferta de algum ferro e algumas facas flamengas, como os que, chegados de "uma terra de Espanha, onde haviam feito grande mortandade", negociaram com Juzarte e o capitão de infantaria José Álvares, trazendo, pendentes dos ombros, "as saias das mulheres que mataram ainda gotadas de sangue", e, "também untadas", "as camisas dos homens, com as roturas das frexas".[60]

No início de 1770, a Parca apertou o cerco. As sezões grassavam. Todas as casas foram defumadas com breu, "e não se ouvia mais que gemidos, gritos". Não havia confissão ou absolvição que chegasse, nem botica que vencesse, pois doentes estavam quase todos os moradores da praça: soldados pagos, paisanos, pedestres, não havendo quem fizesse guarda ou sentinela, abrindo mais ainda o flanco do presídio ao ataque dos índios e dos espanhóis. Corriam os meses, e crescia a mortandade. No meado do ano, chegaram as coisas a tal estado que, dentro da própria casa, não se atinava quem estava morto, quem estava vivo; deixou-se de celebrar missa ou batizar os nascituros, pois já não havia vinho ou sal.[61]

Num toque curioso, a lembrar que, mesmo no coração da tragédia, persiste a necessidade humana do prazer e do supérfluo, os homens ansiavam por tabaco, que não havia. Alguns descascavam os arcos de alguns poucos barris, e pitavam-nos; outros fumavam congonha; "os que tomavam tabaco em pó se viam desesperados pelo não terem". O sargento-mor Juzarte, que racionara seu quinhão, "o governava à proporção que se adiantava o tempo, moendo dele um bocadinho para cheirar, repartindo com o padre vigário e o capitão João Álvares, às escondidas para que os mais não vissem; dava-lhe uma picada pela manhã e outra à noite, ao que o dito vigário, correndo-lhe as lágrimas, me agradecia muito".[62]

Hidrópico, "nos últimos fins da vida", Juzarte deixou o presídio. Neste, a morte continuou ceifando, e só restou um punhado de gente. Mandaram-se reforços, trocaram-se os comandantes. A 27 de outubro de 1777, quase sem encontrar resistência e contando com forças infinitamente superiores, os castelhanos tomaram a praça; alguns povoadores acompanharam o inimigo, outros fugiram pelos matos, onde muitos encontraram a morte. Funesto fim o do Iguatemi, ajuíza o sargento-mor Juzarte, "que nem os vassalos da Conquista do Oriente terão tanto que contar" como os que escaparam com vida daquele inferno.[63]

Se o relato de Juzarte é amargo e negativo, há uns poucos testemunhos que indicam qualidades no presídio do Iguatemi: a abundância de animais nos campos circundantes — antas, emas, perdizes, veados-brancos —, a qualidade e o sabor das frutas silvestres, a fertilidade das terras, divididas em roças "aprazíveis" onde tudo quanto se plantava produzia em abundância, como o milho, o feijão e a mandioca que integravam a dieta básica das famílias. É certo que nos meses de fevereiro e março sobrevinha uma peste mortífera: mas a malignidade das sezões se deveria antes à falta de remédios, e o desamparo todo à falta de dinheiro da capitania de São Paulo. Nos meios aparentemente mais adversos, parecia haver sempre a possibilidade, ou o desejo, de construir um cotidiano agradável.[64]

CONCLUSÃO

Se, por um lado, a forma paulista de andar em bandos e às voltas com pilhagens parece inviabilizar qualquer possibilidade de vivência íntima mais efetiva, não há como negar que a busca de mezinhas, de água nas samaritanas do sertão, as paradas para o plantio ou a colheita das roças constituem improvisações de uma privacidade possível. Portanto, essa vida no meio do mato, em constante movimento, é eminentemente contraditória, construindo, no seio da vida grupal, elementos inegáveis de uma sensibilidade mais afeita ao isolamento, na qual aos poucos foi crescendo a valorização dos espaços mais íntimos.

O mesmo vale para os pousos, para os ritos de civilidade realizados nas picadas de Goiás por Inácio Pamplona e seus homens, para a cortesia praticada pelo dignitário português e seu colega espanhol nos campos do Sul da América, ou, ainda, para a sociabilidade de oficiais que, uma vez atingida a ilha do Desterro, aliviavam-se dos percalços vividos na viagem marítima, adquirindo alento novo para enfrentar os rigores do inverno austral. Em todas essas manifestações, traços de intimidade se insinuam com frequência na vida cotidiana, mas muitas vezes se confundem com as práticas próprias ao espaço público. Momentos antes de oferecer uma festa mais exclusiva em sua barraca, Gomes Freire de Andrade oferecera um beija-mão em homenagem à majestade que, naquela lonjura, ele representava: afinal, comemoravam-se os anos de d. José I.

Contudo, mesmo longe dos centros urbanos e dos lugares em que imperavam, de forma nítida, as hierarquias e as restrições da situação social e da cor, quando a saudade do lar aproximava os contrários e esfumaçava as diferenças, clivagens nítidas se faziam sentir. As delícias mais domésticas de uma boa refeição, acompanhada por tabaco, conversas, vinho do Reino distendiam os nervos dos melhor situados socialmente: oficiais em serviço na fronteira, que, uma vez de volta ao acampamento, teriam que se haver com soldados fugitivos, ou mandar enforcar um negro ladrão.

Para os pobres, os desamparados pela sorte, tudo era diferente, e o isolamento poderia, ao contrário, significar perigo extremo. Nas expedições sertão adentro, a sobrevivência era garantida pela manutenção do convívio grupal: desgarrar-se rio abaixo com a família numa canoa traria a morte certa, e a caçada mostrava-se mais bem-sucedida quando realizada por vários; depois, dividiam-se as partes, aquinhoando-se cada família, que, em separado, cozinhava sua refeição, como aconteceu durante a viagem ao Iguatemi relatada por Teotônio Juzarte.

Nas fronteiras, nas lonjuras e nos sertões luso-brasileiros dos tempos coloniais, portanto, homens que circulavam anos a fio longe de sua família e de sua morada procuravam, sempre que possível, recriar a domesticidade e organizar, mesmo que de forma provisória, os hábitos reguladores do cotidiano — aqueles que, pela sua mansa repetição, garantiam o equilíbrio e o encanto morno do dia a dia. Por isso certo cuidado com as refeições — as travessas que os homens de Pamplona não dispensavam quando perseguiam negros na fronteira de Minas com Goiás; com o dormir, escolhendo-se locais, armando-se redes cobertas; a observância de horários e ritmos ordenadores, a caminhada ou a navegação se iniciando sempre nas mesmas horas do dia — organização, de resto, também determinada pela rudeza climática, que tornava imperativo evitar-se os momentos de sol mais quente; a manutenção de rituais de convivência, como o rapé racionado repartido com os amigos num presídio desestruturado pela fome, pela doença e pela guerra.

Nada, contudo, substituía a alegria de voltar ao lar, reduto verdadeiro da intimidade tanto para os mais bem situados socialmente como para os menos favorecidos. Onipresente, ela impregnava a memória e a imaginação desses homens que, empurrando a fronteira, cortando os sertões, enfrentando as águas pestilentas dos rios, mantendo sentinela ante a iminência dos ataques inimigos e cometendo atrocidades sem conta, escreveram parte considerável da história passada na América portuguesa. Lembre-se apenas o exemplo dos tripulantes da canoa de Lacerda e Almeida, que, após dez anos de exílio pelos interiores, saudaram, exultantes, a aproximação de São Paulo, sua vila de origem.

3. FAMÍLIAS E VIDA DOMÉSTICA

Leila Mezan Algranti

A FAMÍLIA E O DOMICÍLIO

Nos primeiros séculos da colonização, a organização familiar e a vida doméstica não poderiam deixar de ser influenciadas por alguns dos elementos que marcaram profundamente a formação da sociedade brasileira e o modo de vida dos seus habitantes. A distância da Metrópole — que dividia muitas vezes os membros de uma família entre os dois lados do Atlântico —, a falta de mulheres brancas, a presença da escravidão negra e indígena, a constante expansão do território, assim como a precariedade de recursos e de toda sorte de produtos com os quais estavam acostumados os colonos no seu dia a dia, são apenas alguns dos componentes que levaram a transformações de práticas e costumes solidamente constituídos no Reino, tanto no que se refere à constituição das famílias como aos padrões de moradia, alimentação e hábitos domésticos.

Além disso, o próprio caráter de uma sociedade estratificada, na qual a condição legal e racial dividia os indivíduos entre brancos e negros, livres e escravos, dificulta a tentativa de buscarmos de norte a sul do país, no mundo urbano e rural e ao longo de quase quatro séculos, padrões semelhantes de vida e de organização familiar, até mesmo no interior de uma determinada camada da população.

Tratar, pois, da vida doméstica na Colônia, no seu sentido mais estrito, implica penetrar no âmbito do domicílio, pois ele foi de fato o espaço de convivência da intimidade. Domicílios de vários tipos, é certo, temporal e regionalmente delimitados, habitados por indivíduos de origens diferentes, dos quais, porém, existem fontes que nos permitem vislumbrar e escutar, embora de modo ocasional e pontual. Nem sempre é possível captar nos documentos se a informação se refere a uma família ou ainda a determinado tipo de organização familiar. Os dados sobre a vida doméstica, recolhidos em inventários e testamentos, escritos de cronistas e viajantes, correspondências e devassas, tampouco informam se no momento da partilha dos bens, ou do registro da observação, os membros da família compartilhavam um cotidiano. O domicílio, portanto, se sobrepõe à família numa análise desse tipo, na medida em que as famílias, além de se constituírem a partir de diferentes tipos de uniões (sacramentadas ou não), encontravam-se muito frequentemente dispersas por longos períodos — característica de certa forma imposta pela própria colonização. Ora era o pai que se ausentava a serviço da Coroa ou em virtude de suas atividades, ora era a filha que se casava fora do local de seu domicílio, ou o filho que partia numa expedição ao sertão. Isso sem contar esposas e maridos que abandonavam a família para viver com outros companheiros, além, é claro, das repetidas interrupções dos laços familiares causadas por mortes prematuras.

É o espaço do domicílio que reúne, assim, em certos casos, apenas pessoas de uma mesma família nuclear e um ou dois escravos; em outros, somavam-se a essa composição agregados e parentes próximos, como mães viúvas ou irmãs solteiras. Por vezes encontramos domicílios compostos de padres com suas escravas, concubinas e afilhadas, ou então comerciantes solteiros com seus caixeiros. Em alguns domicílios verificamos a presença de mulheres com seus filhos, porém sem maridos; também nos deparamos com situações em que um casal de cônjuges e a concubina do marido viviam sob o mesmo teto. Isso sem falar nos filhos naturais e ilegítimos que muitas vezes eram criados com os legítimos. Tantas foram as formas que a família colonial assumiu, que a historiografia recente tem explorado em detalhe suas origens e o caráter das uniões, enfatizando-lhe a multiplicidade e especificidades em função das características regionais da colonização e da estratificação social dos indivíduos.[1]

É certo que não se pode negar a importância do casamento no projeto colonizador do Estado e da Igreja, embora na prática ele tenha sido uma instituição primordialmente da elite. O casamento sacramentado conferia status e segurança aos colonos, tornando-o desejável tanto pelos homens como pelas mulheres, o que não significa que o simples fato de um indivíduo pertencer às camadas mais baixas implicasse necessariamente uniões consensuais. Pessoas de origem humilde, inclusive escravos, uniram-se em matrimônio perante a Igreja, conforme indicam vários estudos. A prática de oferecer dotes a moças órfãs e desprotegidas institucionalizou-se na Colônia mediante doações, reveladoras de que o casamento dignificava as pessoas.[2]

Em virtude de todos esses fatores e da sua importância na compreensão da sociedade colonial, a composição familiar no Brasil tem sido objeto de inúmeros estudos e debates, os quais não cabe aqui explorar, mas serão mencionados oportunamente. Importa neste momento, no entanto, recuperar os espaços de intimidade — a morada sobretudo — e as atividades desenvolvidas no seu interior, a fim de nos aproximarmos de seus habitantes, das formas de convívio e sociabilidade doméstica na Colônia. É efetivamente no domicílio que encontraremos os colonos interagindo com o meio natural, inovando nas formas de subsistência e vivenciando seus laços afetivos.

Por outro lado, qual o sentido e significado de uma *vida privada* para aqueles que, nas primeiras décadas do século XVI, moravam a quilômetros de distância uns dos outros, e afastados do que poderíamos considerar uma vida efetivamente pública, num território pouquíssimo povoado, cercado de índios e escravos que poderiam ser hostis? Certamente não seria o mesmo que assumiu para o habitante do centro de Salvador em meados do século XVIII, ou para aquele que vivia na corte, na época de d. João VI. A vida na Colônia não só se transformou por causa do povoamento e da colonização, como também, em certos lugares, sofisticou-se a exemplo dos costumes trazidos pelos novos emigrados e pelas travessias mais frequentes. Com o avançar dos séculos, a rusticidade dos primeiros tempos dará lugar a um mínimo de conforto e também a significados distintos atribuídos à intimidade, embora aos olhos de alguns luso-brasileiros continuassem ter costumes primitivos ainda em meados do século XVIII, como se percebe por uma carta do marquês do Lavradio, datada de 1768, na Bahia, na qual comenta suas primeiras impressões sobre a gente da terra: "Este país o achei com pouco mais adiantamento que aquele que lhe estabeleceu Pedro Álvares Cabral quando fez a descoberta desta conquista, o tempo tem-nos polido muito devagar".[3]

Portanto, a distinção clássica entre público e privado não se aplica à vida colonial antes do final do século XVIII e início do XIX e, ainda assim, só de forma muito tênue, pois o privado assume conotações distintas daquelas adequadas à nossa sociedade atual.

A solidariedade, os sentimentos e a intimidade também encontram formas distintas de expressão em virtude das experiências vividas, muitas vezes penosas devido ao desconhecido. Surgem nos momentos em que se fazem confissões a bordo de uma caravela, ou no meio do sertão, e até mesmo no leito de morte, sem qualquer rosto familiar a vislumbrar.

Tratava-se de um mundo efetivamente muito diferente do nosso, que não parou de se transformar entre o século XV e o início do século XIX. É preciso, primeiro, entrar nesses domicílios e buscar fragmentos da intimidade dos indivíduos e da vida doméstica propriamente dita, muitas vezes impressos em resquícios da vida material e dos costumes domésticos, tecendo assim algumas relações entre o domicílio e os indivíduos que ele abriga. Num segundo momento, cabe delinear certas formas de relacionamento existentes entre os membros do domicílio ou de uma mesma família.[4]

A MORADA COLONIAL E OS ESPAÇOS DE INTIMIDADE

O EXTERIOR DA MORADA

Inúmeros são os registros disponíveis sobre as moradas coloniais tanto no mundo rural como no urbano. Cronistas e viajantes, percorrendo o Brasil entre os séculos XVI e XIX, deixaram suas impressões escritas e iconográficas sobre a forma de morar dos colonos, apontando para as profundas diferenças existentes em tão vasto território. Elas destacam não apenas a diversidade dos materiais utilizados na construção, mas também aquela existente no partido arquitetônico, na divisão interna, na forma de morar dos mais humildes e dos privilegiados. Embora a morada tenha primeiro a função de dar abrigo e repouso a seus habitantes, ela é também o local onde inúmeras atividades se desenvolvem no dia a dia. Como destacou Carlos Lemos, "a casa é o palco permanente das atividades condicionadas à cultura de seus usuários".[5] Portanto, seu aspecto exterior não deve ser negligenciado, uma vez que o entorno e as características arquitetônicas podem revelar, à primeira vista, aspectos importantes da vida de seus moradores.

Nas vilas e cidades, por exemplo, nos três primeiros séculos da colonização, o aspecto das moradas apresenta-se bastante simples e pobre, uma vez que eram povoadas por pessoas com poucos recursos, e visitadas ocasionalmente pelos proprietários de sítios e fazendas que necessitavam apenas um abrigo para estadias passageiras. Encontramos, assim, certa homogeneidade nas construções urbanas, como casas de tamanho mais reduzido, de apenas um andar, nas quais predominavam os materiais disponíveis na região, como barro, madeira ou pedras. Os sobrados e as vivendas, ocupados pelos membros da elite, surgiram mais tarde, em consequência da diversificação da economia e do crescimento urbano. Já no início do século XIX, o viajante inglês Luccock registrava no Rio de Janeiro a sobrevivência das casas dos primeiros tempos: "Muitas das casas possuem somente um andar";[6] Leithold e Rango confirmavam que a maioria das casas eram térreas, mas que, além destas, havia outras de dois, três e quatro pavimentos com balcões de ferro ou madeira.[7] O caráter essencialmente agrícola da economia colonial deixava, assim, suas marcas na arquitetura.

Segundo Carlos Lemos, a morada urbana se manteve mais fiel à arquitetura portuguesa, pelo menos na aparência, embora não descartasse as influências indígenas e as adaptações dos colonos quanto ao modo de morar; já nas propriedades rurais, a falta de uniformidade foi mais marcante.[8]

De qualquer forma, no campo ou na cidade, nas casas dos ricos ou dos pobres, a morada colonial não se restringia às áreas edificadas, ou à construção principal. Quintais, jardins, pomares e hortas, além de anexos, estes cobertos de telhas ou palha, eram geralmente circundados por muros baixos que delimitavam o espaço doméstico. Na São Paulo dos bandeirantes, os inventários de seus moradores referem-se com frequência a esses espaços. O inventário de Francisco de Almeida, por exemplo, registrava em 1616: "Casas da vila, dois lanços de taipa de mão, cobertas de telha com o quintal ".[9]

Essas áreas destinadas ao convívio, ao cuidado dos animais e à indústria doméstica forneciam também produtos para a subsistência. Era das hortas e pomares que vinham muitas vezes alimentos básicos para a mesa dos colonos, uma vez que a economia colonial voltada para o exterior impunha a cultura de certos produtos para o dia a dia. Árvores e plantas forneciam gordura vegetal para a cozinha e para os candeeiros, além de matéria-prima para as mezinhas caseiras. Nos quintais criavam-se também aves e porcos, e neles se instalavam galinheiros e currais. O inventário de Francisco de Seixas, da mesma época que o anterior, dizia: "Sítio com casas de taipa cobertas de palha, com seu quintal plantado de feijões, bananeiras, com uma parreira".[10] No final do século XVIII, em Minas Gerais, o inventário de Cláudio Manoel da Costa, que consta dos *Autos da devassa da Inconfidência Mineira*, refere-se à "morada de casas com seu quintal cercado de pedra e dentro do mesmo com suas árvores de espinho — [forma genérica para designar a laranjeira e outras árvores cítricas] —, casas cobertas com telhas, com seu quintal e bananal".[11] Essas casas cobertas de telhas no quintal devem ser os anexos que encontramos de sul a norte do país, ao longo de todo o período colonial. Alguns rústicos, simples telheiros, outros melhor edificados, abrigavam a casa da farinha, o monjolo ou a moenda. Serviam também para guardar utensílios e alimentos de toda espécie e era nessas dependências de trabalho que se passava boa parte do tempo, principalmente as mulheres da casa. Tal costume perdurou no tempo, pois, ao visitar o arraial de Viamão, no Rio Grande do Sul, em 1820, Saint-Hilaire foi instalado por seu hospedeiro em uma casa de farinha, "simples coberta, sem paredes, desabrigada por todos os lados"[12] apesar do frio que fazia; sinal que tais puxados existiram em diversas localidades e não haviam desaparecido totalmente ainda por essa época.

Sempre cercados, os quintais eram parte integrante e fundamental das casas. Seus muros baixos não impediam, porém, os olhares dos vizinhos. Apesar da aparente contradição, como geralmente se encontravam nos fundos do terreno, conseguiam manter, em parte, a privacidade de seus ocupantes, separando--os do visitante desconhecido que chegava de repente, a quem não era possível negar hospitalidade por causa da falta de locais para pouso. As grandes distâncias e o parco povoamento transformaram a hospitalidade numa característica e necessidade do mundo colonial brasileiro. O viajante, contudo, não passava com facilidade do alpendre, espécie de varanda. Era aí que, nas moradias mais pobres, ele se abrigava da chuva e armava sua rede. Quando ao lado do alpendre dianteiro havia um quarto de hóspede, era nele que guardava seus pertences. Visitando Santarém, no Pará, em 1819, Spix e Martius observaram nas casas da cidade o que outros depoimentos também indicam: "Os quintais, nos fundos das casas, são separados uns dos outros por muros baixos de barro, e contêm em geral um telheiro, sob o qual se cozinha, e senzalas para a criadagem da casa".[13]

As casas eram, assim, voltadas para dentro, às vezes com pequenos jardins na frente, e era na parte dos fundos que a vida doméstica se desenvolvia intensamente. O clima quente predominante e as poucas portas e janelas que permitiam o arejamento, levavam a família e demais ocupantes do domicílio para suas partes externas, tanto nas horas de lazer como de trabalho. Nas casas mais amplas e abastadas, o alpendre nos fundos, ou uma varanda propriamente dita, servia de espaço para as refeições.

Além das áreas de serviço, o quintal podia conter a senzala

e a secreta. Esta última era uma edificação com fins de higiene existente em algumas casas mas que consistia muitas vezes apenas num buraco na terra, embaixo do qual podiam se instalar os chiqueiros. No inventário datado de 1688, de Catarina Ribeiro, moradora em São Paulo, além de casas de dois lanços, destacam-se "cozinha e aposento fora no quintal e secreta de taipa de pilão tudo coberto de telha".[14] Na maioria das vezes, todavia, era o urinol e os potes ou tigres que recebiam os excrementos, esvaziados depois pelos escravos, nas praias ou nos terrenos distantes. Quanto aos cativos, quando por falta de espaço não dispunham de uma senzala ou galpão, esticavam à noite suas esteiras em qualquer lugar, inclusive na cozinha, próximas ao fogão. Tal era o costume nas casas mais simples de cidade, que dispunham de um ou dois escravos para todos os serviços. Nos sobrados do século XVIII e XIX, os escravos dormiam no porão ou no rés do chão. No mundo rural, como é sabido, as senzalas sempre presentes nas grandes fazendas abrigavam um número bem maior de escravos. No Pará, já no início do século XIX, Spix e Martius referem-se a casas pequenas para os cativos,[15] enquanto Tollenare, em Pernambuco, afirmou que na Zona da Mata só viu boas senzalas para negros no Engenho Salgado, pois possuíam ventilação e eram bem construídas.[16] Porém, como as demais habitações, as senzalas variaram muito, cobertas de palha ou telhas, erguidas com tijolos, madeira ou pedras. Algumas dispunham de divisórias internas, outras abrigavam apenas mulheres, mas estavam sempre presentes quando o número de escravos era relevante.

Se os quintais aparecem com frequência nos registros dos séculos XVI ao XIX, assim como os pomares e hortas, quando havia espaço ou interesse dos proprietários em cultivá-los, os jardins, por sua vez, só despontam com maior assiduidade nos relatos dos viajantes, isto é, no início do século XIX. Gabriel Soares de Sousa e frei Vicente do Salvador, escrevendo nos séculos XVI e XVII, respectivamente, referem-se a pomares na Bahia carregados de cocos, laranjas, limões, tâmaras e outras frutas, mas não fazem menção a jardins, nem a cuidados especiais dedicados a eles. Espaços de intimidade, os jardins sempre acolheram ou ocultaram à sombra de suas árvores pensamentos e ações. Nos primeiros séculos da colonização, quando o árduo trabalho de abertura de fronteiras possivelmente não permitia que se desse muita atenção ao cultivo de belos jardins ou de pequenos canteiros e a pouca densidade populacional dispensava cuidados especiais com a privacidade, nota-se que quase não há referências a jardins. No entanto, elas surgem nas observações dos viajantes estrangeiros do século XIX, tão acostumados a eles e que apontam tanto o reduzido cuidado de alguns, como faz Saint-Hilaire ao visitar Ouro Preto em 1817,[17] quanto a beleza de outros, como John Mawe, que apreciou o "bom gosto" e a "elegância curiosa" dos jardins de São Paulo e de seus arredores.[18]

Numa sociedade continuamente devassada pelo olhar dos vizinhos, dada a proximidade das casas e das meias-paredes que as separavam, a estreiteza das ruas no mundo urbano, ou a presença constante dos escravos, que entravam e saíam dos recintos nas grandes casas rurais, os jardins talvez fossem um dos raros espaços onde se podia usufruir de um pouco de intimidade, que não era muito frequente na sociedade colonial. Senhoras tecendo com suas mucamas, mulheres amamentando em meio a outras pessoas, senhores cavalgando com seus capangas, e ainda crianças e crias da casa esparramadas pelo chão na hora das refeições, além de escravos sob os olhares de feitores, são algumas das cenas de gênero retratadas por artistas famosos e que ilustram nossos livros de história. Isso sem falar nas varandas que se abriam para o quintal, onde o movimento e burburinho das atividades era incessante. Veremos mais adiante que a divisão interna das casas tampouco propiciava a intimidade, sinal de que esta ainda não se tornara fator relevante na vida de nossos colonos. Por outro lado, embora o jardim pudesse ser o local em que se buscava um pouco de tranquilidade e solidão, poderia assumir o sentido inverso e se transformar em espaço de confinamento e fiscalização de mulheres da elite, cujos momentos de lazer e ao ar livre eram, às vezes, controlados por seus familiares. De forma um tanto exagerada e equivocada Saint-Hilaire não deixou de observar que "os jardins, sempre situados por trás das casas, são para as mulheres uma fraca compensação de seu cativeiro, e como as cozinhas, interditados aos estrangeiros".[19]

Assim como os jardins, as gelosias ou rótulas de treliça de madeira deram margem a interpretações sobre o confinamento feminino que tanto havia impressionado os estrangeiros em visita aos núcleos urbanos da Colônia. Colocadas nas portas e janelas, além de permitirem o arejamento, decerto as treliças de madeira escondiam um pouco o que se passava no interior dos lares, poupando seus moradores dos olhares curiosos ou indiscretos dos transeuntes. Porém, há que se levar em conta a praticidade das rótulas, numa época em que o vidro era não só caro como também quase inexistente. As rótulas começaram a ser substituídas a partir da transferência da família real para o Brasil, e primeiro no Rio de Janeiro, sede da corte, onde as transformações urbanas se intensificaram com a administração do intendente-geral da polícia Paulo Fernandes Viana, interessado em modernizar a cidade. Só aos poucos elas seriam abolidas em outras cidades, embora as referências às gelosias sejam sempre mais abundantes quando se trata do Rio de Janeiro. O que importa frisar, contudo, e é bastante curioso, é que as rótulas desapareceram justo quando se passou a dar maior atenção à decoração dos interiores e ao conforto, e também a tornar as casas mais aconchegantes, o que denota a preocupação com o bem-estar e a vontade de criar ambientes mais agradáveis para o convívio familiar e a intimidade. Sinal, pois, de que o banimento das rótulas tinha a ver antes com o bom gosto e a modernidade do que com a privacidade, e que sua utilização, de origem mourisca tantas vezes lembrada, poderia estar ligada a vários fatores e não primordialmente ao ocultamento das mulheres. Maria Beatriz Nizza da Silva nos lembra que as rótulas não foram suprimidas de imediato nas casas térreas,[20] outro indício, portanto, de que sua eliminação tinha mais a ver com a opulência e o gosto da elite do que com a preservação da intimidade. Em Vila Rica, elas perduraram até o final do século XIX, "só vindo a ser desprezadas no princípio do atual, pela ruína ou a introdução das folhas de vidro de abrir".[21]

Dessa forma, apesar dos cuidados tomados na construção das casas em relação à privacidade, como a presença de muros, treliças nas janelas, quintais nos fundos ou jardins e pomares, eles não parecem ter sido suficientemente eficazes para preservar seus moradores de um contato mais íntimo com a rua e com os vizinhos, tão próprio da época.

OS INTERIORES DAS CASAS: EM BUSCA DE UMA INTIMIDADE

Se a aparência das moradias nos dá alguns indícios sobre as formas de morar e sobre a intimidade na Colônia, o mesmo sucede com suas dependências internas. Porém, cabe observar que os registros muitas vezes não nos permitem recuperar com segurança a utilidade de determinados aposentos e a circulação de seus moradores, como bem lembrou Carlos Lemos,[22] principalmente nas casas abastadas, pois nas mais pobres o reduzido número de cômodos não deixa dúvidas sobre a superposição de funções e atividades que neles se desenvolviam, além, é claro, da falta de privacidade.

Enquanto as casas dos homens pobres e livres, no campo e na cidade, consistiam em pequenas choupanas com apenas um ou dois cômodos, nos quais se dormia, cozinhava e que muitas vezes abrigava uma pequena oficina, as casas dos indivíduos com algumas posses dispunham de mais aposentos, geralmente enfileirados. O da frente com janela para a rua, servindo de sala, e os demais acessíveis por um corredor lateral, que serviam de quarto de dormir, consistindo por vezes nas chamadas "alcovas" sem janelas. No final instalavam-se a cozinha e o alpendre, que davam para o quintal.[23] Esse é o padrão geral para quase todo o país, e perdurou a ponto de Vauthier ter dito — já na segunda metade do século XIX — que "quem viu uma casa brasileira viu quase todas".[24]

Cronistas e viajantes, por sua vez, sempre estiveram atentos ao aspecto interno, ao asseio e à higiene dessas casas simples, nas quais buscavam abrigo para o pernoite, e nem sempre foram lisonjeiros para com seus anfitriões, apontando a falta de acomodações, o chão batido e a fumaça que enchia o único ambiente, em razão da ausência de chaminés e das poucas janelas. Em meio às panelas e o fogão de pedra, armavam-se as redes ou estendiam-se as esteiras à noite. Já no início do século XIX, Mawe observava "que as casas dos lavradores são miseráveis choupanas de um andar". Para dar uma ideia da cozinha, diz ele: "O leitor pode imaginar um compartimento imundo, com o chão lamacento, desnivelado, cheio de poças d'água onde pousam as panelas de barro, em que cozinham a carne. O lugar fica cheio de fumaça que, por falta de chaminé, atravessa as portas e se espalha pelos outros compartimentos deixando tudo enegrecido de fuligem".[25] A severidade dos comentários do estrangeiro deixa claro que ele possivelmente jamais entrara na casa de um camponês pobre em seu país de origem. Leva-nos, porém, a refletir sobre o caráter das informações disponíveis, muitas vezes formuladas a partir de um olhar exterior, calcadas em experiências e valores diversos, uma vez que não dispomos de diários íntimos ou registros pessoais detalhados.

Por outro lado, graças ao maior número de fontes, são as casas mais remediadas ou abastadas que permitem avaliar melhor a dinâmica interna nos domicílios e as condições em que começam a despontar espaços para a vida íntima de seus moradores. Tanto no mundo rural como nas cidades, elas variaram muito de região para região, principalmente as vivendas de fazendas. Em Minas Gerais, por exemplo, uma única cobertura abrigava a casa, os quartos de hóspedes, a moenda e até o próprio engenho, diferente do padrão do Nordeste, com suas construções isoladas, gravitando ao redor da casa-grande,[26] que possivelmente permitiam maior privacidade no interior das casas.

Quanto aos "sobrados", cujo significado referia-se ao espaço sobrado ou ganho em virtude de um soalho suspenso, o que, portanto, podia indicar que estava acima — forros assoalhados — ou embaixo do piso,[27] chegavam a ter dois ou mais andares. No interior dos sobrados maiores, a exemplo das vivendas do campo, várias atividades se desenvolviam, evitando o deslocamento de seus moradores. Entretanto, tinha-se o cuidado de separar as diversas atividades. A loja, ou escritório, instalada no primeiro pavimento, evitava que os estranhos se introduzissem nos espaços de convívio da família. Tais cômodos tinham função semelhante ao alpendre e varandas das casas de sítios ou casas térreas, embora esses últimos servissem também de área de circulação. No segundo andar, instalavam-se a sala e os quartos de tamanhos geralmente reduzidos, e no último a cozinha. Os escravos poderiam estar no sótão, ou no porão junto às cavalariças.[28]

Se por um lado, nas moradas mais ricas, nota-se uma certa preocupação na preservação da intimidade, com salas e espaços definidos para mulheres, hóspedes e escravos, além de aposentos destinados às atividades específicas, como repouso, lazer, alimentação, orações, trabalho etc., por outro, as alcovas e quartos que se comunicavam entre si, sem a intermediação de uma área de circulação, poderiam impedir a mesma intimidade, na medida em que era preciso atravessar um para chegar ao outro. Em Vila Rica, no entanto, não se encontram alcovas nas casas erguidas nos morros, o que, segundo Sylvio de Vasconcelos, que estudou a arquitetura da cidade, "leva a aceitar sejam elas mais imposições de laterais fechadas, por contiguidade, a construções vizinhas, ou contingências de plantas com grandes áreas, do que claro propósito de reclusão da família".[29] As alcovas podiam ser aproveitadas tanto para quartos como para a instalação da capela ou despensa, e eram dispostas no centro das habitações.

Dessa maneira, desvendar a intimidade dos colonos no interior dos domicílios exige, além do reconhecimento dos vários cômodos e das suas funções, atentar para o modo como tais espaços foram aproveitados e equipados efetivamente, o que nem sempre se torna evidente em razão do desaparecimento dessas construções mais antigas ou às sucessivas reformas às quais foram submetidas. O recurso às alcovas, entretanto, persistiu no século XIX, conforme descrição de viajantes. Um belo remanescente das primeiras décadas do século XX é a Casa da Hera, dos Teixeira Leite, situada no município de Vassouras, hoje transformada em museu. Duas alcovas se abrem para o amplo vestíbulo interno da residência, postadas uma de cada lado.[30]

Da mesma forma que sua arquitetura, o equipamento da casa colonial, isto é, os móveis, utensílios e apetrechos, se transformou com o passar do tempo. Alguns foram sendo substituídos, outros desapareceram totalmente ou mudaram de função. Além disso, os próprios espaços foram reequacionados no interior das casas, como é o caso, por exemplo, das cozinhas, que passaram a integrar o corpo da casa, após terem sido erguidas no seu exterior. Tudo se transformou lentamente, e a cozinha, servindo mais uma vez de exemplo, permite avaliar como se deu a passagem vagarosa de uma forma a outra, de um costume a outro, ao encontrarmos casas com duas cozinhas: a "limpa" dentro de casa e a "suja" ainda do lado de fora, onde se cozinhavam os doces por várias horas, e se procediam a tarefas mais pesadas e menos higiênicas. Muitas explicações foram dadas para o estabelecimento das cozinhas externas, em especial aquelas ligadas ao fator climático e a indesejável presença do fogão dentro de casa, o que não sucedia na Europa, quando o fogo ou o local onde se encontrava o fogão servia de espaço de aconchego e era em torno dele que a família se reunia. No Brasil, sempre que possível, os fogões e jiraus foram levados para fora e deixados a cargo das escravas, mesmo nas regiões mais frias, como no Sul do país.[31] Essa opção arquitetônica pode ser entendida como uma forma de divisão de espaços entre senhores e seus escravos, que foi se transformando com o passar dos séculos à medida que as refeições se tornavam momentos mais importantes de reunião familiar e a praticidade da localização da cozinha no interior das residências tornava-se evidente.[32]

Também as capelas, que existiam nas vivendas no campo, junto aos alpendres fronteiriços, ou até em edifícios separados que reuniam os membros do domicílio, incluindo os escravos, foram sendo substituídas pelos oratórios, colocados em nichos nas paredes ou nos quartos (oratórios portáteis) para uso individual. Todos esses elementos são sinais de uma vida íntima em ascensão.

O mesmo sucede com a lavagem das roupas e da louça. Uma vez que as residências não dispunham de água encanada, seu abastecimento era algo fundamental. Os poços e cisternas, mas mais frequentemente os rios e os chafarizes públicos, forneciam o líquido precioso. De qualquer forma, essas atividades ligadas à limpeza eram efetuadas nas áreas de serviço situadas fora das casas, ou à beira dos rios, preservando-se o ambiente interno. Até o banho de rio era preferido às gamelas e jarras. Quando a água encanada finalmente chegou para o conforto dos moradores, o hábito se manteve, com a instalação dos tanques nas dependências externas das casas. Enquanto isso não ocorreu, no mundo urbano, o vaivém dos escravos, que se incumbiam do abastecimento de água, propiciava os encontros dos cativos e os inevitáveis mexericos sobre o que se passava nos domicílios, mais um fator que contribuía para devassar o cotidiano dos indivíduos, já tão à mercê de olhares estimulados pela arquitetura externa e interna das casas.

Nota-se um cuidado maior com a preservação da intimidade e reequacionamento dos espaços internos domésticos e dos padrões de sociabilidade só em meados do século XVIII e início do XIX, quando a disposição para a mobilidade se retrai um pouco no espírito do colono, quando as grandes frentes de colonização já estão relativamente abertas e as cidades começam a crescer. A sala de jantar e o quarto de dormir, por exemplo, são dois espaços dignos de atenção, ligados à intimidade dos corpos e à intimidade das famílias, cuja evolução cronológica é extremamente difícil precisar, uma vez que aparecem registros sobre eles já no século XVI, enquanto no XIX ainda há superposição de funções nos aposentos de casas abastadas. A opulência e a modernidade trazidas pelos estrangeiros também por certo contribuirão com o modo de morar e a vida íntima dos colonos. É preciso atentar, contudo, para o fato de que nem na São Paulo dos bandeirantes — lendária pela sua estreita relação com o sertão — a mobilidade foi permanente. Os sítios e casas de vila com seus roçados e animais domésticos, registrados nos inventários de seus primeiros moradores, indicam a coexistência de uma vida mais estável em razão da mobilidade que as entradas e bandeiras propiciavam.[33]

Entre os séculos XVI e meados do XVIII, a pobreza de São Paulo, tantas vezes enfatizada pelos estudos que se dedicaram à época colonial, certamente se contrapõe à prosperidade de outras regiões, como, por exemplo, a zona açucareira. Porém, no que toca ao conforto doméstico e à decoração dos interiores, essas diferenças devem ser matizadas, uma vez que a precariedade do mobiliário e dos ambientes domésticos era comum a toda a Colônia, salvo algumas poucas exceções, como as casas de certos capitães-mores e de alguns ricos fazendeiros. No geral, a modéstia do mobiliário fica evidente nos depoimentos colhidos, revelando a inexistência de espaços aconchegantes para o convívio familiar. Poucas cadeiras, uma ou duas mesas com seus bancos, além de algumas caixas e baús é o que se encontra na maior parte das vezes, por exemplo, nos inventários paulistas.[34]

No início do século XIX, visitando a zona de mineração, Mawe observou a mesma modéstia numa casa de família remediada, cujo mobiliário era bastante simples: "Consiste em uma ou duas cadeiras, bancos, uma ou duas mesas...".[35] Apesar dos quase três séculos que separam esses dois registros, nota-se que a decoração e o conforto nas casas coloniais pouco mudaram. Na Paraíba, na mesma época, Koster percebeu que a casa de um capitão-mor dividia-se em apenas dois quartos: "Em um havia várias redes e um sofá. No outro, longa mesa e poucas cadeiras".[36] Portanto, nem sempre a condição social dos indivíduos determinava que houvesse divisão detalhada dos cômodos.

Na observação acima, nota-se que o que poderíamos chamar de sala de estar assumia, à noite, a função de quarto de dormir. Por outro lado, em vez de camas, mencionam-se redes de dormir; com sua facilidade de transporte e desmontagem rápida, predominam de forma absoluta até o século XVIII, e eram certamente muito práticas numa época em que um único aposento podia assumir várias funções. As camas de vento têm a mesma finalidade e mudam facilmente de lugar conforme as necessidades. No inventário de Joaquim José da Silva Xavier, realizado em Ouro Preto em 1789, por ocasião dos *Autos da devassa da Inconfidência Mineira*, consta uma cama de vento.[37]

Isso não significa que não existiam algumas camas nos primórdios da colonização. Em 1584, o padre Cardim, viajando com o bispo visitador pela Bahia, registrou o pouso na casa de um homem rico, que pela região descrita talvez fosse Garcia d'Ávila, e ficou tão encantado com a cama oferecida ao bispo que não deixou de mencioná-la na sua narrativa. Em outra ocasião, referiu-se a "leitos de damasco carmesim franjados de ouro": como lembrou Sérgio Buarque de Holanda, "o exagero é companheiro da surpresa".[38] Embora Gabriel Soares de Sousa observe no final do primeiro século da colonização que "o conduru é árvore de honesta grandura [...] de que se fazem leitos e outras obras delicadas",[39] o comentário de Jean de Léry, em meados do mesmo século, confere melhor com os vários documentos que coletamos. Diz ele ao referir-se ao pouso num casebre: "Armamos nossas redes para dormirmos à moda da América do Sul, sospensos no ar".[40]

Se em meados do século XVIII, tanto em São Paulo como em outras localidades, as camas começam a aparecer com maior frequência, como se pode notar nos inventários dos inconfidentes, cabe lembrar que, até o século XIX, convive-se com redes, catres e jiraus (uma espécie de divã feito de pranchões erguidos algumas polegadas acima do chão). O famoso episódio da história paulistana sobre a cama de Gonçalo Pires, que para nós mais parece uma anedota, revela que em 1620 a vila de São Paulo não dispunha de uma cama digna de dar repouso ao ouvidor que estava para chegar. Aconteceu então de os homens bons da Câmara mandarem tomar à força a única cama existente, a de Gonçalo Pires, que se recusou terminantemente a cedê-la de boa vontade. As atas da Câmara de São Paulo, quase dez anos após o ocorrido, ainda registravam os resultados do conflito que se armou entre o proprietário da bela cama e o restante dos moradores da vila.[41] Em geral as redes assumiam também a função de cadeiras, mas era particularmente comum sentar-se direto no chão, nos estrados ou em esteiras. Bancos, tamboretes e bofetes ou bufetes também serviram de móveis de descanso ou de serviço ao longo de todo o período colonial, quase sempre toscos. As marquesas e canapés, por sua vez, nos quais Capitu se sentava, são típicos de meados do século XIX. Já as secretárias, escrivaninhas, toucadores despontam no início do mesmo século, tornando-se mais frequentes com o avançar deste. A falta de tais equipamentos na casa brasileira era tão grande que se chegava ao ponto de dividir entre os herdeiros "cadeiras com estofos rasgados" ou "bancos quebrados".[42]

Para as famílias remediadas, tal carência começou a ser suprida no início do século XIX, com a chegada aos portos de Recife, Bahia e Rio de Janeiro de mobílias mais elaboradas e outras espécies de tabuados, conforme registra a literatura de viagens, indicativos de que a vida íntima requeria certos aparatos e maior atenção.[43] Os tapetes grosseiros e as alcatifas foram substituídos por assoalhos ou tapetes mais sofisticados. As paredes antes nuas ou decoradas com alguns quadros religiosos e crucifixos receberam, nessa época, outros quadros com cenas de paisagens. Os reposteiros que recobriam portas e janelas ganharam detalhes. Cortinas mais ricas, lustres e armários também passaram a ser utilizados. Mas, antes de esses requintes se tornarem de uso mais geral, eram adotados apenas pelas famílias abastadas. O comum mesmo era guardar roupas e papéis em caixas, baús ou canastras, às vezes colocados sobre estrados acima do chão para prevenir a umidade e o ataque dos roedores. Caixas de todos os tamanhos e dimensões, com chave ou não, fazem parte dos inventários dos colonos. Cabides de chifre de boi ou veado, por sua vez, também substituíam os armários e eram vistos com frequência nas salas e quartos; neles se penduravam roupas, chapéus e vários outros objetos, como selas, espingardas, cestas e peneiras concluindo o mobiliário e o conforto doméstico.

As exceções a esse quadro geral ficam, como já foi dito, por conta de alguns poucos indivíduos ricos preocupados em criar em suas residências ambientes que pudessem congregar a família e os amigos. É o caso, por exemplo, do engenho de certo capitão-mor do Pará, no qual, em 1763, havia "casas magníficas e adornadas ao estilo da corte, com cadeiras de veludo, cortinas de damasco, papeleira, cômodas e cantoneiras com serviço de baixela e porcelana".[44] Dignos de nota também são os detalhes de decoração mencionados pelo coronel Costa Aguiar em seus *Cadernos de assentos*, nos quais, referindo-se ao seu gabinete, menciona "uma mesa de araribã, com sete gavetas e competente ferragem fina".[45] Em certos casos, nota-se ainda um interesse maior pelos locais destinados às refeições, sinal de que estas constituíam momentos importantes na vida familiar e que ganhavam um espaço específico sempre que possível. Para tanto, eram comuns as mesas bem compridas, que pudessem reunir todos aqueles que residiam no domicílio e até os possíveis visitantes. Tais depoimentos, todavia, chocam-se com as observações generalizadas sobre a forma singela de morar dos brasileiros. Ainda no final do período colonial, Vilhena comentava que a morada rural no Brasil consistia em uma choupana de paus toscos e palhas de pindoba, mobiliada com duas ou três esteiras, mesa e três pedras servindo de fogão.[46] Se as casas dos colonos eram parcamente mobiliadas, imaginem-se então os interiores das senzalas. No início do século XIX, Tollenare resumia o que vira na senzala do Engenho Salgado no Recife: "Uma esteira, uma cuia ou cabaça e às vezes alguns potes de barro e andrajos, eis toda a mobília do lar de um casal negro".[47]

Cabe atentar, contudo, para o emprego do termo *lar* na observação acima, pois apesar da promiscuidade e da pobreza aparente é no interior do lar que se dá a intimidade dos corpos e dos sentimentos de seus habitantes. A visibilidade da vida íntima das camadas pobres é sempre mais intensa que a das classes altas da sociedade, as quais podem dissimulá-la melhor. As devassas eclesiásticas do período colonial e as denúncias feitas aos visitadores da Inquisição estão repletas de informações sobre a vida íntima das pessoas, que por contingências ou pela pouca atenção dedicada a ela acostumaram-se a viver sob os olhares de testemunhas. Analisando a forma de habitar dos indivíduos mais humildes nas cidades, Emanuel Araújo recolheu vários depoimentos sugestivos sobre a falta de intimidade dos colonos.[48] Segundo o autor, "o mais surpreendente [...] são os depoimentos que revelam a existência de comunicação direta entre as residências, isto é, a presença de porta de uma habitação para outra, embora não tenhamos notícia de seu uso para transposição do ambiente de uma casa para o de outra".[49] Somente quando novas regras de conduta, de intimidades familiares e de pudor se impuserem definitivamente aos corpos e sentimentos, é que se ordenarão os dispositivos espaciais das intimidades, seja nos lares das famílias abastadas, seja nos dos mais pobres.[50]

A precariedade do mobiliário doméstico, que tanto causa estranheza ao nosso olhar contemporâneo, pode até ser justificada nos primeiros tempos pela falta de recursos financeiros e mesmo pela ausência de artesãos competentes. Mas não se pode explicá-la nos séculos seguintes, quando chegam ao Brasil oficiais mecânicos de todos os tipos que, aliando-se à abundância da madeira e de outros materiais disponíveis, poderiam ter suprido em parte as necessidades dos colonos, mesmo levando-se em conta algumas leis que restringiam a imigração em virtude da descoberta do ouro.

Talvez essa falta de conforto doméstico esteja ligada ao próprio modo de vida dos colonos, que assumia muitas vezes certo caráter passageiro, típico nas colônias, aonde se ia para voltar o mais breve possível. Mesmo tratando-se de um administrador da Coroa e, portanto, enviado por um período curto ao Brasil, o exemplo do marquês do Lavradio pode ser tomado como indicativo do que sentiram outros governadores, magistrados e até mesmo colonos. Em sua correspondência particular, o desejo de retornar o mais rápido possível para Portugal é permanente. As lamentações pelos danos que o clima causava à sua saúde também sugerem os desconfortos sentidos pela maioria.[51] Voltar para o Reino era o que desejavam muitos dos portugueses aqui radicados.

Sobre o primitivismo da maioria dos lares coloniais, lembre-se ainda o trabalho árduo para a sobrevivência, que não deixava muito tempo livre para se pensar em requintes na moradia. Mas, antes de tudo, cabe refletir sobre o reduzido interesse dispensado a uma vida íntima numa sociedade marcada por formas muito restritas de sociabilidade doméstica, pelo isolamento e pela solidão, ao menos nos primeiros séculos da colonização e para a maioria de seus habitantes. A realidade colonial foi permeada por essa contradição: o isolamento dos colonos tanto podia incentivar a intimidade como bloqueá-la. Veja-se, por exemplo, a famosa questão da hospitalidade brasileira, bem mais justificável em razão das especificidades da colonização do que da amabilidade ou sociabilidade dos indivíduos.

Os costumes domésticos desenvolvidos no Reino foram, assim, precariamente adaptados à vida na Colônia, como se verá a seguir, e só se modificaram quando um conjunto muito maior de elementos se alterou na sociedade brasileira. Note-se o deslumbramento de Maria Graham ao visitar, pouco tempo após a independência, o solar da baronesa do Rio Seco, no Rio de Janeiro, o qual possuía salão de baile e de música, gruta, fontes e inúmeros relógios expostos, resultado das transformações que ocorreram na corte após 1808 e se espalharam por outras regiões. Certamente existiu maior conforto e até mesmo luxo em algumas moradas coloniais, mas, além de não serem a regra, estão muito distantes ainda do que serão os lares burgueses de meados do século XIX, nos quais a família buscava proteção, aconchego e intimidade.[52]

SOCIABILIDADE E COSTUMES DOMÉSTICOS

FORMAS DE SOCIABILIDADE NO AMBIENTE DOMÉSTICO

No mundo americano, durante os primeiros séculos de colonização, o espaço de sociabilidade, para a maior parte da população, se concentrava fora das paredes do domicílio, fosse ele a rua ou a igreja, uma vez que os grandes momentos de interação social eram as festas religiosas comemoradas com procissões, missas e te-déuns. Menos numerosas eram as festas em homenagem à família real e às autoridades civis e eclesiásticas quando assumiam seus postos. Estas, porém, eram comemoradas da mesma forma. Em tais ocasiões, participavam das festividades não apenas os moradores do núcleo urbano, mas também aqueles dos sítios e fazendas dos arredores e até mesmo de lugares mais distantes, que possuíam casas nas cidades. As diversas irmandades se organizavam para os eventos, as ruas eram iluminadas e recebiam decoração esmerada. Nas janelas, tinha-se o cuidado de arrumar vasos de flores e mantilhas, numa interação maior ainda do que a habitual entre a casa e a rua. A cidade e suas dependências se tornavam, assim, o palco para formas de sociabilidades, visto que as grandes distâncias que separavam os moradores, as dificuldades de transporte, os poucos recursos dos habitantes e até a luta pela sobrevivência dificultavam os encontros e a convivência dos colonos. Para os habitantes mais pobres essas eram possivelmente as oportunidades de confraternização e divertimento. Junte-se a elas o costume de dar hospedagem a viajantes e forasteiros, às vezes o único contato com o mundo exterior que os colonos de áreas mais interioranas desfrutavam. Embora referindo-se à hospitalidade específica dos senhores de engenho, já Fernão Cardim observara o costume no século XVI: "De uma cousa me maravilhei nesta jornada, foi a grande facilidade que têm em agasalhar hóspedes, porque a qualquer hora da noite ou dia que chegávamos em brevíssimo espaço nos davam de comer a cinco da Companhia".[53] De forma mais genérica, Antonil reforçava a ideia no início do século XVIII dizendo: "A hospitalidade é uma ação cortês [...] e no Brasil muito exercitada".[54]

No dia a dia, entretanto, a igreja desempenhava a mesma função que as festas públicas, quer nas vilas e arraiais, quer nas grandes propriedades do campo, quando senhores e escravos se reuniam para suas orações. Muito já se escreveu sobre o confinamento doméstico das mulheres de elite, que em geral só saíam para ir às missas e mesmo assim sempre acompanhadas de mucamas ou parentes do sexo masculino.

Por outro lado, a timidez das construções humildes, o desconforto dos interiores e o trabalho cotidiano dos menos favorecidos levavam-os com maior frequência para o mundo exterior, fosse o campo ou a cidade. O lazer doméstico, longe de ser cultuado, fazia dos lares o local quase exclusivamente de repouso para grande parte da população.

Num mundo de sociabilidades domésticas tão restritas, poder-se-ia supor que os membros de um mesmo domicílio, principalmente no campo, por causa do isolamento, usufruíssem de uma intimidade maior. Por um lado, com os temores e respeito devidos aos pais, maridos e senhores, próprios de uma sociedade de tipo patriarcal, é difícil imaginar que esses momentos de convívio familiar mais íntimo ocorressem nos moldes aos quais estamos acostumados hoje. O mais provável é que entre os mais abastados reinasse um clima de distanciamento e formalidade entre os membros de um mesmo domicílio, rompido eventualmente em certas ocasiões. Por outro, o convívio das camadas pobres propiciava antes a promiscuidade do que a intimidade. Sabemos, contudo, que, tanto para ricos como para pobres, as atividades cotidianas eram marcadas pela luz solar. Levantava-se com o nascer do sol, descansava-se quando ele estava a pino e dormia-se quando ele se punha. As velas de sebo, por economia, apagavam-se cedo e impediam uma convivência maior entre os membros da família. As transformações no sistema de iluminação foram responsáveis por mudanças nas práticas sociais, permitindo os serões noturnos e demais reuniões sociais, mas isso só com a introdução dos candeeiros de querosene.

Baralhos e tabuleiros de xadrez e gamão aparecem nos inventários entre os séculos XVI e XVIII, e eram possivelmente uma forma de sociabilidade entre familiares e amigos. No inventário de Antonio da Silveira, datado de 1613, em São Paulo, por exemplo, registram-se quatro baralhos de cartas, e no *Caderno de assentos* do coronel Costa Aguiar, rico comerciante português morador de Santos no final do século XVIII, pode-se ler: "banquinha com jogo de damas e cartas de madeira de cores embutida".[55] Muitos indivíduos, por sua vez, foram denunciados ao Santo Ofício no final do século XVI, na Bahia e em Pernambuco, por blasfemarem enquanto jogavam cartas ou gamão, como sucedeu com André Tavoras, que enquanto jogava "ao trunfo as cartas" em sua casa, com alguns amigos, perturbado disse "que descria ou renegava de Deus tendo sido então censurado pelos presentes".[56] Dois séculos mais tarde, nos arredores de São João del Rei, entre os bens apreendidos ao inconfidente José Ayres Gomes, estão relacionados: "tabuleiro de jogar gamão com suas tabelas respectivas e um jogo de dados e suas tabelas de marfim", dando a entender ser prática bastante difundida na Colônia e que perdurou no tempo.[57]

A leitura em voz alta ou silenciosa poderia ser uma outra forma de se desfrutar a intimidade e o convívio familiar, como atesta a presença ocasional de livros nos inventários paulistas e mais assiduamente nos dos cariocas e mineiros ilustrados. Não era, todavia, hábito muito difundido, tomando-se em conta, inclusive, o fato de grande parte da população ser iletrada até o início do século XIX. A título de exemplo, cabe lembrar que, no conjunto dos inventários paulistas publicados pelo Arquivo do Estado de São Paulo, apenas duas mulheres sabiam ler: Leonor de Siqueira, viúva de Luiz Pedroso e sogra do famoso capitão-mor Pedro Taques de Almeida, e Magdalena Holsquor, viúva de Manuel Vandala, que talvez fosse flamenga. Muitos bandeirantes, entretanto, sabiam assinar o nome, mas talvez não soubessem ler. A sociabilidade doméstica ficava, assim, restrita a alguns jogos, reuniões e às visitas.

Nos *Diálogos das grandezas do Brasil*, Ambrósio Fernandes Brandão registrou que no Nordeste, no início do século XVI, "as mulheres [...] quando vão fora (em visitas) caminham em ombros de escravos metidas dentro de uma rede [...] e da mesma maneira as visitas que fazem às suas amigas e parentas".[58] Sinal, portanto, de que a prática de visitar amigos era comum desde os primeiros séculos da colonização, tendo persistido ao longo do tempo, como indicam as observações dos viajantes estrangeiros três séculos mais tarde.

Entretanto, no campo, os já mencionados problemas de locomoção e, nas cidades, a proximidade excessiva das casas faziam das visitas sem cerimônia uma prática corriqueira. As pessoas simplesmente chegavam e se faziam anunciar sem prévio aviso, encontrando os moradores despreparados para recebê-las, o que levou, já no século XIX, a comentários indignados dos viajantes estrangeiros sobre a forma desmazelada das senhoras ilustres andarem vestidas em suas casas e os homens permanecerem em mangas de camisa. Essas visitas, porém, desempenham um papel importante na vida social dos indivíduos, embora aos nossos olhos possam parecer muito invasivas. Entre as classes mais diferenciadas economicamente, o hábito de fazer visitas era bastante difundido. Durante sua permanência em São Luís, Henry Koster observou que, tendo sido apresentado por amigos a uma respeitável família, fizeram-lhe uma visita certa tarde "sem convite, segundo o costume".[59] No primeiro quartel do século XIX, Saint-Hilaire também comentou, sobre a vida social, que, embora as mulheres não se escondessem, como em outras partes do país, "não há em Porto Alegre mais sociedade que nas outras cidades. Cada um vive em seu canto ou visita seu vizinho, sem cerimônia, com roupas caseiras".[60] Para aproveitar bem as custosas seges de aluguel, quando as senhoras das elites saíam para suas visitas, "faziam numa tarde de doze a quinze visitas", segundo a informação de dois prussianos que visitaram o Rio de Janeiro em 1819.[61]

Ocasionalmente, essas visitas tornavam-se, entre os membros das camadas mais altas da sociedade, alegres reuniões, nas quais se dançava, jogava cartas, e se conversava com animação entre comes e bebes. Ainda no início da colonização, em 1584, Fernão Cardim comentava em Pernambuco que "a gente da terra é honrada [...]. São sobretudo dados a banquetes, em que de ordinário andam comendo um dia dez ou doze senhores de engenho juntos, e revezando-se dessa maneira gastam quanto têm e bebem cada ano 50 mil cruzados de vinhos de Portugal".[62]

Passados duzentos anos, no final do século XVIII e início do XIX, os centros urbanos mais desenvolvidos, como o Rio de Janeiro, Recife ou Salvador, acusavam mudanças nos padrões de sociabilidade, inclusive das mulheres, que passam a conversar com os homens ou em pequenas rodas entre si, frequentam o teatro e a ópera, e participam mais ativamente da vida social, sinais de modernidade importada, pois são costumes portugueses setecentistas que chegam um pouco tarde ao Brasil. Sentadas em redes nas varandas, senhoras recebem seus visitantes fazendo as honras e cortesias da casa. Em vista da rusticidade dos brasileiros, tantas vezes comentada pelos estrangeiros, a presença de um livro de autor anônimo, intitulado *Elementos de civilidade*, em meio a uma lista de livros que esperavam liberação na Real Mesa Censória de Lisboa para serem despachados para o Brasil, pode sugerir que os requintes de cortesia e etiqueta social começavam a despertar interesse entre os brasileiros desejosos de viver à moda europeia.[63]

Mais ou menos na mesma época, de passagem por Minas Gerais, Luccock, referindo-se aos habitantes da cidade de São João del Rei, apontou o costume das atividades ao anoitecer, afirmando que quando "ambos os sexos se encontram, nalguma casa amiga, juntam-se nas ativas danças ou em jogos de carta", os quais, segundo o seu habitual desprezo do autor pelos brasileiros, "exigiam pouco esforço quer da inteligência, quer da memória".[64] Cerca de cinquenta anos antes, o marquês do Lavradio tampouco fora condescendente com as habitantes do Rio e suas novas maneiras, que as libertavam da restrita sociabilidade caseira usual. Com tom de enfado, critica as vestimentas fora de moda, acrescentando: "Na ópera aonde creio que os seus confessores as mandam ir assim a elas como a seus maridos em satisfação das suas culpas e pecados, porque cada uma delas se acha em seu camarote com o seu marido, ambos em grandíssima melancolia".[65]

Por ocasião das festas religiosas, como Natal, Páscoa, um ou outro batizado mais comemorado, o ambiente doméstico ganhava maior dinamismo e se transformava em ambiente de confraternização. Em suas *Visitas pastorais*, próximo ao Guamá, no Pará, d. frei João de São José Queiroz passou o Natal de 1761 numa fazenda onde se realizaram grandes comemorações. Na fazenda, toda iluminada na rua principal da roça, reuniram-se mais de oitenta pessoas, que, além de rezarem o terço, apreciaram "o galante baile organizado pelos escravos".[66] Quase cinquenta anos depois, Debret registrava o costume das classes abastadas de passar o Natal e a Páscoa nos sítios e fazendas, quando à meia-noite serviam o chá, "depois cada um se retira[va] para o seu aposento". No dia seguinte, entretanto, visitavam-se os amigos mais íntimos. Em Pernambuco, Henry Koster teve a oportunidade de participar de festas de aniversário e batizado que terminaram em bailes e partidas de cartas,[67] mas registros desse tipo, sobre a vida social no interior das casas dos colonos, são raros, sobretudo para os primeiros séculos da colonização. "As principais diversões dos moradores da cidade [Salvador] são na verdade as festas dos vários santos, os votos das freiras, os suntuosos funerais, a Semana Santa",[68] como observou John Mawe no início do século XIX. Em tais ocasiões, a festa pública, organizada pelas municipalidades e pelas paróquias, continuava muitas vezes dentro de casa, principalmente entre os membros da elite, que organizavam banquetes, cantorias e jogos. Quando não saíam para as ruas, as senhoras em seus vestidos de gala participavam da alegria nas janelas e sacadas. Nesses momentos, a casa se voltava para a rua, e a tênue privacidade dos quintais e corredores internos era abandonada. Afinal, era a sociabilidade externa que se impunha definitivamente na vida dos colonos e imperava na maior parte da Colônia, quando até mesmo os atos de fé e de devoção dos penitentes viam-se testemunhados pelos demais crentes nas igrejas e nas ruas. Essa sociabilidade externa ao domicílio era intercalada por pequenas brechas de vida social doméstica. Nas breves horas em que se recepcionavam os hóspedes, o luxo das alfaias, em contraste com a pobreza quase generalizada dos demais apetrechos domésticos, saía dos baús e ganhava as mesas para encantar e receber as visitas, numa atitude reveladora dos costumes portugueses que persistiram na Colônia, apesar da imposição de outros, absorvidos das práticas indígenas ou estabelecidos em razão da escassez de recursos dominante nos primeiros séculos da colonização.

COSTUMES DOMÉSTICOS

Grande parte dos costumes domésticos dos colonos portugueses teve que se moldar à realidade dos trópicos. Sérgio Buarque de Holanda — entre outros autores — escreveu algumas páginas memoráveis sobre a influência dos índios nas técnicas e nas soluções adotadas pelos primeiros habitantes de São Paulo em quase todas as atividades necessárias à sobrevivência.[69] O mesmo poderia ser estendido às demais áreas de colonização, uma vez que os adventícios necessitaram lançar mão dos recursos naturais disponíveis e aprender, por meio de experiências, muitas vezes dolorosas, como viver na Colônia. Não era apenas a natureza desconhecida que impunha normas de morar. A enorme distância da Metrópole, a ser vencida pelas embarcações, ditou modas e hábitos de todo tipo. O atraso das frotas podia deixar os colonos sem vinho, trigo, ou sal durante meses. Quando elas finalmente chegavam, percebia-se que continuavam faltando em proporções razoáveis utensílios domésticos, equipamentos de trabalho, anzóis e linhas, armas, tecidos, remédios e tudo o mais de que se precisava no dia a dia. O abastecimento precário, portanto, foi companheiro dos colonos durante vários séculos. Dessa forma era imperativo aprender com os gentios da terra a se proteger do clima e dos animais, a preparar os alimentos disponíveis, a fabricar utensílios e a explorar as matas.

Se a mulher desempenhou em todas as civilizações o papel de provedora de alimentos da família e de responsável pela organização doméstica, nos primeiros tempos da colonização, em virtude da falta de mulheres brancas, as índias assumiram seu lugar, ensinando a socar o milho, a preparar a mandioca, a trançar as fibras, a fazer redes e a moldar o barro. Nos séculos subsequentes, as portuguesas uniram-se a elas para comandar as grandes vivendas rurais e tiveram como aliadas as escravas negras. No espaço do domicílio, e no que toca aos costumes domésticos, a figura feminina ganhou destaque, embora seja inegável que sua importância e influência na colonização não ficaram restritas à esfera doméstica, pois até nas bandeiras elas estiveram presentes, compartilhando com os homens inúmeras aventuras e o trabalho do dia a dia.

Era, todavia, a cargo delas que ficava o asseio e a limpeza da casa, a preparação dos alimentos, o comando das escravas e dos índios domésticos, além de grande parte da indústria caseira. Afinal, toda a sua educação era voltada para o casamento, para as atividades que deveriam desempenhar enquanto mães e esposas. Não causa espanto, pois, que nas denúncias feitas ao visitador inquisitorial na Bahia e em Pernambuco, no século XVI, as mulheres fossem o alvo preferido das acusações de práticas judaizantes referentes a costumes domésticos.

Baseados no monitório publicado pelos inquisidores, os colonos contavam ao visitador o que sabiam ou ouviam sobre as práticas domésticas de suas vizinhas, tais como mandar jogar fora a água dos cântaros e enchê-los de água limpa nova quando morria alguém na casa, trocar de roupa aos sábados ou não trabalhar nesses dias, isto é, não coser, não fiar, ou até denúncias sobre a forma de amortalhar o corpo de um ente querido. Muitas vezes essas mulheres eram de origem cristã-nova e casadas com cristãos-velhos, mas mantinham certas práticas tidas como judaicas sem se preocuparem com os olhares dos estranhos, dos escravos e até mesmo dos maridos. Enfim, administravam suas casas a partir de seus princípios e tradições, um tanto quanto independentes do que pudesse pensar o próprio marido, que comia peixe em vez de carne e não se dava conta do porquê, que a via em roupa de festa e não perguntava a causa.

Certas vezes são os próprios escravos que fazem a denúncia, como no caso de uma escrava que esteve por pouco tempo emprestada a serviço de uma família em Pernambuco e disse ao visitador que sábado, dia comum de trabalho, vira que Inez Fernandes, cristã-nova, mulher de Balthazar Leitão, "se vestiu de festa com uma saia de tafetá azul e jubão de olanda [sic] lavado e toucado na cabeça lavado, e em todo o dito dia de sábado, sendo de trabalho, guardou e não trabalhou, porque nos mais dias da semana a viu estar com uma saia de pano fiando e no dito sábado não tomou roca nem fez serviço algum".[70]

Figuras indispensáveis no interior dos domicílios, nem os curas e párocos prescindiam das mulheres na administração das suas casas e, protegidos pelas milenares atribuições femininas, ocultaram suas amásias sob o título de afilhadas e escravas. Referindo-se às mulheres dos sertanejos do Rio Grande do Norte, Mawe confirma para o século XIX a importância das mulheres nos domicílios, enfatizando que "o trabalho feminino consiste inteiramente nos serviços domésticos. Os homens tiram o leite das vacas e cabras. As mulheres fiam e se ocupam das tarefas de agulha".[71]

Gilberto Freyre, por sua vez, imortalizou em *Casa-grande & senzala* algumas cenas domésticas em que encontramos sinhás entrando e saindo das cozinhas dos engenhos, gritando incessantemente com as escravas e comandando a faina doméstica. Algumas vezes dão as ordens até sem se levantar de seu estrado ou largar o bastidor. São elas, portanto, que, fiéis aos costumes do Reino, bordam ricamente a roupa de cama e mesa da casa, que tanto encantou os viajantes do século XIX e deixou Alcântara Machado intrigado quando, ao estudar de forma pioneira os inventários seiscentistas de São Paulo, constatou que à pobreza generalizada se contrapunham as redes de abrolhos, as toalhas rendadas de mesa e de "água a mão" ou as almofadas de cetim.[72] Tudo isso poderia ser usado no dia a dia ou guardado nos baús, para ser entregue como dote no momento do casamento de uma filha. Com ou sem auxílio das escravas, as mulheres preparavam os mosquiteiros usados de sul a norte do país, inclusive sobre as redes, a fim de combater os terríveis mosquitos que tanto atormentaram os portugueses sensíveis às suas picadas. Uma outra forma de preveni-los era o costume de defumar a casa ao anoitecer. Fechavam-se as janelas e uma escrava entrava com o fumeiro, percorrendo os aposentos e afugentando os bichos.[73]

O trabalho manual, por outro lado, sempre foi recomendado às mulheres pelos moralistas e por todos aqueles que se preocuparam com a educação feminina na época moderna, como forma de se evitar a ociosidade e consequentemente os maus pensamentos e ações. Ocupadas com o bastidor e a agulha, esperava-se que se mantivessem entretidas, não havendo ocasião para agirem contra a honra da família. Almofadas e travesseiros recheados de penas, lã ou lanugem, colchões de palha, capim seco, macela ou chumaço (espécie de pasta de algodão em rama com que se almofada qualquer coisa), eram fabricados em casa e faziam parte dos afazeres manuais das mulheres. No final do século XVIII e início do XIX, nas casas ricas de Minas Gerais, os colchões eram de algodão e os lençóis de linho muito fino, resultado provavelmente das habilidades femininas, que também transpareciam nos arranjos de flores artificiais e sobretudo no delicado trabalho de fazer renda.[74]

Mas, se a rouparia chamava a atenção, a forma como ocorriam as refeições na maior parte dos lares coloniais e a precariedade dos utensílios de mesa chocaram até mesmo alguns contemporâneos. A escassez de facas, colheres, pratos e copos é tal que Alcântara Machado lembra-nos ser na "baixela e nas alfaias de cama e mesa que a gente apotentada faz timbre em ostentar a sua opulência".[75] Garfos, então, se já eram raros no Reino e em quase toda a Europa, na Colônia praticamente não existem. Seu uso só será generalizado no século XIX. Em todas as classes sociais come-se com as mãos, mesmo ao se entrar no século XIX. Por essa época, visitando Salvador, Lindley observou que era "costume do país comer com as mãos, mesmo que os convidados fossem finos".[76] Há inventários paulistas seiscentistas que mencionam seis colheres de prata, como se lhes quisessem dar destaque, mas poderia haver até menos, e um ou dois copos de estanho. Em Ouro Preto, o inventário de Cláudio Manoel da Costa registra cinco garfos de metal e o de Francisco Antonio de Oliveira Lopes doze garfos de prata. O diferente fica por conta do inventário de Domingos de Abreu Vieira, que possuía "faqueiro de dúzia de facas, colheres e garfos com sua caixa forrada de veludo carmesim e de lixa por fora com sua fechadura e chave".[77]

Ainda no final do século XVIII, no Pará, nota-se a existência de um certo luxo nas casas abastadas do capitão-mor da capitania e de fazendeiros ou comerciantes locais, possivelmente resultado do comércio intensificado nesse século pela Companhia Geral do Grão-Pará e Maranhão. Nas *Visitas pastorais*, d. frei João de São José Queiroz menciona por ocasião de um jantar oferecido pelo bispo "salva e bandeja de prata, e umas galhetas em talher pequeno, colheres e garfos".[78] O mais comum, porém, eram as louças feitas de barro, que desde o início da colonização fabricavam-se em casa, pois na Bahia, segundo Gabriel Soares de Sousa, "cada engenho tem um forno de tijolo, nos quais se coze muita boa louça".[79] Porcelanas das Índias, contudo, chegavam com certa frequência desde o início da colonização na bagagem dos mais providos, sendo completadas em épocas posteriores com baixelas inglesas de louça e prata. Assim como o mobiliário, o luxo dos utensílios de mesa também esteve presente em algumas residências, principalmente de opulentos comerciantes que se beneficiavam dos monopólios régios e traziam toda sorte de produtos para serem comercializados nos portos mais importantes.

Na São Paulo seiscentista, no entanto, vive-se com maior parcimônia, e o estanho é o material mais comum para os copos e pratos. Pero Leme e Garcia Rodrigues, representantes de famílias influentes, possuíam dezenove pratos de estanho em 1592.[80] A nobreza de certos materiais dos utensílios de servir e comer não impedia, todavia, que as refeições fossem feitas ao redor de uma mesa baixa ou muito frequentemente de uma esteira estendida no chão, sem o conforto de cadeiras. Aliás, o hábito de se comer sentado no chão não era exclusivo da Colônia ou emprestado dos índios, pois ainda na primeira metade do século XVIII era comum, nas casas do Reino, as esposas e filhos acompanharem a refeição do chefe da casa tomando de um prato e acomodando-se no chão próximo da mesa onde este último jantava.[81] No final do período colonial, persistia esse costume doméstico, observado por vários viajantes.[82]

Tão singelos como a maioria dos utensílios eram os pratos servidos nessas ocasiões. O alimento principal da dieta dos colonos foi durante muitos séculos a farinha de mandioca, preparada de inúmeras formas — bolos, beijus, sopas, angus —, misturada muitas vezes simplesmente à água, ou ao feijão e às carnes, quando havia. Trocada em certas regiões pela farinha de milho, como na São Paulo seiscentista e em Minas Gerais, servia de substituto do pão de trigo, mais raro e mais caro. Em algumas regiões, por exemplo, no Nordeste, foi a "rainha da mesa", como a chamou Câmara Cascudo,[83] tão fundamental era para a alimentação popular. Quando servida úmida, era posta em terrinas e cabaças; quando seca, vinha à mesa em cestas. A difusão do seu uso chegou à Metrópole e foi amplamente usada, sobretudo em épocas de escassez de trigo, quando as frotas levavam para Portugal grandes carregamentos da "farinha", forma generalizada de denominá-la, pois já se sabia que era farinha de mandioca. A presença do arroz na dieta só se firmou no século XVIII, embora houvesse várias zonas de cultivo antes dessa data, e os arrozais se espalhassem nas terras pantanosas de São Paulo e do Norte do país.

Lendo-se no seu *Livro de razão* as anotações feitas por Antonio Pinheiro Pinto, proprietário de uma grande fazenda nos sertões da Bahia — Fazenda Brejo do Campo Seco — que abrigava uma comunidade considerável, fica-se sabendo dos mantimentos presentes no dia a dia do homem comum do Nordeste pastoril: farinha de mandioca, carne-seca, rapadura, arroz, feijão e milho são os mantimentos produzidos, adquiridos ou vendidos no final do século XVIII. Só o quarto proprietário da fazenda, em meados do século XIX, promoveu alguns plantios de vegetais para consumo da casa-grande, como tomates, couve, alface, repolho, jiló, agrião, ervilha e chuchu.[84] Na mesma época, os relatos de viajantes estrangeiros mencionam frutas, queijos e legumes, quando recepcionados por gente diferenciada socialmente. Não deixam de citar também a presença dos escravos que servem à mesa. Nos dias festivos havia assados, sopas e doces à mesa dos grandes proprietários, opulência que tanto enganou o visitante passageiro.

Fugindo à regra, porém, merece destaque a variedade dos produtos alimentícios existentes no Brasil holandês, uma vez que o sustento da população de Recife e de Maurícia, e até mesmo da população rural, passou a vir da Holanda; "toucinho, manteiga, azeite, vinho espanhol e aguardente" eram alguns produtos de boa qualidade que chegavam à mesa dos pernambucanos. Enviava-se ainda peixe seco, bacalhau, trigo, carne salgada, favas, ervilhas, cevada e feijões.[85] Mas, como o abastecimento dependia dos navios da Companhia das Índias, a carestia também era corriqueira, o que levou Maurício de Nassau a adotar medidas enérgicas para obrigar os senhores de engenho a plantar farinha e hortaliças, tendo sido tais medidas consideradas, inclusive, as primeiras a combater os efeitos da monocultura,[86] pois Pernambuco era tradicionalmente a capitania onde os produtos custavam mais caro, em consequência do domínio total da lavoura da cana-de-açúcar. Assim, com breves hiatos, a cozinha e a mesa pernambucana padeceram dos mesmos males que as de seus companheiros do resto da Colônia.

De outra sorte, se no cotidiano dos colonos as refeições eram desprovidas de requinte e sofisticação, o hábito de reunir a família ao menos uma vez por dia durante a refeição principal, que ocorria por volta das onze horas ou meio-dia, chamada primeiro de jantar e posteriormente de almoço, dá-nos a impressão de um convívio familiar pelo menos entre os indivíduos de algumas posses. O hábito de não se receber nem fazer visitas durante as refeições indica igualmente um certo gosto pela intimidade nessas horas. Na ocasião, era comum os escravos domésticos e as crianças da casa também se servirem e comerem num canto do aposento. Seguindo os hábitos portugueses, os colonos costumavam fazer três refeições, sendo a ceia uma refeição mais frugal. Os horários variavam de acordo com as atividades dos membros do domicílio, e é arriscado precisá-los.

Ligados às refeições, chamam a atenção, entre os costumes domésticos, certos hábitos de higiene, como o de lavar as mãos antes e depois de comer, quando um escravo carregando jarra, bacia e toalha as passava aos convivas. Antes de dormir também se tinha o costume de lavar os pés, hábito atribuído aos paulistas desde os primórdios da colonização, para evitar certas infecções, como o célebre "bicho-de-pé",[87] provenientes do fato de andarem descalços. Os banhos quentes, além de habituais, eram recomendados na cura de resfriados e dores no corpo. Resultava daí oferecer-se comumente ao viajante um banho quente para aliviar as fadigas do dia. Quando não era possível oferecer um banho, o dono da casa mandava dar-lhe água para refrescar-se — sempre acompanhada de toalhas feitas com tecido da terra, muito limpas, e de todo o equipamento necessário.[88]

Alguns desses hábitos de higiene ligavam-se possivelmente a práticas portuguesas e às normas impostas ao corpo relacionadas ao convívio social e familiar desde o início da época moderna e, assim como no resto Europa, foram sendo introduzidos lentamente na vida doméstica. Não causa, portanto, estranheza que tais costumes tenham sido observados pelos viajantes estrangeiros nas casas mais abastadas, cujos moradores teriam maior preocupação com as normas de civilidade e de convívio social em vigor na Metrópole.

Concluída a refeição principal, assim como sucedia em outros países de clima quente, aqueles que pela sua condição social podiam se dar ao privilégio de um descanso, retiravam-se para fazer a sesta. O costume é observado de norte a sul da Colônia e chama a atenção dos estrangeiros, que o justificam tanto pelo clima como pelos alimentos pesados e condimentados habitualmente consumidos.[89]

Ainda sobre os costumes domésticos, cabe mencionar o cuidado dispensado aos doentes, uma vez que a falta de médicos e de cirurgiões era notória durante todo o período colonial, não apenas no interior mas também nas vilas e cidades do litoral. Os medicamentos do Reino, por sua vez, eram raros e chegavam muitas vezes já deteriorados. Morria-se em razão da falta de socorro e de medicamentos, além da pouca habilidade dos "práticos". Eram comuns os testamentos feitos às pressas por pessoas que temiam a morte por causa da picada de uma cobra ou de um ferimento provocado por flecha certeira. Remédios e mezinhas caseiras eram administrados pelas mulheres da casa, apoiadas nos conhecimentos de uma mucama mais experiente, ou pelos curandeiros, que sofreram nas malhas da Inquisição sob acusação de praticarem sortilégios e feitiçarias.[90] Algumas receitas caseiras de purgantes chegaram até nós, representantes da crença da época de que para se ver livre das doenças era necessário tomar purgativos a fim de limpar o sangue. E não foram poucas as doenças que assolaram os colonos, desde as mais corriqueiras, como indigestão, diarreia e picadas de vários insetos ou répteis, mas também a sífilis, a febre amarela, a varíola. Fórmula tipicamente caseira é a que encontramos no *Livro de razão* da Fazenda Brejo do Campo Seco, "para inxação de qualquer natureza", anotada por Antonio Pinheiro Pinto. Trata-se de um clister que contém ingredientes facilmente disponíveis no quintal ou na despensa, como se pode observar: "Tomará um ou dois clisters purgativos o enxado de palha de alho, três colheres de azeite de mamona meya xícara de mel de cavo [cavalo], huma porção de sal do reino; obra muito e desinxa".[91]

Para a cura de "males", isto é, a febre amarela, o mesmo *Livro de razão* recomenda: "Toma quatro sangrias e purgue ce com pequaconha [ipecacuanha] duas purgas e depois de acabar o resguardo tome de menhan e a noite bebendo agoa de salça do mato a batata cozida do feijão de jipicanca [japecanga] nove dias e comendo im sima batata açada q'sarará de todo".[92]

Os cuidados com os doentes incluíam uma alimentação especial. A canja de galinha é recomendada em várias situações, e no livro do fazendeiro baiano, que acabamos de mencionar, as únicas vezes em que ele registrou gastos com compra de galinhas foi para tratar de dois hóspedes que adoeceram na sua propriedade. Os cuidados dispensados a um desses indivíduos — empregado de um outro senhor — e o montante da despesa que disso resultou sugerem-nos a importância que a hospitalidade e as relações pessoais assumiram na sociedade colonial. Cabia, portanto, àquele que hospedava se interessar pela plena recuperação de seu hóspede e dela participar ativamente.[93]

Quanto ao hábito de oferecer canja de galinha aos doentes, o médico português Simão Pinheiro Morão, escrevendo de Pernambuco, no século XVII, traz à tona os costumes e saberes médicos da Metrópole, comentando que os empíricos locais travavam discussão sobre quando dar galinha ou frango a seus pacientes, por uma ser quente e o outro frio, e esclarece:

> Dar-se galinha ou frango aos enfermos não é só por serem quentes, nem frios, senão por darem mais ou menos substância ao corpo e assim todas as vezes que queremos diminuir os humores damos alimento tênue qual é o frango que nos acrescenta também por ser fresco, e todas as vezes que queremos recuperar forças e acrescentar os humores naturais perdidos, damos alimento mais substancial que é a galinha ou franga, as quais têm as qualidades temperadas e são de fácil cozimento, que é o que os enfermos hão mister. Digam-me agora os empíricos e todos os demais de Pernambuco que razão, que autoridade e que fundamento têm para a negarem aos enfermos dizendo que a galinha é quente para eles.[94]

No século XVIII, percebe-se ainda o uso generalizado da canja de galinha pelos doentes por meio de uma devassa ocorrida no Recolhimento das Macaúbas em Minas Gerais, em 1733, na qual uma das reclusas, inquirida sobre o bem-estar na instituição, menciona ser tão pobre que não tem nem meios de comprar uma galinha quando adoece.[95] As aves eram caras e, por isso, utilizadas na alimentação apenas em situações especiais, como a que acabamos de mencionar. Em Portugal, no século XVIII, as aves também eram custosas e foram valorizadas pelos viajantes quando puderam apreciá-las.[96]

Largamente empregado na "ciência de curar", como informa Belmonte, era o vinho, indicado inclusive para o tratamento de feridas.[97] Vendido em pipas, barris, peroleiras e botijas, mas também a retalho, o vinho era bastante consumido, embora durante as refeições se bebesse mais água. Nos inventários dos colonos aparecem vários utensílios relacionados ao consumo do vinho, como as famosas tambuladeiras dos paulistas (taças sem pé), cuja função tem sido muito discutida.[98] Ainda sobre a arte de curar, deve-se observar que certos frutos eram conhecidos por suas qualidades terapêuticas, como o caju e o fruto da mangabeira, que Gabriel Soares de Sousa dizia serem ótimos para curar escravos que adoeciam por falta de vitaminas. O cambuí era bom para o fígado e o araçá curava cãibras, segundo a crença popular.[99] De qualquer forma, fica evidente pelos breves registros que a medicina caseira era uma prática muito difundida diante dos poucos conhecimentos médicos da época e à falta de profissionais para ministrá-los. No final do século XVIII, tal carência levou à importação de vários livros por parte de profissionais do ramo, que procuravam se atualizar. Nas listas de livros submetidas pelos livreiros portugueses à Real Mesa Censória de Lisboa para serem remetidos ao Brasil, há sempre livros médicos, inclusive um intitulado *Medicina caseira*, e com certa frequência aparece a *Farmacopeia lusitana*, que possivelmente visava a um público mais específico.[100]

Um outro aspecto que requeria cuidados na vida doméstica era a iluminação das casas após o pôr do sol, fato que pode ser notado pelo grande número de utensílios com essa finalidade no equipamento doméstico. As velas, bastante raras ao longo de todo o período colonial, aparecem mencionadas apenas uma vez nos inventários paulistas e outra nos *Autos da devassa da Inconfidência Mineira*. Ainda no século XIX, Mawe recomendava aos viajantes não se esquecerem delas, pois não as encontrariam com facilidade.[101] Contudo, os castiçais de latão, prata e louça, arame ou bronze despontavam em muitos inventários como parte dos utensílios domésticos desde o século XVI. Em geral queimava-se óleo nos lampiões, candeias e candeeiros de latão, disponíveis em vários tamanhos, com ou sem vidro. A candeia era uma pequena lâmpada que se suspendia por um prego e se encontrava principalmente nas cozinhas dos pobres, tendo sido citada já por Fernão Cardim no século XVI. O azeite que se usava na iluminação doméstica, fruto da indústria caseira, podia ser tanto de origem animal como vegetal. Léry, Cardim e Gabriel Soares de Sousa referem-se à gordura de baleia, tubarão e peixe-serra, respectivamente. Mas usava-se também o óleo de rícino, da mamona, e o óleo da copaíba, uma figueira muito alta "que tem dentro muito azeite", segundo Fernão Cardim.[102] Quanto aos serões noturnos nas fazendas de cana, é de se concluir que eram muito bem iluminados por tochas de camarim. Segundo Debret, estas também eram usadas à noite pelos viajantes por causa da sua eficácia.[103] Os lampiões de querosene que aparecem nos romances de Machado de Assis são típicos de um período posterior, isto é, meados do século XIX.

Uma série de objetos de uso caseiro e pessoal, indicativos de certos hábitos e necessidades dos colonos, completavam o equipamento doméstico da casa brasileira: espelhos, tinteiros, bengalas, cachimbos, cofres e peças de devoção, com destaque para os rosários, crucifixos e santinhos. Estes últimos encontram-se sempre presentes nos inventários de homens e mulheres devotos, que decoravam seus aposentos com retábulos, nichos com imagens e oratórios de todos os tipos e tamanhos, muitas vezes ricamente adornados, não dispensando os vasos de flores em homenagem aos santos de sua devoção. Todo esse material religioso está relacionado ao costume doméstico de se fazerem as orações diárias em casa, cumprindo os rituais e até as horas canônicas. Os livros de horas, vendidos por livreiros especializados no fim do período colonial, tinham essa finalidade e substituíam os breviários usados pelos religiosos. Referindo-se a um engenho nos arredores de Limoeiro, no Pará, em 1762, frei João de São José Queiroz observou que, naquele retiro longínquo, todos os dias se cantava o terço de Nossa Senhora e outras canções.[104] Visitando Linhares, no Espírito Santo, Saint-Hilaire observou, tempos depois, o mesmo costume. Perguntando à mulher de seu hospedeiro, numa cabana às margens do rio Doce, se não se aborrecia de viver em solidão tão profunda, obteve como resposta: "Não tenho eu minha família, os cuidados de meu trabalho e esta companhia? Disse ela mostrando-lhe um pequeno oratório que encerrava a Virgem".[105]

Ao enfocar os costumes domésticos na Colônia, não se poderia deixar de mencionar a importância dos criados, fossem escravos negros ou índios. Mais do que os "pés e as mãos do senhor de engenho", como os classificou Antonil no início do século XVIII, sua presença não se restringia apenas ao trabalho, uma vez que a escravidão marcou profundamente a sociedade brasileira, quer na esfera doméstica, quer nas relações sociais e pessoais. O registro de instrumentos de castigo nos inventários dos colonos, desde o século XVI, como "grilhões e seus cadeados", "correntes", "corrente com quatro braças e meia com catorze colares", roda, máscaras de flandres, palmatórias e bacalhaus (chicote composto por cinco tranças de couro) representam apenas um dos lados da moeda da relação senhor-escravo, o lado mais vil e certamente mais cruel. Mas houve senhores que reconheceram os fortes laços que os uniam a seus escravos no momento de preparar seus testamentos, concedendo-lhes a alforria, recomendando aos herdeiros que tratassem bem a um filho que tiveram com uma escrava, ou até proibindo a separação de uma família cativa. Todas essas manifestações são sinais efetivos de que a relação entre senhores e escravos ia além da relação de produção. São inúmeros os registros sobre a presença de crianças escravas no espaço doméstico brincando com os filhos dos senhores e engatinhando pela casa, de escravos que serviam de pajens, de mucamas que dormiam no quarto de seus senhores, que levavam recados e faziam parte do séquito familiar quando este saía de casa. Isso sem contar os que serviam à mesa, introduziam as visitas, costuravam e teciam com suas senhoras. Lugar de escravo não era, portanto, somente na cozinha e no eito das grandes fazendas. Eles ficavam em diversos lugares, em diferentes momentos compartilhavam do cotidiano de seus senhores, ou no trabalho, ou dividindo uma esteira e um pouco de comida com aqueles proprietários mais pobres.

Trabalho e lazer muitas vezes se confundiam no ambiente doméstico, pois as pessoas podiam passar horas a fio juntas, entretidas, cada uma em sua atividade, nem sempre se estabelecendo uma divisão nítida entre elas. Aqui era a escrava que socava o milho, ali a senhora que costurava ou se divertia com as crianças, acolá o senhor consertando algum utensílio, afiando seus apetrechos de trabalho. Em meio a tudo isso chegava um visitante, ou o capataz que vinha prestar contas. Enfim, era o dia a dia que passava vagaroso, envolvendo cada um com seus afazeres, pois o trabalho era infindável, estendendo-se às atividades voltadas para a subsistência e também àquelas que visavam ao mercado mais amplo dos produtos e serviços. Tudo havia que ser arduamente produzido na Colônia, a fim de se depender cada vez menos das frotas e do difícil transporte realizado pelos muares, através de estradas precárias e perigosas, que traziam ocasionalmente os mercadores. A indústria caseira era, assim, atividade básica nos grandes e pequenos domicílios, reunindo escravos e senhores, como se verá mais adiante.

TRABALHO E RELAÇÕES PESSOAIS NO INTERIOR DO DOMICÍLIO

AS RELAÇÕES PESSOAIS VISTAS POR MEIO DA ESCRITURA DOMÉSTICA

Não é tarefa fácil recuperar o cotidiano no interior dos domicílios coloniais, uma vez que os registros sistemáticos, que poderiam fornecer alguns indícios sobre as atividades desenvolvidas e as relações pessoais ali existentes, são extremamente raros. Já foi mencionado que os diários íntimos, se existiram, não chegaram até nós, protegidos talvez pelo pudor ou a vergonha de tornar público algo que seria da esfera privada, e portanto não devassável por olhares do mundo exterior. Por outro lado, mesmo na Europa, as agendas ou jornais íntimos só se constituem numa prática no final do século XVIII e início do

XIX, quando a intimidade das famílias e a vida privada ganham significado maior para os indivíduos. As famosas cartas de madame de Sévigné, que deixam entrever os sentimentos e o dia a dia numa família de elite francesa no século XVII, sempre foram valorizadas pelo que contêm de inusitado na literatura do Antigo Regime, e são tidas como precursoras desse gênero de escritura íntima. Contudo, para o final do período colonial, dispomos de alguns breves exemplos de escritura doméstica, como os *Livros de razão* ou de *Assentos*, uma espécie de memorial que recebia os lançamentos referentes às transações diárias de compra e venda ou troca de produtos, registros de alguns eventos familiares, como nascimento, batizado ou morte dos filhos, de dívidas e prejuízos ocorridos. Enfim, uma espécie de protocolo de escritura, no qual o chefe da casa dirige a ele próprio as informações que considera importantes, principalmente para o controle de suas finanças. Os *Livros de razão* não são peculiares à sociedade colonial; existem já na Europa dos séculos XVII e XVIII de forma mais abundante do que na América portuguesa.

O *Livro de razão* da Fazenda Brejo do Campo Seco, no sertão da Bahia, e o *Caderno de assentos* do coronel Francisco Xavier da Costa Aguiar são dois remanescentes desse tipo de escritura doméstica, cujas anotações já foram citadas em itens anteriores neste capítulo, e nos permitem vislumbrar certos aspectos da vida doméstica de duas famílias da elite colonial de fins do século XVIII e início do XIX, sendo o primeiro referente a uma família rural e a uma grande propriedade de pastoreio na Bahia, e o segundo a uma família urbana radicada em Santos.

Antonio Pinheiro Pinto, genro e sucessor de Miguel Lourenço, deu continuidade, a partir de 1796, à escrituração da Fazenda Brejo do Campo Seco sobre a marcação do gado (*Livro do gado*), sendo que as demais produções, ganhos e despesas ocorridas foram registradas a partir de 1795 no *Livro de razão*. O *Caderno de assentos* do coronel Costa Aguiar, como esclarece Maria José Elias, que o transcreveu, é uma espécie de miscelânea de apontamentos. Apesar do caráter um pouco diferente desses dois registros, revelam-se ao leitor alguns traços comuns e os significados que a vida íntima e os interesses da vida privada assumem para os chefes de duas famílias abastadas da Colônia. Nota-se também o cuidado de manter em ordem os negócios para seus sucessores, tudo pautado pelo hábito regularmente imposto de registrar, mediante anotações breves e com certa economia de palavras, os acontecimentos diários, as despesas mais relevantes, sem qualquer preocupação narrativa ou de estilo. Os sentimentos, por sua vez, são expressos de forma extremamente contida, e perceptíveis nas entrelinhas, por meio da leitura atenta e cuidadosa que o estudo das mentalidades impõe ao historiador. Dessa forma, vão surgindo fragmentos de um cotidiano e certos zelos com a casa, com o ambiente doméstico e com os familiares, em parte aliados à imaginação e à capacidade criativa do leitor em se transportar para a cena na qual tais registros foram feitos.

O *Livro de razão* da fazenda baiana nos chega às mãos por meio da leitura, análise e algumas transcrições de Licurgo dos Santos Filho. O *Caderno de assentos* do coronel Costa Aguiar, entretanto, pôde ser manuseado diretamente, e foi por esse motivo escolhido para ilustrar um pouco mais a vida doméstica no interior de uma família da elite colonial, pois permite um recorte na análise mais geral e abrangente que vimos traçando até agora.

O coronel Costa Aguiar casou-se, conforme informação de seu próprio punho, com d. Bárbara Joaquina de Andrada, irmã dos famosos Andrada (José Bonifácio, Martim Francisco e Antônio Carlos), em 1784. Uniu-se dessa maneira pelos laços do matrimônio a uma das famílias ilustres do país, distante portanto da prática da maioria da população, que vivia em relações consensuais conforme tem reiterado a historiografia sobre a família nos últimos anos.[106] Os trabalhos recentes, de extrema importância para conhecermos os arranjos familiares de nossos colonos, criticaram o modelo monolítico de Gilberto Freyre acerca da família patriarcal, apontando para inúmeras práticas que se inserem no universo das contravenções às normas impostas pela Igreja e pelo Estado, que fez do casamento sacramentado o bastião da família, da união dos corpos e consequentemente das relações sexuais.

Por meio desses estudos recentes, vêm à tona os adultérios e concubinatos frequentes e o grande número de filhos ilegítimos, que os registros paroquiais e notariais comprovaram à luz das novas técnicas da demografia histórica. Na época colonial, todavia, tais práticas dos colonos incomodaram profundamente os moralistas que escreveram suas lições exemplares, os curas d'almas nos confessionários das igrejas, os padres visitadores que implantaram devassas eclesiásticas em territórios distantes, além dos representantes do governo metropolitano, que buscaram incessantemente meios para incentivar o povoamento mediante o matrimônio. Todas essas vozes unidas não parecem ter tido eco junto aos colonos, que continuaram a viver de forma a desafiar as leis da Igreja católica, os murmúrios dos vizinhos e as penas de excomunhão recebidas. Essa "não família", que conforme tais estudos teria predominado na nossa sociedade, não excluiu, por outro lado, a família propriamente dita, aquela composta pelos membros da elite, de acordo com os códigos e interesses da classe social a que pertenciam. Muitas vezes, como apontou de maneira precoce Alcântara Machado, ela se formou paralelamente à família legítima, a qual, cabe lembrar, não deve ser excluída das análises da sociedade colonial pela predominância de outros modelos.

Desde o século XVI, quando, devido à falta de mulheres brancas, os colonos uniam-se em mancebias com as índias, era com as brancas do Reino que se casavam para estabelecer a descendência legítima e ampliar o patrimônio familiar. Foi assim, por exemplo, que procedeu Garcia d'Ávila, o fundador de poderosa família baiana, chegado aqui com Tomé de Sousa, construtor da famosa Casa da Torre. O mesmo fizeram seus descendentes, que apesar de se embrenharem nos sertões construindo currais e tendo vários filhos com as escravas, voltavam esporadicamente para suas esposas estabelecidas na Casa da Torre e escolhidas por seus pais entre as mulheres de importantes famílias da região.[107]

Entre os Ávila e os contemporâneos do coronel Costa Aguiar séculos se passaram, mas a política de casamento da elite permaneceu inalterada. As índias e negras deram-lhes muitos filhos bastardos, e as mulheres brancas, que foram aumentando paulatinamente em número, acabaram eleitas para o matrimônio. Estas, porém, quando não encontravam noivos à altura de sua condição social ou não possuíam dotes atrativos o suficiente, em virtude da necessidade de não se dividir demasiadamente as propriedades, eram enviadas para os conventos portugueses ou para os poucos recolhimentos de vida religiosa existentes na Colônia. Enclausuradas por motivos alheios à sua vontade, reproduziam nas instituições de reclusão feminina os costumes domésticos e as práticas de sociabilidade feminina próprias ao mundo exterior.[108]

O que chama a atenção nos registros do comerciante de Santos e que destoa das visitas esporádicas que os sertanistas e muitos dos primeiros colonizadores faziam a seus domicílios de origem, é exatamente um "sentimento familiar", um certo cuidado e atenção com os filhos e com a esposa, que se reflete, quer num presente ofertado, quer na preocupação em voltar para a "minha casa e minha esposa", como escreve Aguiar, tão logo os negócios permitissem. Nessa virada de século, que permeia o seu *Caderno de assentos*, a vida doméstica e a intimidade na Colônia mudavam lentamente, assumindo, pelo menos entre os membros da elite, outros significados.

Folhear suas anotações implica defrontar-se com valores e modos de vida próprios a um segmento específico da sociedade, encontrar esporadicamente signos que nos são familiares, tais como o cuidado com a educação formal dos filhos, o auxílio para o estabelecimento dos mesmos, a escolha dos padrinhos entre os membros da família, um certo interesse pelo conforto doméstico, pelo equipamento da casa, sem descuidar, é claro, dos negócios, papel que cabia sempre ao chefe da família. Em nenhum momento em seu *Caderno*, Costa Aguiar se refere à esposa como companheira nas atividades financeiras, embora na ausência do marido ela comprasse escravos e administrasse a casa, como se percebe pelos registros feitos sobre a primeira viagem a Lisboa, poucos meses após o casamento. Entretanto, se Bárbara empreendia e efetuava a administração doméstica, era o cunhado quem lhe fornecia os recursos, pois, assim que retornou, o coronel reembolsou o irmão de todas as despesas.[109] Era ele, o marido, quem também tratava dos interesses da mulher e administrava, no caso, a herança que lhe coubera em consequência da morte do pai, comprava-lhe vestidos, joias e os "trastes" da casa, como se dizia na época. Refere-se a ela em seus registros pessoais muitas vezes pelo prenome e jamais de maneira formal, tal qual nas cartas da época, como "minha senhora", o que pode sugerir que a tratasse efetivamente dessa forma mais íntima. Em certa ocasião, por exemplo, anotou: "Hum par de brincos modernos de topázios para Bárbara e também um par de fivelas que veio do Rio para Bárbara".[110] Ao consultarmos tais documentos temos a sensação de penetrar de fato numa intimidade que não nos é totalmente estranha. Quando o rico comerciante, por exemplo, menciona dívidas e acertos com o sogro, refere-se a ele como fazemos hoje, "meu sogro", e não pelo nome e sobrenome ou como "pai de minha mulher", formalmente. Há um certo tom de proximidade no modo de tratamento dos parentes que chama a atenção a quem quer que esteja habituado à leitura de documentos antigos.

Ao se referir à morte de uma filha de três meses, não expõe seus sentimentos, mas faz questão de registrar que lhe prestou as homenagens merecidas: "Foi enterrada na matriz, acompanhada de todas as comunidades regulares e de todo o clero desta vila, e das Irmandades do Santíssimo Sacramento, Passos e Rozário, de que eu e minha mulher somos irmãos".[111]

No final do *Caderno*, sucedem-se as despesas com os filhos adultos. Um deles vai estudar em Coimbra, mas após o primeiro ano letivo volta para passar férias com passagem paga pelo pai! Se somente as despesas fossem dignas de nota num caderno desse tipo, certamente não haveria necessidade de registrar, anos mais tarde, detalhes sobre a viagem de volta de Lisboa ao Pará do filho bacharel, indicado para o cargo de juiz dos órfãos nessa localidade, uma vez que não há menção a qualquer quantia despendida. Há, sim, um certo orgulho nesse registro de quase meia página, acrescido de outro, alguns anos depois, que revela igualmente sentimentos fortes em relação ao filho. Diz ele: "Meu filho José Ricardo, que depois foi deputado nas cortes de Lisboa, formou-se na Universidade de Coimbra na Faculdade de Leis, fazendo seu ato público de formatura em 9 de junho de 1810".[112] Os cuidados com os filhos eram constantes e requeriam gastos consideráveis. Ora era a farda e todo o enxoval de um filho cadete, ora era o telhado da casa de outro que necessitava reparos, ou livros e mesadas de um estudante. Era o pai abastado e generoso quem providenciava o bem-estar de toda a família.

Curioso também é o fato de Costa Aguiar iniciar seus apontamentos, em 1787, com o registro de seu casamento, que ocorrera três anos antes. Procede, portanto, a uma retrospectiva dos gastos que tivera com as bodas, além daqueles investidos numa viagem a Lisboa. O casamento é certamente um marco digno de alterar hábitos e de levá-lo a registrar acontecimentos e despesas. É um novo tipo de vida que se inicia e é a "história de sua família" que se encontra nas páginas seguintes. Nelas descobrimos que teve nove filhos, sendo que dois, pelo menos, morreram antes do primeiro ano de vida; que o apadrinhamento do primeiro filho coube aos avós maternos, e que o tio padre veio especialmente para lhe administrar o batismo. Os presentes oferecidos à esposa por ocasião do casamento também estão anotados. À pagina 213, registra: "Lembranças do valor das joias que comprei para Bárbara quando casei assim como também trastes para casa que comprei na ocasião do meu casamento".

Francisco Xavier Costa Aguiar parece ter tido outros cadernos de apontamentos, cujo teor não é possível afirmar precisamente, como se nota pela seguinte observação: "Lembrança das despesas que faço com meu filho José Ricardo da Costa Aguiar que mandei para Coimbra, cujas despesas, não obstante hirem lançadas no anuais que faço geralmente, com a minha casa e família faço aqui dellas especial mensão para a todo tempo saber, quanto gasto só com o dito meo filho".[113]

Se, por um lado, as breves anotações revelam alguns aspectos das relações pessoais no interior dessa abastada família, por outro, a escritura doméstica deixa entrever também certas normas de conduta em relação aos escravos da casa, aos devedores, e ainda a preocupação em manter sob controle os negócios com outros membros da família. Desponta em seus registros um comerciante que preza suas relações no mundo dos negócios, que zela pela sua imagem e pela da família.

Ao se referir à morte de um escravo, não avalia apenas a perda de uma propriedade. É um servidor honesto, cuja amizade e serviços valem mais do que a importância investida em sua compra, como se pode inferir da seguinte observação: "Perdi na morte do meu mulato Bento, muito pelo não dar por dinheiro algum, pelos préstimos, a bondade, que tinha aquele escravo, acentando só aqui, o que a poucos anos me tinha costado que forão 128$000". De outra feita compra uma mulata por nome Ignácia, e manda fazer "um catre para dormir a dita mulata".[114]

Pode-se também supor que esse comerciante escrevia para ser lido por outras pessoas, pelos filhos, quem sabe, pois muitas vezes acrescenta aos prejuízos obtidos observações totalmente dispensáveis caso a intenção fosse somente computar o valor da perda. Se algum dia seus filhos lessem essas anotações poderiam aprender certas normas de conduta que muito os ajudariam caso seguissem a profissão do pai, pois para ele havia certamente uma ética no mundo dos negócios que falava mais alto do que os números. No seu *Caderno de assentos* não faltam exemplos nesse sentido: "Perdi na mão da falecida d. Luiza, mulher do tenente Joaquim Roberto o que diz o caderno n. 6 a p. 31 por não ter ânimo de pedir a dívida pela pobreza da dita falecida".[115] Em outra oportunidade, referindo-se a uma caixa de açúcar que chegou vazia a seu destino, contentou-se em receber do dono da corveta que a transportou metade do valor devido, "por evitar contendas e pelo ver falido".

Tampouco faltam em seus assentos pessoais pagamentos a

parentes, quer por dívidas e prejuízos advindos de transações comerciais, quer por empréstimos feitos à sua casa. Pela forma como os registra, há sempre um tom de acerto de contas de ação bem-sucedida e necessária.

Quanto à sua casa, lentamente vai sendo equipada com o melhor que há na época, no Reino e na Colônia, demonstrando interesse tanto no conforto como no requinte que marcava as moradas dos membros da elite em seu tempo. Afinal, há um status a ser preservado, uma condição a ser ostentada; não apenas para si próprio, mas para toda a família. Mesas de vários tipos para os diversos ambientes, sofás e poltronas, escrivaninhas, utensílios de mesa luxuosos, mas também de cozinha e decoração, além de escravos para o serviço doméstico e dos seus caixeiros, vão sendo adquiridos e renovados ao longo dos dezesseis anos que duram os registros.

Não há referências ao espaço físico e às atividades de seus habitantes no interior do domicílio, pois as anotações apontam para outras intimidades, ou seja, para aquelas restritas à esfera dos sentimentos e dos gestos, em geral marcadas por silêncios e apreendidas nas entrelinhas. As ações propriamente ditas e o burburinho da casa em movimento não se fazem presentes no *Caderno de assentos* do coronel Costa Aguiar. Para recuperá-los é necessário lançar mão de fontes complementares, as quais, porém, não mais se restringem ao âmbito de uma família específica, mas referem-se ao conjunto da sociedade, em virtude da falta de registros detalhados. Mais uma vez é preciso voltar ao tratamento mais genérico adotado anteriormente e abandonar o estudo de caso, a fim de concluirmos esta visão de conjunto da vida doméstica na Colônia.

TRABALHO E ATIVIDADES NO INTERIOR DO DOMICÍLIO

Dois elementos marcaram profundamente as atividades dos colonos no interior dos domicílios e a sua rotina cotidiana: a escravidão e a falta de produtos, que estimulou a produção doméstica. A necessidade de mão de obra levou os primeiros colonizadores à busca incessante de soluções que pudessem sanar o problema. Num primeiro momento, são os próprios gentios da terra que farão os serviços da casa, ensinando os colonos a viver nos trópicos e a aproveitar os recursos existentes para suprir suas necessidades básicas. Conforme a colonização avançava e as técnicas de transformação dos produtos iam sendo assimiladas e adaptadas, eles seriam substituídos rapidamente pelos escravos africanos, que passavam a predominar como força de trabalho tanto no campo como na cidade, constituindo o elemento fundamental da vida econômica e social da Colônia.

Introduzida de início na lavoura açucareira no litoral nordestino em meados do século XVI, a escravidão negra espalhou-se por toda a Colônia, interferindo diretamente no modo de viver, de produzir e nas relações pessoais dos indivíduos e de toda a sociedade. Resultou daí um preconceito próprio das sociedades escravistas, em relação ao trabalho manual, que se impôs lentamente conforme aumentou o número de escravos africanos. Grande parte do trabalho desenvolvido no interior dos domicílios coube, portanto, a eles, figuras indispensáveis inclusive nas casas mais simples, que possuíam poucos escravos e até mesmo viviam do aluguel ou do trabalho de seus negros nas ruas das cidades.[116]

Por outro lado, a falta de produtos de primeira necessidade estimulou a produção doméstica e a tendência à autossuficiência tanto nos sítios como nas grandes propriedades. Se no campo a autossuficiência era quase imprescindível — tendo sofrido muito as zonas monocultoras quando esta não foi atingida —, nas vilas e arraiais, onde o intercâmbio era maior, a prática de beneficiamento de produtos alheios, como milho e mandioca, floresceu com maior intensidade, principalmente quando a quantidade exigia técnicas mais sofisticadas, a exemplo do que já sucedia no mundo rural, onde os grandes proprietários moíam o milho ou fabricavam o açúcar dos lavradores que não dispunham de monjolos ou engenhos. Pequenas quantidades, para o consumo doméstico, porém, eram produzidas em casa a partir de técnicas mais primitivas e trabalhosas.

Além do trabalho de limpeza e asseio da casa, escravos e senhores se envolviam no dia a dia numa série de atividades que visavam à alimentação, ao vestir, à construção e fabricação de equipamentos e utensílios de uso diário. A chamada indústria caseira ocupava todos os habitantes da casa, quer diretamente na execução das tarefas, quer na sua organização.

A alimentação, preocupação primordial de qualquer família, fosse rica ou pobre, exigia, além do cuidado com os animais e com as roças de subsistência, uma série de atividades, como a preparação dos alimentos que seriam usados nas refeições diárias. Assim, ora era a farinha que precisava ser lavada, espremida e cozida antes de se transformar nos bolos e pães, ora o milho que necessitava ser pilado ou moído, ora a carne que esperava sobre o jirau para ser salgada. Doces e bebidas também requeriam cuidados e trabalho antes de serem consumidos, e a lenha deveria ser providenciada. Enfim, tratava-se de um conjunto de atividades que demandavam tempo e esforço, e que despertaram a curiosidade dos cronistas e viajantes interessados no modo de vida e costumes domésticos de seus contemporâneos. É por meio de suas observações e registros que podemos hoje avaliar como funcionava a dinâmica no interior dos domicílios, como as tarefas eram empreendidas e quem as realizava.

Entre as atividades ligadas à alimentação, o processo de fabricação da farinha de mandioca ou de milho sempre chamou a atenção dos observadores, uma vez que constituía o alimento básico e substituto do pão de trigo. Nos séculos XVI e XVII, Léry (1557), Gandavo (1570), Fernão Cardim (1584) e Brandônio (1618) registraram detalhadamente a forma de se obter essas farinhas, com técnicas aprendidas junto aos índios. Trata-se de uma atividade que parece ter sido tipicamente feminina, sendo mais tarde incorporada pelas portuguesas. Referindo-se ao aipim e à mandioca, em 1557, Jean de Léry ensina: "Depois de arrancá-las, as mulheres [...] secam-nas ao fogo no [bucan...] ou então as ralam ainda frescas sobre uma prancha de madeira, cravejada de pedrinhas pontudas [...] e as reduzem a uma farinha alva como a neve [...]. Para preparar essa farinha usam as mulheres brasileiras grandes e amplas frigideiras de barro, com a capacidade de mais de um alqueire e que elas mesmas fabricam com muito jeito, põem-na no fogo com certa porção de farinha dentro e não cessam de mexê-la [...] até que a farinha assim cozida tome a forma de granizos e confeitos".[117] Pero de Magalhães Gandavo, por sua vez, explica a seus leitores os cuidados necessários com certos tipos dessas raízes, que são extremamente venenosas e que, portanto, deveriam ser espremidas "da maneira que não fique do sumo nenhuma cousa por esgotar; porque é tão peçonhento e em tanto extremo venenoso, que se uma pessoa ou qualquer outro animal o beber, logo naquele instante morrerá".[118] O mesmo autor esclarece ainda que havia dois tipos de farinha: "A de guerra que se faz desta raiz, e depois de feita fica muito seca e torrada de maneira que dura mais de um ano sem se danar. A fresca é mais mimosa e de melhor gosto: mas não dura mais que dois ou três dias, e como passa deles, logo se corrompe".[119] Desse processo rudimentar indígena, as portuguesas foram tirando suas lições e aperfeiçoando-o com utensílios mais adequados, como se pode avaliar pelos objetos e construções específicas a este fim arrolados nos inventários dos colonos. Assim, o ralador de pedrinhas foi substituído pelos raladores de cascas de concha e depois pelos de ferro. O tipiti, que servia para deixar escoar o caldo da mandioca, deu lugar à prensa de fuso, instrumento agrícola português que aparece com certa frequência nos inventários seiscentistas, instalado nas famosas casas de farinha. O mesmo sucede com as panelas de barro, substituídas pelos alguidares de ferro e cobre, ou com os fogões rudimentares construídos com simples pedras postas no chão, ou com o trempe (armação rústica de ferro sobre o fogo), que foram se transformando até chegar ao fogão de barro, de taipa de pilão e depois de tijolos.[120]

Quanto à farinha de milho, preferida pelos paulistas, segundo Sérgio Buarque de Holanda, pelas facilidades de transporte, condições climáticas do planalto e mobilidade de seus habitantes,[121] também sofreu transformações na sua fabricação. Os pilões de vários tipos e o produto das safras estocado, referidos nos documentos, indicam seu consumo e formas de preparação destinadas à subsistência da família e não ao lucro comercial. Mais tarde, por volta do século XVIII, o simples pilão de madeira aperfeiçoou-se, transformando-se nos vários tipos de monjolos, dos quais se têm notícias nas diversas áreas povoadas pelos paulistas e que foram utilizados inicialmente no tratamento do arroz. Os moinhos, por sua vez, também foram adaptados ao beneficiamento do milho, quando surgiu a necessidade de alimentação abundante para escravos e criações domésticas.[122] Porém, a antiga técnica de fabrico da farinha de milho persistia ainda no início do século XIX, quando John Mawe visitou Minas Gerais. Referindo-se à próspera fazenda do conde de Linhares, observou que essa farinha era alimento principal, de muito bom paladar e nutritivo. Para prepará-la colocavam-se os grãos na água e, com eles ainda úmidos, removia-se a película externa, reduzindo-os a pequenos grãos (farinha). Só depois eram levados ao fogo para secar.[123] O fubá é a farinha de milho moída, e em Minas Gerais Saint-Hilaire pôde observar, também no início do século XIX, esse processo de transformação num monjolo.[124]

O preparo dos doces, assim como as diversas atividades ligadas à cozinha, cabia de ordinário às mulheres. Os marmeleiros de São Paulo sempre propiciaram, desde o início da ocupação, a famosa marmelada. A rapadura, por sua vez, era apreciada em todo o país. Com o passar do tempo, todavia, a arte de fazer doces ganhou expressão na cultura do país, e algumas donas de casa gostavam de ostentar suas especialidades perante os convivas, enviando-as também, embrulhadas caprichosamente, aos amigos. Para Luccock, era a única oportunidade que as senhoras de elite tinham de se intrometer na cozinha. Na Bahia, segundo Lindley, os doces e conservas de frutas, em geral muito saborosos, eram feitos pelas escravas.[125]

No final do período colonial, Debret registrou o costume de comer pela manhã delicados pães de ló, que as negras quitandeiras do Rio de Janeiro entregavam bem cedo para serem consumidos ainda quentinhos.[126] Licores e vinhos caseiros de diversas frutas além do guaraná, fabricado a princípio pelos índios Maué no Norte do país, eram muito apreciados pelos colonos. A salga da carne e do peixe também envolvia as mulheres dos colonos e suas escravas, uma vez que era a única forma de conservá-los sem que se deteriorassem rapidamente. A fabricação de laticínios, contudo, não se desenvolveu muito na Colônia. A manteiga sempre foi considerada de má qualidade e os queijos, quando havia, eram para consumo próprio, não se tendo o hábito de vendê-los.[127]

As atividades domésticas de homens e mulheres, porém, não se resumiam à cozinha e suas dependências. A fiação do algodão e sua tecelagem, que visavam à confecção de roupas brancas masculinas e femininas e às vestimentas dos serviçais, consumiam parte do tempo dedicado ao trabalho doméstico, sobretudo dos escravos. Por outro lado, grande parte dos utensílios de cozinha, daqueles de servir e acondicionar os alimentos, era produzida em casa, em especial nos primeiros tempos. A fabricação de cerâmicas e a indústria de cestaria e trançado também eram desenvolvidas a partir das técnicas indígenas, cujos objetos eram aproveitados largamente nas casas. O mesmo sucedeu, por exemplo, com a fabricação das redes, vassouras e esteiras. O preparo do sabão e do combustível para os candeeiros também era extremamente importante na economia doméstica. Todas essas tarefas, ou algumas delas, envolviam os habitantes dos domicílios pelo menos durante parte do dia.

A fiação e a tecelagem para o consumo doméstico eram efetuadas de maneira bastante primitiva, a partir de várias fibras que existiam no país (o tucum, o coroatá, o buriti), e resultavam num pano grosseiro usado no vestuário dos escravos, mas também nas roupas caseiras e de todo dia. A lã dos carneiros, por sua vez, podia ser aproveitada para o acolchoamento das camas ou para o fabrico de panos. Os tecidos importados, devido ao seu alto preço, eram reservados para as vestes especiais, para os "vestidos de missa". O algodão era a fibra mais empregada, e todas as mulheres brancas ocupavam-se com o fuso e a roca, forma predominante de trabalhar o fio.[128] Quanto à tecelagem, desde os primeiros tempos encontram-se registros sobre os teares de madeira para fazer redes utilizados pelas índias.[129] Em carta de 1549, Nóbrega pedia que se enviassem tecelões para o Brasil, pois havia abundância de algodão, e algum tempo depois tem-se notícia de índios tecelões nas aldeias jesuíticas.[130] Na São Paulo seiscentista, porém, nem todos possuíam teares, e possivelmente alguns proprietários teciam o seu algodão e o de outros habitantes. O tear de fazer rede, todavia, era, de acordo com os inventários da época, mais comum e esteve presente nas casas dos colonos, que fabricavam para seu próprio uso redes de diversos tamanhos e cores, com franjas e abrolhos.

Embora voltada para as necessidades domésticas, algumas regiões se especializaram na tecelagem, e seu produto passou a ser exportado para outras localidades, como as cobertas fabricadas pelos habitantes de Minas Novas, no início do século XIX.[131] Mas tratava-se de um trabalho fatigante, vagaroso e pouco valorizado, inclusive na Metrópole. Por isso mesmo, desde os primeiros tempos, a tarefa cabia aos índios e às escravas africanas.[132] Já sobre o trabalho com as rendas, foi observado que mulheres de todas as origens ocupavam-se em fazê-las para adornar redes, lençóis e demais panos caseiros. A fim de tornar os tecidos mais atraentes, usavam-se algumas técnicas de tinturaria caseira, aproveitando-se o pau-brasil e o anil e utilizando-se a urina para fixar a cor.[133]

Enquanto as mulheres se ocupavam em fiar, tecer e fazer rendas, os homens envolviam-se na fabricação de redes para pescar, salgavam o peixe que pescavam, curtiam os couros, trabalhavam na fundição fazendo facas, ferraduras e outros instrumentos de trabalho além de armas brancas.[134]

Com o avançar dos séculos, certamente ocorre uma especialização nos ofícios, sobretudo nos centros urbanos, e muitos produtos podiam ser adquiridos, enquanto outros continuavam a ser produzidos em casa, de maneira geral pelos escravos. Nos primeiros tempos, a falta de moedas proporcionou uma economia de trocas, na qual porcos e galinhas, algodão e farinha eram muito apreciados e utilizados como dinheiro.[135]

A fabricação da cerâmica e a cestaria, cujas técnicas os adventícios aproveitaram dos índios, eram fundamentais no início, quando faltava todo tipo de utensílio doméstico. Com o tempo, entretanto, era comum se adquirirem os objetos de cerâmica fabricados pelos índios, pois certas aldeias, principalmente no Norte do país, especializaram-se na sua produção. Homens e mulheres fabricavam lindos potes de barro decorados e de vários tamanhos que depois, no século XIX, foram exportados para a corte.[136] Já a cestaria acabou se tornando atividade de lazer de caboclos e escravos, que nas horas livres faziam cestos e balaios, chapéus e esteiras. No início do século XIX, homens e mulheres podiam ser vistos nas principais ruas das cidades coloniais, sentados à soleira das portas, entretidos no trançado de seus trabalhos.[137]

Ainda destinados ao consumo doméstico e ao asseio da casa, fabricava-se sabão com cinzas de vegetais queimados, tais como o bambu, utilizando-se para a composição sebo e gorduras vegetais.[138] Vassouras de piaçaba e espanadores com penas de animais não faltavam nas casas dos colonos.

Conforme apontado anteriormente, trabalho e lazer confundiam-se no dia a dia dos colonos, sobretudo dos senhores, que, enquanto administravam seus negócios e cuidavam do funcionamento da casa, dedicavam-se a outras atividades, algumas delas manuais. Esse não trabalho, como eram vistas as ocupações domésticas, em especial as das mulheres mas também as dos homens, que poderia ser feito a qualquer hora, leva à questão do ócio dos senhores, tantas vezes enfatizada pelos representantes do governo metropolitano, pelos demais estrangeiros e até pela historiografia.[139] A imagem da preguiça generalizada do brasileiro é bastante forte em nosso imaginário e na iconografia do período colonial, que aponta para escravos e mucamas abanando seus senhores, os quais são vistos esticados em suas redes ou confortavelmente instalados em suas cadeirinhas e seges de passeio. Deve-se lembrar, no entanto, que esses grandes proprietários foram minoria, vivendo a maior parte da população envolvida nas várias atividades domésticas que acabamos de mencionar.

Por outro lado, se estudos recentes destacam que o trabalho feminino não se restringia à faina doméstica, enfatizando a atuação de mulheres viúvas ou mesmo casadas que na ausência dos maridos dirigiram fazendas e comandaram dezenas de escravos — além daquelas brancas pobres e forras, sem maridos, que viviam de suas "agências" —, o mesmo deve ser lembrado em relação aos homens que abriram fronteiras, lutaram contra os índios e tocaram suas tropas de gado e muares, além do trabalho nas fazendas e sítios. Se houve um estilo de vida senhorial, ele deve ser matizado e circunscrito a algumas regiões, ao tipo de colonização e às suas respectivas épocas.

De qualquer forma, o trabalho permeou o cotidiano dos indivíduos e trouxe dinamismo ao interior dos domicílios, fosse ele dirigido para a subsistência e consumo dos moradores, fosse voltado para o mercado. Quando possível, grande parte das atividades desenvolveu-se nos anexos, aos quais já nos referimos, porém eles não impediam, devido à forma das construções, que as pessoas se encontrassem nos pátios internos e alpendres, nem a entrada e saída constante dos escravos. Nas casas mais simples e naquelas de cômodos, um grande número de pessoas convivia numa intimidade tão intensa, que não havia efetivamente espaços para uma vida privada, no sentido de vida definida pela família e pelos amigos, que se contrapõe à noção de público, isto é, aberto à observação de qualquer pessoa.[140]

Entre os séculos XVI e XVIII, falar de uma vida privada na Colônia pode levar a certos equívocos. Nos núcleos urbanos, o que se nota é uma sociabilidade que ocorre de modo predominante fora de casa, pautada por um mundo em que todos se conhecem, e em que se identificam socialmente pelas suas vestes, pelos ofícios. Sabe-se, inclusive, quem é escravo de quem. Nas vilas e cidades, as ruas não tinham muitas vezes nomes ou números, e os logradouros eram identificados por algum sinal evidente, espécie de código que todos decifram. "A ladeira que desce da casa de fulano", "a rua atrás da venda de beltrano", ou até de forma mais evidente: "rua dos ferreiros", "defronte da casa do falecido tal", são formas utilizadas nos documentos oficiais para identificar moradias e moradores. Por outro lado, as casas muito próximas e os muros baixos facilitavam os olhares dos vizinhos e transeuntes.

No mundo rural, as grandes distâncias e o isolamento nem sempre favoreceram a intimidade, quer pela presença de muitos escravos nos latifúndios, quer pelo próprio caráter das relações de dominação típicas da sociedade colonial. A falta de privacidade constatada em alguns desses domicílios evidencia mais uma das muitas contradições presentes na Colônia: o isolamento tanto podia incentivar como bloquear a intimidade.

No campo ou na cidade, o visitante chegava a qualquer hora, e não se sentia invasor da privacidade dos indivíduos. Afinal, as visitas e reuniões consistiam nos poucos momentos de sociabilidade doméstica. No interior das casas, os aposentos eram pouco definidos e as funções se sobrepunham. Não se encontra menção, por exemplo, a um espaço específico para as crianças, ou a certos cuidados especiais com elas no rol dos costumes domésticos geralmente enfatizados, nem mesmo com a sua alimentação. O mobiliário e os utensílios restringiam-se ao indispensável para o abrigo, repouso, alimentação e também para o trabalho. Não eram exatamente esses apetrechos que distinguiam ricos e pobres, livres e escravos, mas a fartura da mesa, o número de escravos, as joias e o vestuário, o trabalho manual, o status proporcionado pelos cargos *públicos*, e com o passar do tempo as propriedades, os animais. As casas eram, no geral, também pouco providas, como pôde ser observado.

É somente por volta de meados do século XVIII, quando a colonização se estabelecera definitivamente, que a composição da morada colonial, no que toca tanto aos seus exteriores como aos seus interiores, começa a apresentar indícios de mudanças. O mesmo ocorre no que se refere às formas de sociabilidade e aos costumes domésticos. Um certo gosto por morar bem e confortavelmente, que se expressa na decoração e mobília das casas dos indivíduos mais abastados, na maneira de receber os amigos e hóspedes, de se divertir, e até de gerir os próprios bens e educar os filhos, vai apontando, de modo tênue, para uma valorização em escala crescente da intimidade dos indivíduos, dos corpos e das famílias, principalmente entre as elites.

Portanto, como se procurou mostrar, antes do crescimento das cidades, do estabelecimento pleno da colonização e da consequente dinamização da economia ocorrida por essa época, os documentos sugerem que há certa preocupação com a esfera *íntima*, no nível das consciências e da fé, tão bem ilustrada nos testamentos antigos — nos quais transparecem as devoções particulares e certos afetos —, porém não exatamente a preocupação com uma vida familiar. Assim, é possível afirmar que a vida privada se constrói conforme ocorre a colonização, o que reflete, muito provavelmente, mudanças nas formações familiares dos colonos.

4. COTIDIANO E VIVÊNCIA RELIGIOSA: ENTRE A CAPELA E O CALUNDU*

Luiz Mott

RELIGIÃO PÚBLICA E PRIVADA

Herdeiro da tradição judaica, o cristianismo sempre ensinou a seus fiéis um caminho de duas mãos para se conseguir a perfeição espiritual e o tão almejado galardão no Reino dos Céus: de um lado, o exercício individual e privado de atos de piedade e comunicação mística direta da criatura com Deus Nosso Senhor; do outro, a prática pública e comunitária dos sacramentos e cerimônias sacras.[1]

O exemplo dessa bipolaridade espiritual partiu do próprio fundador do cristianismo: Jesus aparece nos Evangelhos como o suplicante por excelência. Ele reza frequentemente: recita as orações judaicas ordinárias como a bênção à hora da comida, reza antes das ações e decisões mais importantes, suplica ao Pai na solidão da noite, faz oração comunitária na última ceia em companhia de seus discípulos, depreca de joelhos suando sangue no horto das Oliveiras à véspera de sua paixão.[2]

Embora frequentasse o templo e seguisse os rituais religiosos da Lei de Moisés, Cristo opôs-se a um dos modismos da religião de seu tempo ao condenar o ritualismo oco da seita dos fariseus. Assim ensinou a seus discípulos: "Quando orardes, não façais como os hipócritas, que gostam de orar em pé nas sinagogas e nas esquinas das ruas, para serem vistos pelos homens.

* Este capítulo, que é original e especialmente feito para este livro, faz parte de uma pesquisa mais ampla sobre religiosidade e sexualidade no Brasil colonial, pesquisa esta que vem contando com o apoio do CNPq. Agradeço a meu companheiro Marcelo Cerqueira, da UCSal, as críticas e informações etnográficas sobre a religiosidade no interior da Bahia e ao dr. Cândido da Costa e Silva, da UFBa, por suas eruditas sugestões.

Quando orardes, entra no teu quarto, fecha a porta e ora ao teu Pai em segredo".[3] Sacralizou destarte a oração individual, o colóquio místico direto da alma com o Criador.

A despeito de enaltecer a religiosidade privada, clarividente quanto à importância da oração comunitária na consolidação da sociedade eclesial, Jesus conferiu à prece comunitária status igualmente paradigmal, ao pontificar: "Quando dois de vós se unirem sobre a terra para pedir, seja o que for, consegui-lo-ão de meu Pai que está nos céus. Porque onde dois ou três estão reunidos em meu nome, aí estou eu no meio deles".[4]

A primitiva Igreja cristã, tal qual podemos vislumbrar nos Atos dos Apóstolos, desde seus primórdios, reuniu essas duas posturas na prática religiosa: a *contemplatio*, ou a oração pessoal, privada, e a *liturgia*, que no latim eclesiástico medieval equivalia a "culto público e oficial instituído por uma igreja".[5]

Como sabiamente salientou Durkheim no clássico *Formas elementares da vida religiosa*,[6] as cerimônias e os rituais públicos sempre tiveram uma função catalisadora do etos comunitário, funcionando igualmente como eficiente mecanismo de controle social e manutenção da rígida hierarquia da *igreja militante*. Assim, a missa obrigatória aos domingos e dias santos de guarda — um total de 98 feriados! —,[7] a obrigação da desobriga pascal (atestado assinado pelo vigário que o *freguês* confessou-se e comungou ao menos uma vez por ocasião da Páscoa da Ressurreição), a indispensabilidade da frequência aos sacramentos, são algumas das práticas religiosas amalgamadoras do corpo místico no Brasil de antanho, um contrapeso socializador significativo para compensar a dispersão espacial e isolamento social dos colonos na imensidão da América portuguesa.

Se tais rituais eram obrigatórios, dever de todo cristão, outras tantas cerimônias eram fortemente incentivadas pelo clero como caminho seguro de os fiéis angariarem as benesses divinas e enfrentarem com sucesso as ciladas do Tentador. Por trás do estímulo à vida eclesial comunitária, não há como negar, estava o forte interesse da hierarquia eclesiástica em controlar seu redil — "um só rebanho e um só pastor" — exaurindo dos *fregueses* as cobiçadas esmolas, dízimos e demais benesses materiais, indispensáveis para manter a riqueza do culto e a boa vida dos clérigos e religiosos: "O olho do dono é que engorda o gado" e as algibeiras do pastor!

Católico que honrasse o nome não se limitava a cumprir a obrigação pascal e os mandamentos da Santa Madre Igreja: convinha alimentar sua vida espiritual privada e comunitária. "Qualquer alma que quiser seguir a vida do espírito, confesse-se e comungue pouco mais ou menos todos os oito dias e nos de especial festividade e indulgência", ensinava frei Francisco da Conceição, um dos teólogos franciscanos muito em voga no Brasil setecentista.[8]

> Faça cada dia uma hora de oração mental dividida em duas vezes, parte de manhã, parte à noite. Ouça missa todos os dias podendo, e não podendo, a medite espiritualmente. Reze a cada dia a Coroa de Nossa Senhora meditada ou o Rosário ou o Terço dele com devoção, a Novena das Almas, a Estação do Santíssimo Sacramento. Visite devotamente a Via Sacra todos os dias que puder, mas ao menos nos dias Santos e Sextas-feiras. Faça todos os dias muitos atos de amor a Deus e muitas e fervorosas jaculatórias, e se lhe não se lembrar outra, repita esta muitas vezes: "Senhor, tende misericórdia de mim". Faça um dia de retiro cada mês e os de oito ou dez dias uma vez no ano, podendo. Jejue nas sextas e sábados. Faça disciplina nas segundas, quartas e sextas. Ponha um cilício nas terças, quintas e sábados por tempo de uma ou duas horas. À noite faça exame de consciência pouco antes de se deitar, considerando que pode não se levantar senão para a sepultura.[9]

Além de todos esses exercícios pios individuais, aconselhava-se a toda gente participar das cerimônias e devoções públicas, umas dentro, outras fora dos templos, tais como as celebrações da Semana Santa, as frequentes procissões, bênçãos do

Santíssimo, trezenas, novenas e tríduos dedicados aos múltiplos oragos de sua freguesia, as romarias e santas missões.[10]

Tais cerimônias e rituais públicos faziam parte integrante da cultura religiosa em Portugal desde a época dos descobrimentos. Quase toda semana em Portugal seiscentista os fiéis deviam passar horas seguidas reunidos nas igrejas, capelas ou ermidas, rezando, cantando, ouvindo sermões ou assistindo a representações religiosas, como presépios, autos de fé, lausperenes, vias sacras etc., não apenas em sua própria vila ou cidade mas também nas "terras" circunvizinhas.[11] No Brasil, como os centros urbanos eram raros e com débil tradição associativa, as ruas inóspitas pela muita poeira no verão e lama na estação chuvosa, as praças ameaçadoras pela presença inesperada de animais selvagens, índios e negros indômitos, muitas das celebrações religiosas que no Velho Mundo tinham lugar ao ar livre, na América portuguesa ou foram abandonadas ou tiveram de se transferir para dentro dos templos ou, ainda, ficar restrita à celebração doméstica. E mesmo dentro das igrejas e capelas, diferentemente do que ocorria em Portugal, onde as disparidades socioeconômicas eram menos profundas que nos trópicos, na Colônia, a elite branca, acastelada e minoritária demograficamente, protegia-se da arraia-miúda e da *gentalha de cor*, isolando-se por detrás de balaustradas e colunatas próximas ao altar-mor. Os mais esnobes e elitistas, como veremos adiante, construíam seus próprios locais de culto — capelas, ermidas e até igrejas, no interior ou anexas às suas moradias, evitando assim o indesejado convívio com os fiéis de outras raças ou de estratos inferiores. Havia, porém, quem na época insurgia-se contra essa espécie de segregação religiosa: "A condescendência de se permitirem todos os atos públicos em oratórios particulares, tem posto os templos vazios", reclamava o capitão Domingos Alves Branco Moniz Barreto, membro da elite baiana nos meados do século XVIII; "sendo um dos primeiros artigos para mostrar o grande caráter da pessoa e distinção de sua nobreza, o não procurar igreja para ouvir missa, mas sim o seu oratório, e isto é mais vulgar nos nacionais do que nos da Europa, para falar a verdade".[12] Segundo d. José Botelho Mattos, oitavo arcebispo de Salvador (1741-61), os aristocratas da América portuguesa desprezavam os templos e espaços religiosos públicos sobretudo pelas tentações que podiam representar à pureza e honestidade das mulheres das famílias de respeito: "É impossível que os pais e parentes consintam que suas filhas saiam de casa à missa, nem para alguma função, não só às donzelas brancas, mas ainda às pardas e crioulas que se confessam de portas a dentro".[13]

Em parte tamanho zelo justificava-se, pois nas celebrações religiosas públicas o que mais chamou a atenção dos viajantes e cronistas que visitaram nossas igrejas coloniais foi a falta de compostura por parte dos participantes, mau exemplo advindo dos próprios curas e celebrantes, ora displicentes no trajar, ora irreverentes nos olhares e risadas, clérigos e leigos ávidos de aproveitar aqueles preciosos momentos de convívio intersexual a fim de fulminarem olhares indiscretos, trocarem bilhetes furtivos e, os mais ousados, tocarem maliciosamente o corpo das nem sempre circunspectas donzelas ou matronas.[14] Os volumosos Cadernos e Processos dos Solicitantes, conservados na Torre do Tombo, onde estão arrolados detalhes sobre os namoricos e "assédio sexual" dos sacerdotes no próprio confessionário, comprovam que muitos lobos estavam disfarçados de cordeiros, fazendo do tribunal da penitência alcova para pecaminosas imoralidades.[15] Daí o perigo representado pelos espaços e cerimônias públicas em contraposição ao recesso e recato da religião privada dentro do lar, embora também em volta dos oratórios domésticos o espírito do mal costumasse rondar e causar danos às almas. Exatamente para evitar abusos e indecências dentro da Casa do Senhor, as *Constituições primeiras do Arcebispado da Bahia* (1707) legislavam com minúcia a maneira correta como os fiéis deviam proceder nas celebrações religiosas:

> A igreja é a casa de Deus, especialmente deputada para seu louvor. Portanto, convém que haja nela toda a reverência, humildade e devoção, e se desterrem dali todas as supersti-

> ções, abusos, negociações, tratos profanos, práticas, discórdias e tudo o mais que pode causar perturbação nos ofícios divinos e ofender os olhos da Divina Majestade. Pelo que, exortamos e admoestamos muito a todos nossos súditos, que assim quando entrarem na Igreja como em quanto nela estiverem, tenham e mostrem grande devoção, humildade, e reverência, para que não só agradem a Deus Nosso Senhor, mas também com seu exemplo movam e edifiquem os próximos. E neste nosso Arcebispado é isto necessário pelos muitos neófitos, pretos e boçais, que cada dia se batizam, e convertem à nossa Santa Fé, e das exterioridades que vem fazer aos brancos, aprendam mais do que das palavras e doutrina, que lhes ensinam, porque a sua muita rudeza os não ajuda mais. Mandamos que nas igrejas não estejam homens entre as mulheres, nem elas entre os homens, mas uns e outros estejam em assentos separados.

E conclui o legislador eclesiástico: "As igrejas são para se exercitar nelas atos de devoção e humildade e não de vaidade e ostentação, e quanto maiores forem as pessoas, tanto maior é a obrigação que lhe corre de darem exemplo aos outros nesta matéria".[16]

Portanto, o colono, ao transferir-se da Metrópole para a América lusitana, perdia muito da regularidade e frequência da tradicional vida religiosa comunitária: no Reino o número de templos, pastores e festividades sacras era muito maior do que na Colônia. Aqui, muitos e muitos dos moradores passavam anos sem ver um sacerdote, sem participar de rituais nos templos ou frequentar os sacramentos. Tal carência estrutural levou de um lado à maior indiferença e apatia de nossos antepassados ante as práticas religiosas comunitárias, do outro, ao incremento da vida religiosa privada, que, na falta do controle dos párocos, abria maior espaço para desvios e heterodoxias.

"Vigiai e orai, para não cairdes em tentação": foi o ensinamento deixado pelo Cristo a seus discípulos. E segundo recomendava a teologia mística num manual português corrente no Brasil colonial, "a oração é o pão quotidiano dos justos, sem o qual não podem dar passo na virtude. Por isso, antes que a alma se ponha a caminho das vias espirituais, justo é que tenha prevenido o seu sustento, com que nela se há de alimentar. A oração é um ato de virtude da religião, um trato reverente com Deus, com que a criatura recorre a ele para remédio de suas necessidades".[17]

Seguindo tal conselho, frades e freiras reunidos em comunidade e os cristãos mais fervorosos, notadamente quando pertenciam a irmandades e confrarias, dividiram desde a Idade Média as principais horas do dia e da noite em *horas canônicas*, ocasiões especiais de comunicação da alma com o Criador.[18]

Sobretudo nos mosteiros e conventos de estrita observância, o dia estava dividido em oito momentos que se iniciavam à meia-noite, com a oração de *matinas*, seguida de *laudes* às três da madrugada, às seis da manhã *prima*, às nove *terça*, oração de *sexta* ao meio-dia, *noa* às três da tarde, *vésperas* quando surge a estrela vespertina e às oito da noite, *completas*. Embora apenas nos conventos e mosteiros mais austeros do Brasil se cumprisse horário tão ascético, quando menos as três principais horas litúrgicas costumavam ser marcadas por badaladas especiais dos sinos das igrejas e casas pias, obrigando, nos momentos de maior significado simbólico do dia, os moradores das vizinhanças a lembrarem-se de rezar: às seis da manhã — hora do *ângelus* —, ao meio-dia — *a hora que o diabo está solto* — e às seis da tarde, hora das *ave-marias*.

Mesmo distante das igrejas, os católicos mais devotos não deixavam de rezar, sobretudo a ave-maria. Em 1766, nas Alagoas, dois irmãos, Manuel e Valente Gomes, caçavam no meio do mato, quando seu vizinho Ludovico sugeriu que rezassem o ângelus, ao que retrucaram os irmãos que "não haviam ouvido o sino e só rezavam quando estavam perto da igreja". O devoto mariano ficou tão injuriado com tal impiedade, que chegou a apontar sua espingarda contra os blasfemos.[19]

A casa de moradia é o *locus* privilegiado para o exercício da religiosidade privada dos católicos. Nas casas mais abastadas, o lançamento da pedra fundamental da construção contava sempre com a presença de um sacerdote encarregado de aspergir água benta no alicerce, garantindo-se assim o bom futuro religioso do novo domicílio. Em muitas casas urbanas do Brasil antigo, conforme fixou a tradição oral, podia-se ver uma cruzinha de madeira pregada à porta da entrada; nas zonas rurais, um mastro, com a bandeira de um santo, revelava aos visitantes a preferência da devoção familiar. Dentro de casa, uma série de imagens, quadros e amuletos sinalizavam a presença do sagrado no espaço privado do lar.

No Brasil colonial, seguindo o costume português, desde o despertar o cristão se via rodeado de lembranças do Reino dos Céus. Na parede contígua à cama, havia sempre algum símbolo visível da fé cristã: um quadrinho ou caixilho com gravura do santo anjo da guarda ou do santo onomástico; uma pequena concha com água benta; o rosário dependurado na própria cabeceira da cama. Antes de levantar-se da cama, da esteira ou da rede, todo cristão devia fazer imediatamente o sinal da cruz completo, recitando a jaculatória: "Pelo sinal da santa cruz, livrai-nos Deus nosso Senhor, dos nossos inimigos. Em nome do Padre, do Filho e do Espírito Santo, amém". Os mais devotos, ajoelhados no chão, recitavam quando menos o bê-á-bá do devocionário popular: a ave-maria, o pai-nosso, o credo e a salve-rainha. Orações que via de regra todos sabiam de cor, inclusive os suspeitos ou convencidos de heterodoxias atinentes à Santa Inquisição, pois ao serem inquiridos nos cárceres secretos do Santo Ofício, um dos primeiros "exames" a que se submetiam todos os presidiários era recitar as citadas orações, acrescidas dos dez mandamentos da Lei de Deus e dos cinco preceitos da Lei da Igreja. A quase totalidade dos colonos do Brasil presos pela Inquisição de Lisboa desincumbiu-se perfeitamente de tal prova, resvalando contudo, alguns poucos, sobretudo nos mandamentos da Lei da Igreja.

Mesmo antes do amanhecer, quando despertavam entre um sono e outro, fazia parte da piedade católica aproveitar a calada da noite para elevar a alma junto a Deus: a ex-prostituta e depois beata Rosa Egipcíaca, negra de nação Courá, então moradora na freguesia do Inficcionado (Minas Gerais),

> estando na sua cama dormindo, ouviu um tropel de gente. E acordando se achou de joelhos fora da cama. E logo lhe disse uma voz: louvado seja para sempre tão grande Senhor! E sem ela fazer movimento algum, se levantou o seu corpo de onde estava e caiu também de joelhos ao pé daquela voz que tinha ouvido, e respondeu: Para sempre seja louvado tão grande Senhor! Depois a sobredita voz lhe recomendou que rezasse três Padre-nossos e três Ave-Marias às pessoas da Santíssima Trindade e outros à Paixão de Nosso Senhor Jesus Cristo e cinco em reverência à Sagrada Família e sete às necessidades temporais e espirituais da Igreja, as quais rezas ela ainda faz e fez sempre.[20]

Rezar não era prerrogativa exclusiva dos colonos cristãos. Também os seguidores da Lei de Moisés possuíam piedosas orações como esta recitada todo dia pelo cristão-novo Fernando Gomes Nunes, preso em 1733 nas Minas Novas dos Goiases, freguesia de São Félix do Conquistado: “Bendito sejais Senhor, pois cheguei a amanhecer; bendito vosso poder, meu amparo, meu criador, livrai este pecador em todas as ocasiões de perigos e de traições e do poder dos inimigos e de fingidos amigos e de raios e trovões”. Outro cristão-novo, Fernando Henriques Alvares, 37 anos, tratante de gados, preso em Pernambuco em 1730, aprendeu com seu tio esta bela jaculatória: “Donde o sol nasce e donde se volve a pôr, bendito e louvado seja o nome do Senhor!”, e também esta oração: “Perdoa-me Senhor no que tenho-o ofendido, perdoa os dez anos que contra ti tenho ido, perdoa o miserável que por ti chama, não me condenes senhor a eterna chama por tua misericórdia me perdoa, salvo sou, senhor, se tua verdade me abona!". E ainda estoutra: "Em boa hora do Senhor e de todos seus amigos, começo agora a rezar para que o que lhe pedir na terra me seja outorgado nos céus. Os anjos do senhor dizem todos nos céus e na terra, amém!".[21]

Na parede da sala de muitas casas coloniais, saindo do quarto, lá estavam para ser venerados e saudados os quadros ou "registos" dos santos de maior devoção dos donos da morada, às vezes tendo a seu lado copo ou tigela com óleo de mamona onde uma lamparina votiva queimava diuturnamente, dando um pouco de claridade à escuridão da noite ao mesmo tempo que prestava homenagem aos ditos oragos.

As famílias um pouco mais abastadas possuíam um quarto especial, o *quarto dos santos*. Seu tamanho variava, e às vezes era apenas uma "nesga de espaço debaixo de escada que conduzia ao sótão ou aposento para custódia de imagens". Não eram poucos os que conservavam as imagens em seus próprios aposentos. "Todas as alegrias e tristezas eram relatadas entre preces aos bentos simulacros bem guardados em um nicho de madeira forte, torneado e envernizado, com três faces de vidro." As imagens, fossem elas do Santo Cristo, fossem de santos da devoção pessoal, conservavam-se, não raro, através das gerações:

> Tinham também pertencido a fulano ou sicrano. Era raro alguém ter *trocado* [isto é, comprado] a imagem. O Santo Antônio era uma tradição de milagres familiares; São Raimundo tinha ajudado o nascimento de todos os filhos da casa; Nossa Senhora da Conceição era senhora de todos, São José, São João, São Roque. [...] Nossa Senhora do Parto, comadre uma, duas ou três vezes de todas as mães católicas da época, era colocada junto à cama das parturientes para propiciar boa hora, apagando de sua mente a lembrança de dores e sofrimentos. Tomada por comadre, isto é, sendo a sua coroa tocada na criança à hora do batismo, esconjurava todo e qualquer perigo de futuro malogro.[22]

Tal era a tradição do oratório no Nordeste brasileiro. Nas Minas Gerais, além desses grandes oratórios, desenvolveu-se enormemente a indústria de pequeninos oratórios, de um a dois palmos de altura, que reproduzia, em miniaturas de pedra-sabão, terracota ("paulistinhas") ou madeira, a mesma estrutura dos altares das igrejas barrocas, tendo sempre no topo a cena da crucificação, com a Virgem das Dores, são João e Maria Madalena ao pé da cruz, ladeados dos santos da predileção do proprietário da casa. Em diversos museus de Minas Gerais e no Museu de Arte Sacra da Bahia há ricas coleções desses oratórios, popularmente chamados de "maquinetas".

O oratório funcionava como uma espécie de relicário, onde eram conservados, além de eventuais relíquias "verdadeiras" do Santo Lenho, da coluna onde Cristo foi açoitado, pedacinhos de osso de algum santo, e eventualmente até um bocadinho do leite em pó de Nossa Senhora! Nesse mesmo espaço guardavam-se alguns "talismãs" aceitos ou tolerados pela Igreja, a saber, a rosa-de-jericó, que, posta contraída e seca num copo d'água, na intenção de alguma parturiente, se abrisse rapidamente, significava bom sucesso, significando, no caso contrário, morte certa. Ou ainda a palha benta do Domingo de Ramos, conservada como poderoso antídoto contra raios, coriscos e tempestades. Em caixas ou cestinhos, dentro ou ao lado do oratório, guardavam-se as milagrosas medalhinhas das festas das Angústias, Senhor da Cruz, Nossa Senhora das Candeias, Senhor do Bonfim, sem falar nos escapulários, bentinhos e livrinhos de orações e ladainhas, o catecismo tridentino etc.[23]

Apesar de os oratórios e santos de casa serem bentos e abençoados pelo vigário ou missionário em suas visitas residenciais, nem sempre a relação dos moradores com tais simulacros seguia as normas permitidas pela ortodoxia católica. No Maranhão, em 1754, a escrava Luísa tinha o costume de, antes de dormir, separar a Jesus Crucificado da imagem da Virgem Maria, dizendo, galhofeira, que "assim procedia para que Jesus não beijasse a Nossa Senhora e não tivessem filhos".[24] Em Recife, em 1762, na Esquina do Muro da Penha, Maria Carvalha era denunciada ao comissário do Santo Ofício de ter dentro de casa um altar com oratório onde suas duas filhas de dez anos celebravam missa com as mesmas cerimônias da Igreja. No Maranhão, pelo ano de 1674, Thomás Beckman, irmão do líder da "Revolta de Bequimão", foi acusado de vestir trajes sacerdotais e encenar na capela de seu engenho a celebração de uma missa, só que usou cachaça em lugar de vinho. Um sacrilégio![25]

Em muitas propriedades rurais mais abastadas, próximo às casas-grandes dos engenhos de açúcar, era comum a construção de uma capela ou ermida, onde um sacerdote residente ou de fora prestava assistência religiosa aos senhores e à escravaria e agregados. Questão de status e cumprimento das obrigações religiosas. Segundo o levantamento realizado pelo Instituto de Patrimônio Artístico e Cultural da Bahia (IPAC), de um total de trinta propriedades coloniais do Recôncavo, entre engenhos, fazendas e casarões, 25 contavam com capela, a maioria delas situadas no interior da casa-grande, seja contígua à varanda, logo na entrada do imóvel, seja na parte central da mesma. Alguns engenhos mais abastados construíam suas capelas no alto de um morro próximo à moradia, funcionando, de fato, quase como matriz de freguesia.

> A capela, além das funções religiosas, era ponto de reunião social. Ali se celebravam casamentos, batizados, primeiras comunhões. Com frequência serviam de cemitério aos membros da família. Na maioria dos casos ficavam separadas das residências, mas há exemplos de capelas edificadas contiguamente às casas-grandes, como as dos Engenhos Freguesia, São José e Pouco Ponto. As capelas do século XVIII e XIX tentam competir com as matrizes e incorporam, destas, galerias e corredores laterais, superpostos por tribunas. Um elemento típico das capelas de engenho do Recôncavo da Bahia é a sala lateral à capela-mor, ligada à mesma por um janelão. Deste camarim, geralmente simétrico à sacristia, assistiam à missa, sem serem vistos, alguns membros da família grande, especialmente mulheres.[26]

Ainda conforme o referido levantamento, na região da serra Geral e Diamantina, em mais de meia centena de imóveis rurais e urbanos do final do período colonial, registrou-se a presença de apenas oito capelas domésticas, todas embutidas no corpo da residência — revelando que foi no Recôncavo da Bahia, nas primeiras centúrias da colonização, que mais se edificaram capelas nas propriedades rurais nordestinas.

Os custos eram altos e lenta a burocracia eclesiástica para autorizar a ereção de tais capelas: no Arquivo da Cúria de Salvador há uma coleção desses processos, alguns com dezenas de folhas, incluindo bulas papais e dispêndio de muitos contos de réis. O padre Teotônio Correia Dantas, proprietário de um engenho na freguesia do Socorro da Cotinguiba, Sergipe, obteve em 1788 um breve do papa Pio VI autorizando celebrar missa na capela de sua casa, justificando "ter oratório com toda decência e com todos os paramentos necessários".[27]

O arguto reitor do Colégio da Bahia, o jesuíta Antonil, discriminava as atribuições do sacerdote-zelador dessas capelas domiciliares, e qual o conteúdo elementar da doutrina que devia ensinar a seu rebanho, frisando a obrigação do capelão a dizer missa na capela do engenho nos domingos e dias santos, explicar a doutrina cristã, alertar sobre a magnitude do pecado mortal e das penas que "tem Deus aparelhado nesta e na outra vida, aonde a alma vive e viverá imortalmente", lembrando ainda a forma adequada de se confessar e pedir remissão dos pecados. O capelão era quem deveria ainda instruir sobre o Santíssimo Sacramento, sobre o papel das indulgências "para descontar o que se deve pagar no purgatório"; sobre como se "encomendar a Deus para não cair em pecado e oferecer-lhe pela manhã todo o trabalho do dia". Não descuidava de abominar "os feiticeiros e curadores de palavras e os que a eles recorrem, dando peçonhas ou bebidas para abrandar e inclinar as vontades; os bêbados, os amancebados, os ladrões, os vingativos, os murmuradores e os que juram falso". E completava: "Zele que na capela seja Deus honrado e a Virgem Senhora Nossa, cantando-lhe nos sábados as ladainhas, e nos meses em que o engenho não mói, o terço do rosário, não consentindo risadas, nem conversações e práticas indecentes não só na capela mas nem ainda no copiar [alpendre] particularmente quando se celebra o santo sacrifício da missa".[28]

PIEGUISMO BARROCO

Quando da descoberta da Terra de Santa Cruz, a vida religiosa em Portugal era profundamente marcada pelo ascetismo, estimulando-se aos fiéis, por meio da oração mental, o contato místico com o Onipotente, incitando-se à maceração do corpo e dos desejos terrenos e à prática de um sem-número de exercícios espirituais. Como já vimos, a oração era considerada o alicerce da vida espiritual.

Em 1573 é editado em Goa um livro cujo escopo era decerto atingir a todos os neoconversos ultimamente contatados pelos missionários da Lusitânia — inclusive os índios do Novo Mundo: *Desengano de perdidos, feito pera glória de Deus e consolação dos novamente convertidos e fracos, e para proveito dos que querem deixar os pecados e seguir as virtudes e o caminho da perfeição do amor divino*. Seu autor, d. Gaspar de Leão, primeiro arcebispo da Índia, ensina cinco condições para atingir a perfeição da oração, tomando como exemplo a própria oração de Jesus no horto das Oliveiras: "1) Apartar-se de todas as criaturas ao menos mentalmente e ajuntar-se a Deus amorosamente; 2) Humilhar-se na oração prostrados ante a Majestade divina; 3) Frequentar assiduamente a oração, como o Cristo passava muitas noites orando; 4) Orar com atenção e fervor, como Jesus que chorou e suou sangue; 5) Subjugar a vontade ao beneplácito divino".[29]

Embora o arcebispo de Goa insistisse que "todo negócio da oração repousa no coração", os católicos do período quinhentista entendiam que a fé sem obras de nada valia, elegendo a mortificação como exercício complementar da oração.

Ao estudar os primórdios da religiosidade colonial, Luís Palacin lembra que, entre as principais exteriorizações de nosso catolicismo popular, destacava-se em primeiro lugar o gosto pela penitência, praticada não só no âmbito privado mas ainda em locais públicos, imodéstia estimulada pelos religiosos não como exibicionismo personalista, e sim para servir de emulação aos silvícolas e às almas mais frígidas. Na *Carta anual* da Companhia de Jesus de 1552, dava-se conta que "duas ou três vezes na semana os alunos do Colégio da Bahia se disciplinam, cingem-se os rins com cilícios aspérrimos, muitos dedicam em suas casas ou em nosso templo duas horas inteiras à oração e andam com tal modéstia nos olhos e em todo o rosto, que mais que meninos, parecem religiosos". Tanto entre os índios como entre os portugueses e os padres, as disciplinas constituíam uma verdadeira paixão. Nas procissões, no alto dos púlpitos, nos claustros e salas capitulares, ou dentro de suas próprias casas, miudamente os religiosos e leigos entregavam-se à autoflagelação. Anchieta registra que um homem casado, irmão de outro jesuíta, açoitou-se tão fortemente que daí a poucos dias morreu lançando muito sangue pela boca, parecendo que tinha pisado o fígado. O provincial dos jesuítas Pedro Rodrigues teve de moderar, por meio de pragmática,[30] o desejo e uso da penitência, pois até mulheres e curumins nas aldeias entregavam-se com frequência à autoflagelação.[31]

A religiosidade popular, ao gosto barroco, externava-se mediante manifestações marcadas por forte emoção. Em Porto Seguro, na Semana Santa, o padre Antônio Gonçalves relatava que "nunca vi tantas lágrimas em Paixão como vi nesta, porque desde o princípio até o cabo, foi uma contínua grita e não havia quem pudesse ouvir o que o padre dizia. E isto assim em homens como em mulheres, e saíram algumas cinco ou seis pessoas quase mortas, as quais por muito espaço não tornaram em si. E ao outro dia, bem se demonstrava que não era a devoção fingida, pelos sinais das bofetadas que nos rostos se viam e houve pessoas que diziam desejarem de se irem meter em parte onde mais não vissem gente e fazerem toda sua vida penitência de seus pecados".[32]

Tal pieguismo não era privativo do clero, das mulheres ou

do zé-povinho. No século XVI o próprio governador Mem de Sá pode ser apresentado como modelo típico da piedade barroca: todas as semanas se confessava e ouvia missa, rezava diariamente o ofício divino de joelhos, passando duas horas antes da manhã na igreja do Colégio, templo que mandara construir à própria custa. Nos meados do século XVIII, Gomes Freire de Andrade, governador-geral da capitania do Rio de Janeiro, à qual estava submetido todo o Sul do Brasil e as Minas Gerais, e ainda mecenas e fundador do convento de Santa Teresa, era retratado por seus contemporâneos como exemplar no zelo cristão, castidade, justiça e amor dos povos: ao despertar, sua primeira operação era rezar o ofício parvo de Nossa Senhora; assistia à missa diariamente, abdicando seu status ao misturar-se ao populacho na disputa às relíquias e ao beijar os pés do cadáver do mais querido *santinho* carioca de seu tempo, o servo de Deus frei Fabiano de Cristo.[33]

A devoção aos santos e às santas relíquias era generalizada e uma verdadeira obsessão para as almas mais pias. No Rio de Janeiro setecentista, o bispo d. Antonio do Desterro possuía a maior coleção de relíquias "autênticas" jamais reunidas no Brasil, incluindo lasquinhas da coluna da flagelação e da cruz de Cristo, um fio de cabelo de Nossa Senhora, pedacinhos dos ossos de todos os apóstolos e de uma infinidade de mártires: seu relicário, conservado ainda hoje no mosteiro de São Bento carioca, possuía 114 nichos.[34]

Cada devoto montava "sua" corte celeste privativa: seu anjo da guarda, seus santos protetores e prediletos, Nosso Senhor e a Virgem Maria com suas várias invocações. Os quadros de milagres e ex-votos conservados nos santuários e templos mais populares refletem muito bem a relação íntima e respeitosa dos fiéis com seus oragos, verdadeiras tábuas de salvação nos momentos dramáticos dessa sociedade tão desassistida das artes médicas. Os textos originais de alguns ex-votos setecentistas do santuário do Bom Jesus de Matosinhos são verdadeiros flashes que revelam, com todas as cores, a viva fé e a economia das trocas espirituais estabelecidas entre o devoto e seu oráculo mediante um contrato de promessa e dívida. Eis alguns exemplos de mensagens contidas em ex-votos, abaixo do desenho ilustrativo do milagre: "Mercê que fez o Senhor de Matosinhos a Antônio Mendes Vale, que estando muito doente com dores pelo corpo, se apegou com o dito Senhor e como ficou bom, mandou pintar este"; "Milagre que fez Santa Quitéria a Inês Coelho da Pureza, estando pejada e com bexigas, com risco de vida, pariu com intercessão da santa. 15 de dezembro de 1741"; "Mercê que fez o Senhor do Bom Fim a Maria da Silva, que estando sua sogra doente de bexiga já desenganada de cirurgiões e médicos, apegando-se com o dito Senhor, logo teve saúde a dita sogra no ano de 1778". O texto deste último ex-voto demonstra como no imaginário barroco o mundo não passava de um campo de batalha entre as forças do bem e as hostes do maligno, vencendo aquele que prometesse uma mercê à Majestade Divina: "Milagre que fez o Senhor do Matosinhos das Congonhas do Campo a José Antunes que estando um ano e tantos meses vexado com malefícios e ilusões e em tentações do demônio e por se ver tão perseguido, pegou-se com o mesmo Senhor, prometendo-lhe um cavalo celado e enfreado e ir lho levar e entregar ao dito Senhor propriamente o cavalo, e assim alcançou logo alívios que desejava, e lhe passou um crédito de que ficou na mão do seu procurador, e assim ficou logo alterado com perfeita saúde e mostrou perfeitamente que o poder de Deus é mais de que nada e o seu crédito valioso. Foi feito em 17 de maio de 1776".[35]

A partir do panorama religioso reconstruído até agora, podemos agrupar os colonos do Brasil num gradiente que vai dos mais autênticos e fervorosos aos indiferentes e até hostis à religião oficial, a saber: *católicos praticantes autênticos*, que aceitavam convictamente os dogmas e ensinamentos impostos pela hierarquia eclesiástica, refletindo, em suas variadas práticas exteriores de piedade, os sentimentos mais profundos de sua fé na revelação cristã; *católicos praticantes superficiais*, que cumpriam apenas os rituais e deveres religiosos obrigatórios, mais como encenação social do que com convicção interior; *católicos displi-*

centes, que evitavam os sacramentos e demais cerimônias sacras não por convicção ideológica, mas por indiferença e descaso espiritual, muitas vezes incluindo em seu cotidiano "sincretismos" heterodoxos; *pseudocatólicos*: boa parte dos cristãos-novos, animistas, libertinos e ateus, que apenas por conveniência e camuflagem, para evitar a repressão inquisitorial, frequentavam os rituais impostos e controlados pela hierarquia eclesiástica, mas que mantinham secretamente crenças heterodoxas ou sincréticas.

Em todos esses casos, do mais piegas papa-hóstias ao mais irreverente libertino-agnóstico, cristalizavam-se diferentes tipos de vivência e práticas privadas tendo a religião como centro.

Se para muitos e muitos católicos a religião era um conjunto de práticas exteriores e rotineiras, destinadas mais a cumprir obrigações tradicionais e não criar atrito com os mais velhos ou com as autoridades religiosas, para um certo número de colonos a religião representava uma das razões primordiais da existência terrena. Não só contra os ímpios, mas também contra os tíbios e maus cristãos o medo dos castigos divinos era uma obsessão generalizada, e a adoção de uma vida piedosa e beata aparecia como o melhor antídoto para a ira divina. "Porque não és frio, nem quente, mas morno, eu te vomitarei de minha boca", ameaçava o Apocalipse aos culpados de frigidez religiosa.[36]

Fazia parte da doutrinação dos fiéis no Brasil de antanho a crença de que Deus Onipotente, Justo Juiz e Senhor dos Exércitos costumava castigar os relapsos ou pecadores contumazes enviando à humanidade pestes, pragas, tempestades e toda sorte de infortúnios. Portanto, o medo dos castigos terrenos, como as doenças e desgraças, ou da punição *post-mortem*, com as chamuscaduras do Purgatório ou a perdição eterna na Geena, levava, com certeza, um grande número de devotos à contrição e à via estreita da virtude. Alguns desenvolviam verdadeira paranoia em relação à possibilidade de que a confissão de seus pecados não tivesse sido suficientemente completa e total, permanecendo, assim, em pecado mortal e sujeitos à condenação eterna. A esse tipo de paranoia os moralistas chamavam de escrúpulos, e diversos tratados teológicos discutem-lhe as vantagens ou como superar tal desconforto d'alma.[37] Outros imaginavam "comprar" o céu e reduzir a permanência no cálido Purgatório, adquirindo bulas e breves ou deixando polpudas somas testamentárias para a celebração de missas votivas. O testamento do sertanista Domingos Afonso Mafrense (1711) é especialmente ilustrativo nesse particular: deixou à Companhia de Jesus dezenas de fazendas no Piauí e riquíssimos imóveis na cidade da Bahia em troca de que se lhe celebrassem todos os dias, "até o fim do mundo, uma missa pelo descanso eterno de sua alma".[38]

Outros católicos dedicavam-se de corpo e alma à vida mística pelo próprio prazer que tais exercícios pios costumam provocar em certas almas mais melancólicas e predispostas à autoflagelação física ou espiritual. Embora o medo do Inferno e da severidade do Juízo Final devesse pesar na opção pela aspereza da vida religiosa, para este segundo grupo de devotos, a severidade e estrita observância com que viviam no recôndito de suas casas e corações tinha como principal móvel o prazer interior que auferiam desse virtuoso estilo de vida. Tal qual o masoquista sexual, muitos penitentes com certeza chegavam próximo ao orgasmo místico quando maceravam a carne com disciplinas e cilícios, ou aceitavam humildemente reprimendas e castigos mesmo quando eram inocentes das culpas de que se lhes acusava. "Ser perseguido sem culpa, é bocado sem osso", é a máxima do padre Baltazar Alvares incluída no já citado *Director instruído*, de 1789, demonstrando que o aniquilamento da vontade e do orgulho era precondição para caminhar na trilha da perfeição cristã.

As *donzelas recolhidas* eram modelos extremados do primeiro tipo de vivência católica autêntica: privadamente — mas quase sempre tornadas conhecidas do público — dedicavam-se de corpo e alma à oração e mortificação. Pelo heroísmo da fé e extremos de virtude, algumas talvez cheguem um dia à glória dos altares...

Sob o título "O sorriso da santidade no Brasil colonial", o cônego Heliodoro Pires relaciona, entre 1715 e 1775, mais de sessenta escolhidos de Deus, varões, religiosas e leigos, entre brasileiros e europeus, que por suas virtudes excelsas e invulgares viveram e morreram em *odor de santidade*.[39] Até agora, diferentemente do já ocorrido nos países vizinhos da América espanhola, nenhum brasileiro mereceu a honra dos altares,[40] não obstante o heroísmo das virtudes e "milagres" atribuídos a muitos deles, notadamente a madre Vitória da Encarnação, do convento do Desterro da Bahia; padre Belchior Pontes e madre Helena do Espírito Santo da capitania de São Paulo; soror Jacinta de São José e irmão Fabiano de Cristo no Rio de Janeiro; padre Gabriel Malagrida no Norte e Nordeste, e assim por diante.[41]

Tardiamente fundados os conventos e mosteiros femininos no Brasil, muito mais raros e dispersos do que os encontrados no Peru ou México, inúmeras donzelas, católicas fervorosas, não encontrando instituições religiosas onde pudessem se consagrar de corpo e alma ao Divino Esposo, fizeram de suas próprias casas uma espécie de claustro ou recolhimento — aliás, como ocorrera com santa Rosa de Lima e outras virgens veneráveis biografadas no *Flos sanctorum*.[42] É d. Domingos Loreto Couto, na sua obra extraordinária *Desagravos do Brasil e glórias de Pernambuco*, quem melhor descreve essa forma extremada de religiosidade privada no Brasil colonial, cujas adeptas foram muito mais numerosas do que a historiografia oficial costuma revelar.[43] "De 22 donzelas, que por falta de conventos, onde vivessem em perpétua clausura, fizeram de suas casas recolhimento e clausura" é o título do capítulo em que o referido autor trata desse particular.

Na comarca das Alagoas, por exemplo, nos inícios do Setecentos, as donzelas Maria de Castro e Beatriz da Costa viveram em perpétua clausura dentro da casa de seus pais, e "se condenaram inocentes a um cárcere de que não saíram senão para o cárcere da sepultura, debilitando o corpo com os rigores de um perpétuo jejum, banhando o corpo com rigorosos açoites, usando penetrantes espinhos em lugar de cilícios, passavam os dias e noites em contínuas orações". No Recife, à mesma época, viveram sete irmãs, filhas de Francisco Mendes de Oliveira e Leonor de Almeida, pessoas nobres e ricas. "Mortos seus pais, se conservaram na própria casa com os resguardos de um mosteiro observante. A sua ordinária habitação era em um oratório que havia na mesma casa, nele perseveraram muitas horas de joelhos, orando mental e vocalmente, derramando neste exercício muitas e copiosas lágrimas. De sua casa as irmãs saíam somente a ouvir missa, confessar e comungar na igreja dos Padres Congregados de S. Felipe Nery, que lhes ficava mais vizinha, e vinham tão modestamente cobertas, que não se acha quem lhes visse os rostos."[44]

Algumas biografias dessas recolhidas nordestinas parecem decalcadas na hagiografia das antigas santas cenobitas e anacoretas do Oriente[45] e aclimatadas à fauna e flora tropicais, o que certamente lhes confere peculiaridades próprias. Um dos casos mais fantásticos dessa maneira peculiar de religiosidade privada envolve seis irmãs da vila de Muribeca, no termo de Recife, pertencentes à tradicional família Rodrigues da Fonseca. Chamavam-se elas Ana, Luzia, Beatriz, Margarida, Luiza e Maria, "unidas pela afinidade do sangue como conformes pela união das vontades de servir a Deus". Viviam no meio de uma mata, num lugar solitário chamado Macuge, "retiro mais apto para a oração e contemplação dos divinos mistérios". Também desamparadas pela orfandade, essas "seis cândidas pombas" fizeram de sua casa uma inviolável clausura, não admitindo pessoa alguma em seu recolhimento. De todas, sobressaía Maria, que com suas próprias mãos formou de barro e ramas uma casinha tão estreita que mal podia estender seu corpo dormindo sobre uma tábua de quatro palmos de comprido por um e meio de largo. "E para não gastar o tempo nas perversões e preparos para o seu sustento, uma laranjeira que dava os frutos azedos, plantada ao pé da casinha, era a ministra da sua comida e bebida e com o sumo que exprimia de uma laranja, passava dois ou três dias." Era Maria bastante inventiva em sempre descobrir novas penitências para agradar ao Divino Esposo: "Todas as noites vinha à sua cova uma irmã e com uma grossa corda a prendia de pés e mãos, e se retirava, deixando-a amortalhada sobre a terra nua. No meio da casinha, tinham as formigas fabricado o seu aposento e eram elas de certa casta que têm os dentes tão venenosos, que a parte picada por elas incha e causa grande dor. Assim atada de pés e mãos, se entregava às inumeráveis formigas que saindo de suas covas, investiam contra o corpo da serva de Deus que com inalterável paciência e sem algum movimento sofria suas mordeduras".

Cada uma das seis irmãs manifestava diferentes dons e carismas, praticando na privacidade de seus cenóbios suas invenções masoquistas. A donzela Beatriz tinha o dom das lágrimas, "derramando-as continuamente aos pés de Cristo crucificado e com a continuação de tão perene pranto, veio a perder a vista dos olhos". Margarida tinha o dom da multiplicação, nunca faltando novas porções de farinha quando os pobres vinham esmolar à porta de seu recolhimento.

Das seis irmãs recolhidas, de fato, Maria era a predileta do Senhor: "Zelava tanto o Divino Esposo o retiro e recolhimento desta sua esposa, que em sua guarda pôs uma horrível serpente, chamada cascavel, para que com a extremidade da cauda fazendo ruído sonoro, avisasse aos que passavam e os fizesse retirar medrosos do seu venenoso encontro". Só quando chegava o confessor é que a serpente se enroscava num canto do cubículo, deixando-o caminhar em liberdade, enquanto, para todas as demais pessoas, "assanhada corria logo à porta para impedir a entrada".[46]

Se para muitas almas cristãs recolher-se do mundo e dedicar-se a toda sorte de sacrifícios e mortificações tinha como inspiração a busca da verdadeira perfeição mística, para outro tanto de beatos e recolhidas, e sobretudo para sua parentela ou agregados, ter santo, penitente ou beato dentro de casa era garantia de prestígio, visita infindável de devotos e recebimento de polpudas esmolas, prestígio social e vantagens materiais. Famílias carnais ou irmandades religiosas disputavam com unhas e dentes o "monopólio" de certas beatas e taumaturgos, ávidas de controlar as espórtulas doadas pelos fiéis.[47] Nos processos da Inquisição portuguesa várias são as falsas beatas e embusteiras, algumas degredadas para o Rio de Janeiro ou Bahia, a declarar textualmente que passaram a forjar visões e dons preternaturais com vistas ao reconhecimento social e ao usufruto das mordomias proporcionadas pelos devotos.[48]

Outra forma extremada de vivência religiosa era seguida dentro dos recolhimentos e conventos de freiras.[49] E entre uma dezena de beatas que em vida gozaram a fama de santidade no Brasil colonial,[50] a africana e ex-prostituta Rosa Maria Egipcíaca da Vera Cruz foi sem dúvida a que amealhou maior laudação por parte de seus devotos em Minas e no Rio de Janeiro: foi considerada "a maior santa do céu, Esposa da Santíssima Trindade, Mãe de Misericórdia, Rainha dos vivos e Juíza dos mortos", e muito mais. Como todo católico de seu tempo, além das orações elementares, Rosa Egipcíaca rezava regularmente os ofícios de Nossa Senhora e de são José. Prolongados jejuns, autoflagelação, procissões noturnas com caveira e santa cruz, eram práticas constantes no recolhimento de Rosa, e tríduos e novenas faziam parte integrante de sua piedade, sendo dedicados a sant'Ana, são Miguel, Sagrados Corações, Menino Jesus, santa Isabel, são Domingos, são Francisco, santo Antônio, Nossa Senhora do Parto etc. Carismática, Rosa Egipcíaca inventou diversos exercícios de piedade que eram devotamente praticados em seu recolhimento e nas casas de seus sectários, entre eles, o "Rosário de Santana": "Promete Santana grande adjutório a quem rezar este seu *Rosário da Fidelidade*, principalmente na hora da morte. Diz a santa que os devotos que lhe rezarem este seu rosário, à hora da morte apartará deles todos os demônios e 7070 brasas, deixando o enfermo livre de tentações e que lhe virá assistir o seu trânsito e trará consigo Jesus Cristo, seu neto, e Maria Santíssima, sua filha, e passará desta vida em paz e livre de seus inimigos". Em seu íntimo, a negra Rosa assim rezava:

> Meu Menino Jesus da Porciúncula: amo Jesus, adoro Jesus, reverencio Jesus, agradeço Jesus, exalto a Jesus, santifico o nome Santíssimo de Jesus agora e sempre e no último suspiro glorifico a Jesus no Santíssimo Sacramento da Eucaristia. Peço ao céu e à terra, peço às flores do campo e peço às estrelas do céu, peço ao sol nos seus raios, peço à lua na sua luz, peço às aves do céu: cantai! Peço aos peixes nas suas conchas, peço aos rios no seu curso e belo correr, peço aos anjos, peço aos santos, peço aos homens e peço às mulheres, peço a todas as línguas e nações remotas me ajudem a dar graças a meu Jesus Crucificado porque nos criou e nos remiu com o seu precioso sangue! Peço à Sagrada Família, a São João Batista, a São João Evangelista, ao meu Anjo Custódio, à Santa de meu nome, que louvem por mim ao Senhor por tantos benefícios e tão grandes misericórdias que de suas liberantíssimas mãos tenho recebido e que me façam uma criatura tal qual ele quer que eu seja! Amém! Jesus, Maria, José eu vos dou o meu coração e minha alma.[51]

Na alma barroca dessa africana fortemente marcada pelo imaginário religioso europeu, havia lugar para sincréticas intimidades com o sobrenatural — por exemplo, ao divulgar que o Menino Jesus vinha diariamente pentear-lhe sua dura carapinha e que, em agradecimento por esse mimo, Rosa Egipcíaca, tal qual as amas de leite que abundavam no Brasil escravista, ela própria dava de mamar ao Divino Infante em seu negro peito. Contraditoriamente, enquanto santa Teresa d'Ávila em seus colóquios espirituais tratava o Divino Esposo por "Vossa Majestade", nossos antepassados manifestavam muito maior intimidade com a corte celeste do que com as autoridades constituídas.

INTIMIDADES COM O SANTO DE CASA

"Santo é que se adula...", diz um ditado antigo repetido na Bahia de Todos os Santos. De fato, na religiosidade popular do Brasil de antanho, a intimidade dos devotos *vis-à-vis* certos santos e oragos percorria um *continuum* de amor e ódio, que incluía louvores, adulação, rituais propiciatórios, intimidação e até agressão física explícita.

Um dos traços marcantes da espiritualidade luso-brasileira sempre foi a devoção preferencial de nossos colonos por Maria Santíssima. Tão presente estava Nossa Senhora no imaginário, nos sermões, nas preces, como titular das igrejas e capelas, como Madrinha dos neófitos, nas dezessete festas anuais à Virgem consagradas, que, já em 1574, o italiano Rafael Olivi, sitiante letrado, preso como blasfemo na capitania de Ilhéus, ponderava que "os portugueses exageravam na veneração às imagens de Nossa Senhora".[52] Para mais de um autor, a supervalorização da mariologia entre nós seria uma faceta do machismo ibero-americano, uma sorte de compensação sobrenatural para contrabalançar a inferiorização do segundo sexo na sociedade colonial.[53]

A intimidade e aproximação da Rainha dos Céus com a vida privada dos colonos luso-brasileiros começa no momento mesmo da iniciação do recém-nascido na comunidade cristã, quando milhares e milhares de brasileiros tiveram como madrinha a própria Mãe de Deus — relação sacramentada com a colocação da coroa ou bastão régio da Virgem Maria na cabecinha do batizando e a inclusão de um de seus títulos no seu nome ou sobrenome. Outra manifestação da intimidade dos mortais com a Mãe Santíssima era a particular devoção das mulheres grávidas com Nossa Senhora do Parto, também chamada de Nossa Senhora do Ó ou da Expectação. Sobretudo nos partos mais difíceis, corriam a buscar o manto ou o óleo da lâmpada votiva da Senhora do Parto ou, na falta desta, o manto de são Raimundo Nonato (segundo a hagiografia, nascido de parto cesariano após a morte da própria mãe), sacramentais que eram colocados por sobre a barriga da mulher prestes a parir. No *Santuário mariano* (1722), frei Agostinho de Santa Maria diz que a imagem de Nossa Senhora do Parto da sé da Bahia era particularmente venerada pelas mulheres casadas "que a ela servem e festejam com muita grandeza, tendo sempre à sua vista uma tão singular protetora, nos seus partos e apertos, principalmente quando estão prenhadas e então lhes fazem as suas novenas e rogativas. E é tradição constante ter obrado muitas e grandes maravilhas com a aplicação do seu manto como se tem visto em partos perigosos. Fazem festa a esta senhora em 18 de dezembro".[54]

As imagens de Nossa Senhora, como dos santos prediletos, eram tratadas com piedosa *adulação*: donzelas e anciãs confeccionavam capas e vestidos com ricos bordados para cobrir as estatuetas; brincos, colares e broches preciosos enfeitavam as imagens. O Menino Jesus, em marfim ou madeira, deitadinho na cama, era venerado ora com suas "partes pudendas" à mostra ora envolto com camisa pagã ou roupinhas próprias de sua puerícia. No Museu de Arte Sacra da Bahia ainda podemos ver o berço, os chinelinhos e balangandãs de ouro que faziam parte do enxoval do Divino Infante. O convento das clarissas do Desterro, a mais antiga clausura feminina da América portuguesa (1677), conserva rica coleção desses Meninos Jesus, tratados como verdadeiros filhinhos pelas Esposas do Verbo Encarnado.

De todos os santos da corte celeste, o lusitano santo Antônio (Lisboa, 1195 — Pádua, 1231) foi — e continua sendo! — o campeão da devoção popular em toda a cristandade: "Sendo entre todos os portugueses mui particular e em extremo a afecta veneração que se tem ao nosso santo Antônio de Lisboa, passa a extremosa a que nestas partes do Brasil lhe mostram geralmente todos. Porque além das muitas igrejas paroquiais, de que é titular, são inumeráveis as capelas e ermidas consagradas a seu nome, e fora destas não há algumas das outras que nos seus altares não coloque uma e muitas imagens de santo Antônio. Não há casa que o não venere no seu oratório e não satisfeita ainda com isto, a comum devoção dos fiéis, cada um quer ter só para si o seu santo Antônio".[55]

De fato, *sant'Antoninho*, como era carinhosamente chamado, é por excelência a devoção familiar de maior voga também na América portuguesa: "Nos nichos de pedra, pintado em azulejos, a guardar as casas, em caixilhos de seda à cabeceira da cama a vigiar-nos o sono, nos escapulários e bentinhos junto ao peito, a acautelar-nos os passos, esculpido e pintado para preservar dos perigos, pintados nas caixas de esmola, nos santuários e oratórios",[56] lá está sempre santo Antônio, o geral refúgio das tribulações e advogado das causas perdidas.

Se hoje em dia o santinho lisboeta é mais comumente invocado como deparador das coisas perdidas e "cupido" celestial, nos tempos do cativeiro, além de ter recebido em diferentes capitanias patentes de soldado a coronel, santo Antônio desempenhava função menos dúlcida: foi o principal colaborador dos senhores na captura dos negros fujões.[57]

Em pleno século XIX, o viajante inglês Thomas Ewbank ainda observou as intimidades com que os devotos fluminenses tratavam esse santinho no recesso do lar, o que atesta a persistência da devoção íntima. Lembrando que o santo era "constantemente chamado nos casos de escravos fugidos, cavalos extraviados e roubos", registra que, "como milhares", certa senhora trazia sua imagem no peito, além de guardá-la em sua casa e rezar para ela diariamente.

> Para convencer-me que era um santo muito milagroso mencionou que ele recambiou de volta um escravo de sua mãe após longa ausência, o mesmo sucedendo com um outro escravo muito valioso, que após ter escapado, foi forçado a voltar para casa. Confessou que torturando sua imagem, acelera o atendimento do pedido. Eis as medidas ensinadas por sua mãe e adotadas pela Senhora P.: deve-se acender uma vela na frente do santo e pedir para mandar o fugitivo de volta e cuidar da imagem e não dar descanso até que retorne. Passadas algumas semanas, se não voltar, deita-se o santo com a face para baixo e põe-se uma pedra pesada em cima.[58]

Segundo ela, os maus-tratos justificavam-se pelo fato de o santo em vida ter desejado o martírio. Quando o negro fujão voltava, o santo era celebrado, colocando-se a imagem na mesa ladeada de duas velas. Caso contrário, ficava num poço escuro.

Para efeito de obter a intercessão de sant'Antoninho em aproximações amorosas e enlaces conjugais, tiravam-lhe as devotas o Divino Infante de seu braço só o restituindo depois de obtido o milagre, ou então arrancavam-lhe o esplendor, deixavam-nos dias seguidos de cabeça para baixo, pregando uma moeda no lugar da rasura.[59]

O mais curioso desses expedientes tão pouco "católicos"[60] é que até luminares da grandeza de um padre Antônio Vieira, indiretamente, estimulavam essa piedosa e sacrílega chantagem com aquele que na Idade Média foi chamado de "Martelo dos Hereges" e a quem Vieira consagrou nove homilias. Eis os conselhos do orador jesuíta:

> Não haveis de pedir a santo Antônio como aos outros, nem como quem pede graça e favor, senão como quem pede justiça. E assim haveis de pedir a santo Antônio: não só como a quem tem por ofício deparar tudo o perdido e demandando como a quem deve e está obrigado a o deparar. E senão dizei-me: por que atais e prendei esse santo, quando parece que tarde em vos deparar o que lhe pedis? Porque deparar o perdido em santo Antônio não só é graça, mas dívida. E assim como prendei a quem vos não paga o que vos deve, assim o prendeis a ele. Eu não me atrevo nem a aprovar esta violência, nem a condená-la de todo, pelo que tem de piedade.[61]

Essa violência contra os simulacros dos santos — que o próprio padre Vieira sentia-se pouco à vontade para condenar — frequentemente chegava às raias do sacrilégio e iconoclastia. "Judiar" de imagens ou símbolos sacros era impiedade amiúde atribuída sobretudo aos judeus e cristãos-novos — acusados nas Visitações do Santo Ofício ao Brasil de meter o Crucifixo dentro do urinol cheio de fezes, ou de pinicar gravuras de Nossa Senhora com agulha ou ponta de punhal.[62] Essa forma de impiedade pode ser interpretada como uma manifestação da afirmação religiosa de crentes de outros sistemas religiosos, que, forçados a publicamente praticar a única religião permitida, o catolicismo, no secreto do lar, ao lado das devoções herdadas de seus ancestrais, vingavam-se de maneira sacrílega naqueles símbolos cristãos que em público eram obrigados a venerar. Igual aos missionários católicos, que no Novo Mundo e na África desacreditavam, destruíam e queimavam ardorosamente os ídolos dos pagãos. Estes dois casos, ocorridos respectivamente em Sabará em 1762 e em Mariana na década seguinte, matizam a multiplicidade das razões da violência contra as imagens sagradas: Rosa Gomes, quarenta anos, preta-mina, forra, moradora à rua das Bananeiras, "certo dia, vendo-se desesperada em sua casa entre quatro paredes, solitária e sem ventura, pedia aos santos e lha não davam e não achando pau nem corda para se enforcar, assim desesperada e fora de si, alienada do juízo, tirando de si as contas e bentinhos, quebrara a machado as imagens de Nossa Senhora e santo Antônio, arrancando os braços e cabeça do Menino Jesus". Quanto à mulata Ana Jorge, moradora na Paragem dos Monsus, em Mariana, sobre ela pesava a fama que judiava dos santos, metendo-os debaixo do colchão antes de fornicar com seus amantes, e depois de açoitá-los, jogava-os na parede dizendo: "Já que não lhe fizeram o que pedira, que levassem socos e açoites".[63]

Se santo Antônio e outros oragos da corte celeste católica não cumpriam o desejo e promessas dos devotos — das devotas, particularmente —, sobretudo em questões amorosas e conjugais, inúmeras alternativas menos ortodoxas podiam ser acionadas pelas pessoas mal-amadas visando o mesmo fim. Cartas de amor, cartas de tocar, simpatias, pactos explícitos com o diabo, ensalmos e orações fortes, embora proibidas pelas *Constituições do Arcebispado da Bahia* e perseguidas pelo Santo Ofício, faziam parte da crendeirice do povo.[64] Este outro exemplo, ocorrido também em Mariana no ano do Senhor de 1770, mostra o quão fértil e sincrética era a imaginação popular em questões de feitiços amatórios: infeliz e impotente em controlar as traições de seu marido, a crioula forra Caetana Maria de Oliveira aprendeu variegado cardápio de infalíveis *simpatias* destinadas a impedir que seu homem "pulasse a cerca". A escrava Caetana, assistente no Sumidouro, ensinou-lhe que cortasse uma parte de sua camisa onde caíra o sêmen e enfiasse-lhe uma conta do rosário com um alfinete enterrando-a no chão onde ele costumava urinar, e raspasse a unha dos dedos grandes de suas próprias mãos e pés e ajuntasse esse cisco com a água que lavava o sovaco e lhe desse de beber, passando um ovo entre suas pernas e lhe desse de comer. Outra mulata, Maria de Jesus, sugeriu que fizesse uma rodilha com a roupa usada de seu marido e a pusesse atrás da porta com uma pedra em cima. Dona Antônia Silva Leão, mulher de um doutor, passou-lhe outra receita: que medisse com um barbante a porta por onde seu marido costumava sair de casa e cingisse santo Antônio com o cordão, prendendo-o e tirando-lhe o Menino Jesus, e metendo-o numa caixa fechada, rezando treze padre-nossos e treze ave-marias pela alma de sua tia por treze dias seguidos. Manoel Afonso Galvão instruiu-a de que pregasse na roupa de seu esposo uma agulha que houvesse amortalhado um defunto; João da Costa Leão aconselhou que cortasse parte da roupa onde caiu esperma do marido infiel e metesse debaixo do pote de beber água: "Tudo lhe ensinaram por ela se queixar que seu marido andava mal encaminhado com outras mulheres e não fazia caso dela".[65]

Dentro de casa é o espaço primordial onde têm lugar as práticas religiosas, não só as devoções individuais das almas mais pias, que por virtude e humildade buscavam o recesso do lar, como também aquelas devoções que por heterodoxas melhor convinha que fossem praticadas longe do público.

A privacidade do lar — seja da casa-grande ou de humildes palhoças de desclassificados — muitas vezes era invadida por frades, beatos ou até familiares do Santo Ofício, todos relacionados, de formas variegadas, à perpetuação dos valores religiosos inspirados na Santa Madre Igreja. Admoestação é o que não faltava, por parte dos moralistas, para prevenir o perigo representado pelas visitas, seja de leigos, seja de religiosos, às casas de família: "Quisera eu as casas de um só gargalo", dizia Francisco Manuel de Melo, autor da *Carta de guia de casados*, discorrendo sobre as desonras provocadas por negras, mulatas, ciganas, ermitoas, adelas, trejeitadores, chocarreiros, bufarinheiros, freiras, frades etc., "tudo é malíssimo", posto introduzirem no gineceu, às escondidas do *pater familias*, a cizânia da malícia, dos enredos e imoralidades.[66] O processo contra o clérigo menor João Rois de Morais, 21 anos, natural de Miranda, ilustra o quão intensa e acrítica devia ser a vivência religiosa dentro do recesso do lar, tomando como amostra as choupanas de negros e mestiços das Gerais.

O tal clérigo vivia de vender pelas minas do Serro Frio todo tipo de produtos religiosos — bentinhos, contas, verônicas, ágnus-deis, relíquias e indulgências —, tendo como principal clientela a timorata escravaria, que em troca de bocadinhos de ouro e pepitas de diamantes, recebia poderosos sacramentais com os quais garantia "que se livravam de cobras e bichos e podiam meter-se debaixo d'água sem perigar". A uma negra vendeu um fantástico rosário cujas contas, cada qual "valia mil anos de perdão". À preta Manuela, viúva forra, para lhe dar certas indulgências de Roma, fechou-a porta adentro de sua casa, mandou que tirasse o quimão e ficasse nua da cintura para cima, para lhe apertar um cilício e açoitar com disciplinas, e, tendo esta repugnado tal penitência, ele lhe rasgou a camisa dizendo "que ela não sabia aproveitar o que era tão grande bem para a salvação!".

Entre suas relíquias, as mais valorizadas eram lasquinhas da cruz do Cristo e um papelzinho com leite em pó da Virgem Maria![67] A preta-mina Joana, 22 anos, residente em Itabira, comprou relíquias de Jerusalém no valor de seis vinténs de ouro: mandou então o clérigo simonista que a devota se ajoelhasse e começou logo a perguntar pelos seus pecados contra a castidade, e de penitência mandou que jejuasse a pão e água numa sexta-feira e "deu-lhe disciplinas na bunda com a saia levantada", pondo-lhe cilícios nos joelhos. Idêntico ritual sádico praticou com Quitéria, escrava-mina de 25 anos, recomendando-lhe que, "quando tivesse alguma coisa com algum homem, tirasse a relíquia do pescoço". Ao preto Faustino, forro de trinta anos, após confessá-lo (sem ter licença para tanto), mandou que ficasse nu, penitenciando-o com duzentos açoites enquanto recitava o salmo "Misere". Uma negra que assistia a tais cerimônias interpretou acertadamente o que estava por trás desses rituais: "Tudo era maganagem do clérigo!".[68]

SIMPATIAS DOMÉSTICAS

Apesar de a hierarquia católica ter se oposto rigorosamente, desde os tempos apostólicos, a todas as religiões não cristãs, rebaixando-as à condição de idolatria, superstição e feitiçaria, na prática, muitas vezes, outra era a realidade, sobretudo abaixo do equador. No Nordeste, nas Minas e no resto da Colônia, são frequentes as denúncias contra homens e mulheres que recorriam aos feiticeiros e feiticeiras em especial quando os exorcismos da Igreja e os remédios de botica não surtiam efeito na cura de variegada gama de doenças. Já em 1672 o esculápio Simão Pinheiro Morão, ao tratar dos "abusos médicos que nos arrecifes de Pernambuco se observam", reparava que os colonos, padecendo de doenças desconhecidas dos médicos, "recorrem logo aos feiticeiros valendo-se das artes do demônio antes que das da natureza. E o pior é que devendo os párocos e curas de almas atalhar estes embustes, não faltou um nestas Capitanias quem mandou consultar para um enfermo seu a um destes embusteiros, dizendo: *agase el milagro, e agalo el Diablo*".[69] Diversos são os padres e frades acusados ao Tribunal da Inquisição de terem encaminhado seus fregueses aos calunduzeiros, reconhecendo a melhor eficácia dos negros no alívio de certas doenças físicas ou emocionais.[70]

As *Constituições do Arcebispado da Bahia* consagram diversos parágrafos às "*feitiçarias*, *superstições*, *sortes* e *agouros*", condenando quem praticasse artes mágicas à pena de excomunhão maior *ipso facto*: "Sendo plebeu, será posto à porta da Sé em penitência pública com uma carocha na cabeça e vela na mão num domingo ou dia santo de guarda, no tempo da missa conventual, e será degradado para o lugar que determinar o arcebispo". Reincidindo no mesmo delito, deveria ser primeiro degredado para a África, e depois para as galés de el-rei. Igualmente excomungados ficavam aqueles que utilizassem cousas sagradas, como pedra de ara, sanguinho e corporal como ingredientes de bolsas de mandinga e patuás ou a fim de "ligar, desligar, conceber, mover, parir ou qualquer outros feitos bons ou maus", assim como os que usassem palavras ou cartas de tocar para afeiçoar e alienar homens ou mulheres ou fizessem adivinhações de cousas secretas e casos futuros, inclusive as rezas à lua, estrelas, "fazer deprecações aos santos com certas cerimônias", interpretar sonhos e prognosticar o futuro com base nos voos e cantos das aves ou vozes dos animais. Ordenava-se aos párocos que advertissem, nos confessionários e nos púlpitos, "para que de todo modo se extinga este ressaibo do gentilismo neste nosso Arcebispado, no qual cada dia entram gentios de várias partes". E embora reconhecendo o poder que Deus Nosso Senhor deixou a seus discípulos para curar os enfermos, proibia-se "que se benza gente, gado ou quaisquer animais, nem use de ensalmo e palavras para curar feridas e doenças ou levantar espinhela, sem por antes ser examinado pela autoridade eclesiástica e aprovado, devendo levar licença por escrito".[71]

Malgrado a preocupação da Inquisição e da própria legislação real, proibindo a prática das feitiçarias e superstições,[72] no Brasil antigo, em toda rua, povoado, bairro rural ou freguesia, lá estavam as rezadeiras, benzedeiras e adivinhos prestando tão valorizados serviços à vizinhança. Quando missionava na zona rural de Pernambuco, na Quaresma de 1762, um frade capuchinho publicou na freguesia de Serinhaém os editais do Santo Ofício, obrigando os fregueses a denunciar, no prazo de trinta dias e sob pena de excomunhão maior, a todos que fizessem uso de benzeduras e superstições. Tal iniciativa redundou na delação de uma centena de moradores, sobretudo gente da arraia-miúda, envolvidos com sortilégios e devoções proibidas pela Santa Madre Igreja.

Eram variadas as práticas e a *expertise* desses humildes heterodoxos do agreste pernambucano, residentes nos engenhos do

Anjo, Sibiró, Palma, Cavalcante, Caité e Ipojuca: João, preto, escravo, benzia panos para estancar sangue das feridas; os pardos Faustina e João Dias faziam quimbandos, enquanto Joana, também parda mas forra, benzia quebranto, olhado, carne-quebrada, ventre caído e bicheira, e Maria da Cruz, de igual condição, benzia olhado e carnes-quebradas. Luzia da Costa, viúva velha, fazia toda casta de benzeduras em meninos, e Francisca Nunes, igualmente viúva, curava retenção de urina com rosário e livrinho de letras redondas. Com uma caixinha do Senhor do Bonfim, o ermitão Manoel Peregrino curava de cobras, feitiço e dor de dente, cortando pequenos talhos com uma navalha na coroa das pernas dos homens e na chave da mão das mulheres; untava os talhos com sua saliva e mandava rezar sete padre-nossos e sete ave-marias. A viúva Teresa de Barros, preta forra, benzia olhado, curava bicheiras e tirava sol e carne-quebrada com novelo e agulha, curando com orações para abrandar e conseguir a quem queria; fazia ainda orações de santa Helena, vestida em trajes de defunta com muitas velas acesas para vencer as mulheres para homens e homens para mulheres. Bárbara, crioula escrava, curava carne-quebrada cosendo com uma agulha no novelo; Manoel de Castro, branco, viúvo, curava baço, tábua, obstruções, tudo com uma casca de caranguejo fazendo cruzes, e o mesmo fazia seu filho, dando talho na barriga com uma navalha. Antônia Rois e Luzia Costa, sua mãe, da ilha dos Coqueiros, curavam com benzedura espinhela caída, bicheira e quebrantos. Ana Rangel curava carne-quebrada e tirava sol com uma ventosa na cabeça dos enfermos. José Domingos benzia feridas de boca.

Brancos, pardos, negros livres e escravos sucedem-se nessa denúncia, usando a oração da estrela para sujeitar vontades, benzendo para abrandar o coração dos brancos, rezando a santo Antônio para achar coisas perdidas, e, para tal, medindo com um cordão a porta por onde um escravo fugira; ou ainda orando para estancar sangue; havia os que recitavam mandinga para ser valente, e as que curavam a "madre" ou o sapinho da boca com benzeduras.

Algumas dessas denúncias registraram orações. O capitão Constantino Vieira do Amparo benzia bicheiras, cosia carne-quebrada e quem estava engasgado; para erisipela, o capitão usava de benzedura especial: "Ia Pedro e Paulo para Roma, Jesus encontrou e lhe perguntou: Onde vais Pedro? Vou a Roma, Senhor, que há de novo? Muita erisipela. Torna para lá Pedro e dize que lhe ponham o céu da minha oliva, que logo serão sãos". Repetia essas palavras cinco vezes e mandava rezar cinco pai-nossos e cinco ave-marias.

Para curar maleita, Francisco Rois escrevia em três papelinhos: "Cristo nasceu, Cristo morreu, Cristo ressuscitou". Certa Joana benzia madres dizendo: "Eu te desconjuro, madre, pela bênção do Deus padre, e da espada de Santiago, pelas três missas do Natal, que te tire donde está e te vás para o teu lugar, que deixes fulana sossegar" — prática que suscitara a proibição dos confessores e a levara a abandonar as bênçãos. Ainda para maleitas, João Rodrigues Aguiar, filho de família, benzia assim: "Sexta-feira pela luz puseram a Cristo na Cruz, perguntou Pilatos a Jesus: Tu tremes ou treme a cruz? Não tremo nem tremerei, mas treme esta cruz de madeiro que comigo não podia. Quem se lembrar da minha morte e paixão, maleitas não tremerá", mandando o enfermo rezar sete pai-nossos e sete ave-marias pela paixão, e daí por diante.[73]

Não deixa de ser surpreendente que, numa pequena vizinhança da zona rural, mais de uma centena de cristãos praticassem tão abertamente toda gama de bênçãos proibidas, pelas quais poderiam ser punidos com castigos tão graves — excomunhão, multa pecuniária, açoites e até degredo para a África ou galés. Tais práticas heterodoxas remetem-nos a dois aspectos peculiares do mundo colonial que estão a merecer maior investigação: de um lado, a tênue fronteira entre a piedade lícita e a condenada pela hierarquia, do outro, a indiferença, para não dizer comprometimento, do clero luso-brasileiro *vis-à-vis* tais práticas supersticiosas.

Muitos são os colonos processados pelo Tribunal da Fé que honestamente disseram ignorar que os exercícios de piedade por eles praticados constituíam desvio do *Rituale Romanum* e matéria do conhecimento da Santa Inquisição. Não apenas rústicos vaqueiros e tabaréus do sertão, devotos dos disputados patuás e bolsas de mandinga,[74] mas também doutos sacerdotes reinóis resvalavam neste terreno dúbio que separa as devoções aprovadas daquelas consideradas delituosas: nos primeiros anos do século XVIII percorreu o Bispado de Pernambuco e da Bahia o vigário-geral dos dominicanos no Brasil, frei Alberto de Santo Tomás, português proveniente do convento de São Domingos de Lisboa. Por uma década, esse frade foi incansável lutador contra os feitiços dos negros: "No confessionário e nos sermões, exortava a que as pessoas evitassem os negros que tinham trato com o demônio e que procurassem os exorcismos da Igreja, por ser remédio mais seguro e eficaz". Sempre preocupado em desviar os fiéis dos embustes do diabo e das falácias dos feiticeiros, frei Alberto passou a adotar certas cerimônias e rituais que competiam, no apelo dos sentidos e utilização de elementos materiais, com as práticas costumeiras dos mandingueiros, calunduzeiros. Dizendo ser procurado por pessoas que sentiam ânsias no coração, picadas por todo o corpo, que perderam o sono e a vontade de comer e estavam mirrando desenganadas dos médicos, inspirado no livro do padre Bento Remígio, seguia sempre o mesmo ritual para exorcizar tais enfados: mandava o enfermo começar com um dia de jejum e dar-lhe algumas esmolas para celebrar missas. Em seguida, vestido com a estola e sobrepeliz, benzia a água e o sal, e com essa água benta aspergia o doente que, de joelhos, conservava uma vela acesa. Mandava que trouxessem as roupas de cama e de uso pessoal do enfermo, e muitas vezes encontrava aí escondidos bonecos de feitiço, retalhos suspeitos, bichos vivos, mandando queimar tais sevandijas. Ordenava também às pessoas que lhe dessem mirra, ouro moído, cera, sal, folhas de oliveira, arruda, e, benzendo cada coisa, misturava-as e repartia em quatro ou mais partes, metendo-as em bolsinhas, mandando-as coser nos colchões e determinando que uma delas fosse trazida dependurada no pescoço ou presa na roupa.

"Tais práticas surtiram admiráveis efeitos: pessoas lançavam do corpo alfinetes, penas, anzóis, bichos, cordéis de algodão, linho, olhos de vários animais, espinhas de peixe muito grandes, dentes de gente, unhas grandes, cabelos de sovaco, cabelo de negro, alguma areia, pedaços de peles de animais e outras muitas imundícies." Temendo que tais rituais fossem interpretados como feitiçaria, ele próprio tomou a iniciativa de submeter-se ao escrutínio dos reverendos inquisidores. Aí mais uma vez manifesta-se quão vaga e escorregadia era a definição do certo e errado em matéria de rituais. Quatro ilibados teólogos opinaram sobre esse imbróglio: um franciscano não encontrou nada de errado na prática de frei Alberto, louvando ter afastado os fiéis das cabanas dos feiticeiros negros graças aos rituais de Remígio; um padre oratoriano notou certas imprecisões na liturgia dos saquinhos abençoados pelo missionário dominicano, embora lembrasse que também o profeta Tobias e são Jerônimo haviam defendido que certas ervas e pedras podiam ser usadas como poderoso antídoto contra o demônio. O terceiro qualificador, jesuíta do Colégio de Santo Antão de Lisboa, reputou imprópria a mistura dos ingredientes citados pelo confessor, concluindo que "tudo parece embustes do demônio e contra feitiços". O último examinador, também inaciano, fez uma análise histórica, teológica e moral dessa matéria: "É admirável que haja tantos energúmenos entre gente pobre e desvalida! A pobreza multiplica os endemoniados, assim também a ignorância multiplica os exorcistas". A despeito do discurso tão racionalista deste último sacerdote, na sentença do julgamento, os inquisidores concluíram que as práticas e rituais de frei Alberto não se configuravam como heresia, nem em suspeita de pacto com o demônio, nem sequer superstição; contudo, para se manter a homogeneidade do ritual católico e evitar dúvidas no tocante à expulsão dos demônios, determinaram que o dominicano "só usasse dos exorcismos que manda o Ritual Romano", abandonando as abençoadas bolsinhas piedosamente trazidas pelos colonos no pescoço ou na cama de dormir.[75]

Um segundo aspecto característico do cotidiano religioso no Brasil de antanho, conforme anunciamos acima, era a relativa indiferença do baixo clero em face de certas práticas e rituais explicitamente condenados pelas *Constituições do Arcebispado da Bahia*. Apesar de todas as citadas benzeduras e rituais constituírem grave pecado mortal, cujo perdão dependia de licença especial da autoridade eclesiástica, verdade seja dita, não só os párocos locais como o próprio Tribunal da Inquisição de Lisboa no mais das vezes usaram de surpreendente indiferença em face de tais desvios, tão comuns na América portuguesa. Às vezes, tem-se a impressão de que certos comissários do Santo Ofício, no arremedo de cães de guarda da Inquisição, eram até um pouco mais severos do que o determinado pelo regimento, usando de arbítrio ao prender e sequestrar os bens de algumas feiticeiras ou colonos mais irreverentes e ousados — como ocorreu, *verbi gratia*, com a citada negra de Sabará que picou com o machado algumas imagens de santos: o comissário mandou prender e sequestrar os porcos e galinhas dessa pobre *negra maluca*, recebendo alguns meses depois ordem do próprio tribunal lisboeta, no sentido de que não mais sequestrasse nem enviasse para o aljube réu algum sem ordem prévia assinada pela Mesa da Inquisição.

Tal indiferença mostra que o clero fazia vista grossa não apenas às superstições mais leves, originárias do medievo europeu, mas também para os rituais heterodoxos tribais, fossem ameríndios ou africanos, fortemente marcados pela idolatria. Poucos sacerdotes pensavam e agiam como este cônego na sé de Belém, o comissário Manoel de Almeida, que em 1737 assim oficiava à Santa Inquisição: "[De] feitiçarias e diabruras, a que dão o nome de *descimentos*, está esta terra infeccionada, assim entre a gentilidade como ainda gente branca. É certo que destas coisas têm bastante notícia as Justiças Eclesiásticas e Seculares, mas não fazem caso. É o que se me oferece dar conta a Vossas Reverendíssimas que mandarão no que forem servidos".[76] Não mandaram nada os senhores inquisidores, pois somente três décadas depois é que terá início a Visitação do Santo Ofício ao estado do Grão-Pará e, embora diversos tenham sido os denunciados por feitiçarias e pajelanças, poucos chegaram de fato a ser enviados para os cárceres secretos do Rocio.[77]

A avaliação em forma de mea-culpa feita pelo comissário do Santo Ofício do Rio de Janeiro, o carmelita frei Bernardo de Vasconcelos, após assumir ter sido omisso quando não deu parte à Mesa Inquisitorial das superstições e dos desatinos da "embusteira e falsa santa" Rosa Egipcíaca, reflete o marasmo reinante mesmo entre aqueles que tinham como função reprimir as heterodoxias: "Deus sabe os grandes remorsos que combatem a minha consciência pela omissão que tenho tido em expor, na presença de Vossos Ilustríssimos Senhores, ao que estava obrigado, não só como Comissário e religioso, mas como cristão, porém o crivo do Brasil é muito largo, e passa não só a farinha e o farelo mas ainda o grão inteiro passa".[78]

Nas Minas Gerais, grande era a soltura dos praticantes do *calundu*: não apenas o famoso autor do *Peregrino da América* teve seu sono prejudicado pelo "estrondo dos atabaques, pandeiros, canzás, botijas e castanhetas, com tão horrendos alaridos que se me representou a confusão do inferno",[79] como até sacerdotes, vizinhos de casas onde tinham lugar tais "cerimônias diabólicas", sentiam-se impotentes para impedir a continuação do que na época era considerado culto ao diabo e matéria bastante para excomunhão e severos castigos. Eis os reclamos de um sacerdote mineiro:

> Pela obrigação que tenho, como Pároco, eu, Padre Manoel Ribeiro Soares, morador na Freguesia de Itaubira, denuncio que Angela Maria Gomes, preta forra, padeira, de nação Courá, é público e notório que é feiticeira há oito anos e todas as noites, das terças e sexta-feiras, depois da meia-noite, na casa da dita, há uns calundus do inferno, estrondos horrendos que muitas vezes fazem tremer as casas em que vivo e numa noite de julho de 1759, fez tais diabruras, que me privou do sono. Os ruídos que fazem no calundu parecem peças de artilharia, tão horrendas as algazarras e estrondos, roncos de porcos medonhos e cavalo relinchando e vários instrumentos do inferno e no fim gritaria de galinhas.[80]

Este outro documento, da década posterior, revela o quão patente e corriqueira era para alguns clérigos a presença do sincretismo africano mesmo junto à sua parentela. Trata-se de uma carta do padre Francisco de Palhares, coadjutor na igreja de Antônio Dias, ao padre Jerônimo Cardoso Maynard, de Vila Rica, datada de 1774: "Tenho notícia por meu cunhado e irmão que a boa sogra de meu irmão, Ana Maria das Neves tem uma casa de calundus ou feitiçarias, em que praticam vários atos supersticiosos de pacto com o Demônio. E como estas matérias se devem considerar com prudência e o Edital do Santo Ofício obriga a denunciá-la aos Comissários, rogo a V. Excia. me faça informar a verdade para sossego de minha consciência".[81] Apesar de essa matéria ter chegado ao conhecimento do comissário local e do promotor do Santo Ofício de Lisboa, nada aconteceu ao clérigo nem a esta calunduzeira de Vila Rica.

Até as freiras do mais insigne mosteiro colonial, o de Santa Clara do Desterro, não estavam isentas dessa familiaridade "sincrética" com os rituais dos gentios da Guiné. Soror Maria Bernardina de Santa Teresa, do convento do Desterro, Salvador, denuncia que no mesmo convento "veio três vezes uma preta chamada Teresa Sabina, que ouviu dizer morava em Santo Antônio do Carmo, no mês de setembro de 1758, entrou no Convento a curar a uma religiosa chamada Maria Teresa Josefa com abusos de sua terra, pondo-lhe o pé em cima de uma caveira de carneiro, lavando o pé e cantando a sua língua e mandando esfregar o corpo da religiosa com um tostão de cobre".[82] A presença de numerosas escravas negras e mestiças intraclaustro certamente favorecia a entrada, em tais instituições religiosas, de práticas e crendices nem sempre aprovadas pelo oficialato católico.

SEGREDO E SECRETO

Se por um lado notava-se em certos momentos e espaços da sociedade colonial corajosa ousadia por parte dos heterodoxos, fossem eles cristãos-novos, protestantes, adeptos das religiões tribais ou de feitiçarias de inspiração europeia, todos eles negligentes ao risco de serem enquadrados nos draconianos artigos das *Constituições do Arcebispado da Bahia* ou, pior ainda, cair nas malhas do Tribunal da Inquisição, são igualmente evidentes os muitos cuidados tomados pela grande maioria dos desviantes no sentido de manter ocultas as crenças e rituais que pudessem despertar a repressão da justiça civil, episcopal ou inquisitorial.

Era no secreto do lar, a portas fechadas e com toda a cautela, por exemplo, que os cristãos-novos continuavam a praticar a Lei de Moisés e algumas tradições sincréticas herdadas de seus antepassados hebreus. Fernando Henriques Alvares, 37 anos, tratante de gados, reinol natural da vila de Moura e então morador no rio São Francisco, termo de Penedo, foi preso em Pernambuco em 1730. Seu tio Simão Rodrigues, cristão-novo, lavrador de canas na Paraíba, ensinou-lhe em segredo como salvar sua alma na Lei de Moisés: devia fazer jejum aos sábados, só comendo depois de sair a estrela; realizar oblações e se lavar muitas vezes, sempre antes de cear; não comer carnes proibidas; molhar os beiços com o dedo antes de beber; guardar a carne em um pano e o caldo e a couve lançar no vaso imundo; rezar com as mãos abertas e as palmas levantadas, recitando os salmos na língua castelhana, omitindo o *Gloria Patri* no final.[83] Tomás Pinto Ferreira, 56 anos, roceiro, nascido na vila do Sardoal, bispado de Braga e morador na vila Boa dos Goiases, preso em 1758 com ordem de sequestro, seguia tradições ainda mais estritas no tocante aos tabus alimentares: em casa de um seu cunhado foi-lhe ensinado que para se salvar na Lei de Moisés não devia comer carne de porco, lebre ou peixe de pele, amêijoas ou berbigão, nem carnes ensacadas e presuntos; devia guardar os sábados, rezar o padre-nosso sem dizer Jesus no fim e quando jejuasse, só podia comer uma vez à boca da tarde.[84]

Fernando Gomes Nunes, cristão-novo, 44 anos, natural de Braga, morador nas Minas Novas dos Goiases, freguesia de São Félix do Conquistado, preso em 1733, declarou que 22 anos atrás, na vila de Belmonte, na Guarda, disse-lhe o pai que "havia de viver pela Lei de Moisés que era boa para a salvação das almas, fazendo o jejum pequeno dos oito dias antes do dia grande de setembro, em março o jejum da Rainha Esther e outros mais". A partir daí passou a guardar o sábado, cortando as unhas, fazendo a barba e vestindo camisa lavada na sexta-feira à tarde. Disse mais, que no Ribeirão do Carmo, em Minas Gerais, dezessete anos antes, em casa de Francisco Ferreira Isidoro, mineiro, estando com outros judaizantes fizeram o grande jejum, e, doze anos antes, repetiram-no em casa de outros cristãos-novos moradores na cachoeira do Ouro Preto, no rio das Contas e em Guarapiranga. Conclui sua confissão com este comentário: "Faziam o jejum mas tinham medo dos escravos, sobretudo das escravas".[85] De fato, diversos amos e senhores foram denunciados ao Santo Ofício por seus escravos, sobretudo por sodomia e judaísmo.[86] Entre esses nosso maior teatrólogo colonial, o carioca Antônio José da Silva, o Judeu, autor da famosa *Guerra do alecrim e da manjerona*, cuja escrava Lourença informou ao Tribunal da Inquisição que sua senhora "chegou com um tição de lume à sua cara, querendo-lhe meter na boca", caso denunciasse as judiarias presenciadas por seus amigos cristãos-novos do Rio de Janeiro.[87]

"O segredo é a alma do negócio", diz antigo brocardo popular, cuja prática e validade também funcionava em questões religiosas, seja pela obrigação imposta pelos inquisidores a todos os seus funcionários e réus de assinarem o "Termo de Segredo", comprometendo-se a jamais dar publicidade a tudo o que viram, ouviram ou falaram perante o Santo Ofício, seja pelos próprios praticantes de rituais heterodoxos, que faziam do segredo não apenas a camuflagem contra denúncias e inquirições, mantendo também o monopólio exclusivo da manipulação de certos poderes preternaturais. Eis um exemplo documentado em Itapoã, nos arrabaldes da cidade da Bahia, em 1789: ali vivia Francisco José de Matos, pardo escuro, "que cura cobras com palavras e benzeções supersticiosas, trazendo uma cobra viva na algibeira a qual manda às pessoas segurar enquanto faz uma cruz no chão". Costumava dizer que "não dava o segredo da cura nem a seu filho".[88] Até hoje, pais de santo e mães de santo deste Brasil afora continuam guardando zelosamente o "fundamento" de seu "axé", partilhando-o somente com bem poucos iniciados. Em Itaparica, as assustadoras máscaras usadas no culto dos egunguns são guardadas a sete chaves numa casinha destinada apenas a esse fim, cujo acesso, até hoje, é restrito a um ancião zelador.

Nalguns casos, como do citado curador de cobras, o sigilo tinha como escopo evitar indesejada concorrência de terceiros: no mais das vezes, contudo, mantinham-se secretas certas devoções pessoais ou cerimônias religiosas pelo temor de que os donos da cruz alçassem a espada para separar o joio do trigo. Três eram os artifícios principais utilizados pelos heterodoxos coloniais a fim de burlar a vigilância inquisitorial: realizar as cerimônias proibidas em locais reservados ou distantes do olhar de estranhos; ocultar-se na calada da noite; camuflar-se.

No morro de Santana, no termo de Mariana, sede do Bispado, no ano de 1758, Francisco, nação Angola, curador de feitiços, costumava dar a seus clientes certos remédios de plantas que logo lhes provocavam vômitos. Chegando às casas, "*num quarto retirado*, tirou da algibeira uma caixinha redonda e abrindo-a, num papel escrito como em grego, uma pedrinha começou a bulir e andar em redor, e conversando com a pedrinha, respondia com sinais de sim e não".[89] Mais cauteloso ainda, outro curador, Manoel Mina, morador na Cata Branca de Itaubira, 1762, "fazia certas dançarolas ocultas numa camarinha e para não verem o que fazia, *tampava o buraco da chave com uma baeta pela parte de dentro* e depois de acabarem as dançarolas, cortaram a cabeça de um galo e pela manhã o botaram vivo no terreiro".[90] Vários feiticeiros e adivinhadores retiraram-se para o secreto de um quarto ou ao recôndito de uma *camarinha* a fim de realizar seus rituais.

Alguns adeptos dos rituais africanos optavam por instalar seus locais de culto distantes da povoação, não apenas para estarem mais próximos aos cursos d'água e de florestas mais densas, habitat propício para o contato com os deuses d'África, mas também para gozar de privacidade e escapar dos olhares e ouvidos repressores dos donos do poder. A casa-templo de

Josefa Maria, líder do ritual *Acotundá*, ou *Dança de Tunda*, um protocandomblé proveniente da cultura courana, situava-se na cabeceira do córrego dos Macacos, a meia légua do arraial de Paracatu, nas Minas dos Goiases.[91] Era nos sábados à noite, a meia hora de caminhada por atalhos escuros, que muitos crioulos e africanos dirigiam-se ao Acotundá para dançar em honra do deus da terra de Courá: no meio da escuridão e do mato, distantes do arraial dos senhores brancos, certamente sentiam-se mais protegidos.[92]

Também nos arredores da cidade do Rio de Janeiro, em 1790, havia um afamado Calundu cuja mestra, uma parda forra, atendia pelo nome de Veríssima: tinha como especialidade "dar fortuna a mulheres para que os homens lhes dessem o que elas quisessem". Foi acusada ao comissário do Santo Ofício de "convidar vários homens e mulheres a uma Chácara nas Laranjeiras para dançarem no terreiro com várias superstições, e que suas *filhas* e *discípulas* levavam uma cabeça de boi e roupas para mudarem depois das danças".[93] Certamente essa mudança de indumentária visava disfarçar as roupas rituais, evitando a alcaguetagem de algum inimigo.

A odisseia cabalística de Manuel Paixão, buliçoso heterodoxo sergipano da vila de Lagarto (1753), revela quão cruciais eram o segredo e o ocultamento na prática de suas devoções proibidas. Declarou que seu primeiro envolvimento com as mandingas foi quando comprou por dez patacas uma "conta de Cabo Verde", do comprimento de dois dedos, redonda, de cor preta sobre roxo, e, desde que começou a usá-la "escondida no bolso", tornou-se valente, razão pela qual foi colocado no tronco, e, botando-lhe "machos" nos pés, confessou que era mandingueiro, sendo encontrada a dita conta escondida no bolso. No Recife, meses depois, à boca da noite, acompanhou um capitão do mato que o levou à casa de um mandingueiro que fechava o corpo, e às "onze horas para meia-noite" foram para um "lugar deserto" chamado Cidadela e sentaram-se num areal quando ouviram berros e apareceu um bode com os olhos de fogo, e o demônio apareceu "no escuro", pelejando com os presentes; Manuel Paixão fez um escrito em que entregava sua alma por dez anos, dizendo: "Dona Maria Padilha, com toda sua quadrilha, Barrabás, Satanás, Lucifer, Diabo cocho e seu maioral, deles aqui venho para [que] me venhas falar". Sete anos depois, agora soldado em Siolim, em Goa, pouco antes de ser preso pelo Santo Ofício, enterrou na noite de São João a oração de são Cipriano numa encruzilhada, parte de um ritual secreto para conseguir ventura em sua atribulada existência.[94]

Inúmeros são os heterodoxos da América portuguesa que se aproveitavam da calada da noite para cumprir seus rituais proibidos. Joana Pereira de Abreu, escrava mestiça, dezenove anos, moradora na Mocha, sede da capitania do Piauí, confessou que, seguindo orientação da mestra feiticeira Cecília, dirigiu-se nua,

> altas horas da noite, à porta da igreja da mesma vila da Mocha, em que vivíamos, e ali bateu com suas partes prepósteras assim nua umas três vezes na porta da igreja, indo sempre para trás, e que dali havia de endireitar nua para umas covas de defuntos que estão a um lado da vila, aonde chamam o Enforcado, por se ali ter enforcado algumas vezes alguns delinquentes. E que ali me havia de aparecer o Demônio em forma de um moleque e que eu [é Joana quem fala] pondo-me na postura de quatro pés, ele me havia de conhecer por trás. Fiz o dito em véspera de São João, à porta da igreja, e dali assim nua, fui logo para o Enforcado. Apareceu logo o Demônio em forma de moleque: adorei-o antes de me pôr de quatro, para ter torpíssimos e nefandos atos. Beijei-lhe os pés, as partes *pudenda prepostera*, e ali me pus de quatro pés. Senti logo na mesma postura que se servia de forma torpe, não só por trás e pela frente, mas também em todas as partes ainda as mais mínimas e em todas as juntas ao mesmo tempo, exercitando torpeza multiplicada e universal, sendo que umas vezes era homem, outras animal imundo, outra cachorro, outra bode, ou cabrito, outras cavalo. Chamava-o meu Senhor e o tinha por Deus e Senhor. Não mais cria que havia Deus, nem inferno, nem cousa al-

> guma da fé. Entregava-lhe a alma e o corpo. Chamava-o meu Senhorzinho, minha vida, meu coração. Cria e dizia-lhe que só ele me daria o céu. Que só ele me criou, me remiu, e que não outro criara o céu, nem a terra, nem a mim. Que Jesus Cristo era um corno, um filho da puta e outros nomes e tremendas blasfêmias. Isto foi sempre pelos anos de meu infame comércio e ensinos de Mestra Cecília.

Também na calada da noite participava essa mestiça espiritada de um fogoso *sabá* que em nada ficava a dever aos conventículos de feiticeiras da Europa. Joana conta que ela e mais três companheiras eram transportadas misteriosamente numa distância de sessenta léguas,

> num brevíssimo espaço, e logo se achavam no Campo do Enforcado donde está já como superiora de todo o Congresso a Mestra Cecília, sentada em um como banco ou tripeça. Chegamos e lhe vamos todas quatro lhe tomar a bênção. O congresso é numeroso de mulheres trazidas, como suponho, da mesma sorte de várias partes de terras distantes, mas eu as não conheço, não lhes sei os nomes. No Congresso há mulheres de todas as cores e castas. Também aparecem homens: mas estes julgo não serem homens, mas demônios em figura humana. Não nos falamos mais que estas palavras que nos dizemos umas às outras: Camaradas, nós vimos os nossos amores. Depois de assim juntas nesse Congresso e cada uma com o seu, se fazem as cerimônias, as adorações e arrenegações etc., depois de a Mestra Cecília dizer em voz alta para todo o Congresso estas palavras: Estamos na nossa Vida Nova. Cantando o galo, ao despedir de tal lugar do Enforcado para nós irmos cada uma para sua estância donde tinha vindo, dizia Mestra Cecília estas palavras: Acabou-se a nossa Vida Nova, bem nós podemos ir embora. Logo desandava eu com as três colegas as sessenta ou setenta léguas e nos achávamos logo nas Cajazeiras.[95]

O confessionário — o tribunal da penitência — foi previsto pelos arquitetos do catolicismo para ser a um só tempo o mais privado e o mais público dos espaços sacros, pois destinava-se a manter absolutamente secreto o diálogo do pecador com o sacerdote, embora devesse situar-se em local estratégico para ser visível por todos os circunstantes, evitando desse modo as tentações de intimidade entre confessor e penitente e as murmurações dos maldizentes. Em seu interior, portanto, o tribunal da confissão era o espaço mais privado da Casa de Deus, e em seu exterior, obrigatoriamente, devia estar ao alcance do olhar público.

Institucionalizada a confissão auricular como sacramento necessário e indispensável à vida cristã, a Igreja católica devassou o mais secreto e recôndito das consciências de seus fiéis, obrigando-os a narrar detalhadamente seus pensamentos, ações e omissões que pudessem ser enquadrados na categoria de pecado.[96] Eis os ditames das *Constituições primeiras do Arcebispado da Bahia*, reproduzindo quase *ipsis verbis* as determinações do Concílio de Trento nesse particular: "Por preceito divino, são obrigados todos os fiéis cristãos de um e outro sexo, que forem capazes de pecar, a se confessar inteiramente de todos os pecados mortais que tiverem cometido e dos quais se lembrem, depois de fazerem para isto diligente exame". Aconselhava-se aos fiéis chegados aos anos da "discrição", isto é, a partir dos sete anos, que se confessassem a cada oito dias e nas festas e dias de jubileu, estando obrigados ao menos a uma confissão anual, por ocasião da Quaresma.

Tão interessada estava a Santa Madre Igreja no controle ao menos anual de seus fregueses, que o pároco era obrigado a fazer o "Rol dos Confessados", alistando os nomes, sobrenomes e lugares onde viviam, rua por rua, casa por casa, fazendas e sítios inclusive. Em penas pecuniárias e de excomunhão incorriam os párocos e fiéis que não cumprissem o dever pascal da *desobriga*.[97]

As leis canônicas coloniais prescreviam detalhadamente como devia ser a prática desse sacramento. Por parte do sacerdote exigia-se piedade e sigilo:

> Devem os confessores, antes de chegar a administrar o Sacramento da Penitência, considerar que naquele ato representam a pessoa de Cristo Nosso Senhor, Ministros da Divina Justiça e Misericórdia. Deverão estar em hábito clerical decente e honesto e receber os penitentes com grande benignidade e afabilidade e sem intrometerem palavras de cumprimento, tratarão de inquirir deles o estado, o tempo que há que se confessaram, se cumpriram a penitência. E em quanto o penitente for confessando os pecados, lhos não estranhem nem criminem, e nem por palavras, sinal ou gesto mostrem que se espantam deles, por graves e enormes que sejam, antes, lhes vão dando confiança para que sem pejo com que o Demônio faz muitas vezes, que a confissão não seja verdadeira, e sem aquele temor que também perturba, façam como convém, inteira confissão. E se os penitentes não disserem o número, espécies e circunstâncias dos pecados, necessárias para a confissão ser bem feita, as vão perguntando e examinando com prudência, fugindo de curiosas, inúteis e indiscretas perguntas, principalmente nas confissões de gente moça, homens ou mulheres, para que com elas não lhes deem ocasião de novos pecados.

Terminada a confissão, o sacerdote devia admoestar o penitente com paternal caridade, analisando o estado, condições e disposição dos penitentes para lhes dar penitência compatível: "E por nenhum modo ponham por pecados ocultos, por mais graves e enormes que sejam, penitências públicas".[98]

Para evitar abusos e murmurações, ordenavam as *Constituições* que "em todas as Igrejas paroquiais do Arcebispado hajam número de Confessionários em lugares públicos e patentes, nos quais se ouçam as confissões de quaisquer penitentes, especialmente de mulheres, as quais nunca as ouvirão de confissão no coro, sacristia, capelas, tribunas ou batistério, nem outro lugar secreto da Igreja". Os confessores deviam cuidar que pessoa alguma estivesse junto ao confessionário, evitando assim que ouvissem os pecados alheios.[99]

Apesar de tantas recomendações e conselhos, o tribunal da confissão representava um dos espaços onde mais frequentemente os sacerdotes resvalavam na disciplina eclesiástica. Muitos e muitos desobedeciam às *Constituições*, ouvindo suas penitentes dentro da sacristia, no alpendre das casas, sentados na rede ou indecentemente vestidos. Outro tanto de confessores afugentava os fiéis com cenas vexatórias: o padre Antônio Alves Varejão, vigário em Sergipe, ao confessar uma crioula na capela do Bom Jesus da Cotinguiba, saiu do confessionário gritando: "Cuidei achar gente honrada e de vergonha, não encontrei senão mulheres prostitutas e homens infames".[100] Em Mariana o padre José Gouveia trazia uma bengala no confessionário e, certa feita, levantou-se e disse: "Já me admirava que entre tantos não viesse um ladrão", pegando um negro pelas orelhas e puxando-o; em seguida, foi tomar tabaco, dizendo que "não se pode aturar negros".[101] Mais grave ainda, o padre Francisco de Paula Bernardes, assistente na igreja da Sacra Família, no Rio de Janeiro, negava-se a confessar quem não lhe desse presentes: ao índio Mariano exigiu meio alqueire de arroz pilado e a Manuel Avelar perguntou: "O que me trazes?". Como o fiel respondesse: "Trago uma leitoa", resolveu-se a confessá-lo. Provocou escândalo ao excomungar a um surdo pelo simples fato de ter se confessado noutra freguesia sem lhe pagar.[102] Todas condutas gravemente proscritas pelo direito canônico.

Para tornar mais fácil e segura a confissão dos pecados, a teologia moral e o código canônico estabeleceram uma regra áurea nesse controvertido sacramento, tão questionado pelos luteranos: o *sigilo*. Conforme o texto constitucional, o sigilo da confissão era "uma obrigação que o confessor tem de não manifestar os pecados que lhe confessam e procede do direito natural, divino e humano". Deveria ser estritamente observado, não sendo lícito ao confessor "descobrir os pecados que na confissão se lhe manifestam, nem para livrar a própria vida, porque de outra maneira, seria a confissão odiosa".[103]

Também aqui os clérigos coloniais descumpriam tão fundamental regulamentação, tornando público o que lhes fora confiado em absoluto sigilo. Na freguesia dos Carijós (Minas Gerais), o padre Manuel Vaz de Lima é acusado de descobrir o segredo da confissão e perguntar o nome dos cúmplices nos pecados contra a castidade, procedendo da mesma forma o padre José de Brito e Sousa, vigário do Rio Vermelho no Serro Frio, que, mais ousado, perguntava aos penitentes o endereço das mulheres que tinham sido parceiras nos pecados da sensualidade. Já o padre Marcos Soares de Oliveira, de Igaraçu (Pernambuco), quebrava o sigilo da confissão, dizendo aos senhores os pecados carnais das escravas e a alguns maridos as infidelidades de suas esposas. O padre Francisco Moura Brochado, de Paracatu, além de pedir os nomes dos cúmplices, perguntou certa feita a uma escrava "se levava recados de sua senhora para algum homem"; a negra deu tal grito no confessionário, que o escândalo se tornou público em toda a freguesia. Poucos foram os "sigilistas" do Brasil colonial que chegaram a sofrer as penalidades impostas pelo direito canônico: entre os condenados, cite-se o vigário de Santana da Campina, em Belém, denunciado na Visitação ao estado do Grão-Pará.[104]

Abrir o coração e falar dos desvios mais íntimos exige por parte do pecador elevada dose de humildade e confiança de que o confessor guardará em absoluto segredo tudo o que ouviu ou se falou no ato sacramental. Nem todos os católicos de antanho tinham tal abertura e confiança, mesmo sabendo que uma confissão incompleta tornava o pecador ainda mais culpado, pois, como ensinava o oratoriano Manuel Bernardes (1694), "de confissões mal feitas está o inferno povoado!".[105] Não obstante tais riscos condenatórios, o acanhamento de expor suas fraquezas morais levava muitos católicos à prática desse cabeludo pecado. Maria da Silva, uma jovem viúva sergipana de 23 anos, amancebada havia seis com um baiano acusado de ser useiro na prática do "pecado nefando de sodomia", declarou em 1766, a um seu vizinho, que "os pecados fundos, nunca se confessavam e que tinha um pecado que nunca o havia de confessar". Maria Barbosa, uma miserável parda que vivia de varrer o adro da igreja da Piedade em Salvador, delatou-se em 1763: "Sou falta de fé e não creio em Deus todo poderoso e por tentação do Demônio, tenho feito muitas confissões sacrílegas e por vergonha e pejo do confessor, tenho encoberto muitos pecados e quando cuspo no chão, parece que cuspo sobre Nosso Senhor".[106] Outros havia que confessavam-se mal, não por pejo, mas por convicção ideológica: o cristão-novo Fernão Lopes Valente, cinquenta anos, mercador, natural de Covilhã, então morador em Itapoã, na Bahia, declarou à Mesa Inquisitorial em 1684 que "não se ofendia a Deus obrando no 6º mandamento e disso não se confessava e que a torpeza da carne *contra naturam*, chamada molice, não era pecado nem disso deviam as pessoas confessar e que cada um seguisse sua opinião".[107]

Um dos mestres da arte penitencial daquela época, o servo de Deus frei Antônio das Chagas, franciscano, costumava dizer que "confessar e conversar com mulheres é o que mais me custa neste meu modo de vida, porque posto que sejam santas, é mais seguro fugir delas!". A eterna associação das filhas de Eva com a tentação da carne. Segundo ele, as Santas Missões pregadas por sacerdotes provenientes de outras paragens ofereciam vantagens quanto ao sacramento da confissão, pois atenuavam o pejo de confessar com pessoas conhecidas, franqueando-se confessar às mulheres recolhidas. Segundo seu biógrafo, o santo varão franciscano era tão virtuoso e profético que descobria os pecados mortais tão logo fitava o semblante dos penitentes. Sua grande virtude, contudo, consistia no "dom de tirar os escrúpulos". *Escrúpulo* é definido como uma hesitação ou dúvida de consciência, geralmente seguida de uma inquietação emocional e sentimento de remorso. Como para a remissão dos pecados é imprescindível que o penitente os confesse com transparência total, e como, por acanhamento ou vergonha, muitas vezes o pecador escamoteia ou omite maliciosamente detalhes importantes para o julgamento e atribuição de penitência por parte do confessor, surgia assim um angustiante círculo vicioso: cada confissão incompleta tornava-se novo pecado mortal, um motivo a mais para aumentar o remorso e a dúvida de consciência.

Muitos fiéis tornavam-se tão neuróticos, sempre em dúvida se haviam de fato feito inteira e cabal confissão de seus pecados, que, para garantir-se do perdão indispensável para escapar das chamas temporárias do Purgatório, ou da queimação eterna do Inferno, lançavam mão frequentemente da *confissão geral*, repetindo *ad nauseam*, no confessionário, os pecados antigos, garantindo-se assim que, se incompletos ou mal declarados nas vezes anteriores, agora receberiam o almejado perdão. A repetição das confissões gerais era desaconselhada pelos mestres moralistas mais sensatos, tachando-a de "o maior laço da consciência de uns e o maior desembaraço de outros, pois tudo o que desviar de crer nos confessores e fiar-se deles, é Demônio conhecido. [...] Os escrúpulos são atoleiros espirituais, quimeras, espantalhos que o Demônio põe em frente das almas puras".[108]

Apesar de tão esclarecidos ensinamentos, até sacerdotes deixavam-se abater pelo escrúpulo, remoendo-se na terrível dúvida se de fato já estavam ou não completamente absolvidos do pecado mortal. Frei José de Jesus Maria, em 1748, enviou ao comissário do Santo Ofício da Bahia esta pungente confissão, que permite-nos adentrar no mais íntimo de seus sentimentos religiosos:

> Desconsolado, temeroso e aflito com mil considerações ocasionadas de escrúpulos que me perturbam, tenho feito várias confissões gerais e experimentado depois destas alguns meses de alívio, torno outra vez a imaginar e repisar, não obstante m'o terem proibido os confessores, e por muita falta de lembranças ou memória em que me reconheço deficiente, entro em novos escrúpulos, se acrescentei ou diminuí ou não soube explicar no que tinha que dizer; olhando para 63 anos que Deus me tem dado de vida, livrando-me de tantos perigos pela sua misericórdia, como na terrível tormenta do Cabo, em que estivemos perdidos e

escapei miraculosamente da morte, e como antes de embarcar-me na Bahia para o Reino, faço esta confissão.[109]

Tantos escrúpulos e angústias deviam-se a um mau costume de quando jovem sacerdote: solicitou algumas penitentes para "atos torpes", incorrendo num cabeludo desvio pertencente ao conhecimento do Santo Ofício: "Sollicitatio ad turpia".[110]

A solicitação está diretamente relacionada com a religião privada, sobretudo das mulheres, pois era justo no espaço mais privado do templo, no momento em que com mais humildade expunham suas pranteadas quedas morais, exatamente aí, que, em vez de obterem a remissão dos pecados, eram empurradas para perdição ainda maior. Na representação que os habitantes de Sergipe enviaram à Mesa de Consciência e Ordens contra o já citado vigário da Cotinguiba, padre Varejão, acusaram-no de fazer do "confessionário o teatro ainda mais escandaloso de suas práticas e colóquios amorosos, qual lobo estragador pelo infernal precipício das solicitações. Levou a mulher de um artífice para a Capela de Nossa Senhora da Boa Morte onde satisfez sua sacrílega concupiscência, o mesmo praticando com Maria da Penha, madrinha num batizado, que a levou à sacristia da igreja do Senhor Jesus para dar o nome dos pais e a seduziu".[111]

Ao receberem no confessionário convites indecentes ou ao serem vítimas de assédio sexual, tais mulheres, quando residentes em pequenas vilas onde só havia um sacerdote, ficavam impossibilitadas de ser absolvidas de seus pecados e, consequentemente, participar da sagrada eucaristia. Na freguesia de Nossa Senhora de Monte Serrat, em Baependi, 1738, o vigário padre João de Matos sempre solicitava na confissão a Maria Nogueira "e como não tinha outra ocasião de falar com ela, por ser mulher recolhida, mais do que tão somente no ato da confissão sacramental, nela a perseguia para ter com ele trato ilícito". Antônia de Sousa, de Taubaté, não chegava sequer a se ajoelhar aos pés do confessionário, impedida pelo padre Felipe Correia Pinto, vigário de Pousos Altos, termo de São João del Rei, "por não querer fazer-lhe o gosto de pecar carnalmente".

Como Margarida Sequeira Camargo negou a solicitação do padre Jacinto de Albuquerque Saraiva, vigário da Parnaíba (São Paulo), que desejava que fosse com ele pecar em sua casa, teve recusado o atestado da confissão, o padre alegando que ela não sabia a doutrina. Pior sorte teve Luzia de Sousa Vieira, casada com um pedreiro na Paraíba, pois estando na cama enferma, mandou chamar para confessá-la ao franciscano frei Raimundo de Santo Antônio, o qual solicitou-a para atos torpes e imediatamente teve com ela cópula carnal no leito.[112]

Além do batalhão de solicitantes que infernizavam a vida religiosa privada de muitas mulheres virtuosas, não era raro que falsos sacerdotes se assentassem nos confessionários, uns por impostura, para locupletar-se das benesses clericais, outros, por galhofa ou malícia, para desvendarem os pecados secretos de donzelas e casadas. Para ambos os casos, as *Constituições* episcopais e regimentos inquisitoriais previam severas punições.[113]

Tais falsos confessores invadiam sacrilegamente a privacidade dos penitentes, levando-os ao temor de terem reveladas suas intimidades e ao desconforto de declarar outra vez os mesmos pecados, posto não terem sido absolvidos pelo impostor. O subdiácono Manuel Silva Oliveira, trinta anos, de Serinhaém, e João Pinto Coelho, natural do Porto, clérigo *in minoribus*, entre muitos outros, ouviram em confissão a diversos matutos, quando andaram pelo sertão da Bahia e Sergipe engabelando a boa-fé dos moradores. Em Conceição do Mato Dentro, Felipe Alvares, sargento-mor, fingiu-se sacerdote, e numa estalagem, em público e com a zombaria de muitos ciganos, confessou a um preto que queria casar-se, aspergindo os noivos com palha de milho molhada.[114]

Quando o padre Luiz Teixeira de Aguiar andava desobrigando os fiéis numa fazenda, na Quaresma de 1760, o padre João Velloso, pardo, morador no Sertão do Jaguaribe (Piauí), pediu-lhe que mandasse alguns fregueses a outra fazenda para se confessarem com frei Manuel da Trindade Barreto, carmelita, pois, assim, ficaria mais aliviado. Vestindo-se com o hábito do frade, e fazendo-se passar por ele num quarto sem luz, o pardo confessou a mulata donzela Norberta, escrava, vinte anos, a qual, percebendo o engodo, começou a chorar, levantando-se do chão em que estava ajoelhada.[115] As lágrimas vertidas por essa infeliz penitente ao constatar que seu íntimo tinha sido devassado por um impostor, comprovam quão difícil era para o crente submeter-se à confissão auricular, e os riscos que corriam sobretudo as filhas de Eva em ser ludibriadas, no mais recôndito de sua alma, por padres solicitantes ou falsos sacerdotes.

Como se viu com base em muitos exemplos e situações arrolados ao longo destas páginas, cristalizaram-se na América portuguesa múltiplas manifestações de religiosidade privada — algumas decalcadas em modelos abençoados pela hierarquia metropolitana, outras em parte desviadas ou completamente opostas, quando não hostis, à ortodoxia. A abundância diversificada e o recrudescimento do devocionário privado no Brasil antigo explicam-se, antes de mais nada, pela multiplicidade dos estoques culturais presentes desde os primórdios da conquista e ocupação do Novo Mundo, onde centenas de etnias indígenas e africanas prestavam culto a panteões os mais diversos. Por se tratar de crenças e rituais condenados pelos donos do poder espiritual, tiveram de ocultar-se no recôndito das matas ou no secreto das casas. Contudo, a proeminência da religiosidade privada entre nossos antepassados, mesmo quando legítima e aprovada pela Igreja, deveu-se sobretudo à inexistência, rarefação ou grandes dificuldades da cristalização de uma religiosidade pública e eclesial, haja vista as grandes distâncias do território, os perigos do transporte interno, a insignificância da vida urbana e o número reduzido de ministros, templos e da própria comunidade cristã.

5. MORALIDADES BRASÍLICAS: DELEITES SEXUAIS E LINGUAGEM ERÓTICA NA SOCIEDADE ESCRAVISTA*

Ronaldo Vainfas

SEXUALIDADES COLONIAIS E VIDA PRIVADA

Tratar da temática das moralidades coloniais numa época em que se operava, na Europa, o processo de individuação e de privatização das sociabilidades exigiria, para evitar anacronismos e transposições precipitadas, atentar para as especificidades do viver em colônias.

Neste sentido, convém lembrar, antes de tudo, o que há tempos não constitui novidade: a colonização do Brasil inscreve-se muito mais no processo de expansão marítima e comercial europeia do que nas transformações que levariam, no Velho Mundo, ao individualismo e ao familismo de tipo burguês. Motivava-a, fundamentalmente, a exploração do território para o enriquecimento da Metrópole, não obstante a cruzada espiritual levada a cabo pelos agentes eclesiásticos da colonização, à frente dos quais os jesuítas.

Não quer isso dizer que devamos adotar o estereótipo de um Brasil ocupado por degredados, entendidos como malfeitores que, tão logo desembarcavam, só tratavam de enriquecer, enquanto se uniam com várias índias ao mesmo tempo, adotando sem demora a poligamia indígena. Avessos ao casamento, errantes, aventureiros. Tampouco se deve esposar, como modelo único, o paradigma da casa-grande, celebrizado antes de tudo por Gilberto Freyre.[1] A ideia da casa-grande como espaço inclusivo, núcleo de numerosa família de parentes, agregados

* Agradeço aos que contribuíram, com valiosas sugestões, para a elaboração deste capítulo: Celeste Zenha, Jacqueline Hermann e Sheila de Castro Faria.

e escravos, exemplo de um "privatismo" patriarcal que a tudo senhoreava, confundindo-se com o público, tudo isso tem sido fartamente discutido, com boas provas, desde os anos 1970.

Diversos pesquisadores demonstraram, com efeito, que na América portuguesa não foi desprezível a importância quantitativa de domicílios conjugais e até de domicílios chefiados por mulheres, quer em áreas periféricas, quer em regiões diretamente vinculadas à economia exportadora.[2] Demonstrou-se, também, que no próprio seio da população negra, africana e crioula, tornou-se viável a constituição de famílias à moda cristã, o que por muito tempo se julgou impossível, dada a predominância de homens no tráfico negreiro e a má vontade senhorial no tocante aos matrimônios entre cativos.[3]

Mas se é necessário evitar estereótipos e generalizações apressadas, a exemplo do modelo exposto em *Casa-grande & senzala*, não convém, por outro lado, cair no polo oposto por vezes sugerido pela pesquisa recente, sob o risco de supor uma sociedade quase europeia em terra de hibridismos culturais e contrastes regionais acentuados.

É certo que, de todo modo, os agentes eclesiásticos da colonização tentaram, por todos os meios a seu alcance, transformar o Brasil numa parte legítima da cristandade romana, o que implicava, entre outras coisas, difundir o modelo matrimonial cristão: uniões sacramentadas, família conjugal, continência e austeridade. Tentaram-no com os índios, depois com os africanos; tentaram-no desde sempre com os reinóis que aqui chegavam em busca de aventuras. Viram-se frustrados, no entanto, pelos interesses mercantis da colonização, pelo escravismo, pelo hibridismo cultural que a colônia brasílica possuía por vocação.

Se a existência de espaços e de uma sociabilidade privada já era difícil de ocorrer na Europa dos séculos XVI e XVII, mais complicado era vê-los surgir na precária colônia portuguesa da América. Bastaria referir, para confirmá-lo, o padrão das casas, dos espaços domiciliares, a começar pelo da tradicional casa-grande nordestina. Um encarte ilustrado por Cícero Dias para a primeira edição do livro de Gilberto Freyre, de 1933, traz a planta do Engenho Noruega, antigo Engenho dos Bois, em Pernambuco, e ali vemos a total falta de privacidade que caracterizava as habitações senhoriais do passado. Vê-se uma mansão de dois andares cujo interior expõe espaços divididos e múltiplos, várias salas e quartos, oratórios e capelas, uma grande cozinha, quintal e pomar, a senzala contígua, despensas. À frente da mansão, a casa de purgar, a roda do engenho, partes do complexo manufatureiro do açúcar tão bem descrito por Antonil em *Cultura e opulência do Brasil* (1711).

O que mais chama atenção, porém, não é a possível grandeza do espaço, mas a numerosa população que ali habitava ou nele permanecia por algum tempo. A família senhorial, seus agregados e parentes, convivia com os escravos, uns comiam ou dormiam, outros trabalhavam, e se é verdade que a ilustração mostra estarem as pessoas circunscritas aos vários compartimentos da mansão, separados, aliás, por portas, a imagem sugere movimento, burburinho, comunicabilidade intensa entre os espaços interdependentes.[4] A casa-grande configurava, decididamente, um espaço onde o morar e o produzir eram, a rigor, inseparáveis.

É verdade que devemos desconfiar — e muito — da imponência das casas-grandes erigidas nos primeiros séculos coloniais, como adverte Stuart Schwartz em seu estudo sobre a Bahia. Muitas das imagens que delas temos hoje são herdeiras das mansões aristocráticas baianas do século XIX, e não espelham as casas senhoriais mais remotas no tempo. Eram comuns as construções de taipa com telhados de sapé, e somente a partir do século XVII começaram a surgir casarões mais sólidos, a confiarmos nas pinturas de Frans Post para o período holandês em Pernambuco.[5] Predominavam, assim, casas-grandes rústicas no período colonial, além de pouco mobiliadas, segundo reconhece o próprio Gilberto Freyre, apoiado nas *Voyages* de Dampier ao Brasil, em 1699.[6]

Rústicas ou requintadas, tudo parece indicar, porém, que as casas senhoriais de outrora ensejavam pouquíssimas condições de vivências privadas. Analisando inventários *post-mortem* relativos à região açucareira de Campos dos Goitacazes no século

XVIII, Sheila de Castro Faria demonstrou que as expressões "casas de vivenda" ou "casas de morada" — usadas no plural, aliás, até o século XIX — indicavam um conjunto composto de moradias e oficinas, além de oratórios, casas de beneficiamento do açúcar e até habitações de escravos. O volume da documentação compulsada pela autora não deixa dúvidas a esse respeito: as casas de vivenda ou morada conformavam um espaço que extrapolava a ideia de "casa-dormitório" ou "casa-descanso" e, mais ainda, a ideia de "casa como um local exclusivamente privado".[7]

Devassada no topo da hierarquia social da Colônia, a casa o seria ainda mais entre os pobres, os trabalhadores urbanos, os lavradores de roça, os excluídos que as autoridades coloniais chamavam de vadios e desclassificados. Examinando documentação de fins do período colonial, Maria Beatriz Nizza da Silva afirmou que a casa térrea era a mais comum de norte a sul do Brasil, e o domicílio rural não raro se assemelhava à maloca indígena, espaços indivisos, ausência de portas, o fogo a arder e cozinhar no interior da habitação. Num deles, observado no agro de Minas Gerais, o espaço era indiviso, fogueira no centro, e nele habitavam cerca de trinta pessoas, homens, mulheres e crianças, à moda indígena. Noutro caso, em Rio Grande, Extremo Sul da Colônia, a casa se compunha de uma sala virada para a rua — com o quarto no interior, sem divisão — e da cozinha ao ar livre. No mais, ausência de janelas envidraçadas ou mesmo de rótulas de madeira, o que reduzia a privacidade a rigorosamente nada.[8] O mesmo se pode constatar para as casas dos pobres mineiros no século XVIII: "Cafuas miseráveis espalhadas pelas encostas dos morros ou dependuradas sobre despenhadeiros, cobertas com capim e com folhas de palmeiras, e tendo por piso o solo de terra esburacada".[9]

Vizinhança de parede-meia na cidade, casas devassadas no meio rural, promiscuidade, assim transcorria o dia a dia da Colônia, ao que se deve acrescentar a escassez da população e a baixa densidade demográfica dos povoados e vilas. Afinal, mesmo na povoada capitania de Minas Gerais do século XVIII, a população mal chegava a 320 mil indivíduos, em 1776, enquanto

Vila Rica, a inícios do século XIX, contava com apenas 8864 moradores. As condições histórico-sociais do "viver em colônias" (Vilhena) conspiravam, pois, contra a ocorrência de qualquer privacidade no Brasil dos primeiros séculos, a confirmar as palavras do "Boca do Inferno", o baiano Gregório de Matos:

> *Em cada porta um frequentado olheiro*
> *Que a vida do vizinho e da vizinha*
> *Pesquisa, escuta, espreita e esquadrinha*
> *Para levar à Praça, e ao Terreiro.*

Faz-se necessário, portanto, divorciar, no caso da América portuguesa, a ideia de privacidade da ideia de domesticidade. As casas coloniais, fossem grandes ou pequenas, estavam abertas aos olhares e ouvidos alheios, e os assuntos particulares eram ou podiam ser, com frequência, assuntos de conhecimento geral. Não resta dúvida de que, assim sendo, o território da sexualidade era bem menos privado do que se poderia supor, distanciando-se largamente dos padrões que se supõem vigentes nos dias de hoje. Ao longo deste capítulo ver-se-á que até os gemidos de amantes ardorosos não raro podiam ser escutados por ouvidos indiscretos, sem contar os encontros amorosos, as mancebias, pois todos sabiam "quem andava com quem", para usar uma expressão coeva, nas pequenas comunidades ou engenhos da Colônia.

Não por acaso, vale dizer, as principais fontes que permitem conhecer, com alguma sistemática, o universo das intimidades sexuais na Colônia são as fontes produzidas pelo poder, especialmente pela justiça eclesiástica ou inquisitorial, sem falar na correspondência jesuítica, tratados de religiosos e sermões. Refiro-me, aqui, às visitas diocesanas e aos processos do Santo Ofício, tribunal que além de cuidar dos erros de fé propriamente ditos, imiscuiu-se também no território de certos atos sexuais assimilados a heresias.

Em ambos os casos, quer nas visitas episcopais, quer na ação inquisitorial, a matéria-prima dos documentos reside na denúncia da população contra os que se desviavam dos comportamentos sexuais e morais considerados lícitos. Eram os visitadores da Igreja ou os arautos do Santo Ofício que anunciavam, à porta das igrejas, nos domingos e dias santificados, quais condutas deviam ser delatadas às autoridades. Mas era a população colonial, livre ou escrava, branca ou mestiça, rica ou desvalida, que, por medo do Poder ou dele cúmplice, acorria a delatar vizinhos, parentes, desafetos, rivais. Fazia-o — e isto é o que mais importa frisar —, porque todos estavam sempre a se vigiar mutuamente, murmurando da vida alheia, mexericando o que viam ou ouviam, favorecidos pela escassa privacidade que caracterizava a vida íntima de cada um.

As fontes da Igreja e da Inquisição mostram-se, portanto, riquíssimas para aproximar o historiador das intimidades vividas no passado. Possuem, é certo, algumas fortes limitações, a exemplo da linguagem escolástica que lhes dá forma, dos filtros antepostos pelos juízes inquiridores, e da própria situação constrangedora que envolvia os depoimentos, seja os dos que delatavam por exigência das autoridades, seja os dos que confessavam seus desvios por temerem os castigos do Céu e da Terra. Dessas limitações tratarei no devido momento. Insisto, por ora, nas possibilidades que semelhante documentação abre para o estudo das *intimidades*, dimensão da vida privada que se mostra minimamente decifrável para o historiador, ainda que este deva observar "por sobre os ombros dos juízes, seguindo suas pegadas, esperando (assim como eles provavelmente esperavam) que o réu fosse bastante loquaz" sobre o que fazia ou sentia.[10]

MISCIGENAÇÃO, ESTIGMAS E HIERARQUIAS SOCIAIS

É bastante conhecida a posição de Gilberto Freyre acerca do papel fundamental que a miscigenação étnica representou no povoamento da Colônia. Freyre afirma que ao enlace com as nativas da terra os portugueses já estariam predispostos por sua própria formação híbrida, fruto da bicontinentalidade histórica de Portugal, sua "indecisão étnica e cultural entre a Europa e a

África".[11] Decorreria disso, segundo Freyre, a tendência portuguesa à miscibilidade, bem como o afrouxamento dos preconceitos raciais, quando não a falta deles, ao contrário do ocorrido com os colonizadores anglo-saxões da América.

Freyre considera que essa predisposição lusitana ao encontro e mistura com outras etnias revelar-se-ia, antes de tudo, no plano sexual, na atração incontida que os primeiros colonizadores pareceram sentir pelas índias, lançando-se a elas com volúpia tão logo desembarcavam nas praias. Ao ímpeto lusitano as índias teriam correspondido plenamente, acrescenta Freyre, e talvez o tenham feito menos por razões priápicas, como alguns disseram, do que pela "circunstância da escassez, quando não da falta absoluta, de mulher branca".[12] E ao encontro com as índias ter-se-ia seguido o enlace com as negras, depois com as mulatas, e assim se formaria o povo brasileiro, compensando-se a precariedade da vida no trópico, a alimentação deficiente, as doenças e tudo o mais, pelo adocicamento das relações entre as diferentes culturas. Relações hierarquizadas, insiste Freyre, visto que balizadas pela escravidão, porém pacíficas, afetivas e fortemente sexualizadas.

Muito já se disse acerca desse "modelo freyriano", criticando-o por adocicar os rigores da escravidão colonial, por negar o preconceito racial dos portugueses, por generalizar os padrões familiais da casa-grande ao conjunto da sociedade colonial etc. São críticas justas que convém endossar, sem repeti-las. Valeria acrescentar, porém, que, se Freyre tem razão ao insistir na importância da miscigenação étnica para o povoamento do território luso-brasileiro, isso nada deveu a uma suposta propensão lusa à "miscibilidade com outras raças", mas a um projeto português de ocupação e exploração territorial até certo ponto definidos. Projeto que não se podia efetivar com base na imigração reinol, consideradas as limitações demográficas do pequeno Portugal, e que procuraria, de todo modo, implantar a exploração agrária voltada para o mercado atlântico — o que se faria, como se fez, com base no trabalho escravo, quer dos índios, quer, preferencialmente, dos africanos.[13] Em contrapartida, nas regiões do Império português onde predominou o interesse comercial e o estilo "feitorial de ocupação", a exemplo da Índia ou da África, nenhuma miscigenação expressiva de fato ocorreu.[14]

Não obstante sua fragilidade enquanto modelo explicativo geral, a obra de Freyre acerta ao relacionar o impulso para a miscigenação, de maneira mais estrita, ao padrão esmagadoramente masculino da imigração portuguesa para o Brasil, tanto no primeiro como nos demais séculos coloniais. A "falta de mulher branca" é, assim, sobretudo quanto aos primórdios da colonização, um fato incontestável — e não deixa de sugerir, contrariando as motivações do mesmo autor, um certo ânimo racista dos portugueses ao qual voltarei posteriormente.

Por outro lado, deixando de lado a recíproca atração sexual que Freyre atribui ao encontro dos portugueses com as índias, não resta dúvida de que tal encontro implicou relações de poder que não excluíam a violência física e, no limite, o estupro. O próprio Freyre acaba por reconhecê-lo, à sua moda, ao dizer que "uma espécie de sadismo do branco e de masoquismo da índia ou da negra terá predominado nas relações sexuais como nas sociais do europeu com as mulheres das raças submetidas ao seu domínio. O furor femeeiro do português se terá exercido sobre vítimas nem sempre confraternizantes no gozo".[15] Alfredo Bosi foi além, ao discorrer sobre o assunto, e afirmou que a libido do conquistador "teria sido antes falocrática do que democrática, na medida em que se exercia quase sempre em uma só dimensão, a do contato físico".[16]

Mas não convém exagerar, reduzindo ao campo do sadomasoquismo ou somente a contatos físicos as relações sexuais entre portugueses e índias ou negras, como se tudo não passasse de encontros episódicos e de busca da satisfação imediata por parte de homens esfaimados de sexo. É verdade que não faltaram aventuras desse tipo, encontros sexuais rápidos, fugazes e violentos, mas é igualmente certo que ao lado deles conviveram, muitas vezes, uniões estáveis e duradouras entre portugueses e índias. Tais uniões iluminam um quadro extremamente complexo, sobretudo no tocante à trajetória dos primeiros degredados lançados na costa, homens que assumiram, para sobreviver, diversos usos e costumes indígenas, atuaram como valentes guerreiros e fizeram jus, por isso mesmo, a várias esposas à moda tupinambá, constituindo vastíssima prole de mestiços.

Os casos mais célebres são os de Diogo Álvares, o Caramuru, na Bahia, e o de João Ramalho, em São Vicente, homens que vivenciaram uma autêntica aculturação às avessas, posto que submersos nos padrões culturais do colonizado, sem deixar, no entanto, de colaborar posteriormente com a expansão portuguesa.[17] O processo se complicou consideravelmente com o avanço da colonização, dando-se muitas vezes o processo contrário ao dos primeiros acordes coloniais, isto é, a passagem das índias recém-batizadas para os núcleos de povoamento português.

A sexualidade pluriétnica determinada pelo estilo da colonização portuguesa andou, portanto, de braço dado com o processo de aculturação de mão dupla deflagrado no século XVI. Processo de aculturação em que a dominação portuguesa sobre os índios não excluía a hipótese da "indianização" de colonos, nem a adoção seletiva, por parte dos índios, de elementos da cultura colonizadora. Emblema maior da parceria entre sexualidade luso-indígena e confronto-intercâmbio cultural, encontramo-lo nos mamelucos originados dessas uniões mistas. Refiro-me, sobretudo, aos homens por vezes criados entre os índios e perfeitamente conhecedores da língua e do *modus vivendi* nativo, que depois se bandeavam para o lado dos conquistadores, tornando-se apresadores de escravos índios e protagonistas das expedições ao sertão em busca de metais preciosos, alargando assim as áreas de colonização.

Encontra-se uma multidão deles nos papéis da Primeira Visitação do Santo Ofício ao Brasil, mamelucos bilíngues que, estando no sertão, andavam nus, guerreavam à moda nativa e até praticavam o canibalismo mas, passando ao litoral, vestiam-se como os portugueses e os auxiliavam na empresa colonizadora. Nas aldeias tinham várias mulheres indígenas, já que possuíam a destreza dos guerreiros necessária para a aquisição de esposas entre os Tupinambá; nas vilas coloniais, possuíam, por vezes, esposa à moda cristã, casados na forma da Igreja e não raro com mamelucas como eles.[18]

Os documentos do Santo Ofício, que contêm várias centenas de depoimentos iniciados com a identificação das testemunhas, acusados ou confitentes, permitem constatar com alguma precisão a tendência predominante nas relações que geravam mamelucos: uniões entre homens portugueses ou mamelucos e mulheres índias ou mamelucas, sendo raríssima a união entre mamelucos e mulheres brancas, e totalmente ausente a união entre índios e mulheres brancas ou mesmo mamelucas.

Nos papéis da Visitação quinhentista do Santo Ofício, tomados aqui como documentos seriados de relações entre sexos, aparecem com grande frequência uniões pluriétnicas sob a forma matrimonial, embora nem sempre a informação dos depoentes seja precisa a esse respeito. Sabe-se, porém, que o concubinato grassava solto, a desesperar os padres inacianos, empenhados em promover matrimônios *in facie ecclesiae*, como convinha, aliás, aos agentes eclesiásticos da colonização.

Aos olhos dos jesuítas, sempre queixosos das dificuldades da catequese, do clima e da falta de recursos, o frenesi sexual campeava, antes de tudo, entre os índios: sempre nus, poligâmicos, incestuosos. Foi a custo que reconheceram a existência, com Anchieta, pelo menos do casamento na "lei natural" entre os nativos, e mesmo este julgavam inaceitável, dado que não observava, nem o poderia, as normas da Igreja, e contrariava os impedimentos de parentesco consanguíneo até o quarto grau.

Mas, também em relação aos primeiros colonos, não faltaram palavras reprobatórias, a começar por Nóbrega em sua vasta correspondência. Quase todos, dizia, não satisfeitos em fazer suas escravas de mancebas, lançavam-se às livres, pedindo-as aos índios por mulheres. E se os padres ousassem admoestá-los para que se casassem com uma só índia, como Deus mandava, eram ofendidos, ameaçados e até perseguidos pelos escandalosos colonos. Nóbrega carregava nas tintas especialmente contra João Ramalho, tido como o exemplo-mor do que faziam os portugueses no Brasil. Sua vida, vituperava Nóbrega, corria solta à moda dos índios, rodeado de mulheres e da filharada que estas lhe davam; e os meninos de Ramalho, mal atingiam a puberdade, não hesitavam em seguir o exemplo do pai, unindo-se a várias mulheres, sem cuidar se eram irmãs ou parentas. João Ramalho foi visto, pois, como *petra sacandali* da Colônia e emblema do desconsolo de Nóbrega: "A esta terra", diria desalentado, "não vieram senão desterrados da mais vil e perversa gente do Reino".[19]

O que dizia de Ramalho e dos primeiros colonos, Nóbrega estenderia ao próprio clero secular, os padres do hábito de Cristo: useiros em dar mau exemplo, amancebados com as índias, fornicários. "A evitar pecados [este clero] não veio, nem se evitarão nunca"; melhor que não viessem, que não se embarcasse sacerdote "sem ser sua vida muito aprovada".[20]

Esse padrão concubinário nas relações sexuais e amorosas da Colônia não iria mudar nos séculos XVII e XVIII, exceto pela participação cada vez maior dos negros — africanos e crioulos —, e, por conseguinte, dos mulatos e mulatas "desinquietas", para usar a expressão de Antonil, fruto dos amores entre os senhores ou homens livres brancos e suas escravas ou forras negras. É claro que o concubinato extravasou — e muito — da esfera do sexo pluriétnico ou das relações entre livres e escravos acentuadas até aqui. Pesquisas realizadas nos últimos dez anos sobre as visitas diocesanas feitas em Minas, na Bahia e até no Mato Grosso têm revelado uma gama muitíssimo variada de relações amorosas classificáveis como concubinato, boa parte delas envolvendo forros e pobres que entre si se uniam ou "andavam juntos".[21] No entanto, não resta dúvida de que o concubinato guardou íntimo parentesco com a escravidão, quer a indígena, quer a negra. A documentação das mesmas visitas contém numerosos exemplos de senhores que, não obstante casados, possuíam nas escravas amantes habituais, das quais tinham filhos, dando escândalo público de seus atos, conforme os depoentes contavam aos visitadores da Igreja. E longe de circunscrever-se ao círculo estreito dos grandes senhores do Nordeste ou das

Minas Gerais, as práticas concubinárias entre senhor e escrava pareciam igualmente difundidas no seio da população modesta, havendo casos em que humildes donos de uma só escrava mantinham com ela amancebamento e visando, por vezes, a aumentar suas rendas, colocavam-na na prostituição.

Acostumados a ver nos escravos bens pessoais, os senhores, mesmo que pobres, estendiam seu senhorio à esfera sexual, de maneira que não seria exagero dizer que a escravidão não raro implicava a possibilidade do concubinato, de chamegos entre amos e cativas, e por vezes de relações homossexuais com os cativos, segundo indica Luiz Mott em estudo sobre a sodomia entre senhores e escravos.[22] Relações, estas últimas, que por vezes eram surpreendentemente afetuosas, não obstante a escravidão, mas via de regra não dispensavam a violência e a coação típicas do sistema.

Enlaces entre senhores e escravas, utilização homossexual de cativos, paixões ou violências que pontuavam, no mundo sexual, as relações entre o mundo dos senhores e o da senzala, nada disso falta à documentação judiciária relacionada à Colônia, seja a das visitas diocesanas, seja a inquisitorial. Isso sem falar, uma vez mais, no queixume dos religiosos, sobretudo dos jesuítas — sempre eles —, incansáveis em denunciar os usos e abusos sexuais da escravidão — usos e abusos heterossexuais, vale frisar, porque do "pecado nefando" jamais falaram, porque deles não se podia mesmo falar. Um dos que mais se dedicou a condenar as "solturas" de senhores e escravas da Colônia foi o italiano Jorge Benci, jesuíta do século XVII, obstinado em condenar os senhores que cortejavam suas negras, presenteando-as e até prometendo-lhes a alforria em troca de deleites para grande humilhação de suas legítimas esposas.[23]

Os inacianos pregavam no deserto, contudo, impotentes diante da parceria concubinato-escravidão consagrada pelo uso. A bem da verdade, a própria Igreja colonial vergar-se-ia a esse costume, como se vê nas *Constituições* do sínodo baiano de 1707, que considerava como prova de concubinato o fato de um homem manter em casa alguma mulher que dele engravidasse, não sendo com ela casado e *desde que a mesma fosse livre*.[24] Reconhecia-se, assim, tacitamente, o direito de os senhores engravidarem, com plena liberdade, as escravas da casa...

Sexo pluriétnico, escravidão, concubinato, eis um tripé fundamental das relações sexuais na Colônia. No entanto, de modo algum quer isso dizer, como se afirmou muito tempo em nossa historiografia, que o casamento legal era raro na Colônia e somente restrito às famílias de elite, as quais aderiam ao matrimônio cristão para chancelar uniões conjugais com interesses patrimoniais. É certo que, entre as famílias bem aquinhoadas da América portuguesa, os patriarcas faziam valer com frequência seus interesses econômicos ao casarem suas filhas. Refiro-me aos famosos casamentos arranjados e concertados entre clãs poderosos de que nossos antigos historiadores dão conta. Mas é igualmente certo, conforme a historiografia dos últimos anos tem indicado, que o matrimônio legal difundiu-se muito além do estreito círculo dos "homens bons" da Colônia.

Em particular, os estudiosos da família com base em fontes paroquiais — os mesmos, aliás, que criticaram a família patriarcal como modelo exclusivo de organização familial no Brasil — demonstraram ter sido o matrimônio cristão bem mais difundido na sociedade colonial do que se supunha tradicionalmente. Essa conclusão valeria até mesmo para a população escrava, cuja prole, pesquisadas as listas paroquiais de batismo de várias partes da Colônia, logrou atingir consideráveis índices de legitimidade. Mesmo em Minas Gerais, capitania cujos índices de legitimidade eram baixíssimos até para a população livre, no século XVIII, foi possível registrar a ocorrência de casamentos envolvendo escravos e forras. É o que nos mostra Iraci del Nero Costa, estudando a população de Vila Rica entre 1719 e 1826: embora muito menos frequentes que o casamento entre brancos livres, não foram raros os matrimônios envolvendo forros, escravos e pardos livres, com especial destaque para as uniões entre homens e mulheres libertos.[25]

Baseado em fontes distintas, expus, em outro trabalho, convicção similar à dos historiadores-demógrafos acerca da ampla difusão do casamento na sociedade colonial. É o caso da documentação inquisitorial relativa aos bígamos, cujos processos chegaram a mais de uma centena entre os séculos XVI e XVIII, sem contar as denúncias que o Santo Ofício preferiu não apurar e arquivou sem formar autos. Entre os bígamos e bígamas da Colônia predominavam os de condição social humilde ou subalterna, incluindo escravos, a confirmar a popularização do casamento naquele tempo.[26]

A valorização e difusão social do casamento cristão não deve conduzir, no entanto, à conclusão de que a importância do concubinato foi exagerada pelos historiadores que dele trataram. A bem da verdade, faz-se necessário reler o lugar que o concubinato ocupava na sociedade colonial, desvinculando-o de vez da ideia de que era ele, necessariamente, uma espécie de casamento informal, uma conjugalidade de fato que, como tal, podia substituir o casamento legítimo.

É verdade que os estudos calcados nas visitas diocesanas indicam que, em vários casos, os amantes "viviam de portas adentro", "viviam como se fossem casados", tinham e criavam filhos. Não resta dúvida de que, nesses casos, está-se diante de uma autêntica conjugalidade que nada devia ao legítimo casamento, exceto a falta da bênção sacerdotal à união. Não era, a bem dizer, uma falta desprezível aos olhos da comunidade, já que tais casais de "portas adentro" eram apontados como concubinários ao visitador eclesiástico. Mas é presumível que, não fosse a presença do visitador da Igreja, os tais casais seriam deixados em paz, ensejando, quando muito, futricas e murmurações sem maiores consequências.

Noutros casos, porém, os chamados "tratos ilícitos" em nada lembravam uma situação conjugal, fosse legítima, fosse informal. Neles despontavam os inúmeros amancebamentos entre senhores e escravas, os concubinatos de clérigos, as relações de adultério que muitas vezes terminavam em sangue, e toda uma plêiade de relações amorosas, duradouras ou fugazes, que a comunidade não hesitava em classificar como concubinato ao atender o chamado do visitador. Está-se diante de relações que podiam conviver com o matrimônio — embora fraudando o voto de fidelidade que lhe era inerente — ou conviver mesmo com o estado clerical — em prejuízo, no caso, do voto de castidade que faziam os clérigos —, sem que isso implicasse, é óbvio, qualquer forma de conjugalidade socialmente reconhecida. O vocabulário popular possuía expressões bem próprias para descrever semelhantes situações: "eram vistos entrar um na casa do outro", "costumavam andar juntos", "mantinham conversações desonestas", todas indicativas de um estigma social. Estigma independente da ocorrência das visitas, embora estimulado por elas.[27]

Rival e cúmplice do casamento a um só tempo — e por vezes enlaçado com o estado clerical —, o concubinato moldava as relações extraconjugais da Colônia, relações em boa medida pluriétnicas, não sendo comum naquele tempo a ocorrência de casamentos entre nubentes de posições sociais díspares. Casavam-se todos "dentro da mesma igualha", ou quase, como que a seguir o conselho dos moralistas, ao menos quanto à cor e à fortuna, deixando os amores e deleites para o mundo dos "tratos ilícitos".

Era, pois, em meio às deleitações de portugueses e índias, senhores e escravas, padres e suas mucamas que se ia processando a miscigenação e o povoamento da Colônia. Mas nem de longe as deleitações interétnicas e a miscigenação que delas resultava poderiam comprovar ausência de preconceito racial nos tempos da Colônia. Afinal, como nos lembra Charles Boxer, durante séculos os portugueses puseram enorme tônica em conceitos como "limpeza" ou "pureza de sangue", utilizando fartamente expressões como "raças infectas", quer na documentação oficial, quer na correspondência privada, até o último quartel do século XVIII.[28]

"Limpeza de sangue", "raças infectas", o uso de tais expressões pelos portugueses no período colonial poderia sugerir — como de fato sugeriu a vários estudiosos da América portuguesa — que os preconceitos raciais emergentes naquele tempo se ancoravam na escravidão de negros e índios. No entanto, a ideia de que o preconceito racial decorreu do escravismo é, no fundo, uma simplificação errônea, pois supõe uma identificação quase absoluta entre preconceito racial e preconceito de cor. Não resta dúvida de que ambos andaram juntos e de que o escravismo ajudou a uni-los a ponto de quase confundi-los na Colônia. Mas eram, na verdade, preconceitos de natureza distinta, sendo que os estigmas propriamente raciais provinham de Portugal, surgindo antes e independentes do colonialismo escravocrata. Percebemo-los, por exemplo, nos estatutos de "limpeza de sangue" que inabilitavam para os cargos e honrarias do Estado os descendentes das chamadas "raças infectas" — os negros, mulatos e índios, é verdade, mas também os mouros e sobretudo os judeus. Os chamados cristãos-novos ou judeus convertidos ao catolicismo foram, a rigor, o principal alvo da ação inquisitorial portuguesa por mais de duzentos anos e os mais estigmatizados, ao menos do ponto de vista jurídico, pela obsessão da "pureza de sangue" que grassava em Portugal.

Sociedade hierárquica moldada pelo tomismo, eis o modelo de sociedade que foi transplantado para o Brasil, modelo que valorizava o fidalgo cristão-velho e aviltava o cristão-novo com variados estigmas que nada tinham que ver, obviamente, com o escravismo colonial. Não resta dúvida, repito, que este último adensou, matizou e complicou os esquemas sociorraciais que a Colônia herdou do Reino, criando-se, nas palavras de Stuart Schwartz, "um sistema alternativo de estados — branco, pardo, negro, índio — que se fundiu com a sociedade europeia e a transcendeu".[29]

Seja como for, o problema dos cristãos-novos nos é particularmente caro, dado que, se de um lado demonstra a anterioridade e autonomia dos preconceitos raciais lusitanos em relação ao colonialismo e à escravidão, de outro lado permite recolocar a importância dos preconceitos de cor no plano das relações sexuais e na consecução de uniões conjugais na sociedade colonial. Refiro-me, aqui, à relativa frequência dos casamentos mistos envolvendo famílias de cristãos-velhos e cristãos-novos, em especial às uniões entre homens cristãos-velhos e mulheres cristãs-novas, egressas não raro de clãs endinheirados de senhores de engenho ou mercadores.[30] Por serem brancas, e é provável que "bem-dotadas", as mulheres cristãs-novas podiam ser desejadas como esposas pelos pobres fidalgos do Reino, que com elas efetivamente casavam *in facie ecclesiae*, não obstante o "sangue judeu" das mulheres, sangue que marcaria, indelevelmente, a descendência do casal. Os preconceitos de cor, estes sim derivados do colonialismo escravista, e que vitimavam sobretudo as negras, mulatas e índias, pareciam suplantar, em terra brasílica, os estigmas raciais herdados do Reino.

Portanto, se a escassez de mulher branca na Colônia contribuiria para o afrouxamento dos preconceitos raciais antijudaicos, o mesmo não ocorreria em relação às negras ou mulatas, às mulheres egressas do mundo da escravidão e da miscigenação nela ancorada. Se é verdade que os casamentos entre brancos e negras ou pardas não era uma impossibilidade total — o que as pesquisas histórico-demográficas demonstram com números —, não é menos verdade que prevaleceram nessas relações os "tratos ilícitos", os concubinatos, as aventuras fugazes de que as visitas diocesanas dão mostra.

Provavelmente radica-se nesse padrão de relações a origem do velho ditado "Branca pra casar, mulata pra foder, negra pra trabalhar", palavrório recorrente entre os homens daquele tempo.[31] E até mesmo um Gregório de Matos, poeta francamente empenhado em louvar as belezas das mulatas baianas, não hesitava em degradá-las, nivelando-as por vezes à execrada negra. A sátira de Gregório sugere, segundo Hansen, que "a negra e a mulata são sujas de sangue por definição; logo, por extensão semântica, os termos *mulata* e *negra* podem significar *puta*, independentemente de outra qualificação".[32]

O que pensava e recitava Gregório de Matos na Bahia seiscentista era o que já diziam, sem métrica ou rima, os colonos de nosso primeiro século. Confirmam-no as falas dos acusados na Visitação do Santo Ofício por "defenderem a fornicação simples", dizendo não haver nela pecado mortal, ao contrário do que pregava a moral católica ortodoxa. Os tais "fornicários" diziam isso em meio a conversas cotidianas e informais quando, tratando de assuntos variados, uns e outros se punham a falar de aventuras amorosas e sexuais. E, nesse caso, eram as índias, as "negras da terra", as recorrentemente assimiladas a prostitutas e "mulheres públicas", mulheres que, em troca de uma camisa ou qualquer coisa, podiam ser fornicadas à vontade, que isso não ofendia a Deus. "Negras d'aldeia" viviam daquilo, diziam uns, enquanto os ouvintes se abriam em gargalhadas e comentários chulos; "negras da terra" eram mesmo para fornicar, ainda que casadas, diziam outros: "que farte", pois "ninguém ia ao inferno por isso". Em contrapartida, os "fornicários" mais desbocados pareciam concordar que só não havia pecado em "dormir com índias" ou "mulheres públicas" — o que para eles dava no mesmo; mas se fosse a fornicação com mulheres "brancas e honradas", sobretudo donzelas ou casadas, aí sim, tudo se transformaria em grave ofensa a Deus, condenando suas pobres almas à danação eterna.[33]

Misoginia e racismo, eis o tempero das relações pluriétnicas da colonização lusitana no Brasil, malgrado o empenho de Gilberto Freyre em adocicá-las. A tais enlaces sexuais não faltaram ardor e mesmo afeto, os homens se lançando às índias que, por vezes, os recebiam com doçura; os brancos às mulatas de "mil tentações", que o diga Gregório de Matos; os senhores a cobiçar e galantear suas escravas, quando não os cativos, no caso dos apreciadores dos deleites nefandos.[34] Mas ao padrão pluriétnico da sexualidade colonial, fiel às hierarquias, não faltaram também a humilhação das mulheres, os estigmas raciais de todo tipo, a obsessão pela descendência sem nódoa no sangue, vulgarizada no dia a dia por meio de palavrões. Não faltou, enfim, a violência física, combinada à exploração da miséria, traços essenciais do colonialismo escravocrata e das práticas de poder no Antigo Regime.

EROS COLONIAL: FONTES, USOS E COSTUMES

Se já não é fácil dimensionar a vida privada na Colônia, mais difícil é decifrar os aspectos específicos da sexualidade na esfera estrita da privacidade, da intimidade dos casais e amantes. A contrariar ou mesmo distorcer essa atitude quase voyeurista do historiador, se assim posso chamá-la, coloca-se a distância temporal e, consequentemente, as enormes diferenças que há entre a cultura material e os estilos sexuais vigentes nos séculos XVI ou XVII e os dias de hoje. Pois se é certo que o encontro sexual de corpos pode guardar algumas invariantes que chegam a ser a-históricas, muitas atitudes do passado, atualmente consideradas "extravagantes" ou mesmo "aberrantes", podiam ser corriqueiras naquele tempo, ao passo que outras, pueris ou simplórias aos olhos de hoje, podiam conter boa dose de erotismo. Em matéria de intimidades sexuais o historiador deve redobrar sua prudência, acautelar-se mais que nunca contra o risco da subjetividade e do anacronismo.

A segunda grande limitação, igualmente poderosa, diz respeito às fontes. Além de menos numerosas do que o desejável, são traiçoeiras e enganosas. Espelham, inúmeras vezes, não o que de fato ocorria ou podia ocorrer entre parceiros sexuais, e sim o que os agentes do poder que produzia as fontes achavam por bem registrar. No caso das fontes inquisitoriais, embora sejam elas as mais privilegiadas para esse olhar microscópico da sociedade, os filtros dos inquisidores se faziam tão presentes como nos casos de heresia, feitiçaria e outros erros de fé. Depara-se então o historiador com inquisidores e escrivães a distorcer fatos, omitindo alguns gestos que talvez fossem essenciais, sobrevalorizando outros quiçá irrelevantes, retendo, enfim, ao ouvir os depoentes amedrontados, aquilo que se encaixava nos modelos da moral católica ou que dela se afastava, resvalando por isso no domínio da heresia.

Veja-se, por exemplo, o caso da sodomia, comportamento sexual que, assimilado pela Inquisição portuguesa ao crime de heresia, rendeu várias centenas de processos que permitem ao historiador aproximar-se do encontro de corpos — embora predominem os processos sobre homossexualismo masculino, sendo pouquíssimos os de relações entre mulheres e mais raros ainda os relacionados a cópulas heterossexuais. Nos processos de sodomia masculina, não obstante contenham relatos riquíssimos em vários sentidos, prevalece, no tocante às relações sexuais, narrativas fortemente apegadas ao número de cópulas e de parceiros, à genitalidade e à ocorrência ou não da ejaculação. A razão disso é simples e radica-se nos interesses da Inquisição que, para provar a culpa convicta de um sodomita, precisava saber quão habitué era o acusado em tais práticas e, sobretudo, se havia penetração anal com emissão de sêmen — ato que, conforme rezava a moral escolástica, caracterizava a sodomia perfeitíssima. O conjunto de processos de sodomia entre homens, se tomados ao pé da letra, apresenta indivíduos fundamentalmente preocupados com sexo, pênis e penetrações anais, o que pode ser no mínimo discutível.[35]

No tocante à documentação sobre as relações homoeróticas entre mulheres, toda ela incluída na Visitação inquisitorial ao Brasil no século XVI, o problema é ainda mais grave. Os papéis do Santo Ofício dizem respeito a relações entre mulheres de idade e condição étnico-social díspar. Há relações entre mulheres adultas, jogos sexuais entre moças e crianças, brincadeiras eróticas de meninas, e tudo isso envolvendo brancas, índias, negras e mestiças em circunstâncias as mais variadas. Entretanto, no tocante aos atos sexuais — a grande obsessão do inquisidor ao examinar tais casos —, os documentos indicam que todos ocorriam, sem exceção, de maneira uniforme. As mulheres "agentes" colocavam-se por cima e as "pacientes" por baixo, sem prelúdios nem variações, e ambas uniam seus "vasos naturais" até obter deleitação. Impossível crer na informação desses documentos, ao menos de modo absoluto, pois são documentos que mais espelham um modelo oficial de cópula, e ainda por cima heterossexual, do que exprimem o enlace de corpos femininos — corpo feminino que o inquisidor ignorava muitíssimo.[36]

A par do problema dos filtros, presente nas fontes inquisitoriais e noutros documentos oficiais, encontra-se o da linguagem, a profusão de fórmulas, jargões e clichês de inspiração escolástica. Palavras que mais escondem do que iluminam as intimidades do passado, a exemplo de "tratos ilícitos", "conversações desonestas", "contatos e acessos nefandos", "fornicação simples" e muitas outras que, com certeza, os amantes nem sequer conheciam de ouvida. O próprio Gilberto Freyre, por vezes tão crédulo nos documentos que utiliza, advertiu os leitores do perigo desse palavrório formal presente nas fontes, ao dizer que a fórmula "beijos e abraços", expressão recorrente nos papéis do Santo Ofício, não passava de um eufemismo indicativo de várias formas de priapismo.[37]

Acrescente-se aos jargões em português a plêiade de latinismos e mais fórmulas escolásticas, e veja-se em que indigência pode ficar o historiador preocupado em resgatar as intimidades sexuais de outrora: "membrum virile" (pênis), "vas naturalis" (vagina), "mulier super virum" (posição sexual em que a mulher se coloca por cima do homem), "vas preposterum" (ânus), sodomia imperfeita (relações anais entre homens e mulheres), fornicação qualificada (todas as cópulas, exceto as praticadas entre homens e mulheres solteiros), molícies (relações sexuais sem cópula, mas com "emissão de sêmen"), "sodomia foeminarum" (relações sexuais entre mulheres)... A lista seria extensíssima, quase infindável. No último caso, vale lembrar, nem mesmo os inquisidores sabiam com precisão do que se tratava, indecisos sobre se a mulher podia cometer o pecado da sodomia, sendo anatomicamente desprovida de pênis...[38]

Apesar de tudo, as fontes inquisitoriais têm muito a oferecer ao historiador, contornadas as armadilhas que apresentam. Reconstituem os ambientes do encontro amoroso, as circunstâncias dos enlaces, por vezes o tipo físico dos parceiros, a alcova ou o que fazia as vezes dela, as deleitações. É frequente, em certos casos, a descrição de partes genitais, dos gestos eróticos, dos atos sexuais. E muitas vezes o documento registra as palavras vulgares, os diálogos ocorridos na intimidade. Descuido dos notários, fortuna do historiador que, com base nesses documentos, habilita-se a lançar um olhar indiscreto sobre o encontro dos corpos.

O SEXO ENTRE O PROFANO E O SAGRADO

Dir-se-ia hoje que o sexo é algo que diz respeito ao indivíduo, a seus sentimentos e inclinações, assunto de foro íntimo e absolutamente privado. É quase pueril dizer que, nesse sentido — e exceto pelas posições das Igrejas e seitas religiosas, hoje minoritárias —, a vida sexual não depende de Deus ou do diabo, nem precisam os amantes comunicar-se com o Além a propósito de suas relações sexuais. Nos tempos coloniais o assunto era, porém, vivenciado de forma muito distinta. A própria Igreja, evidentemente, considerava a sexualidade matéria de sua alçada, elevando à categoria do sagrado o sexo conjugal voltado para a procriação e lançando tudo o mais no domínio diabólico ou mesmo herético.

No campo das moralidades populares — e refiro-me aqui aos costumes e estilos sexuais concretamente vivenciados, independente da posição social dos indivíduos —, a "espiritualização" do sexo era ainda mais radical. Pois, se a Igreja esforçava-se por separar, em todos os níveis, o sagrado do profano, aproximando este último do diabólico, as populações da cristandade, inclusive a de nossa Colônia, agiam em sentido contrário. Cópulas e orações, beijos e liturgias, Deus e o diabo, enfim, misturavam-se admiravelmente, o que por vezes conferia às relações sexuais, ao menos em parte, o aspecto de um rito religioso.

Comecemos com o exemplo de Salvador da Maia, homem já velho que matara sua mulher por culpa de adultério, denunciado à Visitação quinhentista na Bahia.[39] Denunciado não pelo assassinato da esposa, coisa que as Ordenações do Reino autorizavam (aos maridos traídos), e disso não cuidava o Santo Ofício, mas por ter o costume de, ao tempo em que era casado, colocar um crucifixo embaixo da cama, "ao pé da cama", ou embaixo da mulher, os depoimentos variam, enquanto mantinham relações sexuais. Alguns introduziram nas acusações um outro fato, trocando o crucifixo pelo retábulo de Nossa Senhora e dizendo que Salvador se punha de pé sobre o retábulo ao copular com a mulher.

Em alguns relatos, Salvador e a esposa mantinham relações deitados sobre o crucifixo, em outras copulavam de pé sobre o retábulo, mas a bem da verdade nenhum depoente vira as tais cópulas sacrílegas. Pouco importa, pois eram comuns as denúncias com base no "ouvir dizer", de sorte que esses fatos tanto podem ter sido invencionice de desafetos do acusado para incriminá-lo como podem ter se originado da própria boca de Salvador da Maia, jactante de suas cópulas em dias mais felizes. O que na época era ou podia ser considerado sacrílego e herético, daí as acusações ao visitador, possivelmente seria hoje visto como extravagância ou perversão. O que importa frisar, porém, é que os fatos narrados nas acusações são perfeitamente verossímeis, pois não faltam atitudes similares às de Salvador da Maia nos documentos da Inquisição e outros.

É verdade que Salvador da Maia era cristão-novo, homem que além de presumidamente copular em cima do crucifixo, também cuspia nele, conforme outros acusadores. E muitos cristãos-novos foram acusados de também profanarem a cruz de outros modos, a exemplo do rico mercador João Nunes, em Pernambuco, acusado de manter um crucifixo junto a um "servidor onde fazia suas necessidades corporais".[40] Não resta dúvida de que, fosse essa uma atitude exclusiva de cristãos-novos, estaríamos diante de uma afronta específica e consciente da minoria de judeus conversos, quem sabe revoltados contra o estigma que se lhes lançavam e contra a perseguição iminente de que eram vítimas no mundo ibérico. É possível que os cristãos-novos predominassem entre os que erotizavam a cruz ou outros símbolos sagrados — o que só uma avaliação estatística poderia indicar —, mas tais atitudes não lhes era exclusiva.

Cristãos-velhos ou cristãos-novos, muitos confessaram cuspir no crucifixo, nas imagens de Cristo, da Virgem ou dos santos, ou foram delatados por fazê-lo, por insultá-los com palavras chulas, agredi-los fisicamente, imprecá-los e outras irreverências. E se João Nunes foi acusado de manter um crucifixo perto de onde fazia suas necessidades, houve quem o fosse por nele depositar diretamente suas excrescências.[41] Erotização do sagrado ou, de maneira mais ampla, mistura do sagrado com o íntimo, os fluxos do corpo, os sentimentos individuais, eis o traço de mentalidade que parece emergir de tais atitudes, mais do que mero sacrilégio e nem de longe alguma espécie de perversão.

A Virgem Maria, por exemplo, alvo de extrema devoção na América portuguesa e no conjunto do mundo católico, era também especialmente sexualizada, quando não cobiçada. O poeta Bento Teixeira, que por acaso era cristão-novo, morador em Pernambuco, costumava jurar "pelo pentelho da Virgem". E muitos outros, que nada tinham de cristãos-novos, dirigiam à Virgem, conforme a ocasião, palavras injuriosas: "é má mulher"; "é putana e sudumítica [sic]"; "esta puta não tem poder nenhum na trovoada" etc.[42] Cristo e o próprio Deus, seu Pai, também não eram poupados de atributos humanos ligados ao sexo: "cornudo", "corno", "somítigo", "fanchono". Tratados como "maridos traídos", nos dois primeiros adjetivos, acusados como praticantes de homossexualismo, no terceiro, e de serem efeminados, no último.

Do Cristo humanizado (corno ou fanchono) ao Cristo macho e fálico a distância era curta, e, curiosamente, eram as mulheres que mais se destacaram por tais dizeres. Nos papéis da Visitação quinhentista, encontra-se uma que, debaixo de um temporal, exclamou que "Deus mijava sobre ela e que a queria afogar"; e outra, de língua espanhola, que, submetida à mesma intempérie, bradou: "Bendito sea el carajo de mi señor Jesu Christo que agora mija sobre mi". Em vão, devo dizer, o visitador do Santo Ofício admoestou uma dessas mulheres dizendo que "Deus não mija, que é coisa pertencente ao homem e não a Deus".[43]

Seria inútil, repito, ver em tais atitudes uma simples manifestação sacrílega, e com isso adotar a própria leitura da Igreja no tocante à religiosidade popular. Em perspectiva diversa, e menos literal, "o Deus mijador, fálico, provido de pênis das Visitações quinhentistas estaria ainda muito próximo da religiosidade europeia medieval, em que era tão difícil separar práticas cristãs e pagãs. [...] Sob irreverência aparente, estava quem sabe um desejo efetivo de humanizar Deus e torná-lo mais próximo".[44]

Cristo "mijador e fálico", a Virgem "mulher e puta", o sexo podia invadir o Céu sem grande cerimônia, nas moralidades populares, conferindo-se atributos eróticos às figuras divinas. Não é de admirar, assim, que as coisas do sagrado invadissem o leito conjugal, onde o havia, e os colóquios entre amantes, tornando verossímil, como já disse, que Salvador da Maia copulasse com sua mulher em cima de um crucifixo.

Prova admirável do que tenho dito encontra-se em certo costume, muito difundido em Portugal e no Brasil do século XVI, de dizer-se as palavras da consagração da hóstia em meio aos atos sexuais. Acreditava-se, então, que proferir em latim, na boca do parceiro sexual, as palavras com que os padres diziam estar o corpo de Cristo contido na hóstia podia ter grandes resultados: manter a pessoa amada sempre junto a si (prendê-la, portanto); fazê-la querer-lhe bem (e nesse caso conquistá-la); impedi-la de tratar mal a quem proferisse as palavras da sacra em pleno ato sexual (evitar as humilhações e maus-tratos que os homens impingiam com frequência às mulheres). Eram as mulheres, por sinal, que mais utilizavam esse expediente, "consagrando" os maridos e amantes, tal qual hóstias, em meio aos prazeres da carne. Mas não era impossível que os próprios homens se valessem desse recurso, quando queriam conquistar e seduzir, do que dá prova a documentação inquisitorial.[45] Fosse como fosse, o sagrado invadia o profano e pode-se mesmo imaginar o quão peculiar devia ser o enlace de corpos naqueles tempos, os amantes ou casais proferindo, entre gemidos e sussurros, o *hoc est enim corpus meum*, a intimidade temperada pelo ritual da missa.

Adentramos, com a erotização de palavras eucarísticas, o vasto terreno das magias amorosas, das crenças e ritos que por vezes foram assimilados à feitiçaria e relacionados, pelo Santo Ofício, à ocorrência de pactos diabólicos. Mas, feitiçarias e Inquisição à parte, está-se diante, uma vez mais, de autênticas expressões da religiosidade popular, de práticas mágicas que Laura de Mello e Souza relacionou, no caso, à preservação da afetividade. Práticas similares, portanto, ao proferimento das palavras sacras pelos amantes ou amados.

As fontes inquisitoriais relativas ao vasto período do século

XVI ao XVIII em várias partes da Colônia trazem à luz diversos artifícios então utilizados que poderíamos chamar de magia erótica. Antes de tudo, as "*cartas de tocar*", magia ibérica que se fazia por meio de um objeto gravado com o nome da pessoa amada e/ou outras palavras, o qual, encostado na dita pessoa, seria capaz de seduzi-la.[46] A clássica Celestina, de Rojas, utilizava favas para facilitar mulheres a homens, bastando nelas gravar o nome das mulheres cobiçadas e depois encostar o fetiche nas moças.

No Brasil não se utilizaram favas, mas papéis, por vezes contidos em "bolsas de mandinga" para "fechar o corpo". Na Visitação quinhentista deparamo-nos com várias bruxas, pois disso foram chamadas, acusadas de vender as "cartas" e divulgar outras magias eróticas, a exemplo de Maria Arde-lhe o Rabo, Isabel, d'alcunha "a Boca Torta", Antônia, "a Nóbrega", e outras. No século XVIII mineiro, flagramos uma certa Agueda Maria que tinha um papel com algumas palavras e cruzes, "carta" que servia para as mulheres tocarem em homens desejados sexualmente. No Recife era um certo Antônio Barreto quem portava um papel com signo salmão e credo às avessas, que servia para fechar o corpo e facilitar mulheres: "qualquer mulher que tocasse a sujeitaria à sua vontade". Seriam inúmeros os exemplos.

Além das cartas de tocar, recorria-se também, com idênticos propósitos, às orações amatórias, muito comuns na Colônia e prática universalmente conhecida. "Um ramo da magia ritual em que era irresistível o poder de determinadas palavras e, sobretudo o nome de Deus" mas que não dispensava o conjuro dos demônios.[47] Tudo com o mesmo fim de conquistar, seduzir e apaixonar. A já citada Nóbrega, bruxa baiana do século XVI, mandava rezar junto ao amado: "João eu te encanto e rencanto com o lenho da vera cruz, e com os anjos filósofos que são trinta e seis, e com o mouro encantador que tu te não apartes de mim, e me digas quanto souberes e me dês quanto tiveres, e me ames mais que todas as mulheres". Não tão melodiosa quanto a oração da Nóbrega era a que fazia Maria Joana, no Pará setecentista — reza que a moça proferia fazendo cruzes com os dedos: "Fulano, com dois te vejo, com cinco te mando, com dez te amarro, o sangue te bebo, o coração te parto. Fulano, juro-te por esta cruz de Deus que tu andarás atrás de mim assim como a alma anda atrás da luz, que tu para baixo vires, em casa estares, e vires por onde quer que estiveres, não poderás comer, nem beber, nem dormir, nem sossegar sem comigo vires estar e falar".

Poder-se-ia, também, aqui multiplicar os exemplos de rezas com fins eróticos que aludiam às almas, ao leite da Virgem, às estrelas, a Cristo, aos santos, aos anjos e demônios. Passemos, porém, ao domínio dos sortilégios que, a exemplo das orações, são reveladores de um amálgama religioso cristão e pagão, irrigados no Brasil pelo fluxo de ingredientes culturais indígenas e africanos. Sortilégios e filtros para "fazer querer bem", seduzir, reter a pessoa amada. E neles, diferentemente das cartas de tocar ou das orações amatórias, pontifica o baixo corporal, que aparece referido diretamente, quando não tocado e usado (as partes genitais, o líquido seminal).

Ensinando a uma de suas clientes um bom modo de viver bem com seu marido, a Nóbrega da Bahia mandou que a mulher furtasse três avelãs, enchesse os buracos abertos com pelos de todo o corpo, unhas, raspaduras da sola dos pés, acrescentasse a isso uma unha do dedo mínimo da própria bruxa e, feita a mistura, engolisse tudo. Ao "lançá-los por baixo" — presumo que de maneira "escatológica"—, pusesse tudo no vinho do marido. Bastava fazer isso e, no entender da bruxa, as coisas passariam a correr bem... Outro artifício que a mesma Nóbrega ensinava envolvia o sêmen do homem amado. Consistia em, consumado o ato sexual, a mulher retirar de sua própria vagina o sêmen do homem e colocá-lo, depois, no copo de vinho do parceiro. Nóbrega garantia: beber sêmen "fazia querer grande bem, sendo do próprio a quem se quer".[48]

Poderíamos, também nesse domínio, arrolar muitas dezenas de exemplos. Mas creio que bastam esses para fundamentar o que se disse no início deste item, ou seja, a imbricação de sagrado com profano no uso da sexualidade, quer nos prelúdios da conquista e sedução, quer no domínio dos atos. O quadro descrito, inclusive a cópula sobre o crucifixo que tanto agradava a Salvador da Maia, lembra o que escreveu Bakhtin sobre a cultura popular do século XVI a propósito da obra de Rabelais. Lembra Bakhtin no sentido da valorização do baixo corporal, do apego aos fluxos do corpo, e nem tanto como oposição ao "espiritual" da cultura letrada da Igreja — que em Bakhtin beira a irreligiosidade. Lembra a cultura popular no sentido "positivo" da renovação ensejada pelo corpo.

O uso de objetos sagrados na cópula, a erotização de Cristo e da Virgem, o uso de palavras eucarísticas em meio a gemidos de prazer, as orações, o sêmen no vinho, tudo aponta para uma aproximação entre o baixo corporal e as coisas do espírito. Do ponto de vista da Igreja, tratava-se de uma inversão sacrílega, quando não herética. Do ponto de vista dos que vivenciavam essas experiências, significava outra coisa. "A zona do baixo corporal, a zona dos órgãos genitais é o baixo que fecunda e dá a luz. Por essa razão", diz Bakhtin, "as imagens da urina e dos excrementos conservam uma relação substancial com o nascimento, a fecundidade, a renovação, o bem-estar."[49] Não é de admirar que, assim sendo, os prazeres da carne estivessem tão próximos de Deus.

OS LUGARES DO PRAZER

Escrevendo nos anos 1930 sobre a vida privada no Ocidente, Norbert Elias ajuizou: "O quarto de dormir tornou-se uma das áreas mais 'privadas' e 'íntimas' da vida humana. Tal como a maior parte das demais funções corporais, o sono foi sendo transferido para o fundo da vida social. [...] Suas paredes invisíveis vedam os aspectos mais 'privados', 'íntimos', irrepreensivelmente 'animais' da existência humana, à vista de outras pessoas".[50]

A afirmação de Elias nos soa familiar, presumo, apesar das fortes mutações culturais ocorridas nas últimas décadas. A casa ainda hoje é um refúgio, e o quarto um santuário onde se pode extravasar quase tudo, do sono ao sexo, excetuando-se as necessidades para as quais a modernidade contemporânea criou, desde o século XIX, compartimentos específicos no interior da casa. Casa, quarto e cama, eis o tripé, no nível do espaço, da noção contemporânea da privacidade relacionada à sexualidade.

Nada, porém, é mais estranho do que essa descrição se pensarmos no mundo dos séculos XVI ou XVII, herdeiro, nesse ponto, da sociedade medieval. Na mesma página citada, Elias comenta que, na Idade Média — e isso vale para o nosso período —, era comum as pessoas passarem a noite no mesmo quarto. "Na classe alta, o senhor com seus serviçais; a dona da casa com sua dama ou damas de companhia; em outras classes mesmo homens e mulheres no mesmo quarto e não raro hóspedes que iam passar a noite ali."

O mesmo se poderia aplicar — e com mais razão, grosso modo — à sociedade colonial: ausência de privacidade no viver, o que se poderia estender decerto à esfera da sexualidade, conforme apontei no início deste capítulo. Sem negar, é óbvio, que muitos amantes ou casais se relacionassem sexualmente no interior das casas, e até em camas, o traço característico maior da sexualidade colonial, quanto aos "lugares do prazer", reside exatamente na *inespecificidade e na visibilidade dos espaços eróticos*.

Poder-se-ia alegar que, pelo menos no tocante à prostituição, haveria espaços específicos para fins fundamentalmente sexuais, a exemplo do que ocorria na Europa, onde as cidades de certa importância possuíam seu *prostibulum* autorizado pela municipalidade — é o caso da Espanha, da França, e sobretudo da Itália com sua *civilità puttanesca*, nas palavras de Achillo Olivieri.[51] Itália celebrizada por suas casas de banho e termas onde celibatários, padres e homens casados iam ter com suas cortesãs preferidas.

Mas mesmo na Europa, adverte-nos o historiador da prostituição francesa no século XV, nem sempre era fácil distinguir entre bordéis e simples casas de alcouce, ou entre meretrizes profissionais e prostitutas de ocasião, "vagabundas atraídas pelos grandes trabalhos agrícolas sazonais, as feiras, as passagens dos príncipes ou as festas".[52]

No Brasil colonial, terra rústica de poucas cidades, não pôde haver nem *civilità puttanesca*, nem sequer bordéis. Sociedade em que a prostituição funcionava sem o tradicional *prostibulum*, assim era a América portuguesa, o que bem mostra a vulnerabilidade das mulheres pobres, forras ou escravas daquele tempo. Em compensação, vicejavam a alcovitagem e as casas de alcouce, presentes em qualquer pequena vila, nas cidades maiores ou até nos extremamente precários caminhos e estradas. Para citar um só exemplo desse quadro, remeto ao caso da urbanizada Minas Gerais setecentista, segundo nos conta Luciano Figueiredo. Casas de alcouce eram as vendas, as tabernas, com os administradores do negócio de secos e molhados fazendo as vezes de alcoviteiros ou rufiões. Casas de alcouce eram ou podiam ser os próprios "domicílios de mulheres pobres e forras, e mais raramente, senzalas de escravos".[53] À América portuguesa faltaram bordéis, é verdade, mas a Colônia toda era ou podia ser um grande *prostibulum*, em especial as cafuas dos pobres, que não raro alcovitavam as próprias mulheres e filhas. Com razão Gilberto Freyre afirmou, num de seus rompantes, que o Brasil "parece ter-se sifilizado antes de se haver civilizado".[54] E tudo isso sem os bordéis que tanto afamavam a Europa.

Das casas coloniais já tratei anteriormente, destacando a exiguidade de espaço, no caso das habitações humildes, e a multiplicidade de moradores, hóspedes e circunstantes, no caso das casas-grandes, a lembrar as casas senhoriais mencionadas por Elias. Se nas casas coloniais havia camas — e há registro de que as havia —, rivalizavam com esteiras, com o próprio chão e sobretudo com as redes, um "leito" muito utilizado, por influência indígena, na América portuguesa. No mais, nenhuma privacidade para a prática do sexo combinada a uma significativa visibilidade das relações, salvo as exceções de sempre.

Confirma-o, uma vez mais, a documentação inquisitorial que, de um modo ou de outro, alude aos atos sexuais, a exemplo das "defesas da fornicação" e sobretudo da sodomia. Evitarei esmiuçar exemplos específicos das relações sodomíticas, preferindo retomá-los noutro contexto, mas não posso deixar de registrar, nesta altura, quão numerosos são os casos em que os amantes foram pegos em flagrante. Alguns foram mesmo vistos em pleno ato sexual, seja por se unirem em lugares devassados, seja pelo fato de a precariedade das casas permitir olhares e ouvidos bisbilhoteiros, como no caso de um denunciante do século XVI, em Pernambuco, que, "por uma abertura da porta, pôs a orelha e aplicou o sentido", ouvindo um certo Balthasar da Lomba e um índio ofegarem "como que estavam no trabalho nefando".[55]

No dia a dia do pecado nefando não faltam exemplos desse tipo, de rapazes e homens sendo vistos e ouvidos em pleno ato sexual, havendo mesmo denunciantes que reproduziram os gemidos dos amantes nas suas delações ("ui, ui, ui"), o que não deixa de ser até certo ponto surpreendente, tratando-se a sodomia de crime gravíssimo, cuja pena ordinária podia ser a morte na fogueira. No entanto, quero crer que, por mais que esses homens procurassem esconder seus atos, faltavam-lhes, amiúde, as condições materiais para tanto — as casas precárias, esburacadas, devassadas.

Fosse como fosse, a casa estava longe de ser o espaço privilegiado para as relações sexuais, sobretudo se fossem relações ilícitas. Os sodomitas, por exemplo, foram pegos em navios, nas oficinas de trabalho, nos engenhos, no mato. O mato, com efeito, parece ter sido espaço muitíssimo frequentado pelos amantes ilícitos ou eventuais, sendo também muito referido nos casos heterossexuais dos colonos que copulavam com índias. Colônia de poucas cidades e casas devassadas, o Brasil teria nos matos ("em cima das ervas") um espaço de deleitações, especialmente, insisto, no caso de relações proibidas. Grande paradoxo: um espaço, por assim dizer, público, como era o mato ou a beira do rio, podia ser mais apto à privacidade exigida por intimidades secretas do que as próprias casas de parede-meia ou cheias de frestas.

Poder-se-ia dizer que assim era no caso das relações pecaminosas, quiçá heréticas. Afinal, são sobretudo essas relações que chegam ao conhecimento do historiador, visto que vigiadas, perseguidas e por isso documentadas. A hipótese não é má e, de todo modo, presumo que os casais se uniam sexualmente nas próprias casas, por mais precárias ou promíscuas que fossem. Duvido, porém, que tais casas, cafuas ou casas-grandes oferecessem a privacidade desejável, em tese, para a prática sexual. Limito-me a dar o exemplo de Maria Grega, mameluca casada com o ex-alfaiate Pero Dominguez que, na Visitação do século XVI, delatou o marido por possuí-la sexualmente apenas pelo "vaso traseiro". Afirmou, então, que faziam o pecado numa rede, "por que não têm outra cama", e que sua irmã, que morava na mesma casa, teria visto a cena várias vezes...[56]

Nesse sentido, as relações sexuais ditas ilícitas iluminam, pela margem, o grau de visibilidade que as relações sexuais podiam atingir na Colônia. Quer-me parecer, em suma, que, se os gemidos íntimos dos casais raramente chegam ao conhecimento indiscreto do historiador, é porque eles podiam ocorrer à vontade, exceto os atos nefandos. Nenhuma autoridade cuidava deles. E talvez nem mesmo os casais se importassem de que outros os ouvissem.

Lugares privados do prazer sexual eram poucos na Colônia. Mas, afora a difícil privacidade, o sexo podia ser buscado e praticado em muitíssimos lugares, inclusive na igreja, o santuário do catolicismo, o que mais uma vez confirma a confusão entre o sagrado e o profano nas moralidades populares. E não é de admirar que assim ocorresse, sendo a igreja o espaço por excelência das sociabilidades, do encontro dominical das famílias, das festas religiosas. Era ali, em meio às missas e ofícios divinos, que se iniciavam muitos flertes e namoros, quando não adultérios.

E não me refiro, aqui, apenas às capelas de engenho que, segundo Gilberto Freyre, foram mais importantes na formação brasileira do que as paroquiais. As capelas, como atestam as queixas de religiosos, e até alguns documentos da Inquisição, foram bons refúgios para a sedução e até para a consecução de amores profanos, governadas, no fundo, pelos todo-poderosos senhores. Refiro-me às próprias igrejas paroquiais, convertidas em espaço para namoricos, marcação de encontros proibidos, traições conjugais. Compreende-se assim o porquê de uma carta pastoral como a de d. Alexandre Marques, datada de 1732, proibindo a entrada nas igrejas de "pessoas casadas que estiverem ausentes de seus consortes" — documento do século XVIII, tempo em que a estrutura eclesiástica colonial se apresentava um pouco mais articulada do que fora até então.

Nas igrejas, portanto, brotavam romances. E nelas, muitas vezes, se abrigavam os amantes — o que longe estava de ser uma originalidade colonial, havendo registros desses fatos em Portugal e noutros países europeus desde a Idade Média. Não por acaso um manual português de 1681, o de d. Christovam de Aguirre, continha as perguntas: "A cópula tida entre os casais na igreja tem especial malícia de sacrilégio? Ainda que se faça ocultamente?". Lugar de culto, lugar público, a igreja seria também um lugar de sedução e de prazer, justificando o delicioso título de um artigo que sobre isso se escreveu: "Deus dá licença ao diabo".[57]

Abrigo de amantes, a igreja logrou converter-se, em certas circunstâncias, num dos raros espaços privados de conversações amorosas e jogos eróticos, os quais envolviam nada menos que os próprios confessores. E tudo isso, vale dizer, ocorria em absoluto segredo, protegido pelo sigilo do sacramento da penitência, constituindo, por isso mesmo, um espaço privado que por vezes nem os casais logravam usufruir em suas casas. Das seduções perpetradas pelos padres no refúgio do confessionário só sabemos porque a Inquisição incumbiu-se de persegui-las, considerando-as crime de *solicitação ad turpia* assimilável à heresia, e instando para que a população denunciasse os transgressores do sacramento.[58]

Os desejos que muitos regulares ou clérigos não conseguiam conter acabariam invadindo as casas religiosas, os conventos de freiras e os recolhimentos onde maridos e pais "depositavam" esposas e filhas temporária ou permanentemente. Isso sem falar nos amores homoeróticos ocorridos em mosteiros e abadias de que temos notícia pela ação inquisitorial contra o pecado nefando. Mas, no tocante aos conventos — e os houve em pequeno número no Brasil colonial — historiadoras recentes têm mostrado que podiam ser não um refúgio espiritual, mas um espaço de liberdade para as filhas de patriarcas que, de outro modo, ficariam sujeitas à tirania dos pais e depois à dos maridos.

É o caso do convento de Santa Clara do Desterro, fundado em Salvador, em 1677, instituição que recebia filhas de famílias ricas da Bahia — pois o dote a ser pago não era pequeno —, moças que lá se abrigavam inclusive com escravas a seu dispor.[59] O convento das clarissas acabaria, no entanto, celebrizado também pelos amores que lá tiveram lugar, apesar da clausura imposta às freiras. Gregório de Matos as chamava, com a irreverência habitual, de "putinhas franciscanas", acrescentando: "Por que com frades dormis aos pares/ e tendes ódio dos seculares?". Sátiras à parte, os amores das "alegres freirinhas"[60] eram muito comentados à época, a exemplo de um caso ocorrido em meados do século XVIII, quando o capelão do convento, adentrando-o sorrateiramente pelo alçapão da igreja, acabaria flagrado com uma jovem noviça no dormitório das moças.

Coisa similar ocorreria nos recolhimentos, esses sim mais numerosos na Colônia, e que no fundo faziam as vezes de conventos. Só para citar um caso, menciono o ocorrido em 1781, ano em que oito padres confessores do recolhimento das Macaúbas, em Minas Gerais, foram acusados de "trocar palavras de amor, cartas e conversações ilícitas com as reclusas, além de tratos desonestos e de pedir ósculos".[61] Palavras de amor e tratos ilícitos nos recolhimentos, conventos, capelas e igrejas. A mesma Igreja que controlava e punia não era capaz de guardar seus próprios templos, oferecendo-os como o espaço talvez mais nitidamente privado para as intimidades na sociedade colonial.

E assim, tratando dos "lugares do prazer" na Colônia, deparamo-nos com paradoxos consideráveis. A Igreja, expressão da sacralidade oficial, abrigava toda a sorte de enlaces sexuais e casos de paixão, dos namoros e flertes na missa dominical às seduções *ad turpia* nos confessionários; dos enlaces eróticos em capelas de engenho aos deleites no claustro dos conventos ou na vida pretensamente austera dos recolhimentos. Por outro lado, os matagais da terra brasílica, fronteira aberta aos expansionismos, foram refúgio banal de amantes, que ali buscavam desviar-se dos múltiplos olhares indiscretos. Olhares que o estilo das casas, devassadas como a colonização, não permitia evitar. Em ambos os casos, porém — e a igreja e o mato exprimem situações-limite —, o público cedia lugar ao privado ou, como já disse antes, o uso da sexualidade andava longe da privacidade e podia divorciar-se, mais ainda, da domesticidade.

SEDUÇÃO E SUJEIÇÃO

Um dos aspectos que mais chamou a atenção dos jesuítas no século XVI foi, sem dúvida, a relação que mantinha o índio com o próprio corpo: o canibalismo, a luxúria e a nudez. Os dois últimos traços apareceram certamente ligados nas queixas e vitupérios inacianos contra os costumes do que chamavam gentio, havendo mesmo uma tendência a considerar-se a nudez de índios e índias a principal causa de tantos pecados que grassavam na Colônia nascente. Nóbrega tudo fez para vesti-los tão logo chegou à Bahia, desde dar-lhes a roupa sobressalente dos padres até obrigá-los a fiar seus próprios vestidos de algodão. Julgava indispensável cobrir o corpo dos nativos, inconsolável por vê-los nus nos ofícios divinos e revoltado com a excitação que as índias causavam nos portugueses.[62]

A correspondência inaciana, bem como alguns relatos de leigos, a exemplo de Gabriel Soares de Sousa, dá-nos a nítida impressão de um Brasil profundamente erótico, quase orgiástico, impressão discutível, para dizer o mínimo. Não se trata de negar o que já se afirmou no início deste capítulo a propósito do sexo pluriétnico, dos enlaces entre lusos e índias, da escassez de mulher branca etc. Mas é de fato discutível, se nos transportamos para o mundo do século XVI, associar diretamente a nudez e o erotismo, a menos que adotemos o rigorismo moral dos jesuítas sobre a matéria.

Na própria Europa da época a nudez não era tão estigmatizada como veio a ser posteriormente, sendo comum famílias inteiras banharem-se despidas, no verão, em banhos públicos e rios, costume que seria de fato combatido, com êxito lento, pelas reformas católica e protestante. Mas no final da Idade Média, e mesmo no Quinhentos, "parece ter sido prática muito comum", diz Norbert Elias, "pelo menos nas cidades, despir-se em casa antes de ir para a casa de banhos". E mesmo nas casas senhoriais, onde várias pessoas dormiam no mesmo quarto, as "que não dormiam vestidas, despiam-se inteiramente".[63]

Na França de 1550, por exemplo, celebrou-se uma grande festa em Rouen, presenciada por Henrique II, Catarina de Médicis e toda a corte, e nela simulou-se, como espetáculo, um combate entre índios Tupi e Tabajara. Protagonizaram a festa cinquenta índios recém-capturados no Brasil e um grupo de marinheiros franceses que imitava os índios — falando bem a língua e gesticulando como os "selvagens": todos, sem exceção — e eram dezenas, no mínimo, os homens que bailavam para a corte francesa —, entraram em cena completamente nus...[64]

A Europa convivia bem com a nudez, com a exposição do corpo despido, e teria que esperar os séculos seguintes para ver triunfar a "moderna era do pudor", como bem indicou Jean-Claude Bologne, expressa na multiplicação de trajes, na invenção das roupas íntimas, nas fortes interdições à exibição do corpo nu e até na restrição aos banhos.[65] Mas o processo transcorreu lentamente e teve impacto desigual na sociedade, "sendo muito mais devagar nas classes baixas".[66]

Se a nudez era relativamente banalizada na Europa quinhentista, e não necessariamente ligada a erotismo e práticas lascivas, o que dizer do Brasil? É preciso, pois, acautelar-se ao ler a correspondência inaciana quinhentista que, ao insistir na nudez, estigmatizando-a, erotizando-a, pode exprimir antes o seu mal-estar perante a exibição do corpo nativo, e não um quadro real de frenesi sexual. De qualquer modo, os colonos teriam mesmo que conviver com a nudez, sendo ela um traço cultural dos índios em terras tropicais e sendo eles a maioria da população em terra brasílica.

A mesma estranheza erotizante que os jesuítas demonstraram no século XVI diante da nudez indígena, religiosos e viajantes europeus demonstrariam, nos séculos seguintes, em relação aos africanos, e sobretudo diante das negras com os seios à mostra. Digo isso porque, se a nudez da índia desapareceu com o tempo, ao menos no litoral — e nisso pesaram a cruzada jesuítica e o próprio desaparecimento dos índios na costa —, a seminudez da negra atravessou os séculos. Comentando os batuques e lundus no Rio de Janeiro no início do século XIX, Mary del Priore afirmou que os movimentos glorificavam o que ocorrria "da cintura para baixo". Glorificavam, entre outras coisas, porque o "baixo" das negras era coberto pelas saias, exibindo-se os seios nus, disso derivando, talvez, "uma estratégia de sedução que valorizará, por longa duração, os quadris e as nádegas das brasileiras".[67] Nesse caso, se tem razão a autora, eram as partes cobertas, mormente as traseiras, e não as desnudas, as que provocavam o desejo e a excitação nos homens, o que justificaria, quem sabe, a glorificação brasílica da "bunda", sobre o que já muito se escreveu. Mas vale dizer que o vocábulo *bunda* é corruptela da palavra quimbundo (banto) *mbunda*, o que por si só ilumina as relações entre a erotização das nádegas e a cultura negra (banto, no caso) na etno-história da sexualidade brasileira.[68]

Seja como for, o importante é não supor o corpo nu, ou quase nu, que podia ser exibido dia a dia na Colônia, sobretudo entre índios(as) e negros(as), como prova de uma excitação sexual permanente ou de uma Colônia fortemente erotizada. Os riscos do anacronismo e de supervalorizar o ânimo de documentos inspirados pela Igreja parecem ser, aqui, muito altos.

Por outro lado, e deslocando nossa atenção para o "mundo dos brancos", há registro de estratégias de sedução que soariam pouco familiares ou mesmo pueris aos olhos de hoje. É o caso do "namoro do bufarinheiro" descrito por Júlio Dantas, corrente em Portugal, e talvez no Brasil, ao menos nas cidades, na primeira metade do século XVIII. Consistia em passarem os homens a distribuir piscadelas d'olhos e a fazer gestos sutis com as mãos ou boca para as mulheres que se postavam à janela, suspirantes, em dias de procissão religiosa, como se fossem eles bufarinheiros a anunciar seus produtos. É o caso do "namoro do escarrinho", costume luso-brasileiro dos séculos XVII e XVIII, no qual o "enamorado" punha-se embaixo da janela da moça e não dizia nada, limitando-se a fungar à maneira de gente resfriada, ao que se poderia seguir, fosse a "declaração correspondida", uma cadeia de tosses, assoar de narizes e até cuspidelas.[69]

Escapa-nos, totalmente, o apelo sedutor que os tais "escarrinhos" poderiam ter naquele tempo, mas sabe-se que, até hoje, no interior do Brasil, o namoro à janela das moças não desapareceu de todo. E antes de concluirmos, apressadamente, que esse distanciamento entre namorados poderia sugerir recato ou pudor, de parte a parte, lembremos do ditado: "Mulher janeleira, namorada ou rameira".[70] Ao que se poderia acrescentar "gradeira", para não deixar de fora, sem trocadilho, as "freirinhas alegres" que se penduravam nas grades dos conventos (que por isso mesmo soíam ter ferros pontiagudos na perpendicular...).

É-nos muito difícil, portanto, auscultar os sentimentos e os apelos eróticos da sociedade colonial sendo as fontes tão pouco numerosas e, sobretudo, distorcidas, sem falar nas variações de tempo e espaço. Por outro lado, se a nudez cotidiana podia não ser excitante, conforme sugerimos, e um simples "escarrinho" conter mensagens de sedução, está-se diante de uma alteridade radical que desconcerta o historiador. A saída é refugiar-se nas fontes em série, nos documentos da Inquisição, que mesmo tratando de situações criminalizadas, e não da norma, são capazes de sugerir um olhar microscópico sobre as intimidades do passado.

A primeira observação diz respeito à relação entre nudez e atos sexuais, pois há fortes indícios de que não era incomum as pessoas se conservarem semivestidas enquanto mantinham intimidades. Refiro-me, antes de tudo, aos processos relativos à sodomia, inclusive os raros do século XVI envolvendo mulheres. Evitarei, também aqui, esmiuçar exemplos específicos, mas registro que, no conjunto dos casos (do século XVI ao XVIII), prevalece a relação sexual sem nudez. Os indivíduos "levantam a camisa", "abaixam calções", "arriam fraldas", "levantam saias", enfim, não se despem completamente. É verdade que, em certas confissões, inexiste menção a roupas, o que pode sugerir que os amantes estivessem despidos nessas ocasiões, mas a profusão de relatos em que só parte da roupa é removida parece suficiente para sustentar a hipótese de relações sexuais sem nudez total.[71]

No entanto, é preciso não esquecer que tais casos referem-se à sodomia, relação altamente perigosa para os amantes, executada às pressas, não raro com um mínimo de privacidade, passível de ser flagrada por um olheiro pronto a denunciá-la ao Santo Ofício. A contrastar com as relações de sodomia, lembro os casos dos "fornicários" do século XVI, homens que, uma vez instados a falar sobre seus atos com índias, não mencionavam roupa alguma, e nem poderiam, porque as índias andavam mesmo nuas.[72]

Desse modo, as fontes da Inquisição que tratam de relações sexuais devem ser analisadas com a máxima cautela porque, como já disse antes, elas se direcionam fortemente para os atos de cópula, penetração e ejaculação, atitudes que mais interessavam aos inquisidores no exame das culpas. Sobretudo nos casos de sodomia, são fontes que, se lidas superficialmente, podem sugerir uma vivência sexual muito crua, voltada sem delongas para a satisfação dos deleites; vivência pouco erotizada e muito ligada, por assim dizer, à genitalidade. Mas se lidas nas entrelinhas, se atentarmos para os meandros das confissões e denúncias exigidas pelos inquisidores, os resultados podem ser diferentes.

É o caso das próprias relações homoeróticas, nas quais não faltam alusões a "palavras de requebros e amores", aos "beijos e abraços", seja entre homens, seja entre mulheres, o que nos pode sugerir prelúdios eróticos e carícias entre os amantes. O mesmo se pode dizer dos atos sexuais, que não se limitavam às penetrações, mas incluíam toques e outros afagos, implicando a erotização das mãos e da boca. O fato de os inquisidores não darem grande atenção a esses atos — e até minorarem as culpas nefandas quando prevaleciam as “molícies” no lugar da “consumada penetração” — não significa que fossem eles irrelevantes nas intimidades vivenciadas.[73]

Mas os casos de sodomia são, a meu ver, insuficientes para qualquer generalização sobre as vivências sexuais na sociedade colonial. Antes de tudo porque a imensa maioria dos casos diz respeito a relações de homossexualismo masculino — relações muito importantes e vivenciadas mas que obviamente não dizem respeito à dita “norma”, isto é, às relações heterossexuais. Impossível ajuizar sobre o que podiam ser as intimidades entre homens e mulheres a partir do que faziam os homens entre si.

Os melhores casos que a Inquisição oferece, nesse sentido, talvez residam nos exemplos de solicitação, ou seja, nas seduções de mulheres ocorridas no confessionário. Poder-se-ia dizer, com alguma razão, que a chamada solicitação também configura uma situação-limite e, longe de expressar qualquer “norma”, constituía uma intolerável transgressão ao sacramento da penitência. É verdade. No entanto, a solicitação tem a seu favor, como campo de investigação, o fato de que envolvia relações entre homens e mulheres na situação a mais privada e secreta possível. Mesmo na devassada Colônia, ninguém pôde testemunhar ter visto ou ouvido um padre tentar seduzir uma mulher em confissão. E, por outro lado, se os homens envolvidos eram sacerdotes — homens especiais que inclusive usavam seu poder de confessores para conquistar mulheres —, reconheça-se que, salvo por esta última ressalva, agiam, ao “solicitar”, como simples leigos em busca de prazer sexual.

De qualquer maneira, os exemplos dos solicitantes iluminam um território de sedução onde salta à vista a ocorrência, da parte dos homens, de uma linguagem e de uma gestualidade que hoje consideraríamos chula e despudorada. Na documentação inquisitorial não faltam exemplos de homens — que de padres só tinham a batina — useiros em apalpar os seios das mulheres, meter suas mãos por debaixo das saias, beijá-las, agarrá-las. Costumavam fazê-lo ao ouvirem confissões sobre pecados de luxúria, o que pelo visto excitava-os, estimulando-

-os a perguntar sobre o que ouviam pondo a mão, sem grande cerimônia, no corpo das mulheres.

No tocante à linguagem, prevalecia, ao que parece, a invectiva direta: aconselhavam às mulheres que se masturbassem, perguntavam-lhes se queriam pecar com eles; se tinham elas "comoção nas partes pudendas" e se porventura as "poluíam"; se tinham "vaso grande ou pequeno" e, por vezes, ouvindo confissões de mulheres casadas, perguntavam até sobre o tamanho do pênis dos maridos. Houve um que, ouvindo confissão de uma menina de doze anos, não hesitou em perguntar se ela "ainda tinha o seu cabaço". E outro que, desejoso de uma penitente, e passando das palavras aos gestos, "meteu-lhe a língua na boca" e pediu que "lhe desse a língua para chupar".[74]

Examinando esses casos, Lana Lima observou que não era incomum, na fala sedutora dos solicitantes, o uso de expressões chulas, de "palavras em português" para aludir às partes genitais; de termos, enfim, que hoje chamaríamos de palavrões. É claro que muitas mulheres ficavam chocadas ao ouvirem tais gestos e palavras, tanto é que acabavam denunciando os ousados confessores ao Santo Ofício. Mas cabe perguntar: ficavam chocadas com os gestos obscenos e com as palavras chulas ou com o fato de serem padres os que agiam e falavam desse modo?

Difícil responder, embora só saibamos de tais "excessos" de linguagem erótica, verbal ou gestual, porque várias mulheres insistiam nisso ao acusarem os solicitantes, fazendo-o não raro por instância de outros confessores menos afoitos e cobiçosos. Padres zelosos que, ao tomarem conhecimento do que faziam certos colegas de ofício, mandavam as moças denunciarem os transgressores à Inquisição — o que sugere que os gestos e palavras obscenas dos solicitantes podiam mesmo constrangê-las. Por outro lado, Lana Lima nos adverte, baseada em Norbert Elias, que naquele tempo "as pessoas falavam em geral com mais franqueza sobre os vários aspectos da vida instintiva e cediam mais livremente aos seus próprios impulsos em atos e palavras. Era menor a vergonha associada à sexualidade".[75] Já vimos ocorrer algo similar em outra parte deste capítulo, nas falas populares que davam pênis a Cristo ou sexualizavam a Virgem de forma desabrida e espontânea. Já vimos, também, se tomarmos Gregório de Matos como porta-voz da "linguagem da rua", que o uso de palavrões era bem difundido, sendo totalmente incomuns os clichês assépticos que predominam nas fontes oficiais dos letrados da Igreja.

Seja como for, o padrão chulo na linguagem sedutora não parece ter reinado exclusiva e absolutamente na sociedade colonial. Examinando "casos de sedução" em São Paulo no século XVIII, Del Priore arrolou inúmeras expressões de carinho e mimo que podiam ser ditas às mulheres: "eu hei de casar com você"; "meu benzinho da minh'alma"; "meu coração" etc., tudo acompanhado de presentinhos como corações de ouro, fitinhas, "laranjas e palmitos", e mais coisas que sinalizavam dádiva amorosa naquele tempo e lugar.[76] Os próprios solicitantes podiam ser mais corteses do que o habitual, tocando levemente na palma da mão das moças, oferecendo flores, passando raminhos por entre as grades do confessionário etc.[77]

Enfim, mesmo nos processos de sodomia masculina, documentos tão fortemente "sexualizados" pelas obsessões inquisitoriais, escapam, aqui e ali, manifestações expressivas de carinho e afeto entre os amantes do mesmo sexo. É o que se vê no caso de um certo Luiz Delgado, tabaqueiro na Bahia seiscentista, biografado por Luiz Mott, homem que andava "ombro a ombro" com seu criado e amante, abraçava-o, presenteava-o e penteava-lhe os cabelos à vista dos vizinhos, para escândalo destes, desafiando a Inquisição.[78] É também o caso de um certo João de Carvalho, um rapaz que ensinava latim e linguagem para os filhos dos moradores de uma freguesia em São João del Rei, no século XVIII. Apaixonou-se por um de seus alunos e lhe mandava bilhetes, num dos quais dizia: "Luiz, meu amorzinho, minha vidinha! Vinde para o bananal que eu já lá vou com a garrafinha de aguardente".[79]

Bilhetes amorosos, palavras enamoradas, tudo isso conviveu com o palavreado chulo e com os gestos obscenos no dia a dia das seduções e deleites sexuais da Colônia. Mas não nos deixemos levar pelas tentações do olhar microscópico, e com isso perder de vista as linhas de força do colonialismo que, com certeza, imprimiram sua marca nas relações amorosas do passado. Antes de tudo, a escravidão e o racismo de que tratamos anteriormente.

Vemo-los, com absoluta nitidez, no conjunto das vivências amorosas e sexuais de outrora, inclusive nas relações de homossexualismo masculino, relações que nada tinham de "libertárias", reiterando, no conjunto, os princípios de hierarquia e os padrões discriminatórios da socidade colonial. Afasto-me, nesse ponto, do juízo de Luiz Mott sobre o assunto, para quem "a clandestinidade, segredo e discrição a que deviam se submeter os homossexuais forçava-os a uma certa coalescência e cumplicidade que neutralizava as barreiras de raça e mesmo de hierarquia social".[80] Não é o que se pode ver no comportamento de diversos senhores que coagiam seus escravos a práticas sodomíticas variadas, sem dispensar a violência física e por vezes levando à morte dezenas de escravos que não passavam de meninos, como no processo de Francisco Serrão de Castro, no Pará do século XVIII. Abuso sexual de cativos e exploração da miséria, eis o que, a meu ver, prevaleceu nessas relações, fiéis à hierarquia social erigida no trópico: homens a violentar seus escravos e os alheios; a prometer dádivas que não cumpriam, em troca de favores sexuais; a dar abrigo a andarilhos sem pousada, convidando-os depois ao pecado nefando.[81]

Exemplo maior de como a violência podia temperar as relações sexuais na Colônia encontra-se, a meu ver, no estupro de crianças. Meninos e meninas de seis, sete e oito anos aparecem, na documentação inquisitorial, violentados por homens maduros sem nenhum drama de consciência. O mais das vezes são senhores sodomizando molequinhos de tenra idade, mas houve mesmo um padre, Jácome de Queirós, homem de 46 anos, que confessou ao visitador quinhentista ter mantido, em duas ocasiões, relações sexuais com meninas de seis ou sete anos, penetrando-as "pelo vaso traseiro" por estar bêbado.[82] Observe-

-se que o único crime admitido pelo padre é o de sodomia — e somente esse, no caso, interessava ao visitador ouvir.

Dir-se-á que, na sociedade colonial, não havia o sentimento de infância, como de resto não o havia sequer no Ocidente, segundo bem demonstrou Ariès em seu livro pioneiro.[83] Assim, seria anacrônico falar em violação de crianças quando a única transgressão reconhecida, no caso, era o ato nefando. É verdade. Mas, se deixarmos de lado, por apenas um instante, a leitura histórico-antropológica até aqui adotada, a violência desse padre não pode causar senão horror.

A mesma violência, real ou simbólica, se poderia estender, portanto, às relações heterossexuais, marcadas antes de tudo pela misoginia: maus-tratos de todo tipo, como se veem nos processos de divórcio[84] e na obsessão das esposas por "acalmar" seus maridos por meio de magias; mulheres sumariamente assassinadas por mera suspeita de adultério; promessas de casamento não cumpridas. E o que dizer de um certo frei Luís de Nazaré, carmelita da Bahia, que, no século XVIII, ancorado em seus supostos poderes de exorcista, "curava" mulheres doentes mantendo com elas cópulas ou mesmo violentando-as, e delas exigia segredo porque "o remédio" era bom e vinha de Deus? Defendendo-se, depois, do processo que lhe moveu a Inquisição, frei Luís não hesitou em dizer que não fazia aquilo por heresia e justificou-se dizendo que as mulheres do Brasil "eram rudes e simples", "e facilmente se enganam com qualquer cousa que lhes dizem".[85]

Acrescente-se à manipulação da "rudeza" atribuída às mulheres (pelos homens) o tradicional racismo que, apesar de Gilberto Freyre, campeou em toda parte. Racismo expresso, por exemplo, na conversa dos "fornicários" que, desde o século XVI, diziam que as índias e negras eram mulheres sem honra e por isso passíveis de fornicação sem culpa. De igual modo, ao que tudo indica, pensavam os solicitantes — e eram padres! —, pois seus convites diretos, seus gestos mais desabridos, eram dirigidos às negras forras, às pardas e às mulheres pobres, e quase nunca às mulheres brancas, para as quais reservavam galanteios e palavras amorosas.[86]

Sedução e sujeição: assim intitulamos este último item do capítulo, procurando resumir, por meio dele, as linhas de força do colonialismo mescladas à vida íntima e erótica de nosso passado colonial. Mescla concreta, em que o sexo praticado nas redes podia implicar afetos ou violências, mas também, como sugere Sérgio Buarque de Holanda, a mobilidade típica de uma população de fronteira — múltiplas fronteiras. Mescla que podia ser também barroca, Vieira que o diga, pois chegou a chamar o engenho de "doce inferno", pregando aos escravos no século XVII. Inferno, paixão dos "mistérios dolorosos", porém doce, como o "mel das abelhas" e os "mistérios gloriosos" da ressurreição. Afinal, foi mesmo entre a sujeição do mundo dos engenhos — trapiches ou monjolos — e a doçura das redes, matos ou catres estreitos, que se forjaram as intimidades coloniais.

E com isso se pode concluir, retornando ao olhar macro-histórico com que iniciamos o capítulo. Afinal, o ajuizamento do historiador depende do ponto de observação, e da escala em que a sociedade é observada. E, em nosso caso, o olhar de conjunto não dá margem a ilusões: os afagos e deleites cedem lugar às tensões e conflitos de que nem as "moralidades secretas" — e pouco secretas — lograram escapar.

6. RITOS DA VIDA PRIVADA

Mary del Priore

Marcada por um tempo, ele mesmo objeto de transformação, vamos pensar a privacidade a partir de diferentes fontes documentais que, no mais das vezes, retratam os ritos de passagem da vida: nascimento, casamento e morte, iluminando o curso ordinário das coisas, suas marcas, sua porosidade entre a casa e a rua, ajudando a compreender o conjunto de práticas consagradas pelos usos e normas.

Vale, ainda, lembrar que entre os séculos XVII e XVIII a oposição entre público e privado começava a delinear-se e que a privacidade, na América portuguesa, tinha sua especificidade: se na Europa a mudança deu-se no sentido de apurar, aguçar os projetos individuais contra os do Estado Moderno,[1] aqui, como diz Emanuel Araújo, "a ordem pública portuguesa estruturou-se ao arrepio do povo que a habitava, tudo controlando e tudo provendo por meio de um cipoal de leis".[2] Isso, sobretudo, nos principais centros comerciais, como Salvador, Recife, Rio de Janeiro, São Luís, ou nas zonas em que a descoberta de ouro provocou transformações radicais: Minas Gerais, Mato Grosso, Goiás e Sul da Bahia.[3]

Em 1718, quando uma conjuntura particularmente difícil ameaçava a colonização portuguesa na América, o dicionarista jesuíta Raphael Bluteau esclarecia: "Privado: uma pessoa que trata só de sua família e de seus interesses domésticos".[4] Assinalava, assim, a emergência de uma consciência de si, ligada à casa e à família. Mas vejamos do que ele falava...

CONSTRUINDO A PRIVACIDADE: ENTRE PRÁTICAS E REPRESENTAÇÕES

Bahia, 1748: Antônio Gomes Ferrão Castelo Branco, senhor de decadentes engenhos, cavaleiro da Ordem de Cristo, familiar[5] do Santo Ofício da Inquisição, fidalgo da Casa Real, secretário da Academia Brasílica dos Renascidos,[6] fluente em língua francesa, luta desesperadamente para sustentar o decadente lustro da família. Seu pai recolhera-se a um morgado, chamado Porto da Folha, às margens do rio São Francisco, oitenta léguas adentro, deixando-o na cidade de Salvador, sem um vintém. Desamparado, ele se vê cercado por uma caterva de ávidos credores. O motivo: desavenças paternas com o vice-rei, André de Melo e Castro, sediado na Bahia desde 1735.

Só e debruçado sobre o seu borrador,[7] espécie de rascunho em que registrava com caligrafia impecável cartas pessoais e anotações financeiras, Castelo Branco aclara as frestas de sua vida privada, deixando aflorar a consciência que tem de si próprio e do mundo que o cerca. Fazendo jus ao dicionário da época, sua privacidade constrói-se, de fato, em torno de dois eixos: "a família e seus interesses domésticos". Ambos em péssimo estado, como o comprovam as páginas rascunhadas em casa, na segurança de portas bem cerradas, ao longo de dezoito anos ininterruptos. Em velho papel amarelado desfilam os angustiados pedidos de empréstimos aos parentes ricos, seu pânico diante dos cobradores, as misérias do cotidiano de um membro da elite colonial. Nessas páginas registra-se, também, o desejo de exibir-se com os signos de uma riqueza que não mais existia e que garantia, ainda naquela época, o reconhecimento social. Os males de Castelo Branco decorriam da grave crise por que passava então a capitania. A exportação canavieira caía, a produção do açúcar, com a saída dos escravos para as Minas Gerais e a concorrência de outras nações, baixava continuamente; as rendas públicas decresciam, e a dificuldade em obter novos escravos era extraordinária em vista de os holandeses ocuparem, havia muito, a Costa da Mina.[8] A Bahia de Castelo Branco é a mesma que o marquês do Lavradio descreveria vinte anos mais tarde como "entregue a negros, macacos e mais sevandijarias", com as quais se tinha que lidar no Novo Mundo.[9]

Ao "rever memórias no carteiro da lembrança" (como anota, cuidadoso), nosso empobrecido fidalgo vai construindo um mosaico em que reúne, aos seus sonhos de riqueza, o aguçamento da crise econômica na Colônia, mas também o crescimento da intimidade familiar, das preocupações consigo próprio e com as formas de sociabilidade com que lidava com o mundo. Atolado em dívidas contraídas para garantir sua sobrevivência no quadro da política mercantilista da Metrópole, e morador desta que foi a capital até 1763, Castelo Branco era vítima do delicado equilíbrio que se estabelecera entre os interesses do governo (e de sua burocracia), dos comerciantes (quase sempre portugueses) e dos proprietários rurais (entre os quais predominavam os senhores de engenho do Recôncavo).[10] Sua privacidade via-se diariamente invadida pelos sons e pelo burburinho da cidade cuja população era constituída por uma multidão de pequenos comerciantes, libertos, profissionais de diversos ofícios, biscateiros e escravos.[11]

Sobre o que via da janela e vivia no cotidiano, escrevia. Seus interlocutores mais frequentes eram os parentes. A eles dirigia-se, sempre, com as fórmulas carinhosas então de praxe no tratamento entre membros de uma mesma família ou grupo social: "Meu irmão do meu coração", "meu pai e meu senhor tanto do meu coração" ou "meu tio e muito meu senhor". Que tipo de família seria essa do falido senhor de engenho? Patriarcal,[12] em forma de vasta parentela que se expandia verticalmente pela miscigenação e, horizontalmente, pelos matrimônios contraídos pela elite branca? Ou uma estrutura mais simplificada,[13] caracterizada por prole pequena, ausência do cônjuge masculino, relações concubinárias e filhos ilegítimos? Parece-nos que as duas ao mesmo tempo. Castelo Branco pertencia a uma grande família; eram onze filhos nascidos sob o mesmo teto da casa de engenho (casa-grande, pois), só que dispersos. Tios, tias e um casal de irmãos viviam na Corte. Seu pai, que "largara" de sua mãe, vivia só. Alguns irmãos e irmãs espalhavam-se pelos conventos baianos, outros perambulavam soltos no sertão. Essa vasta e complexa parentela é o cerne de suas preocupações e de sua vida privada. Vida cheia de aparato e respeito que, já dizia Antonil, deveria ser a réplica daquela de um fidalgo do Reino.[14]

O Reino que inspirava Castelo Branco em seus devaneios de grandeza, chegava à Colônia por meio das notícias dos parentes que lá tinham ficado. Novidades da moda ou efemérides como o terremoto de 1755, tudo lhe era relatado, e sobre tudo ele queria saber. "Estimei que escapasse do terremoto e que as tias se acomodassem no convento da Beira", escreve ao tio. Essa preocupação dissimula, contudo, a cobrança das relações de sangue para resolver seus problemas financeiros: "Há tempos não tenho a consolação de ver letras de V. M. e menos de minhas tias, e suponho que estão mal com meu pai e com toda a nossa casa, para cúmulo da infelicidade que temos tido em nossos pleitos". A manipulação das alianças de família para resolver os problemas domésticos fica mais clara neste outro trecho do borrador, no qual aparece também o ressentimento do parente pobre ao escrever ao parente rico: "Com incrível mágoa recebi a [carta] de V. M. de dois de outubro passado vinda na frota [...] poderia lembrá-lo que não temos nesta Corte mais do que o seu desvelo e a sua diligência, pois que é certo lhe tirara o serviço de El-Rei muitos instantes em que não podia cuidar em seus parentes que nestas conquistas vivem desamparados". O desamparo e o empobrecimento o afastavam do lado rico da família à qual ele se agarrava com unhas e dentes. O tio, muito provavelmente, fazia ouvidos moucos, pois nosso fidalgo se juntara ao lote daqueles que, como dizia Antonil, "por falta de governo e de agência ficavam tão empenhados com dívidas que na segunda ou terceira [safra] já se declaram perdidos".[15]

Muito embora, no cenário geral do século XVIII, as rendas obtidas com o açúcar tenham superado as obtidas com o ouro, o sistema colonial tinha armadilhas terríveis. A renda produzida pelo açúcar compreendia o lucro do produtor (entre 30% e 50%, conforme a conjuntura econômica) e o do exportador, ou seja, do comerciante português (entre 20% e 30%), além do lucro do distribuidor nas diversas praças europeias (cerca de 30%). Ocorria, assim, uma drenagem de 50% a 70% da renda para o exterior, se compararmos o preço do produto nos portos de Recife, Salvador ou Rio de Janeiro com o seu preço final em Amsterdam ou Londres. Tal drenagem, somada à inflação, criava na economia açucareira uma situação de permanente instabilidade, agravada, é claro, em épocas de queda nos preços internacionais. Daí a dependência em que se viam os produtores, como Castelo Branco, para com os comerciantes do litoral e, ainda, a necessidade de buscarem apoio, junto ao governo, em soluções extraeconômicas — como foi o caso da impenhorabilidade dos engenhos em certas situações.[16] No caso do apoio denegado, restavam os parentes ricos.

No cerne desse contexto, a relação que se desvenda entre Castelo Branco e o pai que o abandonara é impressionante. Fugindo das dívidas e enfurnado no sertão, este continua a estar presente, a mandar, a ditar ordens, a impor respeito. É a encarnação da figura à qual Capistrano de Abreu se referira como "pai soturno", cuja contrapartida eram a mulher submissa e os filhos aterrados.[17] Mas o *pater familias*, intransigente e duro, não é só um estereótipo. As cartas a esse pai permitem entrar no mais fundo da vida íntima, surpreendendo a espontaneidade dos sentimentos que ele realmente inspirava. Fragilidade, por exemplo: "Meu pai fica bastante molestado [...] nem sei se ele lhe poderá escrever que como já tem 63 anos, já não são mais nele muitas as forças, nem a eficácia", escrevia Castelo Branco ao tio em Portugal.

Tudo indica que a retirada abrupta do pai para o interior teria levado a situação financeira da família ao caos. A incompetência do filho agravou-a, pois este lamenta que "a casa, com a partida de V. M. ficou um abismo de trapalhadas e vexames mil", "o engenho caído e as rendas sem se pagarem; e eu senti muito e na pouca inteligência dos meus verdes anos, metido na incompreensível barafunda das demandas em que nem mesmo V. M. já se entendia". Os problemas estruturais da economia interferiam, pois, diretamente no cotidiano das pessoas. O plantio da cana, a instalação do engenho, a contratação de técnicos assalariados para o beneficiamento do açúcar e a compra de escravos exigiam capitais muito vultosos. As despesas não paravam por aí. Estendiam-se à conservação do material do engenho, à construção e conservação de barcos e barcaças, corte e transporte de lenha para o combustível, estocagem de cobre para as fornalhas. Uma vez o produto acabado, seguiam-se as despesas de encaixotamento, fretes, armazenagem no porto, impostos e, frequentemente, juros sobre o capital adiantado pelos comerciantes.[18] Eram, decerto, os juros escorchantes que faziam nosso fidalgo desesperar: "Ficaram a meu cargo três casas e um labirinto de demandas mal-encaradas; que queria V. M. esperar de mim? E havia de dar aos credores tudo quanto V. M. mandava, até o último real. [...] Então o que havíamos de comer eu, minha mãe e minhas irmãs no convento? Que havíamos de vestir?".

É um amigo da família, uma das amarras que conecta o grupo familiar à comunidade, quem o ajuda "assistindo com alguns trapos", levando Castelo Branco a queixar-se ao pai: "E muitos [trapos] foram para V. M. ainda quando cá estavam muitos nus". Exagerado, diz, ainda, que a mãe e os irmãos andariam despidos, não fosse a caridade da vizinhança. Vemos aí como as relações de compadrio substituíam certas funções familiares, dando-lhes o equilíbrio que fora roubado pelas más condições materiais de vida.

Praguejando contra as despesas da casa por ele comparada a uma "loba" faminta, o senhor de engenho luta dia a dia contra contas e credores para manter a família organizada. Preocupa-se, inclusive, em conservar um certo nível de vida, mesmo que à revelia de seus proventos: o importante era garantir, portas afora, a "presunção de fidalguia".[19] Apesar da decadência, queria ser reconhecido como pessoa de fino trato, identificando-se à "nobreza" num país onde isso significava pertencer ao topo da pirâmide social. E na falta de camisas, perguntava, ansioso, "como hei de luzir para manter nesta cidade, público, o esplendor, estimação e respeito da casa, pois fiquei em lugar de V. M. tratando-me com os melhores da terra diante dos quais é preciso que traje com o mesmo asseio e sendo impróprio que haja eu de andar sujo e roto como com efeito andava e não sei se ando [ainda]". Vestir-se com requinte e com tecidos importados e raros, falar bonito e pavonear opulência eram as preocupações forjadas na privacidade, para serem exibidas na rua. Exibição que podia, ainda, ser coroada com as marcas de prestígio do poder público como, por exemplo, o hábito de uma ordem como a de Santiago,[20] "porque cá na América", escreve ele a um tio, "são distintosos os que o trazem, por serem raros". Castelo Branco é o perfeito retrato da crítica que, trinta anos depois, faria Luís dos Santos Vilhena, professor de grego na cidade de Salvador, quando dizia que "outros, porém, há que se preocuparam da mania de ser nobres antes que tivessem com que ostentar essa quimérica nobreza, e se chegaram a ter alguma coisa de seu, tanto se carregam dos apelidos de muitas das famílias ilustres da Corte e tanto se empavonam com esta imaginação, que têm para si que um duque é nada à sua vista".[21]

Ter amigos influentes, ser reconhecido ou conversar com alguém importante em público, ser recebido na casa de personagem notório ou tê-lo à sua mesa, eram signos de prestígio que ligavam o mundo privado com o mundo exterior. Castelo Branco faz todos os esforços nesse sentido, como podemos depreender do trecho de uma de suas cartas ao pai: "Agora veio para esta relação um mineiro [...] chamado Francisco Xavier de Carvalho, o que se tem dado muito meu amigo e mora aqui, meu vizinho, e quase sempre nos visitamos. Confesso a V. M. que já tenho vergonha de o visitar, porque ainda não tive dez patacas com que comprar meia arroba de doce para lho mandar". A privacidade se forjava, em grande parte, por causa das relações existentes na esfera pública ou daquilo que se traduzisse externamente em prestígio: presentes, camisas bonitas, hábito de Santiago, signos, enfim, que servissem para identificar um específico lugar social.

Além de pressionar vizinhos importantes, nosso arruinado

senhor era sensível a outras pressões, sobretudo aquelas possíveis de exercerem-se sobre a corrupta e morosa estrutura judicial da capitania, discutindo as melhores estratégias com seu pai: "Falo em ministros para que V. M. não se descuide de me mandar alguma coisa com que os presentear e mimar para os ter propina. Pois quem não dá, não vence demandas; e não é mau negócio despender com ministros anualmente 100 mil-réis". Em questões de justiça e poder, o público e o privado também se imbricavam, pois, salvo nas cidades onde a administração judiciária ficava concentrada, o mandonismo local e as várias formas de justiça privada imperavam.[22]

Todas as fórmulas para a manutenção das aparências eram utilizadas, até mesmo constranger os parentes ricos. Ao irmão que estava na Corte tenta enternecer com uma descrição catastrófica de sua situação financeira: "Nesse Reino não tenho outro amparo mais que o seu. Hoje me acho carregado de anos e de achaques [...] e se um parente como V. M. não me ajudar com a concorrência de seu empenho, mal poderei ver logrados os meus suspiros". Com os tios, faz o mesmo jogo, ao pedir ajuda financeira para enclausurar três irmãs no convento de Nossa Senhora das Mercês: "Me botarei aos pés de V. M., de minha avó e dos demais tios para que se lembrem de nós e daquelas pobres meninas encarceradas sem professarem por falta de conseguir lhes ajustar os quinhentos cruzados dos seus dotes".

Salvador, a mais importante cidade da Colônia, contava então com vários conventos, localizados, em sua maioria, entre as portas de São Bento e as do Carmo.[23] Reclusas por falta de dote que lhes permitisse contrair matrimônio, as irmãs de Castelo Branco estiveram entre as cinquenta professas que inauguraram, em 1745, o convento das Mercês, fundado por d. Úrsula Luiza de Monserrate. Como outros conventos do período, esse era um espaço para mulheres de elite, descendentes de famílias ilustres que viviam ou na própria cidade ou em regiões próximas aos estabelecimentos, sendo, contudo, um pouco menos aristocrático do que o famoso Desterro, onde se encastelava a nata da fidalguia colonial.

As freirinhas de Castelo Branco estavam, ainda, com seus dotes atrasados. Garantia de sustento de quem ingressasse na vida religiosa, o dote podia ser parcelado ou ainda convertido em escravos, animais, propriedades ou na construção de celas e outros cômodos na própria instituição. Consternado por estar devendo seiscentos réis de dois anos vencidos, o senhor de engenho concluía, embaraçado, em carta ao pai: "Já não vou ao convento com vergonha e por outra parte não me atrevo a dizer a V. M. nada disso porque vejo o aperto em que estamos". Castelo Branco levou mais cinco anos para poder acabar de pagar os dotes e ter as "manas" admitidas no convento. Escreve então à sua avó anunciando, exultante, que "em fevereiro do ano próximo passado [1757], professaram minhas três irmãs Damiana, Justina e Rufina. [...] Deus seja louvado que conseguimos já o gosto de vermos acomodadas as irmãs fêmeas que tivemos, nem temos mais fêmea alguma que acomodar, porque a Leonor, que era a que faltava, morreu na idade de oito anos, como V. M. já sabia". Não esquece, contudo, de queixar-se do "arrasto" que significou desembolsar 30 mil cruzados para os dotes, mais as dívidas da casa, rosnando, azedo, ao final: "V. M. e mais meus tios nada se compadecem, como se entre nós não corresse às veias sangue tão propínquo". Os aparentes pedidos de socorro à genitora de sua mãe são ignorados, fazendo-o anotar, desolado, ao pé da página de seu borrador: "Sem ter resposta de minha avó e tios".

O caso das irmãs de Castelo Branco, ele mesmo um familiar do Santo Ofício da Inquisição, poderia ser explicado por Leila Algranti como uma estratégia de status e de confirmação de "limpeza de sangue"; descendentes de negros, mouros e judeus deveriam ser recusados para a carreira eclesiástica.[24] Famílias como essa, dotadas de muitos filhos, reuniam a maior parte da fortuna para ser transmitida ao filho mais velho e, assim, fazer com que grande parte de seus bens atravessassem, intactos, de geração em geração. Mas nas palavras do arcebispo d. Joaquim Borges de Figueroa era a "vaidade dominante" que empurrava jovens de famílias desejosas de nobilitação pública portas adentro dos conventos.[25] Mesma vaidade que moveria Castelo Branco a escrever a seu pai, recomendando-lhe "ir cuidando na acomodação dos quatro [irmãos] pequenos" num seminário.

Quanto à mãe dessa família de onze filhos vivos — não sabemos que outros, além da pequena Leonor, haviam falecido, pois Castelo Branco não os menciona —, parece não ter rosto. Quando citada nos rascunhos do filho, aparece desbotada na calma singeleza de um cotidiano abafado nos sertões baianos. "Deixada", como se dizia então, vivia doente, "achacada sempre", sustentando-se do que lhe era mandado pelo filho. Tendo como domicílio um engenho fora da cidade, e por acompanhante um filho padre, essa mãe passava os dias a desenvolver as tarefas corriqueiras de uma senhora de engenho: costurar, bordar, rezar. Decerto de "tamancas, sem meias, com um penteador de cassa por vestido", devia presidir a fabricação de doces, arrumando-os em tabuleiros que os escravos levariam para vender na cidade.[26] Cabia-lhe, também, distribuir a tarefa de costura às escravas, pois quase todos os trajes das crianças, do dono e da dona de casa eram cortados e cosidos em casa. Era comum, ainda, fazer guardanapos e lenços e bordá-los com ponto de crivo, os quais também eram vendidos pelos escravos de ganho.[27]

O universo privado de um senhor de engenho como Castelo Branco comportava, além da parentela, os escravos. Tidos como "olhos e ouvidos" de seus proprietários, misturavam-se às atividades domésticas, compartilhavam o tempo e o espaço dos senhores. Dessa convivência quase promíscua, Castelo Branco destaca apenas dois aspectos em sua correspondência: as fugas e os problemas com alimentação e doenças. Nenhuma palavra sobre as relações pessoais, possíveis simpatias ou receios inspirados por seus subordinados.[28] Garantir-lhes o sustento, vesti-los, fazê-los trabalhar e puni-los moderadamente e com "caridade cristã" eram, segundo o jesuíta italiano Jorge Benci, tarefas essenciais ao senhor de engenho.[29] Do primeiro item, Castelo Branco ocupava-se pessoalmente: "Para sustento dos negros servidores e carapinas que atualmente temos com a reedificação do engenho, as casas, alambique e capela, costumamos aqui mandar buscar bois à feira que nos saem muito caros e nunca uma vez por semana [a carne] falta aos negros. [...] A rês nos custa sempre cinquenta réis cujo sustento aliás o faríamos com duas ou três arrobas de carne-seca que compramos às sumacas".

Há um consenso de que os escravos eram mal alimentados. Stuart Schwartz explica ser comum vê-los roubar alimentos ou cozinhar ratos, que caçavam nos canaviais. Sua comida básica era a farinha de mandioca acrescida de carne-seca e peixe, regados a aguardente e subprodutos de açúcar para estimular o trabalho. Galinha e carne fresca entravam na categoria de remédio ou de alimentação especial para escravos doentes,[30] algumas vezes mencionados por Castelo Branco: "Manoel também sarou das sezões e o moleque Estevão, depois dos azougues, já foi para o engenho bom de todo, suposto que com uma campainha a menos". Sem prodigalizar-lhes mimos culinários, o senhor de engenho afirma dar-lhes "o bocado certo", ou seja, uma boa ração. Quanto ao vestuário é bem provável que os homens se cobrissem com "pano da serra", tecido grosseiro de fio cru, e as mulheres com saias de "raxeta" que lhes eram distribuídas a cada dois anos.[31]

Com relação aos castigos físicos, Castelo Branco não os menciona nem quando escreve sobre a fuga de escravos. É provável que ele fizesse parte do grupo de senhores que se recusava a maltratar uma valiosa propriedade. Os excessos eram, todavia, substituídos por um cuidadoso controle no resgate dos fujões. Em 1752, ele enviou ao pai uma minuciosa descrição física de um escravo que encontrava-se fugido para as bandas da Paraíba:

> Marceneiro, entalhador, torneiro e oficial de fazer engenhos. Teve bexigas de que lhe ficaram bastantes sinais; a cor é fixamente preta. Não se lhe falta dente algum; tem alguma coisa de cavalgador,[32] a fala é fina, não é gordo, nem magro; pernas magras e representa trinta para quarenta anos sem cabelos brancos. Toca viola a cujo som recita alguns tonilhos castelhanos. É inclinado a Baco, mas não tanto quanto

a Vênus de que foi sempre inseparável.[33] Sabe ler e escrever, mas já com óculos, e traz a sua vida por ele mesmo.

Escravos eram acessórios presos a laços de dependência e submissão, mas imersos numa complexa rede de relações que variava de senhor para senhor. Ações de resistência e acomodação como as engendradas pelos escravos fujões de Castelo Branco desdobravam-se — como muito bem demonstrou Silvia Lara —[34] em recursos de homens e mulheres para escapar da servidão, salvar suas vidas, defender seus interesses. Mas, para um senhor de engenho à beira da bancarrota, os escravos só constituíam motivo de preocupação quando deixavam de ser parte eficiente da complexa máquina que fazia funcionar seu cotidiano. Caso contrário, estavam de tal maneira integrados ao universo do engenho que pareciam não se destacar da paisagem natural ou do repetitivo cenário da vida doméstica.

O sistema de trabalho do engenho incluía outros personagens além dos escravos. Uma das páginas de Castelo Branco ilumina um desses obscuros trabalhadores assalariados que participavam do processo de fabrico do açúcar ou do cotidiano. Homens livres que tanto podiam ser advogados, curas e capelães, especialistas e feitores compunham a "população flutuante" do engenho. Entre esses, os chamados "lavradores de cana" consistiam numa espécie de elite de agricultores, sendo muitas vezes classificados, segundo Stuart Schwartz,[35] logo abaixo dos senhores de engenho, ainda que houvesse entre eles pessoas de condições e recursos muito mais modestos. Castelo Branco escreve a Francisco Ferreira de Souza, gabando as férteis terras de seu engenho: "Pelo que muito apeteci sempre a boa vizinhança de V. M. vou com esta convidá-lo para que venha outra vez ser lavrador neste meu engenho". Na amável cartinha segue ainda a cobrança de "três tarefas de soca que devia entregar desde 1750 [...] até por satisfazer esta dívida não poderá faltar do referido convite".

Cobrar, pagar, produzir e fugir dos credores: o círculo da vida privada de Castelo Branco fechava-se num pesadelo financeiro. Atolado em compromissos atrasados ele mira, de dentro de casa, eventos da vida pública suscetíveis de modificar seu inferno pessoal. A oportunidade surge com o episódio da expulsão dos padres jesuítas em 1759. Aproveitando-se da vaga de perseguição que um ano antes se abatera sobre a Companhia de Jesus, Castelo Branco escreve à tia em Portugal incitando-a a "se ir queixar deles a Sua Majestade". Por trás da manobra recheada de esperteza, abriga-se seu interesse em tocar o "cabedal" do tio, "o engenho de Cotegipe e as fazendas do sertão" que, alguns anos antes, o casal doara à ordem. Alegando que "Deus não dorme" e que o rei saberia reconhecer nessa uma "justíssima queixa", ele explicita a necessidade de gerir os bens que pertenciam, até então, aos padres jesuítas, a fim de aumentar suas rendas e pagar dívidas.

E havia ainda o mundo exterior à parentela, aos escravos, amigos e agregados, com o qual Castelo Branco mantinha uma relação de espectador. Ao final de 1748 ele anotava uma certa "Memória das cousas notáveis sucedidas nesta cidade e seus recôncavos": em julho, seu pai se fora "para fora"; em agosto seu irmão atingira com um tiro acidental um amigo da família. Setembro tinha sido "seriamente nefasto" e entremeado de "desgraças e fracassos". Nos primeiros dias, arderam em chamas as "casas dos azeites em Itaparica", salvando-se por "evidente milagre" apenas os barris endereçados aos bem-aventurados monges franciscanos. No dia 29, uma mulher "que vivia de vender debaixo dos Arcos das portas de São Bento" foi horrivelmente degolada. No mesmo dia pela manhã, um escravo correra, de faca, atrás de seu senhor, um clérigo, que foi obrigado a esconder-se fechado num quarto. "Neste mesmo dia", anota, "se esfaquearam bruta e obstinadamente uns homens do mar que se haviam desafiado no campo de Santo Antônio, além do Carmo, onde houve a batalha." No dia 30, um barqueiro atacara com o remo e matara por afogamento um desafeto que fora ao seu saveiro comprar cana. "Para completar, um sapateiro do Pilar deu com a vida e saltou enforcando-se por si mesmo. Dizem que por duzentos ou quatrocentos mil-réis que naqueles dias havia perdido não sei em que negócio."

A "memória" de Castelo Branco nos permite reconstituir as representações que fazia sobre o que era público ou o que era privado. Por um lado, temos os fatos marcantes que ocorreram com a família, no cerne, portanto, de sua privacidade: "meu pai", "meu irmão", por exemplo. O acidente com a arma de fogo e o episódio da partida paterna têm como protagonistas gente diretamente ligada ao autor. Fora da família, o ambiente é de onipresente violência, de crimes e de inversão de valores (é o caso do padre que foge do escravo ou do sapateiro suicida). "Afirma-se", escreve Castelo Branco sobre os fatos, referindo-se a vozes anônimas que estão fora de seu círculo íntimo e que pertencem ao que o jesuíta Anchieta chamava de "vil e perversa gente".[36] Vozes de gente que ele não conhece e das quais só apropria o relato memorável. Relato que, por sua vez, é tão mais memorável quanto excepcional, rompendo o cotidiano prosaico, regrado e familiar do autor.

As últimas observações de nosso senhor de engenho em seu diário dizem respeito ao ordenamento da intimidade. Um ordenamento que se vale, como critério, de um lunário ou "prognóstico", como era então chamado: "Modo de saber se fará chuva ou sol nos doze meses do ano". A partir desse título pomposo, Castelo Branco perde-se em cálculos baseados nas condições meteorológicas dos doze primeiros dias de agosto de 1755, projetando-as para 1756. O cuidado com que calcula e descreve as possíveis chuvas, secas, ventos e trovoadas revela a sua necessidade de ordenar preceitos de ação, resignação e esperança, armando-o contra os possíveis infortúnios a surgir em seu caminho.

Os registros da vida cotidiana, recheados de acontecimentos banais e ordinários pintados por Castelo Branco, revelam que a intimidade não significava a separação ou o distanciamento de outros indivíduos, como ocorria na Europa, e sim uma forma específica de compromisso com a vida. Não era solidão, mas uma atitude peculiar em face do mundo, dos outros. Seu borrador é uma porta entreaberta que nos permite vislumbrar a estruturação do binômio interior/exterior. Dentro da casa busca-se a paz, a tranquilidade, o conforto material. Nela, a família — mesmo quando não cumpria esse papel — devia funcionar como uma encarnação modelar da comunidade, hierarquizada e solidária no recolhimento individual. O exterior configurava-se como o lugar das transações econômicas e dos conflitos que delas exsudam; é o espaço da perdição e do desvio. O interior possui, assim, uma preeminência moral sobre o exterior, e é acirrando as diferenças entre dentro e fora que Castelo Branco vai construindo sua representação de intimidade.

ORDENAMENTO DA PRIVACIDADE E ELOGIO DO COTIDIANO

Lunários como o utilizado por Castelo Branco funcionaram, na América portuguesa, como marcadores de tempo. Não apenas o tempo como condição meteorológica, o registro de chuvas refrescantes e consoladoras, mas o tempo que passa, na sua dimensão existencial. Serviam, assim, para ordenar coisas que se repetiam. Guias nas sucessivas etapas e ritmos que se sucedem, tinham por finalidade prescrever a normalidade da vida em termos biológicos e fisiológicos. Os lunários preparavam o tempo de nascer e de morrer, o de plantar e de colher, o tempo de destruir ou de edificar, aquele outro de rir ou de chorar, enfim, como recomendava o Eclesiastes, todas as coisas têm seu tempo, e cabia ao prognóstico o ordenamento dos ritos da privacidade.

O *Lunário perpétuo* ou *Prognóstico*, diz Câmara Cascudo,[37] foi durante dois séculos o livro mais lido nos sertões do Nordeste, informador de ciências complicadas, de astrologia, dando notícias sobre horóscopos, rudimentos da física, remédios estupefacientes e velhíssimos. Não havia autoridade maior para os fazendeiros, e os prognósticos meteorológicos, mesmo sem maiores exames pela diferença dos hemisférios, eram acatados como sentenças.[38] Na forma de folhas volantes ou de obras impressas, eram comumente comercializados na Colônia. Nuno Marques Pereira, cronista dos hábitos setecentistas, chamava atenção para os engodos prometidos pelos lunários, vendidos por "cegos, mancos e aleijados pelas ruas e praças das cidades, vilas e lugares, pelo interesse que disso resulta".[39]

No que diz respeito ao ordenamento do tempo individual, os lunários apresentavam-se "de extraordinário proveito para todo o gênero de gente", proveito tão mais eficiente quanto regulamentava a vida diária e a privacidade. Espécie de registro de ritos, começavam por organizar a vida inteira do leitor invocando os conhecimentos de Galeno:[40]

> A primeira idade se chama infância ou puerícia, cuja qualidade é quente e úmida, a qual dura desde o nascimento até os catorze anos; a segunda se chama adolescência, cuja qualidade é quente e seca, e dura desde os catorze anos até os 25. A terceira idade se chama juventude ou mocidade, a qual é muito temperada ao princípio e dura desde os 25 até os quarenta anos. A quarta idade se chama virilidade constante, cuja qualidade é algum tanto fria e seca; dura desde os 45 até os 55 anos. A quinta idade se chama senectude ou velhice, cuja qualidade é fria e úmida e dura desde os 55 anos até o fim da vida.[41]

Fiel à concepção galênica da cosmologia do homem, os lunários propunham uma comparação entre as estações da natureza e a vida dos seres animados. No inverno, ou velhice, era o frio e a umidade que predominavam, donde o domínio no corpo da fleuma, humor frio e úmido. No outono, ou virilidade, enquanto a secura perdurava e as folhas caíam, era a bile negra, humor frio e seco, que prevalecia. Na primavera, a umidade persistia, mas o calor começava a se fazer sentir; o sangue, considerado licor quente e úmido, vivificava-se e tornava-se abundante. No verão, a secura e o calor atingiam o máximo; era nessa estação que a bile amarela, um humor quente e seco, tomava conta do organismo.

Os prognósticos relativos às estações, por sua vez, tinham por objetivo prevenir a privacidade contra as turbulências da natureza, mas expressam, igualmente, a união entre o homem e o cosmos. "Quente e úmida" como o sangue, a primavera chuvosa anunciaria o apodrecimento das frutas nas árvores e a abundância de ervas de baixo sustento. Se "quente", as árvores dariam "temporão a flor, fruto e folhas, nas quais se criarão muitos bichos e as rosas sairão antes de seu tempo", menos perfumadas. Se fria, prometia geadas e pouca fruta, e, se muito seca, pouco trigo.

Conselhos para a conservação da casa e dos mantimentos levando em conta o papel dos elementos da natureza também eram dados: cereais e frutas deveriam ficar em lugares arejados, que recebessem luz pelo Norte; para manter boa saúde, os aposentos também deveriam receber luz, agora do Oriente, e serem limpos de traça e mofo.[42] A diversidade dos saberes contidos nos lunários repousa sobre inúmeros conhecimentos técnicos, e sobre uma grande intimidade com a terra e as noções relativas ao corpo humano. Embora saibamos que o trabalho agrícola era exercido em grupo, por escravos ou livres, a mensagem do texto é, todavia, individual, endereçada a quem fosse alfabetizado.

O tempo recortado em partes contrastadas, mas no interior de ciclos idênticos, sucedia-se sem fim. Cabia, pois, ao lunário definir o campo da atividade dos homens na monotonia da vida cotidiana e privada, recomendando épocas precisas para o exercício de cada uma delas.

Sinais nefastos, capazes de alterar a rotina ou o ciclo da vida cotidiana, também podiam ser detectados, segundo os lunários: "Quando aparecer algum cometa de cor negra, vermelha ou verde", ou "quando as aves se assustam espavoridas", era sinal certo de terremoto. Pestes se anunciariam quando o "vento sul sopra e não chove e ora faz frio, ora, calor". Ou ainda quando os répteis se multiplicassem "em demasia" e as moscas fossem muitas. O sinal de carestia era dado pelo "aparecimento de cometas com caudas compridas".[43] "Proteção" era a palavra implícita por trás desses avisos, e a vida privada devia configurar-se como um espaço ao abrigo das agressões externas. Até porque as forças do bem e do mal, da alegria ou da tristeza, refletiam-se para além da natureza, no próprio corpo humano. A moda da fisiognomonia permitia conhecer as paixões da alma pela observação de sinais particulares do corpo. Essa forma de conhecimento, diária e privada, baseava-se na solidariedade existente entre corpo e alma, entre dimensões internas e externas. Graças ao isolamento de elementos particulares, o lunário ensinava a julgar as qualidades morais e as características fundamentais de homens e mulheres, aprofundando o fosso que separava o observado (em geral, no público) do observador (no privado): "A fisionomia que dá Saturno: os que nascem debaixo do domínio deste planeta são de natureza fria e seca; costumam ter o rosto grande e feio; os olhos meãos e inclinados para a terra; um maior do que o outro; o nariz grande e grosso; os beiços grossos, as sobrancelhas juntas; a cor do rosto escura; os cabelos negros, duros e ásperos; os dentes, uns maiores que os outros, as pernas compridas e tortas". Já os bem-aventurados nascidos sob o signo solar seriam o exato oposto: "Alvos, com o rosto claro; a boca mediana, a testa redonda, os dentes brancos e formosos, o nariz direito e bem-proporcionado; corpo direito e bem-formado".[44]

O lunário analisava o corpo não como um sistema independente e dotado de um equilíbrio vital, mas como parte de um todo que era o mundo visível e o invisível. Tudo estava conectado com tudo e a tudo regia. Um simples gesto poderia detonar uma tempestade, da mesma forma que um fenômeno natural podia ocorrer simultaneamente no mundo exterior e no mundo interior do corpo humano. Essa concepção vitalista exigia das pessoas uma atenção constante a toda sorte de alterações na rotina da vida — atenção que desembocava em tabus e ritos definidores de perigos para o corpo, perigos tão mais ameaçadores porque tinham como cenário a intimidade.

Um de seus capítulos, por exemplo, ensinava a calcular, graças a uma tábua mensal de dias, a recuperação vital ou a morte de um paciente adoentado:

> Se alguma pessoa cair enferma e souber certo o dia em que começou a enfermidade e desejar saber o sucesso dela

[da doença], conte os dias que houverem passado, desde o dia em que começaram os caniculares até o dia em que começou a enfermidade inclusive, e deste número de dias se tirará o número de 36, quantas vezes se puder tirar. Deve notar-se que a abreviatura M indica morte; V, vida; L mostra ter enfermidade longa e trabalhosa, e se o número que defronta não tiver abreviatura alguma, quer dizer que estará em dúvida se viverá ou morrerá daquela enfermidade.[45]

O lunário ensinava ainda truques para saber se um doente resistiria ou não: "Logo que fizer a sangria e a boteis dentro de um vaso com água mui limpa e que, se o sangue for ao fundo da água sem se desfazer, será sinal de vida [...] porém se desfizer todo e nadar por cima da água, sem ficar alguma pinga no fundo, denota perigo de vida".

As doenças também deviam ser examinadas de acordo com as fases da lua, pois dependendo destas e de outra tábua, inspirada em Nicolau Florentino, eram detectados vários achaques. Se os cálculos caíssem no dia 5 do mês, por exemplo, mostrava "trabalhosa enfermidade, porém não de morte". Ou no dia 8: "Se dentro de doze ou catorze dias não estiver bom, perigará", anunciava, soturno, o lunário. No dia 29, por outro lado, divulgavam-se boas notícias: "Pouco a pouco irá cobrando saúde".

As purgas e sangrias tinham momento certo, e nessa perspectiva deveriam efetuar-se sempre na primavera, evitando-se os dias em que a lua estivesse em conjunção com o sol. Sanguessugas e ventosas tinham também sua aplicação criteriosamente recomendada. Se realizadas no "meio da cabeça, tiravam a inchação do rosto, o fedor dos narizes e a comichão dos olhos. No meio do pescoço, serve para tirar a inchação das sobrancelhas [...] debaixo das coxas das pernas serve para evitar certas enfermidades que chamam mênstruos, fluxos de sangue e comichão no espinhaço".[46]

Nesses tempos de fé e piedade quase unânimes era sobretudo da Igreja que os homens esperavam uma resposta coerente e tranquilizadora aos problemas colocados pela doença. Os lunários não perdiam de vista essa expectativa e explicavam os problemas de saúde por um viés moral. A doença era considerada um castigo de Deus por faltas cometidas, daí a necessidade de cuidar, sim, do corpo, mas de associar tais cuidados àqueles dispensados ao espírito. Para "alargar os dias de vida" recomendavam-se cuidados espirituais "porque muitas vezes vem enfermar o corpo por não ter saúde a alma". A esses cuidados seguiam-se aqueles psicológicos; recomendava-se "ânimo alegre [...] pois o ânimo triste não só destrói a carne, mas consome os ossos e acaba a vida".

Após esses sábios conselhos, partia-se para regras de higiene que deviam ser adotadas cotidianamente: "logo pela manhã lavar as mãos, os olhos e a cara com água fria", em benefício do cérebro e dos sentidos; estirar bem os membros a fim de estimular a digestão, a evacuação e a urina; pentear os cabelos e limpar os dentes,

> porque do primeiro se seguem três proveitos e do segundo se evitam três danos. Os proveitos são estes: o primeiro, que a cabeça fica aliviada dos humores crassos. O segundo, que os poros se dilatam, abrem e assim têm lugar de saírem os vapores do cérebro. O terceiro proveito e principal, conforme Avicena, é que a vista se clarifica e livra dos humores grossos e salgados, e esta regra vale muito para os velhos. Os danos que se evitam esfregando os dentes são estes: o primeiro é que a limosidade e imundícias que se pegam às gengivas não só gastam e enegrecem os dentes, porém, corrompem o bafo, o qual causa fastio e asco à própria pessoa e aos circunstantes. O segundo é, conforme Avicena, que o alento gasto infecciona o estômago e corrompe o nutrimento. O terceiro é que gastando-se o nutrimento sobem os humores ao cérebro e o perturbam e danam.

E era Avicena ainda quem dizia "que a raiz de orégão cozida com vinho embranquece e fortalece os dentes, e não somente tira a dor das gengivas e dentes, porém conserva-lhes o bom cheiro, lavando-se a boca com o dito vinho duas ou três vezes cada mês".

A parcimônia desses bochechos e suas consequências revelam um mundo em que o cheiro não era ainda um critério de distinção social, embora ferisse sensibilidades. Na capitania de São Paulo, no século XVIII, uma certa Ana Luísa Meneses solicitava divorciar-se de seu marido, pois, entre outras razões, ele "pitava um tabaco de fumo" que lhe conferia "um terrível hálito que se faz insuportável a quem dele participa", enquanto Maria Leite da Conceição queixava-se dos pés e pernas inchadas do seu cônjuge "dos quais exalava um cheiro insuportável".[47]

As preocupações com a higiene desdobravam-se e atingiam os banhos e a vida sexual. O excesso de ambos, alertavam os lunários, podiam "danar a vista", pois "aquentavam e dessecavam a umidade e fria natureza dos olhos". Trazendo toda a sorte de informações para combater desde mordedura de cobra ou de cão raivoso à gota-coral, "esquentamentos", sezões de todo o tipo, ninfomania, panarícios e vermes, o lunário revela o inventário de doenças que atacavam a vida cotidiana, ensinando a combatê-las com uma digna farmacopeia doméstica: pevides de abóbora, losna, alecrim, erva-moura, alho, beldroegas, erva-piolheira, malva. Numa de suas edições, indica-se uma curiosa solução para "tirar qualquer bicho que tenha entrado no corpo": "Quando o bicho ou cobra entrar no corpo de alguma pessoa que estiver dormindo, o melhor remédio é tomar o fumo de solas de sapatos pela boca, por um funil, e o bicho sairá pela parte de baixo. Coisa experimentada", certificava o lunário.

Na América portuguesa, onde as ruas eram verdadeiros esgotos a céu aberto, onde os animais domésticos aliviavam-se às portas das casas, os tonéis com dejetos eram despejados pelos escravos onde fosse mais fácil e a varíola grassava, as preocupações com a higiene e o corpo refletiam as mutações nas normas de comportamento, a modelagem e o afinamento gradual das sensações físicas. A total falta de higiene pública era contrabalançada pelo polimento, mas também pelo policiamento das condutas em relação à higiene ou ao corpo, revelando a emergência da intimidade e dos cuidados de si.[48]

Se existia, no período colonial, uma forma de privacidade apoiada nos cuidados com a família e com as coisas de casa, o lunário permite examiná-la de perto contra o pano de fundo da passagem do tempo. Portas adentro, tudo deveria ser paz e tranquilidade: ilusão de um mundo imóvel onde a família tinha um papel federativo ainda impregnado de virtudes tradicionais. Portas afora, bramiam chuvas e tempestades.

Fórmulas sobre o trabalho cotidiano, sobre as crenças relativas ao corpo e à doença, sobre as superstições ligadas à astrologia, os hábitos higiênicos são ritos tão mais discretos quanto visíveis. Abafados pela repetição, tais ritos permitem descobrir, mas também dissimular, aspectos específicos da vida.

OS TEMPOS DA VIDA PORTAS ADENTRO

A privacidade, como vimos, era feita de pequenos ritos cotidianos. Mas ela abraçava, igualmente, os grandes ritos da existência, "as grandes constantes da condição humana":[49] o nascimento, o casamento e a morte. Viver consistia em passar essas etapas, ou melhor, essas sequências cerimoniais que tornavam significativos o universo e a existência individual. Para tal, impunham-se à natureza limites que se expressavam em rituais de agregação, trânsito ou separação. O primeiro desses grandes ritos era o que cercava o nascimento.

Nessa ocasião, os primeiros cuidados eram dirigidos às parturientes, que deviam viver esse momento no mais recôndito de sua intimidade.[50] Os médicos recomendavam que as "prenhadas" bebessem caldos de galinha gorda, condimentados com pimenta e canela. Que se sentassem com o corpo ereto e os pés estendidos, e ao subir e descer escadas tivessem cuidado, pois "tomava a criatura melhor queda para nascer". Repousada e alimentada, a mulher esperava com calma "lançar umidades". Nessa hora, ela devia estar "de pé com as pernas afastadas e algum tanto curvas, encostando com os braços ou o corpo da cintura a algum leito ou mesa de boa altura". Outra posição adequada para o parto seria "de joelhos", comumente utilizada pelas indígenas. Para algumas mulheres o parto se fazia "mais à vontade assentadas entre duas cadeiras; outras sentadas na ponta de uma só [...] outras fazia-se preciso suspendê-las pelos braços e pernas, ficando estas afastadas e curvadas".

Familiarizadas com as manobras externas para facilitar o parto, as comadres ou "aparadeiras" encarregavam-se da lubrificação das partes genitais, da pressão abdominal e de fricções e pressões exercidas no baixo-ventre para facilitar a expulsão da criança. Eram ainda benzedeiras e recitavam palavras mágicas para auxiliar a mãe no momento do parto. Esses procedimentos não eram, contudo, aprovados pelos médicos. Um deles, J. B. A. Imbert,[51] descrevia, na primeira metade do século XIX, o parto de uma escrava:

> Logo que principiaram as dores, viu-se cercada por quatro negras oficiosas. Uma delas meteu-se-lhe entre as pernas e ali exerceu manejos muito doloridos, a segunda colocou-se à cabeceira de seu pobre leito, e enterrando os dedos na boca da vítima, junto com as outras gritava, fazendo todas uma estrondosa algazarra: "Puxa, puxa, fulana". A despeito, porém, destas barbaridades, pouco ou nenhum progresso fazia o parto. Aos gritos, sucederam as lágrimas, despojaram-se de seus rosários, lançaram-lhos ao pescoço e entraram a citar ladainhas recomendando que rogasse a Deus pelo seu bom sucesso que elas julgavam pouco provável.

Não sabia, decerto, que um seu antecessor pernambucano, Francisco Nunes, no final do século XVIII, rasgava placentas com a unha ou um canivete e aplicava "golpes no lugar do fecho para poder a natura alargar-se e sair a criança".[52] Os médicos procuravam minorar a dor do parto metendo "percevejos pisados", ou "folhas de alho e seus grelos" no "cano da madre", cobrindo dilatados ventres com "frango aberto pelas costas e posto vivo no estômago" ou obrigando as parturientes a comer cebolas. As infelizes deviam, ainda, usar saquinhos com orações aos santos protetores, filactérios e bentinhos. Aconselhava-se também à mulher que vestisse as ceroulas do marido, e sua camisa de trás para a frente, ou que raspasse o cós de suas calças e pusesse o farrapo assim obtido na caveira de um cachorro que deveria ser pendurada ao pescoço — maneira de inserir o cônjuge simbolicamente no trabalho de parto.

Depois de vir ao mundo, a criança tomava um banho de "líquidos espirituosos ou manteiga e outras substâncias oleosas". Essa era a tradição popular, embora alguns médicos aconselhassem "água morna e sabão" ou "água cozida com alguns aromas";[53] era-lhe, então, ministrada uma colher de "mel ou de xarope de chicória com ruibarbo para executar o mecônio".[54] O bebê tinha seu corpo enfaixado e a cabeça modelada a fim de ganhar uma forma mais agradável. Entre os descendentes de africanos e entre algumas tribos indígenas, achatavam-se os narizes dos pequeninos para atender a critérios de estética. Em certas regiões da Colônia, as mães secavam os umbigos com pimenta e óleo de rícino. Em outras, elas o tratavam com "uns paninhos de linho fino". Mais tarde os paninhos seriam substituídos por "óleos de amêndoas doces ou azeite", e, ao cair o umbigo, pulverizavam-no com "pó de murta ou casca de romã até fazer uma cicatriz perfeita". Para fortificar a cabeça da criança, usava-se a "estopada": "um cataplasma que é mistura de um ovo com vinho na qual se ensopa uma estriga de linho e com ela se cobre a cabeça da criança, atando-a por um lencinho". O médico Francisco de Melo Franco, mineiro de Paracatu, propunha que essa tradicional receita fosse substituída por um "barretinho ou touca de pano branco".[55] Da Metrópole vinham sugestões de que o "vestuário do mínimo" se compusesse apenas de "uma camisinha, um roupãozinho de lã ou fustão, uma touquinha de seda branca e macia de ser atada". Enquanto a criança não andasse, "escusava calçado".[56] Além do leite de peito, considerado pelos médicos "extremado remédio", era comum engrossarem-se os alimentos das crianças com farinha, ou ainda dar-

-lhes "alimentos grosseiros tirados da própria comida", como ocorria sobretudo entre as africanas.[57]

Uma rede imaginária cercava a pequena criança de perigos. Acreditava-se que as bruxas tinham o poder de atrofiar os recém-nascidos por malefícios, pois "elas chupam o sangue dos mínimos", não convindo, portanto, deixá-los a sós, à noite.[58] Para protegê-los, cabia defumar a casa e a cama, e espalhar arruda e hipericão entre os lençóis. Os cômodos deviam ser lavados com verbenas e com a mesma água borrifavam-se as crianças. Misturando o sacro ao profano, recomendava-se aos pais que se armassem com "os antídotos da Igreja, a saber, relíquias, orações que estas são mais certas e seguras que outras que trazem os autores para afugentar os bruxos". Na cama dos pequeninos cabia pendurar "cabeça e língua de cobra" e, pela casa, espalhar o fel da mesma. As mães reconheciam o enfeitiçamento por "medos e tremores amiúde, choros repetidos, tristeza de aspecto, mudanças de cor, repugnância em mamar, vergões ou nódoas em algumas partes". Na dúvida, existiam algumas maneiras de reconhecer se havia "quebranto" sobre a criança. Bastava tomar "um vaso cheio de água e posto debaixo dos cueiros e faixas dos mínimos ou dos berços e metendo-lhe dentro um ovo, e se este andar nadando é certo haver quebranto".[59]

A Igreja recomendava aos pais batizar seus filhos assim que possível. O batismo de crianças livres ou escravas era ministrado por párocos ou capelães, sem delongas, para garantir aos inocentes que morressem a chance de ir direto ao Céu sem passar pelo Purgatório.[60] Escravos adultos eram batizados em ritos extremamente sumários e, na maior parte, coletivos. Na intimidade, a preocupação com o crescimento dos filhos era recorrente. Testamentos feitos entre os séculos XVII e XVIII registram instantâneos de como se concebia a criação da prole: aos machos devia se ensinar a ler, escrever e contar. Às femeas, coser, lavar e os bons costumes; ambos deviam sempre "apartar-se do mal e chegar-se ao bem".[61] A formação religiosa era obrigatória, e as mães ou amas deveriam se empenhar em levar os mínimos que criavam a pronunciar, logo na primeira idade, "os Santíssimos nomes de

Jesus e Maria". Depois dos sete anos, "sós ou a coros", deveriam rezar "um terço do Rosário pela manhã, outro de tarde e outro à noite"; antes de cada refeição, exigia-se-lhes, por fim, que rezassem "uma Ave-Maria em louvor à Mãe do Senhor".[62]

Pelas leis da Igreja, aos catorze anos os rapazes podiam contrair casamento; as meninas estavam aptas a partir de doze anos. Mas essa não era a regra. Apenas para ilustrar, os casamentos no litoral sudeste ocorriam, segundo Maria Luiza Marcílio, em torno de 21,6 anos para os homens e 20,8 para as mulheres.[63] Passados dos trinta anos, os solteiros encontravam grande dificuldade para casar, embora o sacramento do matrimônio fosse pouco recebido na Colônia. A maioria da população vivia em concubinato ou em relações consensuais, apesar de a Igreja punir os recalcitrantes com admoestações, censuras, excomunhões e prisões.[64]

Uma das razões mais comuns que levavam as pessoas a não se casar era a elevada despesa com a papelada. Em São Paulo, por exemplo, o custo, em 1790, girava em torno de 1$160 réis, mas em 1800 já tinha subido para 2$400 réis, segundo informava o governador Melo Castro e Mendonça em sua *Memória econômico-política da capitania de São Paulo*.[65] Contudo, se sobram informações sobre os procedimentos burocráticos e as contravenções que cercavam o aspecto institucional e público do casamento, faltam elementos para que se saiba como ele se dava no foro privado. Graças ao *Livro de razão* do senhor Antonio Pinheiro Pinto, proprietário da Fazenda Brejo do Campo Seco, na Bahia, sabemos que eram comuns as festas para casamentos e batizados coletivos de escravos. A tradição recomendava que se chamasse o sacerdote à fazenda ou engenho e que num só dia se realizassem simultaneamente ambas as cerimônias, às quais seguia-se uma "função": festa com farta distribuição de rapadura e aguardente aos escravos, que se entregavam aos alegres batuques, atabaques e repeniques de viola. A festa de casamento devia ser importante para os escravos, pois no mesmo engenho a escrava Aninha Cabra contraiu uma dívida com seu senhor de 8$640 réis, quantia despendida com o casamento de sua filha.[66]

Entre ciganos, conta Debret no início do século XIX, era comum, após a realização da cerimônia na igreja, os recém-casados dirigirem-se à casa da esposa para a bênção paterna. Aí, a noiva recebia do parente mais velho uma camisa cara, recoberta de bordados, que lhe era cobrada no dia seguinte; uma espécie, diz ele, de "troféu do hímen". Os festejos começavam no segundo dia. Os convidados sentavam-se no jardim sobre esteiras, em torno de uma toalha em que se dispunham os pratos: "enormes cones de farinha de mandioca são colocados no canto, para serem misturados com o molho dos diversos acepipes", devorados com os dedos, procedimento, aliás, análogo a outros grupos culturais e sociais da Colônia.[67] Sapateados, ao som de palmas, chulas e fandangos enchiam os ares.[68]

Quanto aos demais grupos sociais, o pouco que sabemos é que evitavam casar-se no dia da festa de Sant'Ana, pois acreditava-se que a noiva estaria fadada a morrer no parto. O dia do enlace, aliás, envolvia algumas crenças. Durante a manhã que antecedia o cortejo de casamento, a noiva não podia ver ou provocar sangue, matando ave ou ajudando na cozinha, nem sair de casa, exceto para ir à igreja, ou olhar para trás no caminho. Ao voltar para casa, depois da cerimônia, os noivos eram recebidos com tiros de mosquetão, foguetes e cantadores que louvavam a comezaina e o baile que se seguiriam. Uma semana depois, um almoço, ou "boda", encerraria as festas de casamento.[69]

Práticas que tinham lugar na intimidade das jovens casadoiras procuravam garantir o casamento. Santo Antônio e são Gonçalo estavam presentes em centenas de adivinhações para que o devoto assegurasse seu futuro amoroso: da clara de ovo dentro da bacia d'água, da cacimba em que devia aparecer o rosto do amado, das agulhas que, metidas num copo, não podiam se separar. Quando não cumpriam as promessas, as imagens ficavam de castigo penduradas dentro de um poço.[70] Gilberto Freyre lembra bem que são João também era considerado santo casamenteiro, associando-se seu culto a cantigas sensuais: "Dai-me noivo, são João, dai-me noivo, dai-me noivo, que quero me casar".[71]

Antecedia o casamento a frequentação do noivo à casa da noiva, o que era motivo de temor para a Igreja. Esta receava que os prometidos tivessem relações sexuais, o que, apesar dos traços acentuadamente patriarcais vigentes no mundo luso-brasileiro, costumava acontecer em todos os grupos sociais: "Não coabitem com suas esposas vivendo ou conversando sós em casa, nem tenham cópula entre si", recomendavam as *Constituições* arcebispais.[72] Em casa, o quintal era por excelência o local dos encontros amorosos. Era aí que os casais chamavam-se "meu benzinho da minh'alma" ou "meu coração", trocavam "mimos e presentes", e as eternas promessas de casamento. As noivas costumavam receber "corações de ouro", "fitas achamalotadas", tecidos finos e joias de presente. Quando pobres, contentavam-se com "laranjas e palmitos" em troca da virgindade que, diriam mais tarde ao juiz eclesiástico, lhes fora "roubada". Na ausência dos pais, agregados ou escravos, ou às vezes, com a conivência destes, davam curso ao que a Igreja condenava como "jogos de abraços desonestos", nas redes estendidas no alpendre, nos catres ou no capinzal.[73]

Como já foi dito sobre as irmãs do senhor de engenho Antônio Castelo Branco, o dote de casamento era obrigação à qual não se furtavam os pais da nubente. O marido recebia escravos, instrumentos de lavoura, cabeças de gado, e ainda o enxoval da noiva em que figuravam sempre o anel, brincos de ouro, botinas, chapins de Valença, o vestido nupcial para ir à porta da igreja, os vestidos de gala, vasquinha, gibão e "seu manto para as festas da vila", sem falar do mobiliário e da "limpeza da casa", que vinha a ser a cama e mais roupas. Os abastados acrescentavam "pedaços de chão" sobre os quais os filhos pudessem construir, ou "um adjutório para fabricar casa e sítio para si". Gregório de Matos, poeta baiano do século XVII, acrescentava ao dote umas "regras de bem viver" destinadas aos noivos, que deveriam ser respeitadas sobretudo pelas mulheres. Não cabia à esposa abrir a boca para falar antes do marido, nem jamais aparecer à janela da casa, mostrando-se "mulher que poupa", remendando as roupas do marido, esperando-o para jantar comportadamente sentada numa almofada, sabendo "coser, assar e fazer-lhe bocadinhos caseiros". Sem negligenciar aspectos físicos da relação, recomendava: "Quando vier de fora, vá-se a ele, e faça por se unir pele com pele".[74]

Nos períodos de colheita de produtos agrícolas, na roça, as dificuldades para contrair matrimônio aumentavam entre roceiros pobres, e sobretudo entre os escravos. Os casamentos rareavam à medida que os domicílios se dispersavam nas áreas de subsistência. Entre os escravos vinculados à agricultura de exportação, as oportunidades eram diferentes, pois tornava-se mais fácil encontrarem-se os parceiros nas grandes concentrações de plantéis exigidas pelos latifúndios monocultores.[75] Havia a ingerência dos sistemas de religiosidade popular no calendário de casamentos da população livre: mitos, crendices e o próprio calendário litúrgico interferiam na escolha da melhor época para a celebração das núpcias, observando-se, sobretudo nas comunidades rústicas, o "tempo proibido" ou tempo de penitência, quando a Igreja desaconselhava toda manifestação de alegria e qualquer tipo de festividade coletiva. Os dois grandes momentos de penitência da cristandade ocidental eram, pois, o Advento (três semanas antes do Natal) e a Quaresma (quarenta dias antes da Páscoa), quando o número de casamentos caía a zero, recuperando seu tempo de alta logo depois da época de penitência. Em Ubatuba, por exemplo, setembro era o mês de preferência para celebrar núpcias entre os caiçaras. Para os escravos da mesma região era maio, seguido de junho, e, depois, novembro. A explicação encontra-se no calendário agrícola local. Os meses de trabalho mais intensos no campo eram, para as lavouras de subsistência, o mês de agosto, quando se plantava, e os de maio e junho, quando se procedia a eventuais queimadas e derrubadas de mata destinadas à abertura de novas roças. O tempo de menor exigência das lides agrícolas coincidia, grosso modo, com os meses de janeiro (de fortes chuvas) até abril e de setembro até o final do ano. Contudo, em janeiro o milho era normalmente colhido, sendo ainda a época de amadurecimento de várias frutas. Em agosto, enfim, vinham dar às praias, enseadas e embocadouros dos rios do litoral os cardumes de tainhas, obrigando a formação de campanhas diárias, ou mutirões, para a pesca, secagem e salga dos peixes, além de seu transporte em canoas e a comercialização nos portos vizinhos.

Escolhiam-se os dias para a celebração: sexta-feira era dia nefasto em quase toda a cristandade desde a morte e a paixão de Cristo. Em contrapartida, casava-se muito aos sábados e domingos, quando os lavradores pobres costumavam acorrer à vila para comerciar. Havia, ainda, a missa dominical e as reuniões do Conselho da Câmara. Comércio, política e religião eram o pano de fundo para as cerimônias de casamento, tudo terminando em bailes e festas que duravam até três dias.

Depois do tempo de nascer e daquele de fazer a festa de casamento, os outros ritos que marcavam a vida privada diziam respeito ao tempo de morrer.[76] No tocante à privacidade, vale lembrar que ela é o cenário para uma cultura funerária que mesclava tradições portuguesas e africanas. Nessas culturas é recorrente a ideia de que o indivíduo devia preparar-se para morrer, arrumando bem a sua vida, acertando contas com os santos de sua devoção ou fazendo sacrifícios para os seus deuses ancestrais.[77] A casa vai se prestar, portanto, para cuidar do morto. É ao abrigo dos olhos dos outros que ele será banhado, barbeado, vestido com a mortalha de sua escolha e embelezado por um corte de cabelo, de barba e de unha. Tal ofício é feito, muitas vezes, por comadres e parteiras, quando não por um parente muito próximo. Privada será também a vigília, na qual se come e bebe com a presença mais chegada de parentes, membros da comunidade e da irmandade, à luz de uma fogueira feita no quintal: a sentinela.[78]

Em 1675, a cidade de Salvador foi palco de um funeral espetacular, o do governador Afonso Furtado de Castro do Rio de Mendonça, que procurou assegurar a vida eterna com "uma boa partida": de seu leito de morte escolheu uma junta sucessora, pagou os empregados e as dívidas, para encaminhar sua alma em direção ao Céu, distribuindo esmolas, encomendando missas, velas e orações.[79] O momento de preparar-se para morrer permitia um retrospecto da vida em que se desnudavam as relações sociais e familiares que a tinham marcado. Era tempo de relembrar aqueles que tinham vivido próximos ou que tinham participado da vida de quem morria, de recompensar os amigos e punir os inimigos. Eis por que havia momentos em que o fim do moribundo devia ser uma festa para quem ficava. E sobretudo para quem herdava. Os testamentos refletem com clareza essa necessidade de bem repartir o que se tem com o cônjuge e os filhos. Maria Joaquina Silva Pereira, negra da Costa da Mina, ao falecer em Salvador no século XVIII, deixou sua terça ao marido, "em atenção ao amor, fidelidade e zelo com que sempre me tratou e a boa união que sempre fizemos".[80] Mas os testamentos exprimem também os vínculos com a parentela e os agregados, como foi o caso da viúva Angela Soares, que em Jacareí deixava ao falecer em 1799 uma "lembrança" a quem a tinha acompanhado no fim da vida: às seis afilhadas, quantias entre quatro e dez mil-réis. A uma mais querida, "saia, roupa branca e tudo mais que pertence ao asseio, um manto, brincos, laços". Seus santos protetores, como se fossem gente de carne e osso, herdaram um pouco mais. Nossa Senhora do Rosário dos Homens Pretos recebeu 25 mil-réis, e santo Ângelo, dez mil-réis. A vizinha e comadre Margarida ganhou uma saia preta, e o escravo Manuel, a alforria. Vinte pobres da cidade foram sorteados com cem mil-réis, repartidos pelo reverendo vigário.[81]

Os testamentos exprimem, ainda, os vínculos com o grupo social e o papel que tinha o moribundo no seio de sua comunidade. Diogo de Toledo Lara, ao falecer em 1747 na cidade de São Paulo, preocupou-se em deixar suficientes recursos para dar continuidade ao festejo de Nossa Senhora das Candeias, da qual era o principal benemérito. Seu desejo era continuar na memória da comunidade como "festeiro". Roga, então, "pelo amor de Deus e serviço de Nossa Senhora" para que o provincial dos jesuítas, da mesma cidade, queira receber "os duzentos mil-réis e administrá-los conservando a juros, para com os juros ajudarem a fazer a festa de Nossa Senhora das Candeias", por sua alma e de sua mulher.[82]

Há, por outro lado, testamentos daqueles que faleceram com frio em suas almas, distantes da família, revelando uma vida de dor e solidão. Ao morrer em Sorocaba, no ano de 1793, aos 93 anos, Luzia de Abreu reclamava em seu inventário que fora vítima de "pena de maldição" imposta por seus filhos e que por eles nunca fora "assistida com um ovo que fosse", e que esse mau tratamento "lhe impuseram até o fim da vida". Estava tão abandonada que só lhe restou ser "enterrada com um lençol de algodão dado por sua neta".[83]

Tais testamentos obedeciam a certa padronização: uma parte dedicada a cláusulas religiosas, outra em que se destacavam questões materiais. Iniciavam-se, sempre, por um preâmbulo em que se invocava o nome de Deus ou da Santíssima Trindade, podendo ser seguidos por uma invocação do Cristo, da Virgem Maria e dos demais intercessores da "corte celestial", do anjo da guarda, do santo patronímico, dependendo da maior ou menor piedade do testador. Em São Paulo, em 1672, por exemplo, um moribundo encomendava sua alma à Santíssima Trindade, ao Padre Eterno, ao Senhor Jesus Cristo e suas chagas, à Virgem Maria, a todos os santos da corte celestial, ao anjo da guarda e ao santo de seu nome. Havia moribundos extremamente humildes: "Peço a Nosso Senhor Jesus Cristo me perdoe meus pecados e tome posse desta alma e a alimpe com o preciosíssimo sangue que por ela derramou".[84]

Feita a invocação, o moribundo preocupava-se com o destino do seu corpo, indicando com precisão o local da sepultura: "Na sepultura de meu pai que é começando do arcaz de Nossa Senhora do Rosário da banda do altar", dizia um aflito Antônio de Britto em 1687.[85] Por volta de 1757, a viúva Rita de Godoy Soares pedia para ser sepultada na matriz da vila de Sorocaba, e seu corpo "levado à igreja por dois negros numa rede".[86] Indicava-se sempre quem iria acompanhar o corpo à sepultura: o padre-vigário, ou os padres da Companhia de Jesus, os de outras ordens religiosas, ou ainda membros da confraria. Havia os que queriam pompa no enterro: "Todo o acompanhamento que for possível [...] todos os sacerdotes que na vila estiverem

[...] com a bandeira e a cera [velas] que houver". Havia os que queriam a mais absoluta discrição: "Sem mais pompa que o reverendo vigário e sua cruz", ou, como dizia outro: "Sem pompas, mas honesto".[87]

O bem da alma estaria assegurado pelo número de missas encomendadas, aquelas cantadas "com responsos", ou com vésperas e ladainhas; aqueloutras com "ofício de nove lições em riba do corpo". Havia moribundos cuja consciência estava em paz, e por isso solicitavam, como Ana de Jesus Vidal em 1754, apenas "doze missas pelas almas do fogo do Purgatório". O já mencionado Antônio de Britto exagerava, ordenando que se dissessem duzentas missas, repartidas entre a "honra e louvor do Santíssimo Nascimento de N. S. Jesus Cristo", "suas cinco chagas", "sua sagrada morte e paixão", "sua Santíssima Reverência", "sua gloriosa Ascensão", a "Santíssima Trindade", as "nove festas de Nossa Senhora", e assim por diante.[88] De maneira geral, os moribundos pediam urgência na execução de seus pedidos, insistindo "seja logo, sem demora [...] quanto mais depressa melhor".

Declarado no proêmio de todas as cédulas de época, o motivo que os empurrava a fazer o testamento era o temor da morte, o desejo de pôr "a alma no verdadeiro caminho da salvação", sabendo que a morte era "cousa muito ordinária e natural aos homens". Às vezes, indicam-se circunstâncias extraordinárias em que são feitos os testamentos, como as viagens — "por não saber da morte, nem da vida nesta viagem que vou fazer aos Guaianazes" — ou acidentes — "doente de uma flechada que me deram os topiães [sic] no sertão e rio Paracatu".[89]

Os moribundos lembram-se de parentes mortos, de injustiças ou atrocidades cometidas contra seus escravos ou desafetos, pensam nas almas do Purgatório, especialmente nas que "mais desamparadas e sem remédio estão", às quais poderão vir a juntar-se com ajuda de muita missa, muita oração e muita vela acesa. Eis por que, para descarregar a consciência e evitar ir parar no Inferno, muitos acusavam-se de faltas cometidas e tratavam de repará-las: um testador reconhecia "dever de restituição à mulher do Pereirinha seis tostões, e à mulher que foi de Estevam de Brito, 160 réis", ainda mais porque temia transformar-se em avantesma, sina de um mau pagador. Outro, arrependido das crueldades perpetradas contra os índios, encomenda "dez missas para satisfação da força que fez aos gentios e dos mantimentos que lhe comeu". Outros mais forravam seus escravos "por amor" e perdoavam dívidas, sabendo que a caridade era imprescindível à salvação. Alguns recomendavam com especial carinho pessoas queridas a outro membro da família: "Peço aos meus filhos que ponham os olhos nesta mulher, reparem que foi mulher de seu pai, tenham-lhe o respeito de mãe e não lhe façam mal, se não bem".[90]

Em 13 de agosto de 1802, o inglês Thomas Lindley visitou em Porto Seguro uma vítima de apoplexia, o senhor Rodrigues da Fonte, que morria em casa. Encontrava-se num quarto sem ar nem luz; "apenas uma vela era mantida sobre a sua cabeça" enquanto jazia imóvel numa cama encostada à parede. "Entre esta e o doente, havia um certo espaço onde sua mulher e outras criaturas do sexo feminino se acocoravam, passando por cima do corpo do homem quando era preciso." Sobre a cama pendiam diversas imagens sacras, ex-votos na forma de pernas e pés, "um espadim e outras relíquias". Segundo o inglês, tratava-se da "mais curiosa mistura de moléstia, estupidez e superstição".[91]

O medo da morte tornava-se presente justamente no arsenal de objetos protetores: relíquias, imagens, ex-votos. Tudo indica que a Igreja incentivava esse clima de preparação para bem morrer e não foram poucos os bispos que, em visita às paróquias, admoestavam, sob pena de excomunhão, barbeiros, cirurgiões e "comadres" para que não "curassem, nem visitassem" os enfermos que não se dispusessem a receber os últimos sacramentos. Culpavam as famílias pela falta de assistência espiritual e alegavam que o moribundo deveria preocupar-se primeiro em salvar sua alma, para depois cuidar de seu corpo. Afinal sabia-se (os lunários também avisavam) que as moléstias não eram mais do que o sinal da alma enferma. Etapa importante dos sacramentos a serem aplicados, a confissão consistia na primeira reação à doença: "Antes de tudo confessem verdadeiramente todos os seus pecados para que, recuperada a saúde espiritual, se proceda mais saudavelmente à saúde".[92] A negligência ante os sacramentos atingia principalmente os escravos, e muitos senhores de engenho que só recorriam ao sacerdote para ministrar a confissão e o viático ao escravo doente quando este já se achava "destituído de sentidos e talvez morto".[93]

Para receber o viático atapetava-se a entrada da casa com folhas de cravo, canela e laranjeira, iluminando-a com candeias, castiçais e lanternas de que exalava o perfume triste de vetustos ritos. Nesse cenário lúgubre, os presentes, ajoelhados e contritos, acolhiam o padre. Mergulhado na fumaça de incenso, o moribundo recebia a extrema-unção: "posto o óleo sobre a mesa, que para isso deve estar aparelhada com toalha limpa, e ao menos uma vela acesa, dada a cruz a beijar ao enfermo", o padre lia-lhe as preces e ungia olhos, orelhas, nariz, boca e mãos — os instrumentos dos sentidos e dos pecados — segundo os ritos da Igreja católica.[94] Aos escravos cabia memorizar a seguinte fórmula: "O teu coração ama a Deus só? Resposta: sim". Uma vez confessado e perdoado, o moribundo devia ser consolado e ouvir exortações. Em algumas regiões, cantavam-se excelências, cantos sem acompanhamento musical, incentivando-o a arrepender-se dos pecados. Assim, embalado, ele podia entregar sua alma a Deus.[95]

Enquanto uns se preparavam para bem morrer, outros cuidavam do velório, os parentes masculinos sendo chamados para organizar o funeral. Contratava-se também um "armador", para "armar a casa", o que significava decorá-la com uma gama variada de panos negros que simbolizavam o luto. Fazia-se anunciar a morte pelo choro das carpideiras ou por uma campainha que a irmandade a que pertencia o defunto mandava tocar pelas ruas.[96] As famílias abastadas avisavam os amigos por "carta-convite" especialmente entregue por seus escravos e fâmulos.

Tendo saído o enterro, apagavam-se os rastros da morte em casa. As roupas do defunto e as da sua cama eram distribuídas ou queimadas; seu colchão, destruído ou jogado fora. Varria-se a casa com o especial cuidado de jogar a poeira pela porta da frente, que ficaria semicerrada impedindo o retorno da alma. Jogava-se a água do último banho e enterravam-se cabelos e unhas cortadas. Depois da morte, o nome do defunto deixava de ser pronunciado; guiada por são Miguel, sua alma deveria passar a Via Láctea. Caso não tivesse recebido a absolvição dos pecados, ela continuava a perambular pela Terra durante três dias.[97]

Os nossos ancestrais aceitavam a morte por doença com mais resignação.[98] Ela permitia a preparação do indivíduo para o desenlace, assim como tomar todas as providências e realizar todas as vontades. A morte repentina, traiçoeira, inesperada, provocava uma revolta silenciosa, um sentimento de não aceitação. Naufrágios, raios, picadas de cobras, ataques de índios e assassinatos não davam tempo aos rituais que pudessem garantir uma relativa tranquilidade no Além. Enchiam as casas e famílias de temor pela volta do defunto a cobrar providências ou tornado fantasma: carantonha de avantesma! O horror de morrer fora da religião era de tal ordem, que a família de Isabel Martins, moradora de Nazaré Paulista, abriu processo contra o Tribunal Eclesiástico. Falecida de morte súbita, Isabel não tivera o tempo de confessar-se cumprindo sua obrigação de cristã na época da Quaresma. Por esse motivo, seu corpo ficara "insepulto e olvidado de justiça". Seus parentes correram ao tribunal do bispo e explicaram que ela falecera dando "mostras e sinais de contrição e arrependimento, invocando o nome de Maria e José e se acharam no seu pescoço contas ou verônicas". Morrera, portanto, com as "sobreditas demonstrações de cristã". Foi perdoada depois de morta e, após algumas noites do corpo envolto em mortalha ao pé da igreja, seus parentes puderam dar-lhe o condigno repouso.[99]

Tais ajustes eram necessários para que a vida seguisse equilibrada. Cabia aos mortos proteger a família e à família proteger a memória dos mortos.

No trecho de um poema, Gregório de Matos refere-se aos pequenos prazeres do cotidiano: o silêncio depois da refeição, o cheiro das panelas de comida, a "grandeza da tigela". Os ritos da vida privada residiriam na beleza dessas atitudes miúdas e repetidas diariamente. Entender o que significou a privacidade no passado é reconhecer nas ações mais insignificantes, no gesto mais comezinho (plantar, colher, parir, despir, lavar, enterrar), na entronização do mundo visível e real, o prazer do que é finito e pessoal. Certo, era esse o mundo da necessidade, das preocupações materiais, mas era também o do gozo pela existência, da descoberta de um sentido para a vida, como se depreende do borrador de Castelo Branco, feito de aflições, ações e divagações, mas também de observação do mundo, de relacionamento com os parentes, com as "gentes da Bahia" ou com os escravos. É o que exsuda, do mesmo modo, dos lunários, quando estes buscam uma concepção da ordem do universo, oferecendo ao leitor da época a apreensão organizada das características imediatamente visíveis do mundo que o rodeia. É o contraste entre o cotidiano e o excepcional, renúncia de tudo o que, saindo do ordinário, continua inacessível ao comum dos mortais. Os ritos da vida privada pontuavam, assim, o curso regular das coisas, o fundo permanente de pequenos fatos diários, o tecido mesmo da existência humana.

7. O QUE SE FALA E O QUE SE LÊ: LÍNGUA, INSTRUÇÃO E LEITURA

Luiz Carlos Villalta

VIDA PRIVADA E COLONIZAÇÃO: O LUGAR DA LÍNGUA, DA INSTRUÇÃO E DOS LIVROS

Um dos primeiros cronistas da colonização portuguesa na América, Pero de Magalhães Gandavo, escreveu que os índios do litoral brasileiro não tinham as letras "F, nem L, nem R", não possuindo "Fé, nem Lei, nem Rei" e vivendo "desordenadamente".[1] Essa suposição de uma ausência linguística e de "ordem" revela, um tanto *avant la lettre*, o ideal de colonização trazido pelas autoridades civis e eclesiásticas portuguesas: superar a "desordem", fazendo obedecer a um Rei, difundindo uma Fé e fixando uma Lei. Um Rei com interesses temporais (e, portanto, materiais); uma Fé, a da Igreja da Contrarreforma; e uma Lei, misto de normas jurídicas fixadas pelo Estado e pela Igreja, e de modelo de civilização. F, L e R, associados e misturados, pois Coroa e Igreja irmanavam-se.[2] Mas F, L e R enfrentaram muitas resistências na América portuguesa, decerto mais que no Reino, motivo pelo qual os agentes d'el-rei repetiram constantemente que os povos do Brasil eram "bárbaros", deslocando ou estendendo essa pecha dos indígenas para outros sujeitos históricos e, com isso, legitimando a continuidade da colonização.[3]

Língua, instrução e livros, nesse quadro, em termos das expectativas metropolitanas, deveriam desenvolver-se sob a égide de um Rei, uma Fé e uma Lei. Mas, na realidade colonial, sujeitaram-se às concessões e à ineficácia dos agentes d'el-rei, à confusão do *público* com o *privado*, permearam-se pela sociabilidade comunitária e pela civilidade das aparências vigente no Antigo Regime — um padrão de civilidade que cindia o parecer e o ser e, ao mesmo tempo, conferia ao espaço público grande importância na identificação dos indivíduos e dos grupos, tornando a glorificação das aparências, a simulação e a dissimulação uma regra básica de sociabilidade.[4] Língua, instrução e livros, além disso, foram vítimas e evidências de que as terras brasílicas fizeram-se a porção mais preciosa do Império colonial português sem, contudo, tornarem-se um imenso Portugal. Vítimas, porque a Coroa procurou controlá-los para manter a obediência, o que, na Colônia, exigia *dependência* — com tal tutela, mais incisiva no que toca à imposição da língua portuguesa, a instrução escolar e a circulação de livros, já gravados na Metrópole, prejudicaram-se sobremaneira. Ao mesmo tempo, como a instrução escolar e os livros rareavam e, em muitos espaços, falavam-se "línguas gerais" de origem tupi, evidenciava-se a distância que separava a Colônia do Reino, sinalizando que a primeira era menos "civilizada" e, por conseguinte, justificando a preservação do vínculo colonial.

Às autoridades metropolitanas, por um lado, interessava sobretudo fixar exemplos edificantes para os povos mediante a aterrorização, propósito não propriamente pedagógico... Entre as camadas humildes, por outro, difundiu-se o aprender-fazendo: extramuros da escola, na luta pela sobrevivência, adquiriam-se os rudimentos necessários para garantir a subsistência e para reproduzir os papéis que lhes eram reservados na sociedade. Em alguns casos, esse aprender-fazendo engastava-se em vínculos menos informais, envolvendo uma relação claramente contratada entre mestres e aprendizes; era normal em particular para o aprendizado de habilidades, ofícios e primeiras letras. Nessa situação, alargava-se o campo educacional, mas se empobrecia a instrução escolar: mais do que polir, cabia, na perspectiva das autoridades, cultivar a obediência, e, aos olhos das camadas mais humildes, garantir a sobrevivência. Quanto à língua, a imposição do português foi vista como forma de preservar a Colônia; porém, tal ímpeto foi contrabalançado pelas necessidades cotidianas, que requereram as *linhas gerais* e se acomodaram a elas com variações no tempo e no espaço. Por F, L e R, e também pelas expectativas dos grupos sociais da Colônia, a língua portuguesa avançou, na proporção da passagem dos séculos, enquanto foram múltiplos os lugares da educação e, inversamente, estreitos os espaços da instrução escolar e dos livros. No século XVIII, porém, no discurso das autoridades, a educação escolar ganhou mais importância; a Coroa procurou, ainda, afiar o controle sobre a circulação dos livros e desenvolver uma política de difusão do português.[5] E a sociedade colonial passou a valorizar mais a instrução, o acesso aos livros em geral e às ideias "defesas", proibidas.

LÍNGUAS: DA POLIFONIA À LIBERTINAGEM

Até chegar a uma larga difusão, a língua portuguesa percorreu um longo caminho. Viu-se, nas décadas iniciais do século XVI, quase esquecida devido à indianização do colonizador português e, ao mesmo tempo, ameaçada pela presença frequente de outros falares europeus. Depois, curvou-se, com diferenças no tempo e no espaço, às "línguas gerais" de origem tupi-guarani; além disso, na parte meridional do país (no Extremo Sul e no Oeste do Paraná, territórios então jurisdicionados à Espanha, e também em São Paulo na época da União Ibérica), sofreu a concorrência do espanhol. Implacável com as línguas africanas, enfrentou o francês, quando das incursões fugazes na baía de Guanabara, entre 1555 e 1560, e no Maranhão, entre 1611 e 1615; e o holandês, no Nordeste, entre 1630 e 1654.

No alvorecer do período colonial, supõe-se, havia cerca de 340 línguas indígenas no Brasil. As línguas que possuem afinidade genética relativamente estreita são agrupadas em famílias, e estas últimas, assim como as línguas não classificadas em nenhuma delas, encontram-se reunidas em quatro troncos linguísticos: aruaque, karib, tupi e jê. Existem, porém, famílias não classificadas nos troncos — como txapakúra, guaicuru, catuquina, mura, nambiquara e pano — e também línguas sem parentesco genético com qualquer outra — as línguas macu, tucano e ianomâmi, consideradas "famílias isoladas", isto é, famílias de um só membro.[6] Os indígenas que ocupavam a costa brasileira e a bacia dos rios Paraná e Paraguai eram bastante homogêneos em termos culturais e linguísticos, pertencendo ao tronco tupi: os Guarani, ao sul, na bacia Paraná-Paraguai e no litoral, da lagoa dos Patos até Cananeia, em São Paulo; e os Tupi, na costa, de Iguape até o Ceará.[7] Interrompendo esse *continuum* tupi-guarani, encontravam-se os Tapuia, denominação genérica dada pelos lusitanos aos não Tupi. A bacia amazônica marcava-se pela heterogeneidade linguística, sendo área de línguas dos grupos os mais distintos, indo do tronco tupi aos Aruaque e Caribe, e às famílias isoladas tucano e macu. Línguas macro-jê estendiam-se pela região central, passando pelo Pará, Maranhão, Piauí, Mato Grosso, Minas Gerais, Espírito Santo e Rio Grande do Sul.[8]

De um modo geral, os europeus manipularam a diversidade linguística indígena e procuraram, ao mesmo tempo, conhecer as línguas nativas. Começaram a se instalar no litoral e, aos poucos, embrenharam-se, levando os aborígines a se moverem para o interior. No início do século XVI, via-se, aqui e acolá, a presença das línguas portuguesa, francesa e castelhana. Portugueses, franceses e espanhóis miscigenaram-se com os brasis, indianizando-se: adotaram seus costumes e suas línguas, sobretudo as do tronco tupi. Alguns tornaram-se verdadeiros régulos; são notórios os portugueses João Ramalho e o bacharel de Cananeia, ambos no litoral paulista, e Caramuru, na Bahia. Esses primeiros europeus e seus descendentes, quando se defrontaram, anos depois, com a crescente presença portuguesa, alimentada pelo contínuo fluxo migratório, oscilaram entre a quase total renitência em abandonar a língua e os costumes gentílicos e uma inserção conflituosa na ordem Fé, Lei e Rei.[9] Mas João Ramalho e seus filhos, assim como, nos séculos seguintes, outros homens de igual perfil — no Seiscentos, por exemplo, Martim Soares Moreno e Jerônimo de Albuquerque, responsáveis pelas derrotas dos franceses no Maranhão, e Domingos Jorge Velho, que esmagou o quilombo dos Palmares —, foram fundamentais para a consolidação do domínio da Coroa portuguesa sobre as terras brasileiras, preservando e expandindo os territórios d'el-rei.[10] No território até 1750 jurisdicionado à Espanha, em área contígua ao Paraguai, ao Uruguai e à Argentina, os colonizadores preocuparam-se, primeiro, em fazer alianças com os Guarani, cimentadas por uniões com as mulheres índias. Com isso, formou-se uma população mestiça e bilíngue, que falava a "língua geral guarani" e, mais secundariamente, o espanhol.[11]

A partir do avanço do processo colonizatório, a indianização recuou, mas os lusitanos continuaram a render-se à miscigenação e às chamadas "línguas gerais" de origem tupi. A geografia e o tempo das "línguas gerais" são bastante matizados, variando em conformidade com as diferenças numéricas entre as populações indígenas (Tupi e não Tupi), africanas e portuguesa; o peso das atividades econômicas voltadas para o mercado externo; a força dos interesses missionários; o grau de desenvolvimento urbano; e o empenho das autoridades laicas em difundir o português. No oeste do atual Paraná e nas margens orientais do rio Uruguai, estabeleceu-se a "língua geral guarani", falada desde os inícios da presença espanhola, do século XVI até o Setecentos. No litoral brasileiro, no século XVI, de São Paulo até o Nordeste, era de uso corrente a "língua brasílica", ou "língua do mar", mais tarde denominada tupinambá. Em São Paulo, imperou, até a primeira metade do século XVIII, a "língua geral do Sul", cujas origens eram a língua dos índios Tupi de São Vicente e do alto rio Tietê e que pouco diferia do tupinambá. O Maranhão, o Pará e o vale amazônico foram áreas do tupinambá e do *nheengatu*, a "língua geral da Amazônia", surgida a partir do século XVII, com a incorporação do tupinambá por missionários, caboclos e índios não Tupi, e sobrevivente em algumas localidades até hoje, embora com alterações.[12]

A presença missionária foi um fator relevante para a primazia das línguas gerais. No litoral, os missionários contribuíram para a preservação do tupinambá, sua difusão e transformação. Os jesuítas perceberam que não podiam doutrinar os brasis em português e que, com tradutores, os efeitos da catequese eram maiores. Ademais, havia a imposição tridentina de confessar os fiéis. Por isso, julgaram necessário estudar o tupinambá, determinando que todos os irmãos da Companhia o aprendessem. Além disso, passaram a realizar confissões por intermédio de intérpretes, quebrando o sigilo sacramental (e, portanto, tergiversando nas normas), e a empregar cantigas sacras, vertidas para o tupinambá, em cerimônias religiosas acompanhadas por instrumentos indígenas. Por fim, os jesuítas compuseram gramáticas da língua tupinambá (a de José de Anchieta, em 1595, e a do padre Luís Figueira, em 1621), publicaram em 1575 traduções do pai-nosso, da ave-maria e do credo, e trabalharam coletivamente na elaboração de um catecismo em língua tupinambá, editado em 1618 com o título *Catecismo na língua brasílica*. José de Anchieta produziu composições próprias, em verso, na língua tupinambá: em seus autos, encenados em várias partes da América portuguesa, a língua brasílica era pronunciada ao lado do português e do espanhol. A partir de fins do século XVII, inacianos e frades de outras ordens difundiram o tupinambá entre nativos não Tupi da Amazônia, dando à luz o *nheengatu*.[13]

No território espanhol, área sob a influência do Paraguai, a partir dos inícios do século XVII, os colonizadores complementaram a política de miscigenação com estímulos à entrada de missionários, franciscanos e jesuítas, presentes na região desde o final do século XVI. Nas missões, os jesuítas, longe de difundir o espanhol ou o português, tenderam a preservar o guarani de maiores contatos com as línguas ibéricas. A manutenção do guarani colaborou para atrair as incursões dos paulistas, que falavam a "língua geral do Sul" e tinham interesse em aprisionar índios com os quais tivessem afinidade linguística. No oeste do Paraná, nas missões do Guairá, destruídas pelos paulistas nos idos de 1628-32, os padres, em seu esforço catequético, imitavam o modo indígena de discursar, andando de um lado para o outro e batendo no peito enquanto falavam. Os missionários, além disso, na primeira metade do século XVII, elaboraram duas gramáticas do guarani: a gramática de Alonso de Aragona e a de Antonio Ruiz de Montoya, que publicou um catecismo e também dois dicionários, espanhol-guarani e guarani-espanhol.

A maior vinculação à política mercantilista afetou a sobrevivência das línguas gerais, na medida em que implicava um aumento da participação de indivíduos de origem portuguesa e africana no conjunto da população. Desse modo, no Nordeste agroexportador da cana-de-açúcar, o português tornou-se predominante nos inícios do século XVII. Em Minas Gerais, a eliminação dos povos e das línguas indígenas foi radical, em decorrência do desenvolvimento urbano acentuado e da força da mineração no conjunto da economia, assentada no uso do escravo africano. Os índios, na região mineradora, foram sendo massacrados e empurrados progressivamente para além das fronteiras da ocupação lusitana. Todavia, a existência de topônimos de origem tupi em Minas Gerais, em Goiás e no Mato Grosso, mesmo em regiões não habitadas por índios desse tronco linguístico, demonstra que a "língua geral do Sul" fez-se presente, trazida pelos paulistas.[14]

São Paulo colonial esteve, até certo ponto, à margem da economia de exportação. Não que a economia paulista se pautasse apenas pela subsistência: voltada para o mercado interno, ela se organizava em grande parte para o abastecimento dos setores exportadores. Tal situação envolveu menor presença dos africanos e, inversamente, a contínua busca e o uso disseminado do escravo indígena. Nessas circunstâncias, a "língua geral" tornou-se hegemônica, difundindo-se por todas as camadas sociais e irradiando-se do privado para o público. Apenas no domínio público encontrava alguma rivalidade do português. No espaço doméstico, mulheres de origem indígena uniam-se a portugueses e a mamelucos, transmitindo, por gerações e gerações, costumes e língua. Havia mulheres, ademais, que com certeza só sabiam a "língua geral", como Luíza Esteves, que em 1636 precisou de um intérprete para dialogar com o juiz de órfãos, recém-chegado à capitania. Os escravos, em sua maioria de origem indígena, reforçavam o uso da "língua geral" no âmbito do privado. O português era uma língua que existia no espaço público: era aprendido por aqueles poucos que frequentavam a escola dos padres, utilizado nos documentos escritos e cerimônias, possuindo, assim, um caráter mais propriamente oficial do que público. No domínio público, contudo, precisava-se falar em tupi, sem o que parte da população nada compreendia. Por isso, foram recorrentes, até os inícios do Setecentos, os pedidos das autoridades para que se enviassem à capitania somente vigários versados na língua dos índios.

Emblemático da situação linguística em São Paulo colonial foi o uso de alcunhas. As alcunhas possuem uma certa dubiedade: por um lado, enraízam-se em características particulares, individuais, às vezes até íntimas, daqueles aos quais elas dão nome, mas, por outro, são forjadas socialmente, no sentido de que sua atribuição aos indivíduos depende da interferência da sociedade, ocorrendo, assim, no espaço público. Os apelidos, dessa forma, são pontes que conduzem do privado para o público, expressando de modo bastante claro como se dá a articulação entre esses dois domínios: em síntese, nas alcunhas se fundem a identidade privada e a identidade pública. No século XVII, os apelidos tinham quase todos procedência indígena, sendo poucos os de origem portuguesa: Manuel Dias de Siqueira era conhecido como o Apuçá; Gaspar Vaz da Cunha, o Jaguaretê; Francisco Ramalho, o Tamarutaca; e Antonio Rodrigues de Góis, o Tripoí. Bartolomeu Bueno talvez deva a alcunha de Anhanguera não aos índios, mas a seus conterrâneos. Nomes e apelidos de origem lusitana receberam um sufixo aumentativo tupi: Mecia Fernandes, Meciuçu, e Pedro Vaz de Barros, Pedro Vaz Guaçu. No século XVIII, foram rareando as alcunhas tupi e aumentando o número das portuguesas, certamente pelo afluxo de reinóis após as descobertas do ouro. Do século XVI aos inícios do XVIII, em São Paulo, no público e no privado, portanto, os indivíduos eram identificados por termos indígenas, demonstrando o quanto a cultura dos paulistas era indianizada, mameluca e, por conseguinte, como se distanciava da Metrópole, do conjunto F, L e R. Essa gente mameluca e indianizada de São Paulo, contudo, aproximava-se, via de regra, de R, d'el-rei, tendo contribuído decisivamente para a ampliação dos territórios do soberano. A fidelidade ao soberano, porém, não foi incondicional, sendo vários os momentos de conflito; e, num deles, a diferença linguística mostrou o quanto poderia ser perigosa: em 1709, durante a Guerra dos Emboabas (nome tupi que significa "estrangeiro" ou "aves de pés cobertos", utilizado pelos paulistas, que andavam descalços, para designar os "forasteiros" que disputavam com eles o controle das minas), o governador Antonio de Albuquerque Coelho, em Guaratinguetá, surpreendeu paulistas tramando, em língua geral, sua morte. Como tinha vivido no Maranhão, onde era corrente o uso do tupinambá, o governador percebeu qual era a sorte que lhe estavam reservando.[15]

Na segunda metade do século XVIII, sob Pombal, a Coroa começou a desenvolver uma política de língua, impondo o uso do português e priorizando o ensino da gramática portuguesa. No Grão-Pará e Maranhão, área em que esta política foi mais incisiva, procurou-se difundir o português para legitimar a posse da terra e, inversamente, coibir o uso do *nheengatu*, visto como um obstáculo e, principalmente, temido como meio de controle dos índios pelos missionários. Renomearam-se as aldeias indígenas com nomes de localidades portuguesas (Santarém e Soure, por exemplo), proibiu-se o uso de outra língua que não o português e incentivou-se o ensino deste, primeiro, por escolas locais e, depois, por seminários, em que os alunos viviam sob internato. Os êxitos, porém, foram restritos. O ensino do português nas escolas locais não levou ao abandono do *nheengatu*, em virtude da força deste na cultura oral, no privado e no público. Já nos seminários, nos quais as crianças ficavam segregadas dos pais, obteve-se sucesso; eles, todavia, atendiam sobretudo aos brancos e índios principais da terra. Com isso, o português, no Grão-Pará, tornou-se apanágio das elites, e o *nheengatu* avançou pelo século XIX, sobrevivendo em alguns locais até hoje.[16] Essa região, porém, foi o único bastião de resistência das línguas gerais, substituídas pelo português em todas as demais partes do país em razão da combinação ou atuação isolada do ensino da língua portuguesa, do maior vínculo com a política mercantilista, da preponderância numérica dos brancos e africanos, do desenvolvimento urbano e da ausência dos missionários.

O tratamento dispensado às línguas africanas foi completamente diferente do concedido aos idiomas indígenas: não houve quase concessões por parte do colonizador. Os negros originavam-se principalmente da costa ocidental da África, pertencendo a três grandes grupos culturais: sudaneses, incluindo-se nesse grupo os Ioruba, os Daomé e os Fanti-Achanti (minas), e os grupos menores da Gâmbia, Serra Leoa, Costa da Malagueta e Costa do Marfim; os islamizados, como os Fula, os Mandinga e os Hauçás, do Norte da Nigéria; as tribos Banto, do grupo congo-angolês, provenientes de Angola e Moçambique. Entre tais grupos havia centenas de dialetos. Diversos na língua e na cultura, os negros traziam da África hostilidades recíprocas.[17]

Os portugueses e suas autoridades evitaram a concentração de escravos de uma mesma etnia nas propriedades e nos navios negreiros. Essa política, a multiplicidade linguística e as hostilidades recíprocas que os negros trouxeram da África dificultaram a formação de núcleos solidários que retivessem o patrimônio cultural africano, incluindo-se aí a preservação das línguas. Os negros, porém, ao longo de todo o período colonial, tentaram superar a diversidade de culturas que os dividia, juntando fragmentos das mesmas mediante procedimentos diversos, entre eles a formação de quilombos e a realização de batuques e calundus. Alguns domicílios matrifocais das Minas constituíram-se como núcleos solidários, dando guarida às danças e aos batuques proibidos. Um dos elementos integrantes das identidades étnicas, as línguas africanas emergiam nesses rituais.[18] Contudo, na maioria das vezes, os documentos impedem a identificação da língua utilizada nas cerimônias, registrando apenas tratar-se de "língua que ninguém entendia", deduzindo daí sua origem africana — igual imprecisão verifica-se quanto às línguas usadas nos rituais indígenas no Pará do século XVIII, tomadas pelo inquisidor como "incógnitas". O ritual do Acotundá, praticado no arraial de Paracatu, nas Gerais de meados do século XVIII, é uma exceção à regra: nos documentos consta o uso da "língua de Courá", pertencente ao grupo linguístico ioruba.

As autoridades procuraram evitar a formação desses núcleos solidários, quer destruindo os quilombos, que causavam pavor aos agentes da Coroa — e, de resto, aos proprietários de escravos em geral —, quer reprimindo os batuques e os calundus promovidos pelos negros. Sob a perspectiva metropolitana, tais manifestações, criando uma identidade cultural, poderiam gerar uma consciência danosa para a ordem colonial. Por isso, capitães do mato, Juízo Eclesiástico e, com menos empenho, a Inquisição foram colocados em seu encalço. Porém, alguns senhores aceitaram as práticas culturais africanas — e indígenas — como um mal necessário à manutenção dos escravos.[19] Pelo imperativo de convertê-los ao catolicismo, ainda, alguns clérigos aprenderam as línguas africanas, como um jesuíta na Bahia e outros inacianos do período colonial; outras pessoas, por se envolverem no tráfico negreiro ou viverem na África — como Matias Moreira, residente em Angola no final do Quinhentos —, devem igualmente ter se familiarizado com as línguas dos negros.[20]

O francês, o holandês, o espanhol e o italiano também se fizeram presentes. Os franceses, frequentes na costa brasileira desde os inícios do Quinhentos, sempre deixavam marinheiros nas regiões que visitavam, para que se amasiassem com as índias e aprendessem sua língua. Na Guanabara e no Maranhão, havia intérpretes do tupinambá, sobre o qual André Thevet e Jean de Léry fizeram observações gramaticais, publicadas em 1575 e 1578. No Maranhão, verteram-se para essa língua a oração dominical, a saudação angélica, o símbolo dos apóstolos, os mandamentos e os sete sacramentos. O contato linguístico, além disso, teve mão dupla: alguns indígenas, como um chefe que viveu na França por um ano, aprenderam o francês.[21]

A ocupação holandesa ocorreu num momento em que os portugueses já haviam lançado as bases de sua civilização, enredando a índios e negros. Por isso, com o objetivo de garantir a dominação, os invasores fizeram concessões aos portugueses, sem, contudo, aplicar uma política séria de conciliação. No Brasil holandês, assim, o governo pautou-se por uma prudente e relativa tolerância em relação às diferentes etnias, nacionalidades e credos. Ao mesmo tempo, permitiu a instalação de indivíduos oriundos não apenas da Holanda, mas também da Alemanha, França e Inglaterra, provavelmente de credo protestante. A relativa tolerância dos holandeses envolvia a liberdade de culto, mas enclausurava as nacionalidades, etnias e grupos confessionais em si mesmos. Os judeus estavam impedidos de casar com cristãos; ódios, desconfianças e diferenças de credo separavam portugueses de holandeses e, talvez, de alemães, ingleses e franceses. Essa situação dificultava a consumação de matrimônios mistos: a nobreza da terra se encerrou em casamentos endogâmicos e apenas algumas mulheres dos estratos subalternos uniram-se a holandeses. Desse modo, inexistiu ambiente fecundo para que a multiplicidade linguística se enraizasse nos desvãos da intimidade cotidiana e para que se estabelecessem trocas culturais consistentes. A confluência das diversas línguas deve ter se restringido às ocasiões, mormente as públicas, em que o contato com os "outros" era inevitável ou imprescindível, exigindo algum tipo de intercâmbio no nível linguístico. Uma dessas circunstâncias foi a evangelização: a "prudência" dos holandeses levou-os a usar o português, pois os missionários protestantes notaram que o uso do neerlandês era ineficaz na instrução religiosa dos africanos e gentios da terra. Alguns missionários também aprenderam o idioma dos índios; outros, além disso, apelaram para o francês. O governo providenciou, por fim, a elaboração de cartilhas e compêndios de doutrina cristã para serem aplicados aos meninos índios; um catecismo trilíngue — holandês, português e tupi — foi composto, não tendo sido divulgado por objeções da Igreja holandesa.[22]

Menos indelével que essas ameaças ao português foi o ocorrido no Sul do Brasil. O pampa é uma paisagem fisicamente una, inexistindo acidentes naturais que separassem portugueses e espanhóis, exceto a oeste, onde o rio Uruguai os dividia. No Extremo Sul do território gaúcho, desse modo, havia grande mobilidade e uma estreita e beligerante convivência entre hispânicos e lusos, entre as línguas espanhola e portuguesa, de cuja intensidade é vestígio a musicalidade castelhana do português falado hoje nessa região.[23]

Durante a União Ibérica, entre 1580 e 1640, ao Brasil acorreram napolitanos, milaneses, neerlandeses e espanhóis, provenientes de regiões submetidas aos reis de Espanha.[24] Os espanhóis, estabelecendo-se de modo expressivo em São Paulo, exerceram seus ofícios, galgaram cargos públicos, tornaram-se "homens bons" e casaram-se, até mesmo com índias, como era costume na terra. Deixaram larga descendência, impedindo que a voracidade do tempo consumisse todas as suas marcas linguísticas: seus sobrenomes, algumas vezes aportuguesados ou indistintos dos lusitanos nos documentos escritos, sobreviveram. A permanência desses nomes e a trajetória bem-sucedida de muitos espanhóis e seus descendentes são claros sinais da integração dos mesmos na sociedade. A indiferenciação da escritura dos seus sobrenomes nos registros, em relação aos seus similares portugueses, ademais, talvez indique que a integração entre ambos os povos deu-se às custas da identificação do elemento espanhol com o português: o bilinguismo se espraiava pelos lares onde se reuniam elementos dos dois povos, mas o castelhano, pode-se conjecturar, não se transmitia aos descendentes. Em tal quadro, a irrupção de conflitos de monta no espaço público deve ter sido um fenômeno raro. Houve, é claro, atritos, como demonstram as lutas travadas entre as famílias Pires e Camargo, cada qual representativa de uma nacionalidade. Ocorreu, ainda, um episódio após a Restauração portuguesa: a aclamação de Amador Bueno, descendente de espanhóis, como rei dos paulistas. Todavia, a união pelo casamento das famílias Pires e Camargo e a recusa de Amador Bueno em aceitar ser rei, bradando "Viva El-Rei D. João IV, meu Rei e Senhor", sugerem que as diferenças eram passíveis de acomodação, e que, no cotidiano, talvez tenha se dado a adoção da "língua geral do Sul" pelos espanhóis e seus descendentes.[25]

A língua culta, por excelência, no período colonial, foi o latim. Nas escolas jesuíticas da Europa e da Colônia, só se falava latim e em latim se estudava a lógica, a retórica, a aritmética ou fosse o que fosse, segundo as mesmas regras, os mesmos compêndios, a mesma disciplina. Os livros, os apontamentos, as discussões, o estudo de outras línguas e do próprio vernáculo se faziam por meio do latim — nas palavras de Rómulo de Carvalho, "a escola não tinha pátria".[26] O latim imperava ainda nos templos, espaço público vital no cotidiano, ambiente de sociabilidades religiosas e mundanas. A missa, o breviário, as horas canônicas e os cantos eram em latim, tendo os sacerdotes que pronunciá-lo com maestria; sua pureza e seu uso foram objeto até mesmo de tensões entre autoridades e fiéis nas Gerais, no Setecentos.[27] Nesta região, no segundo quartel do mesmo século, o latim ganhou uma dimensão mitológica: símbolo e atributo de poder, seria utilizado pelo "rei Negro", líder escravo rebelde, mito mobilizador dos cativos e aterrorizador das elites. Por fim, o latim enraizava-se no universo privado dos letrados: imperava nos livros encontrados em suas bibliotecas; fornecia-lhes, ao lado do espanhol e do italiano, modelos para a produção poética, servindo-lhes, além disso, assim como estas línguas, para compor seus próprios versos.[28] O português, até as reformas pombalinas, valia apenas na medida em que permitia a comunicação com os fiéis, o mesmo ocorrendo, no Brasil, com o tupinambá.[29]

A partir do final do século XVIII, o francês concorreu com o latim como língua culta, sendo seguido de longe pelo inglês.[30] Às vésperas da independência, em Diamantina, o viajante Auguste de Saint-Hilaire encontrou vários homens instruídos que haviam aprendido o francês sem terem mestres, conhecendo os melhores autores. Alguns praticavam-no muito entre si, com o auxílio de uma gramática mal escrita. Na época, obras publicadas em francês tornavam-se frequentes nas bibliotecas coloniais. No Rio de Janeiro, nos anos 1790, João de Sezarão, francês de nascimento, lecionava a língua francesa, a qual, ainda, influenciava o léxico dos "inconfidentes de 1794" e era empregada pelos mesmos em discursos contra F, L e R. Na medida em que trazia consigo ideias revolucionárias, o francês era geralmente perigoso para os habitantes da Colônia. Na Bahia de então, quando estudantes manifestavam o desejo de fazer traduções do francês, viam-se prontamente desaconselhados por seus parentes, pois tal língua era considerada de libertinos, ímpios e ateus.[31]

INSTRUÇÃO E VIDA PRIVADA: OBEDIÊNCIA, SOBREVIVÊNCIA E ESCOLA

Estado e Igreja tomaram livros e saberes escolares como fontes de inquietação, de questionamento e, no limite, de ruptura dos laços coloniais. Estabeleceram, assim, desde o século XVI, uma contradição entre F, L e R e uma "civilização" que se tornasse excessiva a ponto de suscitar a soberba nos colonos. O jesuíta Manuel da Nóbrega, por exemplo, acreditava que a catequese dos brasis seria melhor sucedida que a de outros gentios, na medida em que era mais simples converter um ignorante do que um "malicioso e soberbo", do que "um filósofo, que todo se funda em sutilezas da razão". Isso porque as coisas mais essenciais da fé cristã "não se podem provar por razão demonstrativa, antes muitas são sobre toda razão humana".[32] O padre Antônio Vieira, em 1688, exaltou a primazia da "imensa Universidade das almas" sobre as universidades, prevenindo que a maior gula de natureza racional era o desejo de saber, que havia matado Eva e a tantos fazia perecer e adoecer entre os jesuítas. Concluindo, advertiu que a missão de Jesus Cristo, quando veio a este mundo, não foi o estudo das ciências, mas "a ciência somente da salvação": "E a vista deste exemplo verdadeiramente formidável, quem haverá que queira ser graduado em outra ciência?".[33] Portanto, nesse raciocínio, a imensa universidade de almas e súditos a enredar sobrepunha-se à pedagogia escolar e ao ensino superior, contendo os livros o perigo de levar à soberba.

Sendo o excesso de *polícia*, de civilização, um fantasma a exorcizar, a escola recebeu pouca atenção da Coroa, tendência acentuada na Colônia. Até 1759, a Companhia de Jesus foi o principal agente da educação, possuindo várias escolas, voltadas para a formação de clérigos e leigos. Além dos colégios jesuíticos, existiram as escolas vinculadas às ordens dos beneditinos, dos franciscanos e dos carmelitas, e, a partir de fins do século XVII, os seminários, criados em várias localidades do país e marcados pela influência jesuítica. Embora nos colégios houvesse cursos superiores, el-rei procurou, após a extinção da Universidade de Évora, em 1759, manter a dependência face à Universidade de Coimbra, tornada nevrálgica no pacto colonial. Assim, impediu a criação de universidades na América portuguesa; recusou-se, até 1689, a conceder todos os graus e privilégios universitários aos alunos dos colégios jesuíticos; e rejeitou em 1768 um pedido da Câmara de Sabará para que se criasse uma aula de cirurgia.[34]

Com Pombal, iniciou-se uma fase de reformas educacionais. Os inacianos foram expulsos em 1759, fechando-se seus colégios e provocando-se uma grave crise nos seminários que se encontravam sob sua influência. Com as reformas, o Estado assumiu diretamente a responsabilidade sobre a instrução escolar, cobrando um imposto, o subsídio literário, e introduzindo as *aulas régias*. O governo, além disso, movido por uma visão pragmática do conhecimento científico, tomou uma série de medidas culturais e educacionais a fim de dinamizar a produção de matérias-primas na Colônia em benefício da Metrópole, entre as quais o apoio à constituição de academias científicas e literárias, e a criação de instituições educacionais e *aulas* voltadas para estudos práticos e científicos. Com o intuito de reforçar os elos com a Metrópole, a Coroa incentivou a ida de brasileiros para Coimbra. A transferência da corte para o Rio de Janeiro impulsionou essa política de desenvolvimento de pesquisas científicas e de abertura de instituições de ensino. Tais iniciativas educacionais e científicas, no entanto, sendo marcadas por seu caráter pragmático, escasso e circunstancial, não levaram a um progresso científico expressivo e não alteraram, na prática, nem a tendência de desprestigiar a educação escolar, nem muito menos a dependência, em termos de ensino superior, desde 1759, da Universidade de Coimbra. As reformas, na sua concretização, ademais, enfrentaram problemas, estabelecendo-

-se uma grande distância entre as intenções legais e a realidade. O ensino, do nível das primeiras letras ao secundário, passou a ser ministrado sob a forma de aulas avulsas, fragmentando o processo pedagógico. Faltaram professores, manuais e livros sugeridos pelos novos métodos. Os recursos orçamentários foram insuficientes para custear a educação pública, havendo atrasos nos salários dos mestres. A Coroa, em determinadas ocasiões, chegou mesmo a delegar aos pais a responsabilidade pelo pagamento dos mestres. Isso mostra como a educação, tornada pública pela lei, esteve em grande parte privatizada.[35]

Educação e escola viram-se limitadas, ainda, por outros fatores. A instrução escolar foi, muitas vezes, inacessível aos homens pardos, por culpa das próprias autoridades da Colônia, que agiam à revelia das ordens régias. Em fins do século XVII, os colégios jesuíticos recusaram-se a admitir pardos entre seus alunos, vindo a fazê-lo apenas após firme determinação do rei.[36] Em 1721, o governador de Minas, d. Lourenço de Almeida, recebeu ordem de d. João V para que, em cada vila, se pagassem mestres para ensinar a ler, a escrever, a contar e, ainda, o latim, à multidão de ilegítimos da capitania. Embora dissesse que cumpriria a determinação, o governador receou fracassar, porque os rapazes eram "filhos de negras", acabando por não tomar qualquer iniciativa.[37] Quase quarenta anos depois, nas mesmas Minas, em Mariana, o juiz de fora e de órfãos José Antonio Pinto Donas Boto arbitrou à viúva de Manoel Pimenta, Isabel da Silva de Abreu, mulher parda, valor menor que o por ela pedido para sustentar, educar e instruir seus filhos, sugerindo-lhe, ainda, que os colocasse para servir. O juiz alegava que os mesmos eram pardos, sendo cabível fazê-los trabalhar e, inversamente, injustificáveis os gastos com instrução propostos pela mãe.[38]

A instrução escolar era prisioneira da orientação religiosa e calcava-se na repetição, sendo de algum modo refratária ao espírito científico nascente. O que contava, tanto do ponto de vista da organização dos estudos quanto de sua apropriação pelas elites sociais, era a imitação dos textos clássicos gregos e latinos, havendo uma grande valorização do exagero, da retórica e da eloquência. A instrução, assim, subordinava-se à civilidade das aparências, constituindo um ornamento a ser ostentado pelos indivíduos socialmente privilegiados. Bem próximo à independência, em Sabará, Saint-Hilaire encontrou um professor de latim e de filosofia racional e moral, egresso da Universidade de Coimbra, que encarnava esse ideal pedagógico: escrevera um texto em que, em meio a "*lugares-comuns*, muito bem concatenados, sobre as vantagens da filosofia", mostrava querer "*ter a eloquência de Cícero* para celebrar seus benfeitores; ele queria *poder* fazer conhecido do universo inteiro a acolhida que tivera na vila, e *ter à sua disposição todas as trombetas do sucesso*".[39]

Estado e Igreja, descuidando desse ensino escolar eloquente, retórico e imitativo — e, de resto, elitista e ornamental —, adotaram uma perspectiva geral de educação claramente reprodutivista, voltada para a perpetuação de uma ordem patriarcal, estamental e colonial. Assim, priorizaram, de um lado, uma não pedagogia, acionando no cotidiano o aparato repressivo para inculcar a obediência a F, L e R, e, de outro, cultivaram uma educação para a mera sobrevivência, atribuindo à iniciativa privada tarefas educativas cujo sentido restringia-se à reprodução da ordem social. As *Ordenações filipinas*, por exemplo, determinavam aos tutores dos órfãos várias obrigações: doutriná-los; ensinar-lhes as orações, o temor e o amor a Deus; apartá-los do mal e aproximá-los do bem. Subordinando-se a uma ordem marcada pela vigência de critérios estamentais e pela opressão da mulher, as normas diferenciavam a instrução dos órfãos conforme o seu grupo social e seu sexo. Aos homens, devia-se ensinar a ler, a escrever e contar — até certo tempo, apenas aos homens de classes abastadas e, mais tarde, a todos. Às mulheres, a coser, a lavar, a fazer rendas e todos os misteres femininos. Diferentes condições sociais, diferentes aprendizagens: os filhos de pessoas de "menor qualidade" poderiam ser dados a outrem para trabalhar e aprender em troca do sustento e criação, sendo os filhos de lavradores entregues a lavradores, e os filhos de oficiais mecânicos, a outros oficiais. Às pessoas de "maior qualidade", porém, como um neto de nobre da terra, não se podia obrigar a aprender um ofício mecânico.[40]

Essa perspectiva de educação restrita à preservação da sobrevivência disseminou-se socialmente. Contudo, na sociedade colonial e, dentro dela, para os diferentes grupos sociais, tanto a educação para a sobrevivência como a instrução escolar possuíram significados variados, dependendo da própria inserção diferenciada dos grupos numa hierarquia social escravista e estamental. As perspectivas educacionais foram limitadas pela precariedade da existência da maioria dos indivíduos: a luta para subsistir, reduzindo-se quase literalmente ao sobreviver, impedia-os de alimentar maiores expectativas em relação à escola, que já lhes era inacessível pelos múltiplos obstáculos colocados pelo próprio Estado. Os limites de sua experiência no mundo, suas diminutas possibilidades de agir e apreender a realidade, confinavam-nos no desinteresse pelo saber. Numa realidade marcadamente rural e selvagem, poucos desfrutavam de uma posição social sólida que permitisse a ultrapassagem de tais limites. Para grande parcela das gentes era impossível valorizar a escola: como fazê-lo, se a luta pela sobrevivência ou a ambição, no caso dos colonizadores, levava-os a embrenhar-se pelos matos à procura de metais, "peças", almas, animais ou a avançar a fronteira agrícola, defrontando-se com "gentios bravos" e uma fauna repleta de perigos, convivendo lado a lado com o inimigo, nas pessoas dos escravos, negros e índios? Como fazê-lo, ainda, sendo escravos, estando sujeitos a outrem? Como pensar em escola, por fim, sendo homem livre expropriado, pobre, em uma palavra, *desclassificado*, encontrando-se sempre sob a expectativa de recrutamento pelas autoridades para a execução de tarefas as mais diversas?

Em existência tão precária, contando com espaço tão diminuto de ação, ignorantes do mundo, os indivíduos não podiam alimentar expectativas em relação à escola, quanto mais que esta, prisioneira de uma visão retórica e eloquente de saber, representava a negação da cultura e da experiência de vida da maioria das gentes, levando à repressão cultural e à exclusão social. Valorizar a instrução estava muito além das possibilidades da escola e dos limites da existência das populações. Essa estreiteza da realidade dos colonos apareceu numa conversa mantida por Saint-Hilaire, nos inícios do século XIX, nas proximidades de São João del Rei. Uma mulher e suas filhas, espantadas ao verem insetos espetados no chapéu de Saint-Hilaire e as plantas que saíam de sua pasta, disseram que os mineiros não tinham desejo de aprender, não se preocupavam com aquelas coisas, pois não passavam de "ignorantes e brutos". Numa realidade que ensejava apenas a luta pela estrita sobrevivência, ignorante do mundo, bruta, não havia como valorizar o saber escolar, a ciência.

Para a imensa população negra escrava, educar-se significava assimilar-se, passar de *boçal* — isto é, de um estado de trânsito limitado à própria cultura, sem ter domínio da língua portuguesa, sendo capaz apenas de comunicar-se primariamente com outrem — para *ladino* — uma situação de maior integração na sociedade colonial e na nova cultura. Entre os índios escravizados, fenômeno similar deve ter sucedido. Entretanto, os negros e índios que almejavam sobreviver *fora da ordem colonial* procuraram aprender as múltiplas formas de rebeldia. As resistências de alguns venceram o silêncio imposto nos documentos, emergindo nestes, contudo, com seu sentido original mutilado pelo filtro do colonizador. O índio Momboré-uaçu, por exemplo, tendo assistido à colonização portuguesa em Pernambuco, expôs a índios e colonos da França Equinocial como, de uma aproximação amistosa, chegou-se até a escravização e ao morticínio, aventando, à luz disso, a suspeita de que o contato com os franceses tomaria idêntico rumo.[41] Alguns índios questionaram com Anchieta sobre os preceitos da fé cristã que lhes eram ensinados: um velho pôs em dúvida a virgindade de Maria, mostrando-se espantado e intrigado com o fato "de Nossa Senhora parir e ficar virgem". E o tamoio Pindobuçu perguntou-lhe qual era a razão para os padres não terem mulheres, incomodando-o com uma interrogação: "E não as desejais, quando vedes algumas formosas?". A isso, o bravo inaciano retrucou dizendo que se tratava de um mandamento de Deus, mostrando-lhe os jejuns, as abstinências e as autoflagelações com que domava a carne. Pindobuçu, então, replicou: "E Deus que lhes há de fazer? Por que tendes medo d'Ele?". Anchieta, então, contou-lhe sobre "o inferno e glória".[42] De qualquer forma, logrando incutir esse medo ou encontrando resistências, a educação, para a maioria dos negros e índios, passou longe da escola e pautou-se em algum nível pela violência.

No conjunto da sociedade predominou o desprestígio da educação escolar, entretanto esteve longe de inexistir qualquer apreço à escola. Se, no Reino, nos séculos XVI e XVII, assistiu-se a movimentos populares contra as escolas jesuíticas, por entender-se que os colégios desviavam os moços dos trabalhos do campo e das oficinas, prejudicando a produção e roubando os homens da guerra, não houve, na Colônia, movimento similar. Os jesuítas foram expulsos pelos povos em São Paulo, em 1640, e no Maranhão, em 1661 e 1684, mas antes por serem um obstáculo à escravização dos índios do que por questões educacionais.[43] A valorização da escola na Colônia, porém, variou conforme os grupos sociais, os espaços e tempos, tendo crescido no século XVIII, particularmente em Minas Gerais, favorecida pelo florescimento de uma civilização urbana. A instrução, é bem verdade, abrindo portas para a conquista de cargos, sempre foi um apanágio dos privilegiados ou dos que podiam e almejavam ascender. Elemento de reforço do status ou de sua melhoria, a instrução possuía, ainda, uma natureza pública: era ostentada, inscrevendo-se na civilidade das aparências. Assim, nos colégios jesuíticos, prestigiavam-se as cerimônias de outorga dos graus acadêmicos, nas quais se usavam as insígnias correspondentes; os alunos, em fins do século XVII, exibiam-nas em outras ocasiões, igualmente públicas, mas não oficiais.

Embora seja difícil avaliar o apreço pela instrução escolar na Colônia, é possível alinhavar algumas impressões sobre a região sudeste, a partir de meados do século XVIII. A regra geral foi, por parte das elites, dos proprietários de terras e lavras e dos grandes comerciantes, o maior devotamento à instrução.

Mesmo dentro de tão estreito espectro social, o apreço distribuiu-se de modo irregular. Muitos dos comerciantes europeus estabelecidos no Brasil eram rústicos, não sabiam sequer ler e escrever; tendo começado do nada, ao se tornarem ricos, conservavam-se no mesmo estado. No início do século XIX, os cafeicultores do vale do Paraíba fluminense possuíam perfil similar: nada gastavam com a educação dos filhos. Em Minas Gerais, nas comarcas de Sabará, Vila Rica e Serro Frio, no período de maior opulência, os proprietários fizeram, muitas vezes, sacrifícios para educar os filhos, ao contrário do que sucedeu na comarca do Rio das Mortes: enviavam-nos à Universidade de Coimbra, a fim de capacitá-los a ocupar altos cargos e, quando não tinham posses suficientes, matriculavam-nos no Seminário de Mariana.[44] Além do desejo de garantir um futuro melhor para os filhos, esses pais moviam-se por preconceitos: temiam que eles não herdassem "os estímulos da honra", mas os costumes dos negros, mulatos e gentios.[45]

Concentrando-se irregularmente entre as elites, o interesse pela educação escolar, ou, ao menos, pela instrução, contudo, não se confinou nesses horizontes. O episódio protagonizado por Isabel da Silva de Abreu, que se mencionou acima, ocorrido em Mariana, nos idos de 1760, parece sugeri-lo. Viúva, mãe, mulher parda, desejava garantir a instrução de seus filhos, tendo para isso chegado a confrontar-se com o juiz de órfãos. O filho mais velho aprendia o ofício de boticário, com alguém que lhe ensinava em troca de pagamento; e a um outro, Isabel havia colocado para aprender a ler e a escrever, esperando vê-lo instruir-se ainda em algum ofício. Portanto, essa mulher parda valorizava a instrução dos filhos, lutando para manter e, quiçá, superar a posição social em que estavam. Na sua perspectiva educacional, por fim, nota-se um viés marcadamente estamental: segundo suas palavras, não havia como prover aos filhos a partir do trabalho dos mesmos, pois, em Minas Gerais, o único ministério que lhes caberia era o de feitor, mas eles não tinham idade para tanto, nem poderiam "trabalhar com uma alavanca, nem com uma enxada".[46] Portanto, se o juiz diminuiu os rendimentos de Isabel por entender que seus filhos, sendo pardos, deviam trabalhar e não mereciam uma instrução esmerada, a viúva, por seu lado, possuía para seus filhos uma expectativa em que se excluía o trabalho manual. A instrução, enfim, encontrava-se para a parda Isabel e para o juiz perpassada por juízos estamentais.

Indícios da elitização da instrução escolar e, ao mesmo tempo, do interesse que a mesma despertava na sociedade encontram-se nas assinaturas deixadas nos inventários coloniais. Examinando 163 inventários feitos em Mariana até 1822, num universo de 2582, identifiquei 103 inventariantes (63,2%) que conseguiram assinar o próprio nome. Considerando-se que os inventariantes, em sua maioria, pertencem às camadas proprietárias, conclui-se que entre estas era difundida a capacidade de assinar. Ela, contudo, não se distribuía do mesmo modo pelos sexos. Embora as mulheres correspondessem a quase a metade dos inventariantes (eram 75, enquanto os homens totalizavam 85, tendo a justiça se responsabilizado por dois inventários), não chegavam a um terço dos aptos a assinar (apenas 33 mulheres o fizeram). Os brancos, totalizando 149, preponderavam entre os inventariantes, enquanto os indivíduos de cor, negros e mulatos, sendo apenas cinco, eram uma minoria; e 97 brancos, dois negros e um mulato foram capazes de assinar o próprio nome. Se esses poucos negros e mulatos driblaram os obstáculos de acesso à instrução, é bom lembrar que a maioria deles não conseguiu transpô-los, ficando no analfabetismo.[47] Tais índices de autógrafos, encontrados entre os inventariantes de Mariana na época colonial, não se distanciam muito dos verificados entre homens e mulheres no Reino: respectivamente, 76% e 16,4% dos mercadores, proprietários e outros abastados que fizeram subscrições na cidade do Porto, entre 1580 e 1640; e 72,8% e 16,5% dos depoentes da Inquisição de Lisboa, no Seiscentos. No entanto, os índices de assinaturas obtidos em fontes mais representativas do conjunto da população reinol, em Aguiar de Souza, no Porto, entre 1750 e 1820, mostram que o analfabetismo imperava, girando em torno de 60% — e isso sugere que, na Colônia, essa cifra deveria ser muito superior e a alfabetização, um apanágio de poucos.[48]

O ensino oferecido nos colégios das ordens religiosas — ensino semipúblico, visto que indiretamente subordinado ao Estado — e nas aulas régias — educação propriamente pública, diretamente jurisdicionada à Coroa — teve um alcance social limitado em extremo. As reformas desenvolvidas a partir de Pombal agravaram a situação da educação escolar ainda mais: na medida em que havia poucas aulas régias e em que as disciplinas, via de regra, não eram oferecidas em todas as vilas e cidades, os interessados em instruir-se tinham que se deslocar por vários locais. Em 1818, quando as reformas já estavam sedimentadas, apenas 2,5% da população masculina livre, em idade escolar, era atingida pelas aulas régias em São Paulo, situação que devia ser similar à do Brasil em geral.[49] Por isso, no período colonial, os pais desejosos de garantir a instrução dos filhos tiveram eles próprios que o fazer, ou que se socorrer nos préstimos de parentes e capelães, ou ainda, que contratar mestres para lhes ensinar, em especial as primeiras letras. A instrução na Colônia processava-se, assim, em grande parte, no âmbito do privado, preenchendo o vazio da escola pública e semipública inexistente ou escassa; quando se ultrapassavam os domínios da informalidade, estabelecendo-se vínculos formais entre professor e aprendizes, criava-se um ambiente se não tipicamente escolar, ao menos muito próximo de sê-lo.

Segundo Gilberto Freyre, os filhos dos senhores de engenho nordestinos, até meados do século XIX, costumavam fazer seus estudos na casa-grande, onde quase sempre havia uma sala de aula, com capelães ou mestres particulares. Aos sinhozinhos, em alguns casos, juntavam-se os filhos de escravos e outros moleques, todos aprendendo juntos a ler, a escrever, a contar e a rezar.[50] Nas Minas Gerais, no século XVIII, foram inúmeras as pessoas que galgaram níveis superiores de instrução após aprenderem as primeiras letras nas "escolas familiares": Cláudio Manuel da Costa, por exemplo, alfabetizou-se com um tio da Ordem da Santíssima Trindade; o poeta e frei José de Santa

Rita Durão, o também poeta José Basílio da Gama e o escultor Antônio Francisco Lisboa, o Aleijadinho, entre outros, passaram igualmente pela experiência de aprender a ler e a escrever no espaço doméstico.[51] Nas vilas e arraiais da Colônia, além disso, sempre existiram mestres-escolas.[52]

Além das primeiras letras, no privado também se ensinavam ofícios. Branca Dias, em Olinda, no crepúsculo do Quinhentos, possuía em sua casa uma escola de corte e costura destinada às filhas dos colonos.[53] No sertão do São Francisco mineiro, d. Maria da Cruz, mulher que pôs os povos a se rebelarem contra as autoridades nos anos 1736-7, mantinha escolas de leitura e de música. Josefa de Godói Castro, em sua casa em Mariana, décadas mais tarde, ensinava moças a ler e a costurar.[54] No Rio de Janeiro, Manoel Pereira Landim, ao final do século XVIII, ensinava o ofício de marceneiro.[55] Muitos letrados da Colônia formaram-se nesse sistema de mestre e aprendiz, tais como os "mestres de risco", que praticavam a arquitetura e a engenharia, os boticários e os cirurgiões, os quais, depois de aprenderem na prática, prestavam um exame para serem autorizados a exercer a profissão. Membros das academias literárias setecentistas passaram por esse tipo de formação, sendo poucos entre eles os que estudaram nas universidades. Outros letrados, todavia, não enfrentaram nem as escolas nem os mestres-escolas: foram autodidatas, retirando dos livros que encontravam nas bibliotecas os elementos para sua formação intelectual.[56]

AS BIBLIOTECAS PRIVADAS NA COLÔNIA: DAS OBRAS DEVOCIONAIS À ILUSTRAÇÃO

O Quinhentos foi pobre em livros, bastante escassos na América portuguesa. Os primeiros chegaram provavelmente com os jesuítas vindos com Tomé de Sousa. Os jesuítas copiavam à mão os livros existentes, para que seus alunos e discípulos pudessem estudar, e fizeram pedidos de remessa de obras para a Colônia. Manuel da Nóbrega solicitou livros para solucionar dúvidas, enquanto o irmão Pero Correia mostrou interesse por aqueles que o instruíssem no latim e o auxiliassem em sua ação missionária: manuais de confissão, catecismos, uma suma da doutrina cristã e *Flos sanctorum*, obra sobre vidas de santos das mais procuradas até o século XVIII.[57]

Segundo Jorge de Souza Araújo, no século XVI, predominavam os livros religiosos — obras de doutrina, de devoção mística e ascética — e, ainda, os clássicos, expurgados de trechos considerados inconvenientes.[58] Nem tudo, porém, cheirava a ortodoxia. No meio rural, circulavam livros de sorte. No Nordeste, a *Diana*, de Jorge Montemor, obra proibida, então de grande sucesso, era possuída e lida por várias pessoas: em Pernambuco, Bartolomeu Fragoso, licenciado em artes, e, na Bahia, Paula Siqueira e um cristão-novo, que também recorria às *Metamorfoses*, de Ovídio, e à *Eufrasina*, obras igualmente defesas.[59] Diogo de Couto, vigário da vara em Pernambuco, lia livros interditados por Roma ou pelo Santo Ofício, como a *Ropica Pnefma*, de João de Barros, estimulando outras pessoas a fazê-lo.[60] Em Ilhéus, nos idos de 1574, o italiano Rafael Olivi — talvez o mais afortunado indivíduo em termos de livros de então — tinha uma *livraria* com 27 volumes, atualizadíssima, que fugia aos padrões, mesmo àqueles que iriam viger nos séculos posteriores, não se compondo apenas de obras devocionais. Embora estas fossem majoritárias, havia um tratado sobre a arte de cavalgar e títulos e autores de ciências e filosofia: *La nuova ciencia*, de Niccolò Tartaglia; Aristóteles; *Libelus de tactus*; e *Discorsi*, de Niccolò Machiavelli.[61] Na França Antártida, os portugueses encontraram, depois de esmagá-la, um missal com imagens roídas e uma multidão de livros calvinistas.[62]

No século XVII, o panorama não se alterou muito, nem mesmo no Brasil holandês ou na França Equinocial, para onde os franceses embarcaram dois baús com livros, provavelmente jogados ao mar em meio a uma tormenta.[63] As bibliotecas continuaram a ser raras e a ter uma composição baseada em obras devocionais: catecismos, resumos de história santa, diretivas, exercícios espirituais e manuais para melhor aproveitar os sacramentos e a liturgia, livros de novenas e de orações. A Bíblia era praticamente ignorada. Entre os títulos mais frequentes, estavam *O pecador convertido*, do frei Manuel de Deus; as *Horas marianas*, do padre Francisco de Jesus Maria Sarmento; e as *Obras espirituais*, de Luís de Granada, obras das mais editadas e difundidas no período colonial.[64] Alcântara Machado, debruçando-se sobre cerca de 450 inventários paulistas feitos entre 1578 e 1700, encontrou livros em quinze, contabilizando, ao todo, 55 títulos — pouco mais do dobro do acervo de Rafael Olivi. Em sua maior parte, eram obras devocionais, destacando-se entre elas: *Horas de rezar em linguagem*, alguns confessionários, um *Livro de são José*, alguns sermões, vidas de santos, *Floro cristiano* e *Imagem da vida cristã*, de Heitor Pinto. De literatura profana, havia títulos como *Crônica do grão-capitão*, de Gonçalo de Córdova, e *Novelas*, de Miguel de Cervantes. Em termos de obras jurídicas, apenas uma *Ordenações do Reino* (inexistente na Câmara de São Paulo até 1587, por falta de dinheiro); entre os didáticos, relacionavam-se *Prosódia*, de Bento Teixeira (proibida por Pombal), *Tratado prático de aritmética*, e outras.[65]

A partir do século XVIII, assistiu-se a uma mudança na composição das bibliotecas. Se, no geral, a tendência foi a continuidade do predomínio de obras devocionais e, de resto, religiosas, em algumas livrarias, em particular nas pertencentes a pessoas que tiveram acesso a uma educação mais esmerada, abriu-se espaço para as ciências e os saberes profanos, deixando-se contaminar pela ilustração.

Em Minas Gerais, no período, poucas pessoas possuíam livros, representando parcela insignificante da população e, até mesmo, dos homens livres. A propriedade de livros, porém, ao que parece, disseminou-se mais que nas outras capitanias nos séculos anteriores, tendo sido favorecida pela constituição de uma civilização urbana, com um expressivo setor de serviços. Manifestações literárias como as ocorridas na primeira metade do século XVIII, nas festas do Triunfo Eucarístico e do Áureo Trono Episcopal, são indícios da existência de bons oradores sacros, prosadores e poetas em Vila Rica — e os escritos desses homens supõem o acesso aos livros, feito por meio da aquisição ou do empréstimo. Os livros, de fato, circulavam em Minas desde os princípios do Setecentos: Manuel Nunes Viana, entre o final da década de 1720 e a década seguinte, financiou edições e possuía boas obras. Martinho de Mendonça, governador interino de 1736 a 1737, recebia gazetas inglesas e fez pedidos de livros.[66]

O exame dos inventários e dos *Autos da devassa da Inconfidência Mineira* acusa uma presença significativa de livros em Diamantina, Mariana, Vila Rica e São João del Rei — os principais centros urbanos de Minas no século XVIII. A distribuição da posse de livros diferenciava-se conforme a categoria profissional e a posição dos inventariados e inconfidentes, concentrando-se nos proprietários, funcionários públicos, clérigos e letrados. O tamanho das bibliotecas mineiras era diverso, não sendo determinado pela riqueza, mas pelo grau de refinamento intelectual e de escolaridade dos proprietários. Padres, advogados e cirurgiões possuíam, via de regra, as maiores bibliotecas. Havia, ainda, uma relação estreita entre, de um lado, a composição das livrarias e, de outro, a condição social e os ofícios dos seus proprietários. Aqueles que se dedicavam a ofícios, na maioria das vezes, possuíam livros relacionados às suas carreiras.[67] Entre os padres, por exemplo, a maioria possuía obras de devoção e liturgia, teologia e cânones; a grande exceção é o cônego inconfidente de Mariana, Luís Vieira da Silva, cuja biblioteca era composta por 52,7% de livros profanos contra 35% de títulos de ciências sacras.[68]

O *Prontuário de teologia moral*, de Francisco Larraga, era a obra mais frequente nas bibliotecas eclesiásticas mineiras, o que as assemelhava às suas congêneres do Porto, onde esse livro ocupava a mesma posição, apesar de ter sido vítima da censura portuguesa no último quartel do século XVIII.[69] Em algumas bibliotecas clericais persistiam as formas mais arcaicas de compreender o mundo, nem sempre muito ortodoxas; em outras, ecoavam as inovações mentais. As livrarias dos clérigos inconfidentes distinguiam-se das pertencentes aos outros padres por se abrirem em maior grau às ciências profanas, mostrando que seus interesses ultrapassavam os limites imediatos do trabalho pastoral, valorizando os problemas mundanos. Os clérigos não conjurados, pelo contrário, eram prisioneiros de suas atribuições mais imediatas, fosse no trabalho pastoral, litúrgico, fosse nas atividades administrativas, que exigiam conhecimentos canônicos-jurídicos. A meio caminho entre uma categoria e outra estava a grande livraria de d. frei Domingos da Encarnação Pontevel, bispo de Mariana, composta por 412 títulos e 1066 volumes. Por um lado, possuía obras das mais ortodoxas do ponto de vista da igreja: santo Tomás, Vieira, são Basílio, são Jerônimo, o *Flos sanctorum*, o papa Benedito XIV, livros recomendados de teologia e cânones etc. Por outro, abria-se às ciências e à ilustração, contemplando autores como Atanásio Kircheri, Ignacio Gravesande, Antonio Genovesi, William Robertson e Teodoro de Almeida; e em títulos como *História natural do Brasil*, *Eléments de mathématique*, *Eléments de géométrie* e *Aritmética*. Acolhia, ainda, o *Cursus theologicus et moralis*, da Universidade de Salamanca, no qual haveria um trecho que referendava as relações sexuais e o estupro de mulheres; o proibido Bento Pereira; os malvistos atricionistas, e, talvez, *Anecdotes ecclésiastiques, contenant la police et discipline de l'Eglise chrétienne*, livro censurado em Portugal.[70]

Os padres inconfidentes eram mais sensíveis às inovações que ocorriam nas ideias políticas, filosóficas e científicas. O padre Toledo possuía a *Lógica*, de Luís Antônio Verney, enquanto o padre Costa tinha uma obra do poeta satírico inglês Alexandre Pope e cinco livros de ciências, reunindo títulos de medicina, biologia, matemática e botânica. O cônego Vieira da Silva contava com uma livraria recheada com autores dos mais importantes na cultura ocidental: clássicos, como Anacreonte, Catulo, Cícero, Demóstenes, Horácio, Júlio César, Ovídio, Petrônio, Quintiliano, Sêneca, Suetônio e Virgílio, pensadores que contribuíram com a ciência moderna (Descartes, Gravesande e Musschenbroek), escritores modernos (Camões, Corneille, Francisco Sá de Miranda, Metastásio, Milton e Racine) e "filósofos" ilustrados (Bento Feijó, Condillac,

Diderot, Hume, Genovesi, Mably, Marmontel, Montesquieu, Verney, Voltaire e Robertson). Porém, tinha também obras de pensadores afinados com a ortodoxia clerical: santo Tomás, são Bernardo, Carlos Joaquim Colbert (do *Catecismo de Montpellier*) e Petrus Collet.

As maiores bibliotecas identificadas nos inventários de Mariana pertenciam a três advogados. Nelas, apesar de predominarem obras de direito, estavam presentes livros de ciências sacras. O dr. José Pereira Ribeiro tinha 201 títulos, a maioria deles de jurisprudência. A estes se juntavam obras-primas da literatura universal, gramáticas, dicionários, livros de história, geografia, ciências naturais, filosofia e teologia. Entre os ilustrados, encontravam-se: Condillac, D'Alembert, Genovesi, Montesquieu, Voltaire, Wolff e William Robertson.[71] Suspeita-se que ele possuía a *Histoire philosophique et politique des établissements et du commerce des européens dans les deux Indes*, do abade Raynal, tendo-a emprestado aos inconfidentes. O peso da formação jurídica é visível em outras livrarias de advogados. Na biblioteca de Cláudio Manuel da Costa, inconfidente mineiro, por exemplo, mais de 30% dos livros referiam-se a cânones e ao direito, aos quais se seguiam, primeiro, as obras de literatura — expressando a veia poética do conjurado — e, depois, os dicionários e livros de história, filosofia, política, teologia e escritura santa. Já na livraria de Inácio de Alvarenga Peixoto, magistrado, poeta e conjurado residente em São João del Rei, contam-se apenas quatro títulos, não refletindo nem sua carreira jurídica nem suas pretensões poéticas, embora destas últimas recebesse ecos: as obras de Metastásio, Crébillon, Voltaire e do padre Manoel (gramático jesuíta cuja obra foi proibida por Pombal).[72]

Os inventariados que se dedicavam às atividades associadas à propriedade da terra tinham bibliotecas que se limitavam às obras devocionais e litúrgicas — sermões, missais, livros de santos e orações. Em algumas dessas livrarias, acrescentavam-se, em menor número, manuais didáticos e obras de literatura, história e medicina.[73] Nem todos os proprietários de terra, porém, tinham bibliotecas com esse perfil, como, por exemplo, na região de São João del Rei, os inconfidentes José Aires Gomes e José Resende Costa: o primeiro reunia uma obra didática e três de medicina, e o segundo, vários livros de literatura (os franceses Boileau, Fénélon, Molière, Racine, Voltaire e Marmontel, e os antigos Cícero, Quintiliano e Horácio) e um de filosofia (Genovesi).[74]

Nas demais capitanias, do século XVIII até 1822, a situação dos livros não diferiu muito da encontrada em Minas. Nas bibliotecas e na circulação legal de livros, viam-se também os progressos do francês e uma estreita ligação com as carreiras de seus proprietários, assim como a diversificação dos interesses destes últimos, estendendo-se das obras devocionais e de ciências sacras para as ciências profanas, principalmente as naturais. Em 1805, Tomás Gonçalves, capitão do navio *Mercúrio*, atracou em Lisboa, procedendo da Bahia, com vinte tomos de livros de seu uso, "necessários para a sua navegação" e "também outros de história e divertimentos", com os quais entreteve "o tempo nas suas navegações". Em 1796, Manoel de Siqueira, padre secular, professor régio de filosofia racional, levou para Cuiabá uma biblioteca de 98 títulos, similar à do cônego inconfidente Vieira da Silva, das Gerais: nela, as ciências profanas imperavam, totalizando 77 livros (contra dezesseis de ciências sacras). Consoante o exercício da docência de filosofia (que abrangia as ciências), o padre tinha quinze obras de filosofia e vinte de ciências naturais (botânica, química, medicina e física), incluindo livros de ilustrados (Verney, Genovesi, Condillac e Teodoro de Almeida) e de renomados cientistas (Musschenbroek, Lavoisier, Chaptal e Tissot).[75]

Na Bahia, o padre Francisco Agostinho Gomes, ilustrado da passagem do século XVIII para o XIX, reunia a melhor e maior livraria particular do Brasil de então, composta de milhares de livros, entre eles as obras de Lavoisier, de Buffon, de Thomas Paine, de William Robertson; a *Encyclopédie* de Diderot e D'Alembert, e a *Wealth of Nations*, de Adam Smith; e títulos variados em língua inglesa e francesa sobre história natural, economia, política, viagens, filosofia. Cipriano Barata, cirurgião e conjurado baiano, possuía trinta obras, na maioria francesas ou traduzidas para o francês, versando sobre medicina, física, química, matemática e filosofia, nenhuma sendo, porém, subversiva. Hermógenes de Aguiar Pantoja, também conspirador, tinha livros de autores franceses em voga (entre eles, Fénélon) e de Antonio Genovesi; títulos de matemática e gramática; um dicionário.[76]

No Rio de Janeiro, João Mendes da Silva, pai do poeta Antônio José, possuía 250 volumes, sendo 150 de direito e o restante de história e curiosidades. Os inconfidentes cariocas também tinham muitos livros, como Jacinto José da Silva e Mariano José Pereira da Fonseca. Na biblioteca deste último, os livros franceses, de vários assuntos, eram a maioria dos 96 volumes, destacando-se a *Histoire philosophique*, do abade Raynal, o *Émile*, de Rousseau, e os *Direitos do cidadão*, de Mably. Havia ainda livros de direito, clássicos da literatura francesa (Corneille, Racine, Molière, Boileau, La Rochefoucauld, Fénélon etc.), filósofos ilustrados, fisiocratas e dicionários. Já o estudante Francisco de Veras Nascentes, em 1808, reunia catorze livros, em sua maioria didáticos, enquanto Domingos Fernandes da Cruz, o torneiro que homiziou o Tiradentes, tinha uma *Cartilha* e sete livros devocionais.[77]

Quadro similar verificou-se nas remessas de livros que livreiros e clérigos fizeram do Reino para a Colônia, entre 1796 e 1799, registradas pelo aparato censório quase sempre sem menção aos destinatários. Os títulos remetidos para Maranhão, Paraíba, Pernambuco, Bahia, Goiás, São Paulo, Santos e, provavelmente, Rio Grande do Sul eram, em parte expressiva, de ciências sacras (escritura santa, devoção, teologia e cânones), entre eles os vários livros da Bíblia, o *Flos sanctorum* e o *Prontuário de teologia moral*, de Larraga. Enviavam-se também obras didáticas ou indicadas nas reformas do ensino, como os livros de Genovesi, Heinécio, Verney, Burlamaque, Teodoro de Almeida, Quintiliano, cartilhas, a *Artes da língua do Brazil*, o *Catecismo de Montpellier* e a *Minerva*, de Sanches. Expediam-se, igualmente, livros de pedagogia, direito, história, geografia, artes militares, farmácia e clássicos (de Virgílio, Ovídio, Cícero, Plauto, Suetônio, Luciano, Horácio e Terêncio); dicionários de francês; *As aventuras de Telêmaco*, de Fénélon; o *Aviso ao povo*, de Tissot; e uma obra intitulada *Revolução de França*.[78] Como as mudanças aqui assinaladas circunscrevem-se à circulação legal de livros, responsável apenas por parte do comércio livreiro, pode-se imaginar que, no contrabando, as transformações foram ainda mais acentuadas. Na Colônia, com efeito, jornais e livros proibidos, como a gazeta francesa *Mercúrio* e a incendiária obra do abade Raynal, eram facilmente contrabandeados.[79] E, com eles, vinham ideias que questionavam a Fé, a Lei e o Rei, estimulando, se não sedições, ao menos tertúlias literário-políticas que tinham por alvo a ordem colonial.

PRÁTICAS, AMBIENTES E SOCIABILIDADES DE LEITURA: DE "F", "L" E "R" À SEDIÇÃO

Se para alguns leitores os livros trouxeram inquietação, para os escritores serviram para conquistar benesses públicas, resguardar interesses econômicos, reforçar o prestígio no interior da sociedade e auxiliar na conquista amorosa. Os genealogistas, por exemplo, dedicavam-se a achar e a fabricar linhagens, mapeando o lugar ocupado pelos indivíduos e famílias dos estratos superiores, criando com isso um saber útil para selar alianças consanguíneas, rupturas matrimoniais e brigas de sucessão em torno de heranças. Tais obras prestavam-se, além disso, para confirmar ou questionar privilégios de fundo estamental, que excluíam os "impuros de sangue", isto é, aqueles que possuíam ascendência judaica, negra, moura, mulata, cristã-nova (até Pombal) ou, ainda, ancestrais punidos pelo Santo Ofício ou que exerceram ofícios mecânicos.[80] Outros escritores, como José Joaquim da Rocha, nas Minas de finais do Setecentos, convertiam os livros em veículo de bajulação das autoridades, visando ao provimento em cargos públicos e o granjeio de prestígio.[81] Para os poetas, os livros talvez fossem também um artifício no galanteio de mulheres, como sugerem versos de Tomás Antônio Gonzaga: Dirceu alerta Marília da efemeridade de sua beleza, apresentando-se como o agente capaz de imortalizá-la, por meio da poesia, como Tasso e Petrarca haviam feito com suas musas.[82]

As autoridades, enquanto leitoras, pensavam na utilidade do livro atrelando-a ao público. Nos templos, uniam-se aos governados, para acompanhar os ofícios sagrados usando missais e ouvir a leitura de breviários e catecismos. Noutras circunstâncias, tinham em vista a concretização de anseios privados, sem, contudo, perder a referência ao público. Isso ocorreu com a Bíblia, cuja leitura em vernáculo foi proibida pela Igreja, em 1564, para manter o acesso às palavras sagradas restrito aos clérigos e, ao mesmo tempo, cercear a emergência de interpretações heterodoxas.[83] O mesmo aconteceu com os relatos sobre as populações e as riquezas dos territórios, tornados sigilosos pelas autoridades laicas por serem estratégicos para o exercício das funções de governo.[84] Alguns livros, ainda, esclareciam os dirigentes sobre a arte de bem governar, municiavam-nos contra os adversários, informando-os sobre as ideias que precisavam combater. O conde de Assumar, d. Pedro de Almeida, governador de Minas na segunda década do Setecentos, recorreu aos livros para defender-se em um processo; Caetano Pinto de Miranda Montenegro, governador deposto de Pernambuco, também tentou fazê-lo em 1817.[85] Em 1752, outro governador das Gerais, Gomes Freire de Andrade, ao passar o poder a seu irmão, deixou-lhe uma instrução em que discorria sobre sua experiência de governo e recomendava a leitura de obras da biblioteca do palácio dos governadores, em Vila Rica, aconselhando igualmente a consulta noturna de "livros históricos ou militares".[86]

A reputação dos livros, na perspectiva dos consumidores em geral, reforçava-se pela desigualdade da distribuição de sua posse, pela sua inacessibilidade aos humildes e, em certos casos, apoiava-se no caráter estratégico que assumiam para as autoridades; assentava-se, quanto aos livros proibidos, no privilégio que alguns tinham de possuí-los e lê-los, alcançado por concessão régia, obtida com o envio de solicitações de licença. Nesses pedidos encaminhados pelos súditos e nas licenças concedidas por el-rei, entre 1768 e 1822, posse e leitura são apreendidas, ao mesmo tempo, como uma benesse e um privilégio: de um lado, uma mercê da Coroa, e, de outro, um direito inerente à condição social ou categoria profissional dos requerentes. Estes justificavam seus pedidos de várias formas. Juristas e padres, como o vigário Antonio Caetano de Almeida, de São João del Rei, apresentavam-nos como exigência profissional: seus ofícios requereriam o contato com certas obras defesas. Homens públicos, como d. Luís Antonio de Souza Botelho Mourão, morgado de Mateus, ex-governador da capitania de São Paulo, ou ainda como Caetano da Costa Matoso, ex-ouvidor de Vila Rica, tomavam-nos como recompensa pelos serviços prestados à Coroa ou pelos estudos que realizaram. Clérigos e nobres, como o citado morgado de Mateus, destacavam que se tratava de uma questão de equidade com seus pares. Professores, padres e advogados — como Daniel Grijó, de Pernambuco — afirmavam, por fim, que a leitura das obras facilitaria o combate às ideias que continham.[87]

Sendo privilégio, as licenças modulavam-se de acordo com o status e os ofícios dos beneficiados, menos o primeiro do que os últimos: na concessão da licença, a Coroa levava em conta mais a categoria profissional dos requerentes do que sua inserção nos estamentos. Assim, teólogos foram autorizados a ler e possuir obras proibidas de teologia, mas não os advogados, aos quais eram permitidas exclusivamente a posse e a leitura de livros jurídicos defesos. A muitos beneficiados, vedava-se o contato com escritos "libertinos" dos "filósofos ilustrados", e determinava-se a todos o armazenamento dos livros em "estante fechada com chave, e rede de arame" de sorte a não serem vistos nem lidos por pessoas não autorizadas. Posse e leitura de livros proibidos, portanto, eram um privilégio a ser fruído na privacidade, não podendo ser ostentado publicamente. Houve, porém, quem se gabasse em público de possuí-lo, como o desembargador Tomé Joaquim Gonzaga, no Rio de Janeiro, denunciado à Inquisição, em 1778, por dizer que não havia Inferno e "outras proposições temerárias".[88]

Os livros prestavam-se a usos mais privados, alguns deles ligados ao sagrado, outros, pelo contrário, extremamente mundanos. Primeiro, auxiliavam os fiéis a praticar suas devoções religiosas; além disso, operavam como enfeites, como indicam os inventários, nos quais os aspectos materiais dos livros são minuciosamente descritos, e também a prática de decorar as casas com estantes que aparentavam ter livros, mas, de fato, não os tinham — eram estantes com livros simulados. Por serem usados como ornamentos, porque haviam "de estar na estante juntos", funcionando como enfeites, Manuel Ribeiro dos Santos, um livreiro das Minas de meados do Setecentos, exigia que seus fornecedores lhe enviassem os livros "com títulos dourados nas costas", "os mais dourados e melhores; todos novos".[89]

Obviamente, a valorização das aparências não eliminava o papel dos livros enquanto fonte de saber, num mundo de instrução escassa, que fazia do autodidatismo um meio importante de acesso aos conhecimentos. Como já foi visto, alguns letrados mineiros lograram expressar-se em francês contando com apenas uma gramática. Mais célebres que estes, no entanto, foram o químico prático João Manso Pereira, que, de formação autodidata, chegou a escrever e publicar livros na segunda metade do século XVIII, ou o cônego Vieira da Silva, que, sem nunca ter saído do Brasil, vivendo e estudando nas Minas e em São Paulo do Setecentos, bebeu da ilustração pelos livros de sua preciosa biblioteca, ficando à frente de muitos coimbrãos de seu tempo.[90]

Os livros foram, muitas vezes, motivo de inventividade entre seus leitores. Em casos extremos, foram usados na sedução e gozo dos prazeres mais íntimos, subvertendo os valores estabelecidos. Frei Luís de Nazaré, reputado exorcista baiano de inícios do século XVIII, usava-os para seduzir as mulheres: fazendo-as tremer e estrebuchar ao ler "por uns livros que trazia os exorcismos", ordenava-lhes que saciassem seus desejos sexuais, no que lhe obedeciam, pois "o livro por que fazia os exorcismos assim o mandava".[91] Depois de seduzir e engravidar Rosa Maria Pereira, o padre Antonio José de Azevedo, em 1764, em Mariana, passou-lhe uma receita, tirada de um livro, que pretensamente lhe restituiria a virgindade; a dita mulher tomou o remédio e se julgou "curada", entendendo-se de novo donzela.[92]

A relação estabelecida com os livros esteve perpassada pela oralidade e pela indistinção entre o público e o privado: a leitura privada e silenciosa, feita em bibliotecas de escolas, conventos ou residências, convivia com a leitura oral, desenvolvida no recôndito dos lares; e, ainda, com a leitura oral pública, realizada principalmente nas igrejas, sociedades literárias e salas de aula. A leitura oral, pública e privada, proliferou na medida em que reinava o analfabetismo. A oralidade e a publicidade da leitura, embora comuns entre os letrados, representavam sobretudo uma alternativa para os analfabetos ou para os que entendiam apenas o português. A relação com os livros marcava-se também, à semelhança do sucedido na Europa, pela coexistência das leituras extensiva — leitura de textos diversos — e intensiva — leitura repetida dos mesmos escritos.

A oralidade ressoava nos templos religiosos, nos colégios jesuíticos e nas aulas régias. Nas igrejas havia os leitores, clérigos de ordens sacras menores cuja função era especificamente realizar a leitura oral e pública.[93] Nos colégios, eram frequentes as disputas orais entre os alunos sobre as matérias estudadas nos livros e, ainda, os atos públicos (apresentações de trabalhos), aos quais acorria o público externo à escola, até mesmo as autoridades laicas e religiosas.[94] O cultivo à oralidade na escola sobreviveu à expulsão dos jesuítas e à implantação das aulas régias. Nos seminários, em Minas e no Grão-Pará, havia disputas públicas entre os seminaristas; nas aulas régias de retórica, os alunos escreviam textos a serem lidos publicamente, depois de corrigidos pelos mestres.[95]

Quando a colonização ainda engatinhava, no século XVI, nas fímbrias do público com o privado, a oralidade e a inventividade enredavam leitores como Paula de Siqueira e Rafael Olivi. Paula distinguiu-se pela leitura intensiva da *Diana*, livro proibido em torno do qual construiu uma rede de sociabilidades fundada na oralidade: lendo-o com prazer, por inúmeras vezes, chegou a decorá-lo e a usá-lo para contar às amigas histórias de pastores, ninfas e amores. Atrevidamente, Paula afirmou, diante do Santo Ofício, não ver razão para se proibir o livro citado, acrescentando "que tinha muito gosto de lê-lo" e que, por sua vontade, "sempre o leria não fosse sabê-lo 'quase todo de cor'". Em 1574, em Ilhéus, Rafael Olivi, irreverente, duvidava dos milagres que lera no *Flos sanctorum* e, imergindo na oralidade pública, criticava abertamente o papa, os cardeais, o presépio e o culto mariano. Em Pernambuco, também no Quinhentos, uma mulher solicitava ao mestre-escola Bento Pereira "para lhe declarar a Bíblia de latim em linguagem" (isto é, em português), conjugando a leitura oral e privada à tradução.[96] A oralidade talvez se fizesse presente ainda nos navios e nos sertões, espaços em que a leitura também se processava; numa página do inventário dos bens do bandeirante Pero de Araújo, feito no sertão de Paraupava, em plena selva, em 1617, copiaram-se quatro estâncias do canto V dos *Lusíadas*, de Luís de Camões.[97] Teria o épico camoniano embalado a expansão bandeirante?

Na passagem do século XVIII para o XIX, a leitura e os livros foram cada vez mais se agasalhando no espaço doméstico. No interior das casas das pessoas das elites, não tanto econômicas mas sobretudo intelectuais, os livros e a leitura foram ganhando mobílias, instrumentos, espaços especialmente reservados: as bibliotecas ou "livrarias". Foi uma conquista paulatina e típica das elites intelectuais, ocorrendo no Brasil a partir do final do século XVIII e ainda inconclusa à época da independência. Objetos para leitura, escrita e armazenagem de livros existiam nas residências, mesmo naquelas em que faltavam livros. Certas casas mineiras e cariocas contavam com tinteiros, papeleiras, estantes — algumas com livros simulados —, conservando penas de escrever, até para vendê-las, sem, contudo, possuírem livros. Em outras, por sua vez, havia estantes e livros, acrescendo-se, em alguns casos, tinteiros e mapas.[98] Nas residências dos inconfidentes mineiros, como o rico poeta Alvarenga Peixoto, o padre Toledo e o padre Costa, não existia um espaço específico para a leitura e os livros, mas apenas, no caso do primeiro, uma escrivaninha,[99] com um tinteiro, areeiro,[100] caixa de obreias,[101] e campainha, e, entre os dois últimos, estantes, onde se podiam ao menos guardar os livros.[102]

O bispo d. frei Domingos da Encarnação Pontevel, próximo a 1793, dispunha de uma enorme quantidade de móveis em sua residência de Vila Rica. Seus 1056 volumes encontravam-se em uma grande estante, com quatro gavetas, nove pés com cimalha, dourados de trinta palmos, talvez situada num cômodo cujas paredes encontravam-se ornamentadas por "cinco mapas de vários temas", "com suas guarnições de jacarandá torneado" e "quatro retratos das pessoas reais". Para ler e escrever, Pontevel recorria a uma parafernália de "óculos": um "óculo de papelão com seu vidro", "um óculo de cinco canudos", um "pequeno de um canudo" e "uma caixa de óculos tartaruga". Escrevia, com um tinteiro-areeiro, em folhas tiradas de suas resmas de papel da Holanda. Em Mariana, na transição da Colônia para o Império, o bispo d. frei José da Santíssima Trindade residia num luxuoso palácio com uma infinidade de ambientes, utensílios e móveis, muitos desses passíveis de serem usados para leitura e escrita: mesas, cadeiras, poltronas, estantes de livros, escrivaninhas, tinteiros, "pedra de escrever". Dois cômodos do palácio, porém, eram peculiares: a "sala de filósofos", onde havia uma mesa de jacarandá, doze globos geográficos, mesas semirrendadas, uma cadeira episcopal e onze cadeiras de encosto, e a "sala de livraria", na qual se encontravam um cofre, uma escrivaninha com gavetas e sete mapas geográficos. Pode-se supor que, na primeira sala, realizavam-se aulas, reuniões e conferências, enquanto, na segunda, talvez se processassem apenas a escrita e a leitura, mas não o armazenamento de livros, já que não possuía estantes.[103]

Outras figuras de proa e intelectuais possuíam um ambiente específico para seus livros e a leitura. Em Minas, na biblioteca de Cláudio Manuel da Costa, as paredes decoravam-se com "mapas, com guarnição de pau, com suas cabeças torneadas", um tanto gastos. Os móveis eram estantes e, provavelmente, uma mesa, em cuja gaveta o poeta guardava "uma borracha em seu bocal de prata, com 61 oitavas de ouro em pó", com uma escrivaninha e "um livro de razão", no qual anotava seus negócios. Assim, o poeta alternava, num mesmo ambiente, as atividades comezinhas de minerador e usurário com a leitura e a escritura de poesias e outros escritos. O cônego Luís Vieira da Silva, também inconfidente, mas dotado de menos posses que Cláudio, possuía, em termos de ambiente, uma livraria similar à do poeta. Nas paredes, viam-se treze mapas "com guarnições de jacarandá-preto torneado". Os livros estavam em "duas estantes de pau com cimalhas", e a leitura e a escrita eram feitas numa "mesa de madeira branca, lisa, com gaveta, sem fechadura, de sete palmos de comprido e cinco de largo". Para cortar papel, o cônego recorria a uma tesoura.[104] No Rio de Janeiro, o dr. Manuel Antunes Suzano, abastado proprietário, possuía um "escritório" em sua residência, onde provavelmente lia, escrevia, armazenava os livros e tratava de seus negócios. Desenvolvia tais atividades ouvindo o relógio de corda que se encontrava na parede, assentando-se em um entre seis tamboretes, retirando livros de duas estantes, arranjando seus papéis sobre uma banca grande de jacarandá, com pés torneados, usando uma escrivaninha de metal e, ainda, utilizando uma campainha para chamar os criados.[105]

Os progressos da privatização não eliminaram nem a oralidade nem a publicidade na relação estabelecida com os livros. A leitura oral, pública e privada, era corrente em Portugal no Setecentos. Em Lisboa, d. João V, quando doente, e seu sucessor, d. José I, adotavam o sistema de "ouvir ler"; lavadeiras, carregadores, moleques de rua juntavam-se para ouvir as histórias contadas por cegos e adquirir folhetos de cordel. Em Coimbra, os estudantes, vários deles brasileiros, em suas casas e também pelas ruas, liam oralmente livros, emprestavam-nos, expunham e discutiam seus conteúdos, travando "disputas", imergindo numa boêmia literária, muitas vezes companheira da contestação aos dogmas de religião católica, tangenciando a heresia — e, portanto, afrontando F.[106]

No Brasil, sucedia o mesmo, tanto que as *Constituições primeiras do Arcebispado da Bahia*, editadas no início do século XVIII, proibiam não apenas a leitura de obras defesas, mas também o *ouvir ler* as mesmas. Ademais, a documentação inquisitorial e as devassas das conjurações de fins do século XVIII — analisadas mais profundamente, neste livro, por István Jancsó — revelam a recorrência se não tanto do *ouvir ler*, ao menos de uma sociabilidade calcada na disputa oral sobre os conteúdos dos livros. Em Ouro Preto, nos idos de 1722, várias pessoas reuniam-se com Diogo Henrique para ouvir ler o livro *Eva e Ave* e falar sobre as vidas dos santos.[107] Décadas mais tarde, os inconfidentes mineiros transformavam espaços privados em palcos de empréstimos e permuta de publicações, leitura e reparos de poesias, traduções de trechos de obras e, sobretudo, acaloradas discussões em torno de livros e da situação da capitania. O epicentro de toda essa atividade literário-política foi a residência do tenente-coronel Francisco de Paula Freire de Andrade, em Vila Rica. Nessa casa, os rebeldes não encontravam um local destinado especificamente à armazenagem e à leitura de livros, mas podiam retirá-los em duas estantes, uma pintada e outra mais usada, além de reunir-se sentados em cadeiras de damasco amarelo, repousando seus papéis e livros em mesas de pau-branco ou em outras menores, cobertas de pano verde; em meio a uma polêmica e outra, talvez voltassem os olhos para os mais de 42 quadros de pintura que forravam as paredes.[108] Da residência de Andrade, a boêmia estendeu-se para outras casas, como as pertencentes a Cláudio Manuel da Costa, Domingos Vieira, Tomás Antônio Gonzaga e João Rodrigues de Macedo, contando, porém, com menor assistência. O Tiradentes rompeu a privacidade das tertúlias, levando a inquietação a muitos lares, contagiando os caminhos e os bordéis, onde acordou com as prostitutas o pagamento pelos préstimos para depois da revolução.[109] Engastando-se na oralidade originalmente privada, a boêmia literário-política, assim, insinuou-se sobre as ruas, açodando o público, sobretudo graças ao alferes, e, talvez por isso, pondo a perder os planos de rebelião.

Nos conventículos, os conjurados discorriam sobre a situação da capitania, mirando-se na independência das Treze Colônias Inglesas da América do Norte (1776) e na Restauração Portuguesa (1640), conhecidas por escritos diferentes, alguns publicados em francês, em particular a obra do abade Raynal. Esta obra, o *Recueil des Loix Constitutives des États-Unis de l'Amérique* (1778) e outros textos, sobre os movimentos acima citados, auxiliavam-nos a refletir sobre a situação de Minas, a orquestrar a sedição e a desenhar a ordem pós-revolucionária. Alguns textos incendiavam as mentes falando sobre os direitos dos povos, o antidespotismo, as riquezas da colônia e sua exploração pela metrópole. Tiradentes importunava seus conhecidos para traduzirem trechos dos livros em francês e exibia um "mapa" que mostrava a riqueza das Minas.[110] Nas discussões, os textos foram importantes, tendo o livro de Raynal sido decalcado ao se esboçarem os planos de revolta. Os conjurados leram em Raynal que era justo voltar-se contra um soberano, fosse ele despótico ou não, e, ainda, que o problema dos impostos estimulara os norte-americanos a se rebelar. Disso concluíram que, em Minas, a questão fiscal, materializada na derrama, poderia surtir os mesmos efeitos, despertando a ira dos povos e conquistando-os para a sedição. Por isso, o padre Carlos Toledo afirmou que Raynal ensinava como fazer a rebelião; o citado padre, Freire de Andrade, Tiradentes, Alvarenga Peixoto e o padre Rolim avaliavam que "Raynal tinha sido um escritor de grandes vistas". Sua obra e o *Recueil* subsidiava-os no combate ao domínio colonial; para o mesmo fim, Tiradentes apropriou-se de um sermão do padre Antônio Vieira, pronunciado em 1640.[111]

Na Bahia, no Maranhão, no Rio de Janeiro, em Minas e Pernambuco, tal como na Metrópole, liam-se e debatiam-se obras que contestavam os dogmas do catolicismo e as normas eclesiásticas, pondo-se em dúvida até mesmo passagens da Bíblia.[112] No Rio, nos idos de 1794, em vários espaços, leram-se, discutiram-se e emprestaram-se livros, em especial sobre a situação política na França, Espanha, Portugal e Brasil. Primeiro, em locais propriamente públicos, como o cais, a praia, os adros de igrejas, as escadas de hospício e a academia literária. Em segundo lugar, em ambientes privados, como as residências. Por fim, em espaços que ficavam entre uma e outra categoria, como lojas, boticas, casas de professores régios e mestres-escolas, os quais, de um lado, por serem propriedade particular, inscreviam-se no privado e, por outro, por permitirem a afluência indiscriminada de pessoas, fregueses ou alunos, não garantindo a privacidade, vinculavam-se ao público. A leitura oral, no entanto, circunscrevia-se aos locais privados e semipúblicos. Em residências, lojas e boticas, alguns dos homens envolvidos nessas tertúlias políticas, acusados ou não de inconfidência, liam oralmente jornais — o *Mercúrio* francês e *Correio* de Londres —, enquanto outros ouviam, e todos, então, discutiam as novas e tomavam partido, às vezes acaloradamente. Nesses espaços e também em locais públicos, proferiam-se discursos contra a Fé, o Rei e a Lei: duvidavam das palavras da Bíblia; postulavam que a origem do poder real encontrava-se nos povos; defendiam a sublevação contra um rei despótico e o regicídio nos casos dos que eram traidores; elogiavam a república e detratavam a monarquia; atacavam a fidalguia; aplaudiam os sucessos da França revolucionária; defendiam a liberdade e um governo "democrático"![113] Eram F, L e R a tornarem-se foco de agudo questionamento, embora ainda não de contestação armada; eram os livros a serem lidos e discutidos; eram a oralidade e a inventividade a conjugarem-se, definindo turbulências para F, L e R: o Brasil não era mesmo um imenso Portugal e, nele, algumas gentes mostravam-se ansiosas por romper o grilhão que as fazia súditas de um império colonial.

CONCLUSÕES

No Brasil, às diversas línguas indígenas e africanas, somaram-se algumas línguas europeias, predominando entre estas o português, seguido em São Paulo, durante a União Ibérica, e no Sul, pelo espanhol. Após a "indianização" inicial, espanhóis e portugueses curvaram-se, em geografia e tempos diversos, às "línguas gerais" de origem tupi. Ao mesmo tempo, os lusitanos reprimiram o uso das línguas africanas. A partir de meados do século XVIII, executou-se uma política de difusão do português e de ataque às "línguas gerais", substituídas, por diferentes fatores, pela língua portuguesa na maior parte do país. Até o final do século XVIII, o latim foi a principal língua culta, sofrendo, a partir daí, a concorrência do francês, veículo de ideias sediciosas que punham em perigo F, L e R.

Na sociedade colonial, malgrado a negligência das autoridades e o desinteresse social, a escola foi objeto de valorização, que se distribuiu de forma irregular pelos grupos sociais, concentrando-se entre os bem situados na ordem social e crescendo a partir do século XVIII. Na falta de escolas públicas, a instrução escolar veio se agasalhar no espaço privado, repousando em vínculos mais ou menos formais que ligavam um mestre a aprendizes, fossem eles de primeiras letras, ou de outros níveis, ou ainda de ofícios. Sendo apanágio de poucos, perpassada por juízos estamentais, constituiu, ao mesmo tempo, um elemento de reprodução da ordem social e de ostentação, integrando a civilidade das aparências característica das sociedades do Antigo Regime.

As bibliotecas privadas na Colônia, do século XVI ao XIX, foram poucas, tendo a propriedade de livros se concentrado nas mãos de um reduzido número de pessoas e se limitado a uns poucos títulos, preponderantemente de cunho devocional. Os donos de bibliotecas, em sua maioria, eram membros das elites, que combinavam a propriedade (de terras, gado e minas) ou o envolvimento no comércio a ofícios que exigiam uma educação mais esmerada. Assim, clérigos, advogados, médicos e funcionários públicos dos altos escalões destacaram-se como os principais proprietários de livrarias. A composição das bibliotecas (número de livros e distribuição desses pelas áreas do saber) dependeu menos da riqueza dos seus proprietários que das carreiras profissionais por eles abraçadas: não era o cabedal portentoso que definia o interesse por livros, e sim os ofícios aos quais as pessoas se dedicavam e o nível educacional por eles exigido, havendo nas bibliotecas um maior número de livros relacionados às profissões de seus proprietários. As livrarias, ademais, foram espaço de obediência a F, L e R, mas também de contestação: desde o século XVI os leitores adquiriram livros proibidos e, a partir do século XVIII, passaram a interessar-se por obras afinadas com as modificações científicas, com a ilustração e, ainda, escritas em língua francesa ou inglesa.

Se, sobretudo a partir de meados do século XVIII, houve na América portuguesa progressos quanto aos livros, ampliando-se o número de bibliotecas privadas, as áreas de saber nelas contempladas e a quantidade de títulos que as constituíam, nada conseguiu abalar fortemente a predominância da oralidade na cultura. Maior até o século XVII e recuando no Setecentos, sem, contudo, perder toda a pujança, a oralidade permeava as formas de comunicação e a vida cotidiana, no público e no privado, inclusive a relação com os livros. A posse, a leitura e a escritura dos livros, ao mesmo tempo, estiveram recortadas pela civilidade das aparências e por interdições e privilégios enraizados no caráter estamental da sociedade e no absolutismo. Objetos imersos nas teias da estrutura social e política, fontes de saber e signos de privilégios, os livros desfrutaram de prestígio, tendo sua valorização se disseminado das elites às camadas populares, assumindo sentidos distintos conforme o grupo social. Na passagem do século XVIII ao XIX, inseriram-se, ainda, num movimento de progressiva privatização entre as elites intelectuais: ganharam mobílias e espaços específicos de armazenamento no interior das residências e tornaram-se, cada vez mais, objetos de leitura e de discussão privada, embora fossem ocasionalmente alvos de acirrados debates públicos.

Lidos de diferentes modos — intensiva e extensivamente, oral e silenciosamente, privada e publicamente —, os livros foram motivo de inventividade para alguns leitores. Presente desde o século XVI, esta percorreu um longo caminho, do qual restaram poucos vestígios, sendo patente, no entanto, um acirramento dos ânimos contra F, L e R na passagem do Setecentos para o Oitocentos. Monarquia, sistema colonial, Igreja, fidalguia... Nada parecia ser poupado, evidenciando que a ordem F, L e R estava em seus estertores. Um império colonial estava prestes a ruir, esboçando-se, já nos inícios do século XIX, o projeto de um império luso-brasileiro com sede na América — projeto que encontra convergências com divagações do cônego Luís Vieira da Silva, inconfidente de Minas Gerais, nos idos de 1788, em Mariana.

8. A SEDUÇÃO DA LIBERDADE: COTIDIANO E CONTESTAÇÃO POLÍTICA NO FINAL DO SÉCULO XVIII

István Jancsó

SEDIÇÃO E VIDA PRIVADA

Entre os anos de 1789 e 1801 as autoridades de Lisboa viram-se diante de problemas sem precedentes. De várias regiões da sua colônia americana chegavam notícias de desafeição ao Trono, o que era sobremaneira grave. A preocupante novidade residia no fato de que o objeto das manifestações de desagrado, frequentes desde os primeiros séculos da colonização, deslocava-se, nitidamente, de aspectos particulares de ações de governo para o plano mais geral da organização do Estado. Não se tratava mais, nesse final do século XVIII, do constante irromper das contradições e tensões a desaguarem nos violentos conflitos que pontuaram a história do sistema colonial português na América. Algo de novo despontava, para além de motins de soldados em razão do atraso no pagamento do soldo, dos saques aos armazéns por motivo de abastecimento insuficiente de gêneros, de revoltas contestando excessos fiscais ou, até, redefinindo hegemonias de abrangência local. Essas irrupções coletivas de rebeldia, ainda que endêmicas, ao fim e ao cabo esvaíam-se no específico de sua motivação imediata, e superados os problemas pontuais que estavam na sua base, ainda que mediante o recurso à violência, o Trono emergia inquestionado e a Monarquia via-se preservada no seu papel de núcleo ordenador das legitimidades e legalidades.

O que se percebe, agora, nos transbordamentos da fronteira da legalidade estrita, coisa que está presente nos distúrbios, saques, motins, sublevações e revoltas do período anterior, todos eles se propondo à correção de disfunções de um sistema tido por bom e justo mas localmente mal exercido, é que a própria forma de organização do poder se torna o alvo das críticas, e a sua substituição por outra afirma-se como o objetivo que move os homens. O novo que desponta é a sedição, entendendo-se por esta, nesse final do século XVIII, a ação organizada visando à revolução. A sedição é, e todos a percebem dessa maneira, o conjunto das práticas de natureza subversiva que, referidas à revolução, anunciam-na enquanto possibilidade, mesmo quando se concretizam apenas no simplesmente fazê-lo. A sedição é, então, a revolução desejada, o futuro anunciado, a política do futuro nos interstícios do presente. É disso que advém seu papel corrosivo, muito mais perigoso para o statu quo do que os violentos motins ou revoltas que mobilizavam grandes massas de homens em nome do "viva o rei, morra o mau governo", expressão da contestação que não subverte os fundamentos da ordem, antes busca restaurá-los.

Os ensaios sediciosos do final do século XVIII anunciam a erosão de um modo de vida. A crise geral do Antigo Regime desdobra-se nas áreas periféricas do sistema atlântico — pois é essa a posição da América portuguesa — apontando para a emergência de novas alternativas de ordenamento da vida social. Manifestações políticas dessa crise, os ensaios de sedição lançam a luz, para além da negação do absolutismo monárquico, sobre o despontar de novas formas de sociabilidade, permitindo penetrar no pulsar do cotidiano, tanto das elites quanto dos outros diversos segmentos da sociedade colonial.

A observação atenta da emergência do desconforto político que se adensa socialmente tornando-se rebeldia organizada, e como tal irrompendo no espaço da vida pública e politizando a vida privada, revela faces surpreendentes do viver em Colônia, quer se traduza em conspiração, quer se apresente com a sua outra face: a transgressão. Opte-se pela ênfase numa ou noutra dessas suas dimensões, não há como deixar de perceber que, na trajetória de cada um dos eventos em que isso se manifesta, as dimensões privadas e públicas da vida social se articulavam de maneira diversa das convencionais, uma vez que, confinados no restrito espaço da vida privada, os coloniais revelam, nas sedições, sua disposição de franquear os limites do que era tido por público, negando o sistema que os excluía. Mas convém lembrar que, mesmo anunciando intenções de enfrentamento com a ordem instituída, chegando em alguns casos à proposição inequívoca de supressão desta e instauração de uma nova ordem, o confronto derivado de práticas sediciosas efetivou-se principalmente em ações repressivas.

Rigorosamente, apenas os eventos de Minas Gerais (1789) e da Bahia (1798) configuram sedições, na medida em que nestes se tratava de deliberada e organizada vontade de subverter a ordem pública e os padrões de organização do Estado. Mas a pouca nitidez da linha demarcatória entre o que é ou deixa de ser contestação, e a imprecisão dos limites que separam esta da sedição revela-se tanto nestes quanto em outros episódios do final de século na América portuguesa.

É indiscutível que as autoridades se sentem pisando sobre terreno movediço, da mesma forma que os habitantes da Colônia. E tudo isso colocava problemas políticos graves relativamente ao alcance e significado das ações repressivas às manifestações de tipo contestatório, pois, afinal, a justificativa última da própria existência da Monarquia residia no seu papel de depositária natural da administração da justiça. Daí decorre que a repressão, quando suportada pelos padrões e critérios aceitos pela sociedade como legítimos, se configurava como uma das feições de aquela se fazer. Mas sabia-se que, ao colidir com o que era tido por prática socialmente consagrada, essa condição da repressão — fazer-se justiça — se desvanecia, pelo que aquela reduzia-se ao puro arbítrio, tornando-se, potencialmente, geradora de desafeição generalizada ao Trono num contexto político contaminado pelo sucesso da Revolução Americana e, mais tarde, Francesa. O conde de Resende instaura uma devassa para apurar propósitos sediciosos dos membros da Sociedade Literária do Rio de Janeiro (1794) por perceber na iniciativa as sementes da sedição, mas seu juízo colide com o da Corte, pelo que acaba sendo desautorizado. Na Bahia é a

Corte que exige a apuração de fatos de natureza sediciosa envolvendo homens proeminentes daquela capitania, mas, nesse caso, o governador é cuidadoso tanto em separar essa averiguação — à qual não poderia se furtar — da devassa já em curso por motivo de público intento sedicioso quanto em conduzir o formal esclarecimento dos fatos no sentido de eximir de culpa os suspeitos, membros da elite local. E, por fim, o desconcerto das autoridades diante de fatos dessa natureza revela-se por inteiro nos tortuosos caminhos que levaram à prisão os irmãos Suassuna, em Pernambuco (1801), quando, ao fim e ao cabo, tais autoridades acabaram se preocupando mais em administrar as versões do que os fatos que as geraram.

A busca consistente de perceber o significado dessas ações contestatórias, para além da vaga ideia de antecipação de sentimentos de brasilidade prenunciando o advento da independência e do Estado nacional brasileiro, deve-se a Fernando Novais.[1] Seus apontamentos abriram uma perspectiva de investigação desdobrada, num primeiro momento, por Carlos Guilherme Mota.[2] Tratava-se, para ambos, de integrar as manifestações de inconformismo na Colônia no quadro geral das transformações pelas quais passava o Império luso, processo cuja variável foi apontada por Novais na apreensão da crise do sistema.

O desvendamento da natureza dessa crise abriu enormes possibilidades para a compreensão das manifestações de inconformismo político no interior do espaço colonial, ao conferir inteligibilidade histórica à articulação dos diversos processos particulares com o quadro geral de transformações que em seu interior se concretizavam. O específico de cada resposta local para a percepção da crise, fosse mineira, baiana, pernambucana ou carioca, integrava-se a partir de então no nexo geral da superação dessa mesma crise, sem que fosse preciso diluí-lo num genérico anticolonialismo ou no restrito localismo, ambos de reduzido poder explicativo. Enriquecido com os importantes estudos de Kenneth Maxwell[3] sobre os eventos de Minas Gerais, e desdobrando-se em trabalhos mais recentes tratando daqueles do Rio de Janeiro (1794) e da Bahia (1798), as articulações internas das sociedades coloniais, sobredeterminadas pelas linhas de força do capitalismo em expansão, mas não dissolvidas por estas, viram-se restauradas na condição de fundamentos da inteligibilidade de sua própria história.[4]

Desse esforço de revisão ressalta a lenta mas persistente ampliação do espaço social da busca de novas alternativas para o ordenamento político do universo colonial. Percebe-se que nas sedições intentadas na América portuguesa da última quadra do século XVIII os homens procuram respostas políticas para a crise que se espraiava no interior do sistema. Ainda que essa crise não tenha sido percebida como tal, e nem tenha resultado em discursos teóricos coerentes e perfeitamente ajustados aos paradigmas ilustrados da época, nota-se que, tendencialmente, os eventos sediciosos revelam o esgotamento da eficácia de formas vigentes de ordenamento político da sociedade e dos padrões que regem sua reiteração, padrões de abrangência variável, a depender de cada uma das situações concretas consideradas.

O esgotamento de padrões tradicionais que se revela nos enunciados e buscas de alternativas (poderosos sintomas de crise) perpassa o todo da vida social. Está presente no interesse por novas formas de organização do Estado, em especial aquelas resultantes das Revoluções Americana e Francesa, mas revela-se, também, na emergência de uma nova cultura política, assim como no aflorar de novas formas de sociabilidade. Comportamentos tidos por desviantes da boa ordem, antes motivos de escândalo e passíveis de rigorosa sanção, começam a ocorrer e, conquanto causando constrangimento, são, ainda que de modo reticente, tidos por assimiláveis. O anônimo autor de uma *Relação da Francezia formada pelos homens pardos da cidade da Bahia*[5] atribui ao governador a responsabilidade pelas dimensões da contestação que agitou a sede da capitania. Segundo ele, agravos à boa ordem afloravam cotidianamente, traduzindo-se em atentados aos nichos onde o povo se reunia, à noite, para rezar o terço, em exaltados excessos verbais contra a religião e os sacramentos da Igreja, chegando ao limite da agressão "aos religiosos que estavam rezando o ofício divino à meia-noite, como o fizeram aos

Franciscanos".[6] Entretanto, os que, no governo, "por justiça a isso estavam obrigados" nada fizeram, "atribuindo (pois eles de tudo sabiam), a pabulagem de mulatos, a folguedos de rapazes".[7] Sabia-se, é claro, por onde passava a linha divisória entre o permitido e o interdito, mas perdia-se a clareza quanto à responsabilidade de cada qual na preservação da boa ordem. Joaquim José dos Passos, uma década antes dos escândalos de Salvador, relatou a um amigo, por ocasião de um batizado ao qual estiveram presentes vários dos indiciados na devassa de Minas Gerais, ter presenciado o sargento-mor Luis Vaz de Toledo Piza declarar que cortaria a cabeça do governador, mas não lhe ocorreu delatá-lo, pois os ditos lhe pareceram "frioleiras".[8]

Em outros contextos que não de erosão de velhas certezas, poderia até ocorrer a um jovem oficial da guarnição da Bahia, por ocasião de seu casamento, manifestar publicamente seu desprezo pela religião e pelas cerimônias da Santa Madre Igreja. Seria, entretanto, inimaginável que, assim procedendo, escapasse da punição devida e permanecesse integrado ao corpo do oficialato. Pois foi o que se verificou por ocasião do casamento de Hermógenes de Aguilar Pantoja, quando este repudiou os rituais afirmando ao pároco "que tudo aquilo era abuso, que bastava ele declarar que tomava a esposa por sua mulher",[9] e nenhum problema maior lhe adveio de tal comportamento, ainda que esse fosse sabido por muitos.

As sedições foram momentos de condensação da crise geral do Antigo Regime na Colônia. Nessa área periférica do capitalismo, as transformações que anunciam a hegemonia burguesa penetravam, lenta mas persistentemente, no fluir da vida social organizada. Mas os desdobramentos periféricos da crise não se revelam de modo uniforme seguindo uma estrita linearidade, já que cada situação específica eclode em ritmos particulares. Na Colônia, nem o Antigo Regime tem a mesma feição que assume na Metrópole lusa, nem os agentes das transformações (ou da resistência a estas) pensam alternativas com base nas mesmas variáveis que informavam os objetivos e as práticas dos partícipes dos conflitos europeus.

Que a dialética do público e do privado tenha assumido formas diversas em cada um dos ensaios sediciosos não deve surpreender, pois se tratava, em cada uma das situações particulares, de grupos de homens que se diferenciavam pela idade, pela riqueza, pelos hábitos e pelas esperanças das quais eram portadores. Se os locais privilegiados de conspiração nas Minas Gerais são as casas, é porque os homens que aí conspiravam as possuíam em condições de assegurar a privacidade necessária para fazê-lo. Era o que se dava quanto aos membros da elite baiana, dez anos mais tarde, mas para os homens pobres que aí sonharam com a liberdade, o espaço da privacidade estava principalmente nas ruas e locais ermos da cidade por motivo de sua condição. E percebe-se que a própria casa, local privilegiado da vida privada, tem seu significado enriquecido. Os membros da Sociedade Literária do Rio de Janeiro, ainda que implantando novas formas de sociabilidade de fundo burguês e democrático no interior de uma sociedade de autorreferência estamental e radicada no escravismo, circunscreviam às residências particulares o espaço efetivo da prática da liberdade, na revelação de que os ensaios de ruptura dos limites da vida pública se engendravam no interior do espaço privado.

Tudo isso permite afirmar que, neste quadrante do mundo, a dialética do novo e do velho, da mudança e da permanência revela, nas sedições e nos seus desdobramentos, parte de sua íntima natureza.

OS HOMENS E AS IDEIAS

O soldado do Regimento dos Granadeiros Luís Gonzaga das Virgens e Veiga era homem de parco cabedal, e atormentado por isso. O soldo anual de 21 200 réis pouco conforto lhe poderia proporcionar. Sem fonte alternativa de receita, e restringindo seu consumo alimentar às 52 quartas de farinha que lhe cabiam como complemento dos referidos 21 mil-réis e pouco que percebia por ano, Luís Gonzaga teria que poupar integralmente seu soldo por quase dez anos para poder proporcionar-se o conforto de ter um escravo, coisa acessível até para um artesão medianamente bem-sucedido.

Era homem inquieto e insubmisso. Após ter sentado praça no Primeiro Regimento de Linha em agosto de 1781 aos 21 anos de idade,[10] desertou três vezes entre 1786 e 1791, tendo sido reiteradamente submetido a Conselho de Guerra. As primeiras punições não o desencorajaram, pois desertou novamente. Esta última tentativa custou-lhe mais caro, visto que, condenado a pena severa, permaneceu preso por algo como ano e meio, tendo sido libertado em consequência da anistia decretada por ocasião dos festejos do casamento da princesa da Beira.

A disciplina de seu ofício o incomodava. Procurava informar-se das disposições régias que definiam as normas da vida de soldado, sem perder de vista as condições de jubilamento da carreira das armas. Registra de próprio punho que é vedado ao soldado que estiver de guarda afastar-se de seu posto e que, se o fizer por mais de meia hora, o castigo prescrito é a prisão imediata. Destaca a norma pela qual é proibido ao oficial da guarda conceder licença aos soldados sem autorização expressa de seu coronel, recordando, porém, que foi "licenciado da ronda do mar pelo tenente Hermógenes de Aguilar Pantoja, sendo o primeiro [favor desse tipo] que alcancei em ação de serviço".[11] Dessa passagem aflora um sentimento de reconhecimento próximo da gratidão, raro momento em que abandona o tom estritamente impessoal do discurso. E não há como não indicar que os participantes dessa pequena transgressão, Luís Gonzaga e o tenente, ver-se-ão, cerca de quatro anos após aquele sábado de setembro de 1794, envolvidos na devassa que apurava delito de sedição na Bahia de 1798.

Com certa ironia, dadas as condições sofríveis descritas por viajantes cuja atenção foi atraída por esse aspecto da vida local,[12] o granadeiro anota nos seus escritos a regra prescrita estabelecendo que, "achando-se o Regimento mal pago e mal fardado, sejam responsáveis os chefes: e ainda mais severamente castigada será sua conduta, se descobrir alguma circunstância que faça mais agravante a sua culpa".[13] Confere destaque ao pequeno privilégio que cabe aos soldados, pelo qual é dever dos ajudantes de cirurgia fazer-lhes a barba, assim como à limitação imposta à tropa, pela qual era vedado aos soldados emprestar dinheiro aos seus camaradas ou a superior. E sabe perfeitamente, pois consta de suas anotações, que no caso dos delitos maiores, como motim, "é a tradição não deter a pena de morte",[14] a mesma que lhe foi aplicada no dia 8 de novembro de 1799, por crime de sedição.

Além de copiar textos legais que normatizavam a vida da tropa, registrava nos seus cadernos incômodos da vida de soldado: prisões, tanto suas quanto de seus amigos; buscas e cercos a criminosos; ausências justificadas e injustificadas ao serviço; pequenos favores de superiores aos quais se mostrava reconhecido, conforme já se mostrou. E não se encontra apenas ressentimento nas suas notas. Além do favor que lhe prestara o tenente Hermógenes, lembra que a 6 de dezembro de 1794 deu entrada no hospital, e aí permaneceu internado por quinze dias, tendo tido alta no dia 20. Convocado no mesmo dia para a revista da tropa, deixou de comparecer sem aviso, o que era tido por grave infração, mas não se lhe destinou prisão pela "razão justíssima supra".[15]

O fato de ter poucas posses leva-o a rompantes de controle de sua economia doméstica. No primeiro dia de maio de 1796 fixa-se nessa intenção, anotando que "dei princípio a regular os lucros e gastos",[16] mas é de supor que a empreitada não tinha resultado em sucesso, pois menos de dois meses depois, a 22 de junho, volta ao tema registrando que "principiei à reforma da vida",[17] frase ambígua, remetendo talvez a outra dimensão da vida que não a deste mundo, pelo que vem associada ao fato de que Luís Gonzaga fez "confissão geral" naquele mesmo dia. A dar crédito ao que declarou quando dos interrogatórios levados a cabo para identificar o autor de pasquins sediciosos afixados em locais públicos em agosto de 1798 na cidade da Bahia, a sua terceira deserção não era alheia às precárias condições de vida, próprias a um soldado. No Rio Grande do Norte, para onde havia se retirado, associou-se a uma operação de negócios com gado, atividade lucrativa que, entretanto, por finalizar-se em Cachoeira, levou-o à prisão, reconhecido e delatado que foi naquela cidade do Recôncavo.

No desejo de organizar os detalhes da sua vida distribuiu, tentativamente, as 24 horas dos dias sobre cujo tempo apenas a ele caberia dispor — aqueles nos quais estava livre das obrigações do serviço — entre estudo, leitura, descanso e os respectivos intervalos. O descanso se dá em duas etapas: uma pela noite, quando se prepara para dormir por volta da uma hora da manhã, e outra após o meio-dia (horário da janta), prolongando-se até as duas da tarde, num total de nove horas. Pela manhã levanta-se entre as seis ou sete horas, almoçando às nove. Então vai à missa e volta pelas onze horas, quando dá lição, o que repete após o descanso que se segue ao jantar, alcançando as três da tarde. Na sequência, destina três horas para leitura, entregando-se, a seguir, aos afazeres exigidos pelo asseio pessoal. Torna a estudar até a hora de recolher-se. Sumariando, anota que destinou oito horas para estudo, três horas para leitura, nove horas para descanso, uma hora para lição e três horas tomadas por intervalos entre as diversas atividades anteriormente relacionadas, perfazendo um total de 24 horas.[18]

Homem de poucas posses, mas não destituído de algumas luzes, Luís Gonzaga compunha um personagem atípico, se considerado o que seria o paradigma de soldado pobre da Bahia de fins do século XVIII. Entre os seus papéis abundam petições de vários tipos a diversas autoridades, redigidas num estilo rebuscado e confuso, motivo de riso de seus superiores que sistematicamente as recusavam, mas guardavam alguns desses papéis pelo curioso de seu teor. E foi com base no conhecimento de sua grafia peculiar, conhecida das autoridades por via das inúmeras petições e requerimentos que lhes enviava, que estas se fixaram no seu nome como provável autor dos pasquins sediciosos espalhados pelos quadrantes da cidade, anunciando a Revolução Republicana que deveria, proximamente, eclodir na Bahia.

O fato é que lia e escrevia muito, sendo esse o significado do *estudar*, atividade à qual dedicava a maior parte de seu tempo livre. Pela escala dos recursos de que dispunha, conforme já se viu, não poderia se permitir a compra de livros. Isso, entretanto, não lhe vedava o acesso ao conhecimento das novas ideias que chegavam da Europa e que, lenta mas consistentemente, balizavam a emergência de uma cultura política conflitante com aquela da ilustração conservadora.

O novo que desponta, e que pode ser percebido nas trajetórias de homens como Luís Gonzaga e seus companheiros na Bahia ou, antes deles, dos envolvidos em conciliábulos sediciosos em Minas Gerais na década anterior, ou nas outras situações que compõem o todo das manifestações de desconforto com a ordem colonial do Antigo Regime português na Colônia, é a emergência de uma cultura política alternativa, que contrasta com a dominante. Ao contrário da cultura política do absolutismo ilustrado, circunscrita às elites e rigorosamente excludente, a nova que emerge tem por portadores os letrados, mas, ao lado destes, estão agora, também, homens de ínfima condição no dizer da época, dotados, contudo, de visão política, qualquer que seja seu nível cultural. Essa nova cultura política se exprime menos por um elaborado consenso teórico, mas sobretudo por um sistema de referências no qual se reconhecem todos os membros de uma mesma família política, os quais, no caso, são os envolvidos nos projetos sediciosos e sua presumida audiência. É aí que se desenha a trama complexa do fluir de ideias políticas que colide com as formas tradicionais de difusão e, principalmente, de integração destas como instrumento de prática. E os agentes desse processo instauram formas de sociabilidade que redefinem os significados de práticas consagradas.

O espraiar dessa nova variante de cultura política percebe-se tanto no seu teor quanto no inusitado dos locais em que se manifesta. Em Minas Gerais fala-se em levante por toda parte: nas ruas, em estalagens, em ranchos de beira de estrada, envolvendo homens das mais diversas condições, mesmo as mais ínfimas. Inácio Correa Pamplona lembra de um episódio em que Manuel Pereira Chaves, abordado por um mendigo que pedia por sua caridade e perguntando a este se já arrecadara bastantes donativos, o pobre lhe respondera, queixoso, "que tudo estava perdido, e agora muito mais, porque Sua Excelência [o governador] queria lançar a derrama, tocando oito oitavas de ouro por cabeça, e que o povo estava para levantar-se, dizendo que queria viver em sua liberdade".[19] No Rio de Janeiro, apenas dois anos passados da comoção gerada pela execução do alferes Joaquim José da Silva Xavier, discutia-se acaloradamente em boticas, praças, portas de igrejas e até junto à banca de peixes do cais da cidade, lugar dos mais públicos, acerca dos acontecimentos revolucionários da França, e não temiam alguns, entre os quais João da Silva Antunes, defender publicamente e em altas vozes a sacrílega ideia de que os franceses "haviam feito muito bem em matar o rei, pois como os povos eram os mesmos que os faziam e levantavam, os podiam também matar".[20] O carpinteiro Francisco Gomes Touginho, ao relatar o episódio, não deixa de destacar que tal discurso produzira grande comoção, e que havia os que, entre os circundantes, se manifestassem pela aplicação de imediato e exemplar castigo contra seu autor, mas reconhece que, ao fim e ao cabo, o episódio encerrou-se sem maiores consequências.

Contudo, é conveniente respeitar a escala desse processo. Nas Minas Gerais, à época das primeiras deserções de Luís Gonzaga na Bahia, ainda na década de 1780, essa cultura política de novo tipo emergia no interior dos contornos daquela da ilustração. Dava-se nos seus limites e conforme os seus ritos. Manuscritos de teor crítico circulavam esboçando a tendencial fratura política da sociedade, mas os critérios da crítica eram acentuadamente comportamentais. As *Cartas chilenas*[21] expressavam, no acre da sátira, um sentimento de impotência política de viés tradicional, uma variante corrosiva do "viva o rei, morra o mau governo" circunscrita à República das Letras, espaço privativo das elites locais. Não que o descontentamento deixasse de se expressar em termos radicais. Pasquins de teor político eram divulgados nas Minas da década de 1780, como aqueles que se puseram em Mariana, e que "diziam que tudo que fosse homem do Reino havia de morrer",[22] mas, ao menos pelo que se lembrava o coronel Basílio do Lago, quando inquirido por ocasião da devassa da conjura mineira,[23] estes se afixaram atribuindo-se sua autoria a uns quilombolas, descaracterizando-os como expressões de uma articulação política consistente.

Uma das características dos partícipes dessa cultura política emergente, e isso independia de condição social, era a avidez na busca de informações sobre as mudanças que o mundo experimentava. Para os membros das elites locais, fossem da Bahia, de Minas Gerais, do Rio de Janeiro ou de Pernambuco, os grandes centros de convergência do "continente do Brasil" — expressão genérica a designar, na época, a realidade espacial da América portuguesa cujo contorno político era indefinido, não se percebendo, sequer, como sua parte integrante o longínquo Norte amazônico —, o acesso a essas informações era tido por rotineiro, privilégio de suas condições. Das viagens que faziam à Europa retornavam trazendo livros, ainda que proibidos. José Álvares Maciel, ao ser inquirido a respeito dessa matéria, confirma possuir a *História da América inglesa* do abade Raynal, tendo-a adquirido em Birmingham por dois shillings num leilão, "cuidando que tinha feito grande compra".[24] Mesmo em Lisboa esses livros eram comprados e embarcados nas bagagens pessoais sem maiores cuidados, pelo que Antonio Pereira Lopes se recorda de ter visto obras do mesmo abade entre os pertences do doutor José Pereira, quando juntos fizeram a viagem de retorno do Reino.[25] Livros condenados eram acessíveis para compra mesmo na Colônia quando faziam parte de espólios, e eram nessa condição arrematados, ocorrendo sem problemas sua circulação por tal via.[26] Outra forma de burlar os controles se dava pela compra de impressos nos navios que chegavam da Europa, quer se tratasse de livros, quer das gazetas cuja circulação era vedada pelo governo.

Francisco Muniz Barreto de Aragão, sedicioso baiano, não vê problema em reconhecer que trouxera livros de Lisboa, e considerou uma indignidade que a posse destes fosse arguida contra ele durante a devassa de 1798. Tudo isso pertencia ao universo do tolerável e do consentido, privilégio das elites. E livros eram, ainda, contrabandeados, fato acremente denunciado pelo anônimo cronista que descreve a sedição da Bahia, o qual, indignado, acusa as autoridades de leniência na matéria. Sem declinar a fonte de suas informações, inicia seu relato dos acontecimentos dizendo que "Governando esta Capitania da Bahia D. Fernando de Portugal, aportou nesta cidade uma nau francesa que, depois de descarregar com todo o segredo e sagacidade os Livrinhos cujo conteúdo era ensinar o modo mais cômodo de fazer sublevações nos Estados com infalível efeito, única carga que sem dúvida traria, se retirou para o Rio de Janeiro".[27]

O autor do manuscrito se dá conta de que não eram apenas membros da elite que se interessavam por livros proibidos, mas também, e sobretudo, "pardinhos e branquinhos", gente de pouca valia. Essa suposta ampliação do público leitor chocava-se, entretanto, com um problema. Os textos que informavam criticamente os coloniais sobre as grandes novidades do mundo e, em particular, aqueles que divulgavam o ideário revolucionário do século XVIII, não contavam com edições em português, pelo que o acesso ao que continham esbarrava na necessidade de domínio dos idiomas francês e inglês, ou no acesso a versões manuscritas. É bem verdade que a elite letrada era em geral, à parte o latim, versada nesses idiomas, mas é verdade, da mesma forma, que, tendencialmente, o interesse pelas novas ideias ultrapassava o restrito circuito dessa elite. Joaquim José da Silva Xavier é useiro e vezeiro em pedir a conhecidos, ainda que pessoas com as quais tivesse pouca intimidade, que lhe traduzissem textos do inglês, idioma que não dominava, e mesmo o seu francês deveria ser no máximo mediano, pois se munia de um dicionário do qual não se mostrava disposto a se desfazer, quando muito emprestando-o ciumentamente por prazos limitados.[28]

Nessas colônias desprovidas de imprensa, as novas ideias espraiavam-se por meio de três suportes: os livros, as cópias manuscritas destes e a linguagem oral. Eis aí as três matrizes que alimentavam as horas de estudo dos dias livres do soldado granadeiro Luís Gonzaga das Virgens e Veiga.

Quando se tratava de livros, o seu rastreamento começa pelas bibliotecas. Ainda que não fossem numerosas na Colônia, as que havia não eram desprovidas de qualidade. Luiz Carlos Villalta demonstra que bibliotecas mineiras, ao menos aquelas cuja composição é possível recuperar, tinham estrutura comparável às europeias, respeitadas as escalas e condições de seus possuidores.[29] Os registros referentes à posse de livros por parte dos envolvidos na devassa que o conde de Resende mandou instaurar contra os que se reuniam na Sociedade Literária do Rio de Janeiro demonstram que os envolvidos não enfrentavam limitação no acesso a livros. Na Bahia, além da célebre biblioteca do padre Francisco Agostinho Gomes, a única que sabidamente, na Colônia, contava com exemplares de obras de Thomas Payne — o mais divulgado e editado publicista das ideias revolucionárias do período —,[30] existiam outras de bom tamanho e variedade de títulos e assuntos.

Não eram de qualidade apenas as bibliotecas dos ilustrados que se notabilizaram por bem-sucedidas trajetórias públicas posteriores como José da Silva Lisboa ou João Rodrigues de Brito,[31] mas também outras pertencentes a homens de mediana condição, caso do requerente Domingos da Silva Lisboa, cujo percurso foi bem diverso. Tratava-se de alguém que não gozava das simpatias das autoridades, a tal ponto que foi o primeiro sobre quem recaíram as suspeitas de autoria dos pasquins sediciosos. Por essa suspeita foi detido, mas, como se tratava de equívoco logo comprovado, foi liberado após a prisão de Luís Gonzaga. Sabe-se que possuía uma volumosa biblioteca, formada por mais de 150 títulos publicados e manuscritos vários,[32] ainda que não seja possível reconstruir a qualidade dessas obras, nem a composição da biblioteca, pois os registros são precários. Para sorte sua na ocasião (pois a suspeita de ter sido o autor dos pasquins sediciosos acabou sendo afastada, do que resultou o pouco cuidado das autoridades quanto ao registro do conteúdo dos seus papéis), e para pesar dos historiadores de hoje (para os quais seria de grande valia saber o que continham), resta apenas a conjectura sobre a eventual posse de livros de circulação proibida.

Os livros circulavam e, por essa via, as ideias que continham. Ainda que as referências diretas à prática de ceder ou tomar livros por empréstimo não sejam muito frequentes na documentação remanescente, percebe-se que isso era usual. Inácio José de Alvarenga, quando da devassa de Minas, relata que numa das muitas ocasiões em que foi à casa de Francisco de Paula Freire de Andrade, o fez com o fito de "tirar um livro para ler",[33] fórmula que aponta para prática corriqueira. Como já se mostrou, o alferes Joaquim José da Silva Xavier, o Tiradentes, era visto com frequência com livros franceses e ingleses que provavelmente não lhe pertenciam. Acercava-se de pessoas que dominavam esses idiomas, pedindo-lhes que traduzissem trechos das obras. Com essa finalidade procurou Francisco Xavier Machado, na casa deste, portando um exemplar e "pedindo-lhe que lhe quisesse traduzir um capítulo dele que vinha a ser o dito livro em francês",[34] e é o próprio Machado quem se lembra que o alferes procurou o sargento-mor Simão Pires Sardinha, "levando-lhe uns livros ingleses para traduzir em certos lugares", o que foi acremente recusado pelo dito sargento quando este se deu conta das ideias contidas nos ditos livros.

Era hábito dos letrados reunirem-se para a leitura coletiva de textos de interesse comum. José Bernardo da Silveira Frade, denunciante dos que se congregaram na Sociedade Literária do Rio de Janeiro, relata que presenciou, na casa de Manuel Inácio da Silva Alvarenga, uma dessas reuniões. Lá estavam, com o anfitrião, vários outros convivas que, sobre criticarem o governador, liam "obras poéticas feitas contra eclesiásticos, [...] gazetas vindas da França e outros discursos sobre a liberdade".[35] Tratava-se, nesses casos, e em muitos outros semelhantes, de uma forma de sociabilidade perfeitamente convencional (imposição da própria dificuldade material de produzir cópias a serem distribuídas), ainda que os temas centrais dessas reuniões não o fossem, pois não se pode tomar por convencional o trato de ideias sediciosas.

Na Bahia de fins do século XVIII, durante o governo de d. Fernando José de Portugal e Castro, essas reuniões realizavam-se em pleno palácio. O próprio d. Fernando estava empenhado na elaboração de uma História da Bahia,[36] e é provável que as suas e outras obras manuscritas tenham circulado. Que isso ocorria percebe-se no caso exemplar das versões originais da *Notícia geral de toda esta capitania da Bahia desde o seu descobrimento até o presente ano de 1759*, de José Antonio Caldas,[37] da qual Vilhena transcreve, no final do século, trechos integrais, indício seguro de que o teve em mãos.[38]

Mas, ainda que tenha alguma semelhança com esta, uma sociabilidade de tipo novo emerge das discussões cujo suporte das ideias eram, além de livros, transcrições manuscritas de trechos de maior interesse. Os cadernos de Luís Gonzaga das Virgens e Veiga estão repletos delas, e seguramente uma parte do tempo que dedica ao estudo foi ocupada com essa trabalhosa cópia. Ali estão traduções do *Orador dos Estados Gerais*, da *Fala de Boissy d'Anglas*, do *Aviso de São Petersburgo*,[39] além de textos de teor filosófico e de uma miscelânea que compreende desde a fórmula para se transformar água salgada em potável até orações para serem ditas nas mais diversas situações da vida cotidiana. O fato é que, para entrar de posse desses escritos, Luís Gonzaga teria de participar, como de fato o fez, de uma rede de relações de natureza política, cuja tessitura permitia, e até estimulava, o acesso a textos que servissem "para desabusar" os que dela participassem. Luís Gonzaga não configurava um caso isolado. Pelo contrário, ele é integrante ativo de uma rede cuja trama é possível esboçar no caso baiano, e que foge do padrão de sociabilidade literária dos ilustrados mineiros envolvidos no projeto de levante do final da década de 1780.

Nas Minas Gerais, como ocorria por toda parte onde havia concentração de letrados, circulavam livros e cartas, estas com frequência que hoje causa espanto. O que chama a atenção, entretanto, é a importância que assume, como forma de expressão artística e de sociabilidade literária, a prática do versejar. Não há como deixar de reconhecer que, entre os letrados, a poesia era um suporte importante de sua sociabilidade, para o que basta recordar a grande quantidade de poemas que contêm as muitas descrições de festas de autoria de coloniais.[40]

Contando entre si com poetas de mérito, os ilustrados mineiros eram, em geral, versejadores, e sabe-se que, independente de sua qualidade, tal produção de versos circulava. No que respeita à capitania de Minas Gerais, Marco Antonio Silveira mostra alguns desses poemas, veículos de expressão de projetos pessoais, de crítica social, da relação de seus autores com este mundo e o outro de além-morte.[41] E é nas mesmas Gerais que, entre os papéis do coronel José Aires Gomes, encontrou-se um fragmento de poemeto cujo teor expressa sem matizes sentimentos de áspera revolta contra o todo que o vínculo colonial implicava, revelando enorme desprezo pelos que, de baixa extração, dele se beneficiavam. Estes são vistos como "marotos, cães labregos, malcriados, patifes [...] piolhentos, sebosos, piratas no furtar enfurecidos", que cá vêm "perdidos, a chorar no Brasil [seus] pecados" e, no afã do ganho rápido e fácil, ocupam as boas posições — fazendo-no, o que é pecado ainda maior, sem se lembrarem dos "antigos estados vis".[42] O autor da carta-diatribe não sabe bem como transformar o esboço em poema, pelo que pede a Aires Gomes que lhe dê forma, seja como soneto, seja como décima. O referencial da crítica é nitidamente aristocrático, e nesse sentido conforme ao pensar da elite mineira, que percebia no estatuto colonial uma ameaça à reiteração da boa ordem.

Não se trata de um fato isolado nem de fenômeno circunscrito à região mineira. Já se viu que os membros da Sociedade Literária do Rio de Janeiro versejavam, e liam seus poemas em reuniões. Na Bahia estes também circulavam, juntamente com outras lavras manuscritas da variada produção literária local. D. Fernando José de Portugal e Castro, quando dá conta de suas ações para reprimir os sediciosos baianos, informa que entre os papéis de Domingos da Silva Lisboa, homem "um tanto solto de língua", pelo que merecedor de suspeita, foram encontrados "uns versos a favor e contra a liberdade e igualdade", os quais considerou de má qualidade visto que "mal organizados" sendo "todos de letra de mão que não era própria do sobredito Domingos da Silva Lisboa".[43]

E é na Bahia que Francisco Muniz Barreto de Aragão é tido por autor de umas décimas sobre a igualdade e liberdade, cuja última estrofe dizia:

Quando os olhos dos baianos
Esses quadros divisarem,
E longe de si lançarem
Mil despóticos Tiranos,
Que felizes e soberanos
Nas suas terras serão!
Oh, que doce comoção.
Experimentarão essas venturas,
Só elas, bem que futuras,
Preenchem meu coração.

Professor régio em Rio de Contas, o autor desses versos era amigo de dois irmãos de ilustre família do Recôncavo: os Borges de Barros. Um deles, Domingos, notabilizou-se como diplomata e homem público, vindo a ser agraciado com o título de visconde da Pedra Branca durante o Primeiro Reinado, apesar de ter sido tomado por agente revolucionário a serviço da França napoleônica quando de seu retorno ao Brasil em 1811.[44] Apesar das suspeitas, tornou-se poeta de prestígio, com obras publicadas.[45] Seu irmão, José, seguiu trajetória diversa. Envolvido no ensaio de sedição de 1798, foge da Bahia para o Reino. Ali tem problemas com a Inquisição em virtude de suas vinculações com a maçonaria,[46] pelo que foge novamente, agora para a Inglaterra, onde urde uma complicada trama que envolvia falsificação de dinheiro com o objetivo de levantar fundos visando a revolução na Bahia. É preso, e no cárcere conhece Diogo Gellington, a quem se associa para um projeto semelhante. O novo plano desmorona em Lisboa, onde Gellington é preso e interrogado. É quando o inglês se recorda que José Borges de Barros, no cárcere britânico, tinha por hábito e diversão escrever poemas revolucionários, que lia para os companheiros de cativeiro. Mas antes disso, e o sabemos por via do depoimento do professor de Rio de Contas, frequentou reuniões que pouco tinham em comum com os conclaves literários dos letrados de Minas Gerais.[47]

Na Bahia espraiava-se uma forma de sociabilidade literária totalmente diversa da tradicional. As reuniões das quais Barreto de Aragão e José Borges de Barros participavam realizavam-se, entre outros locais, em casa de Hermógenes de Aguilar Pantoja, o tenente que liberou Luís Gonzaga do serviço de ronda do mar em setembro de 1794, e a estas compareciam homens de baixa extração e, pelos critérios da época, de poucas luzes. Tratava-se de algo impensável pelos ilustrados mineiros uma década antes, e até pelos envolvidos na devassa ordenada pelo conde de Resende no Rio de Janeiro: instaurar a supressão de todos os sinais que indicassem as diferenças de condição e saber como definidores de elegibilidade dos participantes numa iniciativa dessa natureza.

É bem verdade que, entre os eventos de Minas Gerais e aqueles da Bahia no ocaso do século, algo de muito novo emerge dos papéis apreendidos pelas autoridades decididas a dar fim à tentativa de restaurar, no Rio de Janeiro, a Sociedade Literária que, tendo recebido seus estatutos do vice-rei d. Luís de Vasconcelos em 1786, teve seu funcionamento suspenso por decisão do conde de Resende. Nesse caso, o novo se revela no conteúdo de uma folha de papel encontrada entre os pertences de Manuel Inácio da Silva Alvarenga quando do sequestro que se seguiu à sua prisão, esboçando os pontos principais de um estatuto da Sociedade redigida de próprio punho pelo detido. O texto aponta para uma nova concepção de ordenamento da prática intelectual partilhada pelos membros da Sociedade, e que a transformava numa organização clandestina ou, no dizer da época, numa sociedade secreta. A confrontação do teor desse documento com aquele dos estatutos da Sociedade Literária aprovados em 1786 permite perceber a profundidade da mudança.

A primeira define que são fundamentos da Sociedade o "bem de nosso País" e o "nosso amor pelas ciências" (art. 24), mas estipula o "silêncio o mais escrupuloso" no trato das questões religiosas (art. 30), e proscreve "da Sociedade todos os assuntos cuja discussão tender a disputar sobre a Constituição Política de nossa Pátria e Nação: por serem as Matérias inteiramente alheias ao nosso Plano" (art. 31).[48] A nova Sociedade, a de Silva Alvarenga e de seus companheiros da década seguinte, rompe radicalmente com o legalismo absolutista que está na base do estatuto de 1786. O esboço de 1794 é claro quanto aos objetivos, situando-os no estudo da "Filosofia em toda a sua extensão, no que se compreende tudo quanto pode ser interessante", destacando que "não se trabalhará somente com matérias novas, mas também sobre as já sabidas, porque será útil conservar e renovar as ideias adquiridas".[49] Mas o mais surpreendente no tocante ao rompimento com as formas tradicionais de sociabilidade de letrados é a ênfase na "boa-fé e o segredo, para que ninguém saiba do que se tratou na Sociedade", e é afirmado o princípio de que "não deve haver superioridade alguma" em seu interior, e ela "será dirigida igualmente por modo democrático".[50]

Essa nova forma de conceber a organização aproxima-se das que resultavam da sociabilidade burguesa em expansão na Europa,[51] mas nada permite afirmar que os letrados cariocas vissem na Sociedade Literária um instrumento organizativo de natureza política, suporte de conspiração e, eventualmente, de futura transgressão, ainda que, potencialmente, esta reunisse as condições para tanto. E nada indica que lhes passasse pela cabeça a hipótese de admitir sócios que, pelo saber, lhes fossem inferiores.

Na Bahia, ainda que as reuniões que aí se multiplicavam não tenham resultado em formas precisas de tipo organizativo, um outro critério ia ganhando corpo conforme os encontros iam ocorrendo, critério que não condicionava a admissão à condição social ou ao saber, mas à estrita confiabilidade política. No caso das reuniões sabidamente realizadas na casa do tenente avesso aos rituais da Igreja, ou nas de outros sediciosos, tudo indica que aí já se tratava de sociabilidade política. É possível perceber nesses acontecimentos a maneira como o ensaio de ruptura dos limites da esfera pública da vida na Colônia (pois é disso que se trata ao se falar de sedição) se engendrava no interior da esfera privada, redefinindo-lhe os significados. E é de notar que os modelos dessas reuniões conspiratórias eram ainda os de letrados, de onde o apego ao texto, trate-se de impresso, manuscrito, de prosa ou poesia, e cujo suporte material era, muito frequentemente, apenas a memória.

Se buscarmos o nexo dessa trama que se desdobrava na Colônia, chegaremos aos níveis mais altos da sociedade local, em que se definiam os paradigmas. A se dar crédito a José de Freitas Sacoto, homem pardo que acabou seus dias em degredo na África — pena que lhe coube por envolvimento na sedição —, a tradução dos textos revolucionários que circulavam entre os homens de poucas posses era obra conjunta do tenente Hermógenes e do padre Francisco Agostinho Gomes, letrado e herdeiro de uma das maiores fortunas da Bahia.[52] Segundo Sacoto, esse material se produzia para que servisse de base a reuniões cujo objetivo era, por um lado, "desabusar os rapazes religiosos" e, por outro, "adquirirem [os seus autores] número de gente suficiente para uma revolução que se projetava fazer nesta cidade",[53] reuniões que se realizavam em Itapagipe, na Barra, em casa de particulares, "tanto dos sobreditos Hermógenes e Padre Gomes, como nas de seus confederados".[54]

É nesse contexto conspiratório que circulou o já citado poema de Francisco Muniz Barreto de Aragão, descendente de família ilustre, e não é de causar surpresa, considerada a sua qualidade, que tenha sido preservado tão somente por ter servido de instrumento para "desabusar", entre outros, a Manuel Faustino dos Santos Lira. O fato é que o poema é hoje conhecido porque foi incorporado à devassa da conjura baiana por via da lembrança de Manuel Faustino, aprendiz de alfaiate, homem pardo de apenas dezoito anos de idade, analfabeto, que o havia memorizado na íntegra, repetindo-o durante um dos interrogatórios aos quais foi submetido no correr da dita devassa,[55] ao fim da qual, condenado à forca, foi executado e seu corpo esquartejado exposto à execração pública. O próprio Luís Gonzaga perpetrava versos e um, em especial, merece atenção. Trata-se de um soneto de má lavra cujo tema é o rompimento da dependência colonial, tarefa que deveria concretizar-se sob a liderança do próprio governador da Bahia, d. Fernando José de Portugal, homem talhado para tanto dada a sua condição de membro da antiga nobreza, base da legitimidade necessária a uma ação dessa magnitude.[56]

Mas essas reuniões, que esboçavam a cultura política antiabsolutista pautadas por uma nova sociabilidade, desdobravam-se, no cotidiano da cidade e de seus arredores, em variada exteriorização.

AS TRANSGRESSÕES E SEUS SIGNIFICADOS

Na Bahia dos anos finais do século XVIII, percebe-se nitidamente que a crítica ao statu quo valia-se das oportunidades que a permanente reiteração dos rituais da Igreja oferecia para as exteriorizações de descontentamento com a situação vigente. Há fortes indícios para se acreditar que, entre os aderentes à trama sediciosa aí em curso, a rejeição de normas de comportamento prescritas pela Igreja assumia, na transgressão pública de padrões de comportamento consagrados, um significado político. Para os que assim agiam, esse tipo de prática tinha a vantagem da ambiguidade, passível que era de várias interpretações pelos não iniciados, sendo, por outro lado, para os "sectários das nefandas ideias", a reafirmação visível de firmeza da adesão a estas. E pode-se avaliar o impacto social de tais ações no interior de uma sociedade para a qual a prática religiosa no âmbito familiar era reiterada diariamente, reunindo-se todos, agregados e escravos inclusive, para juntos rezarem o terço, o que implicava, a depender da devoção do chefe da família, um ritual doméstico que durava hora ou mais.

Essas expressões de contestação carregadas de subentendidos expandiam uma zona de indefinição que tanto mascarava quanto magnificava significados. É mais uma vez Freitas Sacoto quem afirma, no seu depoimento, constar-lhe que o coronel Ferreira Lucena soubera dessas transgressões e as levara ao conhecimento do governador, o qual, porém, as "considerara como bebedeira e rapaziada".[57] E a transgressão às normas da Igreja era reiterada por meio de jantares de carne às sextas-feiras (quando o seu consumo era rigorosamente interdito, sendo substituída por peixe) em vários locais da cidade do Salvador segundo "voz pública", isso significando que todo mundo sabia deles, espécie de segredo de polichinelo. E todos sabiam, "de ouvir dizer", que Francisco Agostinho Gomes, tido por padre ainda que não tenha sido ordenado, participava desses jantares, e até os promovia, porém, entre as muitas testemunhas ouvidas para apurar tais fatos, nenhuma delas declarou que realmente poderia confirmar a veracidade da suspeita.[58] O escândalo causado pelos jantares foi de tal magnitude que sua notícia chegou à Corte, mas não se apurou nada que motivasse maiores embaraços por causa do interesse do governador em desvinculá-los do ensaio de sedição atalhado.

Jantares constituíam uma das formas privilegiadas de reunião política, trate-se destes de carne envolvendo o padre Gomes, ou de outros realizados para permitir o contato entre locais e estrangeiros que, por algum motivo, arribassem na cidade. O próprio tenente Hermógenes chegou a ser punido por seu comandante por ter propiciado um encontro dessa ordem, reunindo jovens locais e franceses de uma nau ancorada no porto, e cuja guarda lhe havia sido confiada.[59]

Lindley relata um episódio semelhante, envolvendo "cinco pessoas respeitáveis, entre elas um capitão e um tenente de infantaria" cujos nomes não declina, as quais, contrariando as proibições correntes, visitaram um navio inglês ancorado na Bahia. O governador, tendo sido notificado da transgressão, ordenou que fossem detidos, recolhendo-os à sala do Conselho de seu quartel. Lindley, ele mesmo sob vigilância das autoridades e proibido de sair da cidade em razão da acusação de contrabando, acompanhado pelo capitão do navio, resolveu visitá-los. Encontrou-os "muito confortavelmente alojados e rodeados de amigos, que eram os moradores de melhor categoria do lugar.

Havia entre eles um padre da cidade e um compositor que cantou ao violão suas próprias músicas",[60] num clima de franca alegria. Ainda que o contrabandista não tenha declinado nomes, o perfil dos personagens envolvidos sabe a familiar, assim como o é um seu jovem amigo cuja residência era "ornamentada com gravuras de falecidos generais franceses vitoriosos".[61] A esse propósito, registra a admiração generalizada dos "grupos mais jovens da sociedade" pelas ideias republicanas, sendo esta de tal ordem que não lhe espantaria se "tal circunstância não causasse, eventualmente, uma total mudança na situação política".[62]

Tratava-se de comportamento escandaloso, reiterado pelos jovens oficiais da tropa paga, cuja maior parte participou de um jantar de carne na sexta-feira da Paixão de 1798, quando a interdição deveria ser observada com estrito rigor.[63] E é de notar que esse tipo de transgressão aparentemente religiosa, mas com evidente conotação política, não era privativa da elite. João de Deus do Nascimento, homem pardo e alfaiate, envolvido na conjura a tal ponto que acabou, por esse motivo, executado na forca, preparou carne de coelho "em dia de preceito" para, na casa de guarda, partilhá-lo com o tenente José Gomes, seu amigo e partícipe da conspiração.[64]

Mas é equivocado ver nas transgressões de feição anticlerical ausência de religiosidade. Ainda que, para escândalo do cronista, os "pardinhos e branquinhos" da Bahia divulgassem, acintosamente, suas blasfêmias, afirmando que não havia Juízo Final, Inferno ou Paraíso, que a alma era mortal como o corpo, "que ouvir missa, jejuar e observar os mais preceitos do Decálogo, e da Igreja, era introdução de Eclesiásticos",[65] e que as mulheres casadas não eram obrigadas à fidelidade conjugal, ou que "Cristo Nosso Senhor não estava real e perfeitamente no Sacramento da Eucaristia", e que aí se tratava de "um pedaço de pão, por cujo motivo, quando se encontravam com o Santo Sacramento pelas ruas, nas ocasiões em que se levava o Viático aos enfermos, ou não se ajoelhavam, ou dobravam muito mal um joelho, por vergonha do Povo",[66] essa é apenas uma das faces da questão.

A outra face se pode perceber na leitura dos documentos que permitem ultrapassar os limites das exteriorizações. João de Deus do Nascimento, homem pardo e alfaiate, reconhecidamente "muito petulante, altivo e insolente, capaz de empreender qualquer projeto mau e ruinoso tanto ao particular quanto ao público, acostumado a desordens e a praticar insultos ainda com pessoas de maior graduação",[67] descrição perfeita de um possível participante das transgressões que perturbavam as noites da cidade, tinha entre seus bens sequestrados vários bentinhos, um cilício de latão e "uma estampa de Nossa Senhora da Piedade, em papel".[68]

Os manuscritos de Luís Gonzaga revelam sentimentos de profunda religiosidade, ainda que desviante do ponto de vista dos cânones da Igreja, e que se expressam, por exemplo, na grande coleção de preces que registra. O soldado granadeiro copiava orações compulsivamente. Estas poderiam lhe ser úteis para a prevenção do perigo nas mais graves situações, como a oração atribuída a "santo Agostinho, estando doente ou em alguma tribulação", ou "as perguntas de santo Anselmo que se hão de perguntar ao enfermo antes que perca o juízo e a fala, as quais, diz o mesmo santo, são de tanta virtude e eficácia perante Deus que, se conforme, verdadeiramente e com propósito responder a estas perguntas, não será condenado, pressupostas as preparações da Santa Igreja".[69] Mesmo as circunstâncias mais prosaicas eram contempladas por Luís Gonzaga, cujo repertório de rezas cobria situações tais como adentrar a igreja, tomar água benta, passar por uma cruz, pôr-se a dormir. E tudo isso não o impedia de copiar longos trechos de obras que ensinavam que a "ideia de divindade [...] não foi nunca uma revelação miraculosa de entes invisíveis, mas uma produção natural do entendimento, uma opinação do espírito humano, cuja ideia tem seguido os seus progressos".[70]

As transgressões desdobravam-se para outros planos do cotidiano, revelando a invasão da vida privada pela nova cultura política. Isso está presente na agressão a usos consagrados pelo costume. Era o mesmo João de Deus quem desafiava os padrões do bem trajar, usando acintosamente "uns chinelins de bico muito comprido e a entrada muito baixa, e calções muito apertados que vinha muito descomposto" no dizer de Francisco Xavier de Almeida, homem branco versado nas leis, já entrado nos cinquenta anos. Quando o procurador de causas manifestou sua estranheza pelo inusitado da vestimenta, foi esclarecido de que se tratava de um traje "francês", e alertado de que "muito brevemente verá Vossa Mercê tudo francês", pelo que cuidasse ele "e os mais em fechar as portas das suas casas [que] dentro haverá quem as abra".[71]

As transgressões verificadas na Bahia contrastam poderosamente com o formalismo dos letrados mineiros quanto aos ritos da vida pública e, em especial, quanto aos que envolviam a afirmação pública de religiosidade ou fidelidade. Em carta anônima ao visconde de Barbacena, levanta-se suspeição quanto à confiabilidade política do ouvidor Luís Ferreira, e entre as evidências para tanto arguidas está o fato de não ter comparecido aos "funerais que fez a Câmara desta Vila na morte do Senhor Rei D. Pedro e do Senhor Príncipe D. José, nem nas que fez o Vigário pelos mesmos Senhores, estando em sua casa sem moléstia", além de ter sido, então, "o primeiro que deixou luto".[72] Tomás Antônio Gonzaga, nas *Cartas chilenas*, é mordaz na crítica ao desleixo na observância dos padrões de comportamento prescritos para ocasiões solenes. Não aceita que as regras de precedência sejam desrespeitadas por quem quer que seja, ainda que se trate do governador, e lhe repugna que as mulheres cruzem as pernas "uma sobre a outra", abandonando a rígida e hierática postura que cabia observar por aquelas de alta condição.[73]

As diferenças apontadas certamente têm a ver com o momento e as referências que informavam os projetos políticos, já seja no caso mineiro, já seja no caso da Bahia. Em Minas Gerais, o paradigma para a ruptura da dependência colonial vinha dos textos dos ilustrados franceses, e dos anglo-americanos no que aí imaginavam ter sido a sua revolução. A partir desses referenciais, a ideia de liberdade, realização suprema da razão, não era pensada em termos de supressão de todas as desigualdades. Mas outro era o caso da Bahia, onde a referência maior que informava o comportamento político (dimensão da cultura política que ampliava seu espaço) provinha da França revolucionária, com tudo o que isso implicava.

O PESO DAS DIFERENÇAS: IDADES, HIERARQUIAS E VISÕES DE LIBERDADE

Além da diferença entre os referenciais teórico-práticos sempre afinados com as tendências de transformação do mundo atlântico revolucionado, as sedições mineira e baiana apresentam, quando confrontadas, outras diferenças: a diversa composição social dos grupos nelas envolvidos e, ainda, a grande diferença entre a composição etária dos participantes nos dois projetos. A média de idade dos conjurados de Minas é de 43,2 anos, contra apenas 27,2 anos no caso baiano, considerando-se, para efeito de cálculo, apenas os acusados cuja idade consta dos registros (49 no caso mineiro, quarenta no da Bahia). Essa diferença de gerações desdobra-se, no confronto dos eventos, em eleição preferencial por instrumentos de sociabilidade de tipo diferente.

Do que é dado depreender da documentação relativa aos letrados mineiros, o ritmo geral de suas vidas era pautado por um criterioso comedimento. Tratava-se de homens maduros, estabelecidos e dotados de posições de destaque. Frequentavam-se quando dos múltiplos eventos familiares que impunham comemoração, tais como batizados ou casamentos, o que implicava, via de regra, boa música, mesa farta e muita bebida. Participavam das festas públicas tanto por prazer quanto por imposição de suas condições. Liam obras suas e as últimas novidades da Europa. Viajavam muito pelas estradas de Minas, pedregosas, visitando-se reciprocamente, pois, apesar de radicalmente urbanos pela sua cultura e hábitos, pertenciam a uma elite que via na grande propriedade rural o fundamento de sua preeminência e poder. Nas sedes das fazendas ou nas residências citadinas onde se reuniam quando da chegada de um visitante, reiteravam durante dias as já descritas práticas de letrados, cultivando a arte da conversação, intercalando-a de jogos de cartas ou gamão, ambos muito populares.

Bebiam muito, e quando isso ocorria as línguas se soltavam, e palavras indiscretas chegavam a ouvidos pouco confiáveis. O padre José Lopes recorda que, por ocasião do batizado de um filho de Alvarenga, foram ditas muitas coisas inconvenientes e comprometedoras por pessoas que então se embebedaram durante o banquete,[74] e várias testemunhas ouvidas no correr da devassa relatam discursos e brindes cujos teores eram de tal ordem que acabaram sendo arguidos contra seus autores. Mas tudo isso estava conforme com o convencional e, não fossem os destemperos verbais, nada haveria que reprovar. E, contudo, havia, e isso pode ser percebido por depoimentos que trazem à luz intersecções de projetos políticos com estratégias individuais ou familiares, pelos quais se percebe a invasão do espaço privado pelos valores da esfera pública.

A percepção da dependência colonial como limitante de projetos pessoais de acréscimo da riqueza ou de prestígio, assim como o reconhecimento de que a ruptura da subordinação política seria o caminho adequado para o afastamento dos limites impostos, desdobra-se no plano da vida privada. D. Maria Ifigênia, filha de Inácio José de Alvarenga, era tratada de "Princesa do Brasil" por sua mãe, dentro de casa, e esta proclamava que, quando "este continente viesse em algum tempo a ser governado por nacionais sem sujeição à Europa", o título lhe seria devido, pois "lhe pertencia por antiguidade de paulistas, sendo a família, e sua casa, das primeiras" da terra.[75] Ainda que se esteja tão somente diante de retórica familiar dos Alvarenga, e não se tome essa passagem dos autos da devassa por indicativa de efetivos objetivos de nobilitação por via da revolução pretendida, a frase prende a atenção. O contexto em que foi proferida era caracteristicamente privado, na medida em que objetivava definir os limites do rigor pedagógico aceitável no quadro das relações entre um professor de música de baixa condição e sua aluna de piano pouco empenhada no estudo mas, apesar disso, merecedora das deferências inerentes à sua condição de membro da nobreza da terra. O fato é que, independente do contexto em que foram proferidas, as expressões utilizadas revelam o peso de duas tradições contraditórias mas coexistentes, a pautarem a visão de mundo dos coloniais, ainda que sediciosos e antiabsolutistas. Por um lado, faz-se presente a tradição de base local, fundamento de uma ancestralidade instituída independentemente da metropolitana, expressão de uma diferença percebida e como tal assumida, pela qual o colono não se vê mais como o colonizador mas como o colonizado. Trata-se da explicitação de uma identidade de base local, americana, que se realiza na sua alteridade diante da europeia, reinol. Por outro lado, essa nova identidade revela-se vacilante na eleição dos critérios ordenadores da sociedade que se pretendia emergente do rompimento da dependência colonial, pelo que recorre àqueles que têm vigência no Império português do Antigo Regime.

Para os letrados de Minas Gerais, ou para os que aspirassem a essa condição, a dependência colonial interferia nos projetos de vida individuais de várias maneiras, e não se tratava apenas das dimensões materiais da existência. José de Rezende Costa relata que, "formando tenção de ir para o Rio a frequentar a Universidade de Coimbra, falara ao Vigário de São José, Carlos Correa de Toledo, que também se pretendia ausentar para Portugal, a fim de o conduzir em sua companhia, no qual o dito vigário assentiu e concordou". Passado algum tempo, encontrando-se os dois e retomando o tema, o vigário lhe confidenciou, debaixo de muito segredo e recomendando muita cautela, que não havia mais "necessidade de ir a Portugal para frequentar os estudos, porquanto estava próximo a fazer nestas Minas um levante para se erigirem em República".[76] Seu pai, João de Rezende Costa, confirma o episódio, atribuindo, entretanto, a notícia do iminente levante ao irmão do vigário, o sargento-mor Luís Vaz de Toledo, o qual com a maior clareza reafirma que, caso o levante tivesse êxito nas Minas, "se havia de fundar na mesma República Universidade como a de Coimbra".[77]

Esse entrecruzar de projetos pessoais com os de natureza política geral apresenta, na Bahia de 1798, um perfil bem diverso. É bem verdade que a documentação aí remanescente é escassa quanto aos projetos de membros das elites locais, e quanto aos homens de menor condição deve ter sido destruída com o espalhar-se do medo, já que o conflito aberto entre os que defendiam a ordem colonial e aqueles que a negavam instaurou-se, em grande parte, como repressão.

Isso de os sediciosos desfazerem-se de papéis comprometedores quando a repressão se fez iminente já se nota nos episódios de Minas Gerais, onde envolvidos na conjura tiveram tempo para deles se desfazerem. Várias testemunhas relataram que, durante a noite que precedeu às prisões, um embuçado esteve nas casas de Tomás Antônio Gonzaga e de Cláudio Manuel da Costa, instando que cada qual "se acautelasse e fugisse porque o queriam prender, e que já nesta noite não dormisse em casa",[78] pelo que tiveram tempo para se livrarem de tudo o que contra eles pudesse ser arguido futuramente.

O cuidado com a segurança aparece com a mesma nitidez na Bahia. Confrontando as falas de acusados e testemunhas com o que foi apreendido pelas autoridades, torna-se evidente que os envolvidos, quando tiveram tempo para fazê-lo, deram fim aos papéis que sabiam serem comprometedores. O que se encontrou na casa do tenente Hermógenes, tradutor de textos revolucionários franceses, eram uns poucos de posse perfeitamente justificada por estrito interesse profissional, como, a título de exemplo, ensaios gerais sobre a tática militar. Nada que pudesse constituir eventual prova de intenção subversiva. O que consta ter sido encontrado na casa de Luís Pires, homem branco, lavrante, aponta na mesma direção. O seu caso é de interesse, visto que vários depoimentos são coincidentes quanto ao fato de que, em sua casa, cadernos de teor radical estavam expostos à vista de todos, e que os oferecia para leitura dos que se mostrassem interessados. Esse Luís Pires foi dos poucos acusados que conseguiu escapar à prisão, ainda que tenha sido, mesmo ausente, condenado à morte. Tudo leva a crer que antes da fuga conseguiu retirar de sua casa o que fosse de valor e pudesse comprometê-lo, ou a terceiros.

O que foi encontrado é muito pouco, se comparado com o que se sequestrou dos dois primeiros detidos — Domingos da Silva Lisboa e Luís Gonzaga das Virgens e Veiga —, cujas casas estavam abarrotadas de papéis. Quanto a este, pode-se admitir que, quando de sua prisão, não se sentia ameaçado, pois, afinal, as autoridades seguiam pista falsa, atribuindo a autoria dos pasquins a Silva Lisboa. Mas na esteira da prisão do soldado granadeiro, e das outras que se lhe seguiram, o medo espalhou-se entre os sediciosos. José Antônio, homem branco morador no Cais Dourado, relata ter sabido que, na casa vizinha à da sua filha, a mulher do cirurgião que aí habitava, que era o sedicioso José de Freitas Sacoto, "estava muito chorosa" porque uma sua irmã a tinha visitado com "dois homens, a dizer-lhe que queimasse os papéis que tinha, e que com efeito [os] queimara sem demora".[79]

É de notar que entre os pertences sequestrados de João de Deus também não consta texto algum, ainda que se saiba, por via de depoimentos, que o alfaiate organizava listas de aderentes, e estimulava seus companheiros a fazerem o mesmo. Essas listas nunca foram encontradas, e é de supor que tenham sido destruídas. Mas algo bem diferente aflora de um pedaço de papel com algumas anotações suas, misturadas a outras com registros de serviço, tais como medidas de encomendas e orçamentos. Trata-se de uma curiosa relação de remunerações futuras da tropa e, o que é de maior interesse, dos proventos que caberiam aos quarenta deputados da futura Dieta republicana a ser instituída quando do triunfo da revolução. A cada um destes, João de Deus atribuía um ganho anual de 2:336$000 réis, algo como 194$000 réis ao mês, o equivalente ao preço médio de um escravo saudável e hábil no trabalho. Tratava-se de uma soma vultosíssima. Ao titular de uma cadeira de filosofia cabia, por ano, um ordenado de 400$000 réis, mesma quantia percebida, entre outros, por Vilhena, professor de grego. Um professor de escola primária não poderia aspirar a mais de 150$000 réis por ano. Subindo na hierarquia do serviço do rei, o secretário do Estado e Governo recebia, entre ordenados, propinas e emolumentos, 1:600$000 réis ao ano,[80] e essa era a mais alta remuneração da administração régia, se ignorarmos o total dos ganhos do governador. Tratava-se, pois, no caso dos números de João de Deus, de algo tão grandioso que os rendimentos totais do Celeiro Público entre 1785 e 1798 não seriam suficientes para cobrir as despesas com a remuneração anual dos quarenta deputados de suas fantasias, entre os quais provavelmente se incluía.

Ainda que se trate de devaneio, este se integra notavelmente na imagem que se pode traçar do alfaiate. Tudo indica que era homem violento a ponto de ter, durante uma altercação defronte da casa de sua amásia, riscado o rosto de Valério da Silva com uma faca que sempre trazia consigo.[81] Não escondia de ninguém, pelo contrário proclamava-o sempre, que seu grande objetivo era mudar de condição. Entre as testemunhas ouvidas após a sua prisão, várias se lembravam de tê-lo ouvido alardear "que havia de ser nesta terra um homem muito grande".[82] Que isso de vir a ser grande da terra implicava tornar-se muito rico, percebe-se pelo relato de uma sua disputa com Antônio Joaquim de Oliveira, homem pardo forro que vivia de ser procurador de causas. Fazendo-se transportar em dia de chuva numa cadeira de arruar, e "parando os pretos na porta da loja do dito João de Deus onde arriaram a cadeira quando este se recolhia de fora para a loja" para fugir da chuva, foi-lhe obstado que se fazia carregar "porque é rico [e] não quer molhar os pés". O procurador de causas teria respondido, apaziguador, "que são mercês do Céu", ao que João de Deus retrucou que "está feito, e o tempo virá em que possa ser que eu ande de cadeira, e Vossa Mercê a pé".[83]

A base das esperanças que convergiam para a sedição era, em cada caso particular, a condição social de seu portador. Se para Alvarenga, em Minas Gerais, o acesso aos títulos poderia estar entre os motivos que o levavam à sedição, o escravo José Félix, na Bahia, era movido pela perspectiva de supressão geral da condição que era a sua.[84] A profunda diferença que aflora do significado de liberdade para os envolvidos nas sedições mineira e baiana revela-se radicalmente nesses dois projetos particulares, e que não se explica apenas pelos dez anos que medeiam entre ambas, com todas as implicações históricas daí derivadas. O que ressalta poderosamente é que, para uns, liberdade significava, para além da reiteração das diferenças num universo de desigualdades, o reforço de seu poder mediante a supressão do jugo colonial que limitava seu pleno exercício. Tratava-se, aí, da liberdade sonhada por senhores de escravos. No segundo caso, o do escravo baiano, a liberdade era tida por condição da igualdade, o que implicava, cabalmente, a supressão da própria relação escravista constitutiva da subordinação colonial e, portanto, a supressão também desta última.

É em torno desse conceito, o de liberdade, que se deve procurar o núcleo ordenador da dimensão histórica das sedições. É por meio dos seus diversos significados que se pode penetrar no emaranhado constituído pelos padrões de comportamento solidamente arraigados que conviviam com as novas formas de sociabilidade. Nas próprias relações que os envolvidos em tramas sediciosas mantinham entre si, as práticas sociais de diversa temporalidade sobrepunham-se, sem que umas se diluíssem nas outras.

Isso de novo se torna mais evidente na Bahia de 1798, na medida em que aí se verifica o único ensaio sedicioso envolvendo homens das mais diversas esferas da sociedade local. Como as informações hoje disponíveis são aquelas que constam dos registros da devassa, é preciso cuidado em lidar com os significados dos fatos e de suas versões, em especial com aquelas dadas pelos acusados, evidentemente preocupados em ajustá-las aos padrões prescritos de sociabilidade.

O que se nota no confronto de fatos e versões é que o democratismo das reuniões políticas, das quais cada qual participava independentemente de sua condição, repetia-se em outras circunstâncias do cotidiano desses homens. A diferença de condições não impede que oficiais participem de festas de batizado do filho ilegítimo de um simples soldado. Esse foi o caso do batizado de uma filha de Lucas Dantas do Amorim Torres, ao qual concorreram, entre outros, os tenentes Hermógenes e José Gomes de Oliveira Borges. Que ali esteve, Hermógenes não o nega, mas circunscreve os motivos com muito cuidado, situando-os nos limites da boa ordem das naturais desigualdades a serem observadas. O motivo de ali estar é justificado, pois seu irmão era padrinho da criança. De resto, permaneceu pouco tempo, levado não por especial simpatia, mas pelo simples "intuito de ouvir cantar",[85] o que sugere distanciamento. Essa ênfase na impessoalidade das relações com homens de baixa extração é insistentemente reforçada pelo tenente. Nega que estes tivessem acesso às reuniões que se faziam amiúde em sua casa e, quando admite ter estado na companhia de alguém de qualidade inferior, circunscreve os episódios aos marcos da diferença. O oficial reconhece que, em certa ocasião durante a guarda, mandou comprar aguardente e beberam juntos no seu camarote, ele e o soldado Lucas Dantas do Amorim Torres, mas enfatiza que não o tratava como igual. Pelo contrário, via no soldado o artesão a quem encomendara a feitura de um tear. De fato, este executou na casa do tenente o serviço, que durou três dias, sendo-lhe pago o preço combinado. Durante seus depoimentos, recusou a possibilidade de tratar como igual a alguém que se desqualificava socialmente a ponto de "servir de mensageiro das [...] correspondências amorosas" de seu irmão Pedro Leão.[86] Repele, ainda, qualquer aproximação com João de Deus, admitindo apenas que lhe havia encomendado umas pantalonas, negócio que acabou não se concretizando,[87] mantendo essa atitude também em relação a Luís Pires, ao qual admitiu conhecer, pois lavrara "algumas obras de prata ao dito seu irmão",[88] vínculo estritamente profissional. Quanto àqueles de nível social compatível com o seu, com os quais poderia, por bom motivo, manter relacionamento mais estreito, casos do médico Cipriano Barata, do professor Francisco Muniz Barreto de Aragão ou de Antônio da Rocha Dantas, filho de desembargador, reconhece de bom grado a sua amizade.

Escoimados os fatos das condicionantes das versões, pode-se perceber que, concomitantemente à trama sediciosa que se dá nos marcos de novas formas de sociabilidade política, os mesmos homens que destas participavam mantinham entre si outras relações pautadas por valores e padrões de tipo estritamente tradicional. É como se as diferenças de condição, ainda que recusadas com base em convicções políticas, se restaurassem na esfera da cotidianidade enquanto suportes da construção da confiança mútua entre os envolvidos, confiança que se reiterava, entre outras práticas, mediante a troca de favores.

É fácil perceber que essa dimensão da sociabilidade dos sediciosos, por seu turno, preservava o peso das diferenças. O tenente encomenda um tear ao soldado Lucas Dantas, e paga por isso, ajudando-o a aumentar a sua renda, que era pouca, pelo que, objetivamente, aquele se torna seu devedor. Seu irmão Pedro Leão (que é condenado à revelia, pois consegue fugir assim que começam as prisões) contrata serviços do lavrante Luís Pires, pelo que paga. Cipriano Barata é lavrador de cana nas terras de Joaquim Inácio de Cerqueira Bulcão, poderoso senhor de engenho mencionado como envolvido na trama. E este senhor de engenho tem em João de Deus do Nascimento o artesão que costurou o vestido de casamento de sua noiva, d. Joaquina, filha do morgado José Pires.[89] Lucas Dantas, quando se decide pela fuga após o malogro da reunião do Dique — a única tentativa de reagir à repressão iminente com a prisão de Luís Gonzaga —, refugia-se em terras do engenho de Cerqueira Bulcão, integrando-se ao comboio que demanda propriedades do mesmo no sertão longínquo. Também o tenente José Gomes de Oliveira Borges, que ao fim do processo acabou condenado, mesmo se a pena leve, e que conhecia João de Deus, reduziu a esfera de suas relações estritamente àquelas cabíveis entre um artesão e seu cliente, afirmando que o alfaiate frequentava sua casa com o fim único de "tomar a medida, provar a obra, trazê-la depois de concluída [e] vir buscar algum resto de dinheiro"[90] caso ainda a isso fizesse jus. No que diz respeito às suas relações com Lucas Dantas, a este também fazia encomendas de serviços de madeira, caso de uma bengala que o soldado executou, mas ressalva que de fato lhe tinha amizade porque fora salvo pelo soldado quando, durante uma revista a um navio dinamarquês ancorado no porto, os da tripulação, que contrabandeavam, atentaram contra a sua vida, pelo que lhe devia gratidão.[91] Cipriano Barata admite conhecer alguns poucos entre os artesãos envolvidos, mas apenas àqueles que lhe haviam prestado serviços profissionais, caso de Gonçalo Gonçalves, alfaiate, a quem encomendara uma obra, e em cuja casa esteve para saber do atraso na entrega.[92]

Mas é nas relações entre homens livres e escravos envolvidos nas sedições que o peso da tradição se revela com maior nitidez. Em Minas Gerais, quando ocorrem referências a escravos, estes aparecem como circunstâncias de seus senhores, ainda que depositários de sua confiança e sabedores da arte de ler e escrever. A clivagem radical que definia a condição de cada qual na sociedade escravista em nenhum momento foi aí ultrapassada. Mesmo em situação extrema, caso da fuga da repressão iminente, o escravo acompanha o seu senhor por imposição de sua condição, carregando-lhe os pertences e satisfazendo suas necessidades imediatas.

O vigário de São José del Rei, Carlos Correa de Toledo, procurou persuadir Francisco Antônio de Oliveira Lopes a armar seus escravos quando do futuro levante, já que este poderia muito bem aprontar vinte negros para a empreitada, o que seria de muita valia, pois "um negro com carta de alforria na testa se deitava a morrer".[93] Oliveira Lopes, realista, retrucou que "se libertasse vinte negros ficava sem ter com que trabalhar",[94] pelo que não se tornou à questão. O padre José da Silva de Oliveira Rolim tinha muita confiança em seus escravos, e não podia passar sem eles mesmo em situações extremas. Sabendo-se procurado, decide-se pela fuga. Primeiro, refugia-se numa sua casa no Arraial do Tejuco, mas, sentindo-se acuado, muda-se para a casa de um amigo para, daí, retirar-se para os matos de uma roça de seu pai, sempre acompanhado de um seu escravo, por nome Joaquim, de nação Malê, por quem foi servido até sua prisão.

Na Bahia do final do século o quadro é outro. Escravos envolvem-se na sedição, mas a clivagem social não desaparece, matizando-se em outras ambiguidades. Excetuando Antônio José, escravo boleeiro do tenente-coronel Caetano Maurício Machado, envenenado na cadeia do Tribunal da Relação após ter ingerido parte da refeição enviada por seu senhor, constante de arroz, toucinho, carne assada, chouriço do reino e um tanto de farinha de mandioca,[95] sobre quem nada mais se sabe, o envolvimento dos outros dez escravos no processo instaurado por ordem de d. Fernando José de Portugal revela diferenças e matizes significativos no trato desses com os homens livres de baixa condição com quem privavam.

Entre os outros dez escravos envolvidos na devassa, nove eram homens pardos nativos da terra. Apenas um, o escravo de aluguel Vicente, alfaiate por ofício, era, entre os processados, negro e africano. Este Vicente trabalhava na oficina de João de Deus mediante duas patacas por semana,[96] pelo que se tornava submisso às ordens do mestre que o alugara, e é nessa condição que se vê envolvido em ações vinculadas à trama sediciosa. João de Deus serve-se dele para enviar recados a outros sediciosos, determinando-lhe, pois é de seu direito por alugá-lo, que o acompanhe à reunião do Campo do Dique do Desterro, motivo, afinal, de sua prisão. Luís Henrique Dias Tavares anota com acuidade que, ao contrário do que se percebe entre os homens pardos, independentemente de sua condição de livres, forros ou escravos, e que mantinham entre si relações de amizade e camaradagem, frequentando juntos reuniões políticas, festas, bailes ou "funções de raparigas"[97] pelas noites da Bahia, o tratamento dispensado ao africano escravo de aluguel era, da parte de João de Deus, de estrito distanciamento e rigoroso controle.

Por mais que professassem ideais revolucionários, a generalização do escravismo acabava por levar os mais extremados sediciosos, caso do mestre-alfaiate, a se ajustarem ao sistema que projetavam suprimir. Não se deve esquecer que todos que tinham posses suficientes para tanto eram possuidores de escravos, sem que isso os tornasse menos radicais na contestação do Antigo Regime na Colônia. O lavrante Luís Pires, ainda que nunca tivesse tido escravo que lhe servisse, comprou um moleque de nome Francisco Angola para que o fizesse à sua mãe Damásia Maria da Conceição (ela mesma ex-escrava), moleque que, para grande pesar dela, veio a falecer de "diarreia de sangue", provavelmente cólera.[98] Cipriano José Barata de Almeida tinha, quando de sua prisão, cinco escravos, revelando acentuada preferência por nomes bíblicos: os três homens tinham os nomes de Noé, Moisés e Isaías, e as mulheres eram Raquel e Custódia, e deve ter sido senhor de número maior quando se dedicava a lavrar cana em terras de Joaquim Inácio de Cerqueira Bulcão. Este era senhor de engenho, pelo que possuir escravos era exigência dessa condição e ofício. O tenente Hermógenes, homem de parcos recursos a ponto de, ao ser libertado da prisão e reincorporado à tropa no seu posto de oficial, pedir (no que foi atendido) que fosse liberado do pagamento das custas do processo, pois, em caso contrário, não "poderia aparecer com o devido luzimento na praça",[99] era, contudo, senhor de "um moleque de nação Mina ainda boçal, [e de] uma negra Angola de nome Angelua".[100] E Fortunato da Veiga Sampaio, filho de uma ex-escrava contando apenas dezoito anos de idade, carapina de ofício, tinha por escrava "Rita de nação nagô, que lhe tocou por morte de sua mãe [e ao] crioulo Luís, em que [tinha a] metade do seu valor".[101]

O escravismo perpassava de tal forma o cotidiano que, de tão generalizado e onipresente, transformava-se, na Colônia, na limitação maior à privacidade dos senhores. Nas Minas Gerais, e em especial nas cidades, os escravos não eram apenas as mãos e os pés dos senhores como queria Antonil no início do século XVIII,[102] mas eram quase sua sombra, olhos e ouvidos aos quais nada escapava.

A relação escravista, mantida pela onipresente possibilidade de recurso à mais extrema violência caso fosse contestada, desdobrava-se em relações de cooperação entre senhores e escravos por imposição de sua reiteração cotidiana.[103] Existia um reduzido espaço para a emergência de lealdades recíprocas, mas estas circunscreviam-se, impositivamente, ao universo da vida privada. A lealdade que o escravo devotava ao seu senhor tinha estreita relação com o trato que este lhe dispensava ou o futuro que lhe oferecia, e isso era percebido, com temor ou bom cálculo, por todos que viviam essa relação e, em especial, pelos que pensavam o desdobramento da conspiração como prática social magnificada.

As sedições do final do século XVIII circunscreviam-se ao universo dos homens livres, ainda que, no limite, chegassem a contar com a participação de escravos cuja prática social cotidiana dotava-os dos meios de integração em formas de sociabilidade que abriam a perspectiva de negação política de sua condição. Entre os escravos envolvidos nos eventos de 1798, todos inseridos em atividades urbanas, a maior parte sabia ler e escrever, convivia profissionalmente com homens livres de baixa condição, participava com estes das mesmas festas e folguedos, além de partilhar com estes crenças e padrões de consumo semelhantes. Ainda assim, as implicações políticas desse corte radical da sociedade colonial, antepondo homens livres a escravos, eram percebidas por todos. Mesmo entre os sediciosos baianos, quando se tratava de homens brancos de boa condição social, a desconfiança acerca dos dotados de atributos físicos de outra ordem está presente no alerta de Cipriano Barata a seu amigo Luís Gersent, ao recomendar-lhe que tivesse "cuidado com a canalha africana"[104] no tocante a assuntos de natureza política.

No campo do poder, a percepção de que o escravismo constituía o mais sólido alicerce do apoio das elites coloniais ao Trono encontra sua formulação mais precisa nas palavras de d. Fernando José de Portugal, o governador que conduziu a devassa ao fim da qual foram enforcados Luís Gonzaga das Virgens e Veiga, Lucas Dantas do Amorim Torres, Manuel Faustino dos Santos Lira e João de Deus do Nascimento, na praça da Piedade, por crime de sedição, em 8 de novembro de 1799. Dizia o governador, em carta ao ministro d. Rodrigo de Souza Coutinho: "O que sempre se receou nas colônias é a escravatura, em razão de sua condição, e porque é o maior número de habitantes delas, não sendo tão natural que os homens empregados e estabelecidos quer em bens e propriedades queiram concorrer para uma conspiração ou atentado de que resultariam péssimas consequências, vendo-se até a serem expostos a serem assassinados por seus próprios escravos".[105]

O cotidiano das sedições revela, em especial quando se trata de grupos políticos com composição social heterogênea — caso particular dos eventos baianos —, que a trama política se desdobrava numa rede de pequenos favorecimentos. Era da natureza da sociedade colonial que, entre homens livres de condição distinta, às lealdades interpessoais correspondessem outras relações, envolvendo vantagens recíprocas. Essa era a base do clientelismo vigente nessa sociedade que, malgrado repousar sobre o trabalho escravo, se percebia segundo os critérios estamentais do Antigo Regime, alvo da crítica teórica e prática dos mesmos sediciosos. Esses eram homens de seu tempo, e era como tais que desenvolviam sua ação política, assim como viviam seu cotidiano.

Tudo isso é contraditório, o que não é de espantar, na medida em que a época em que viveram esses homens caracteriza-se exatamente, visto que de crise, pelo seu caráter cambiante e contraditório. As contradições das quais os sediciosos eram portadores derivavam das múltiplas determinações que demarcavam tanto os limites de sua prática política quanto os dos projetos de futuro que as enformavam.

Anunciando a erosão de um modo de vida, os agentes das ações sediciosas deram início, no final do século XVIII, a trajetórias que configuraram uma regularidade digna de atenção. A sua ação marcou o início de um processo de acumulação de experiência política que enformou, nas primeiras décadas do século seguinte, tanto os artífices da política conservadora das elites quanto a ação da emergente geração de democratas radicais[106] partícipes, no interior das novas condições gerais de prática política, da construção do Estado nacional brasileiro.

O colapso do antigo sistema colonial (1808) trouxe, na sua esteira, novos parâmetros para a ação e sociabilidade políticas. Uma boa parte dos membros da jovem elite envolvidos nas sedições do final do século ressurge como os envolvidos nos principais eventos de contestação do statu quo, muitos deles artífices do rompimento do localismo que é uma das características dos movimentos contestatórios do período anterior.[107]

Quanto aos homens de menor condição que então se envolveram em projetos sediciosos, esses desapareceram definitivamente do cenário da vida pública, o que remete a uma outra regularidade a ser apontada. Tiveram, entretanto, outros por herdeiros, homens que, com suas rebeliões e revoltas, mantiveram a sociedade de senhores de escravos em permanente sobressalto, ainda que crescentemente unida na preservação das suas prerrogativas e privilégios.

CONCLUSÃO

Laura de Mello e Souza

Em 1808, quando d. Maria I, seu filho, o príncipe regente, e boa parte da corte portuguesa se fixaram no Rio de Janeiro, a América portuguesa viu-se pela primeira vez dotada da máquina estatal em toda a complexidade, e pela primeira vez instituições públicas de monta aí começaram a funcionar. Foi só então que o universo público se delineou com mais clareza; que os jornais, antes inexistentes, passaram a conformar e a expressar a opinião pública; que, aos poucos, as elites deixaram de mandar os filhos estudarem do outro lado do Atlântico, num atraso de dois ou três séculos com relação aos colonos da Nova Inglaterra, Virgínia, México, Peru.

Com a corte, por mais provinciana que se mostrasse quando comparada às demais da Europa, vieram hábitos e costumes civilizatórios — utilizando-se, nesse sentido, a acepção de Norbert Elias, para quem tais hábitos e costumes integram um processo social complexo e diretamente relacionado à estruturação dos Estados modernos.[1] A abertura dos portos contribuiu da mesma forma para que o Reino do Brasil — como logo passaria a se chamar a antiga Colônia — fosse aos poucos recebendo as modas e os usos da Europa. Se viajantes estrangeiros já haviam anteriormente arribado em Recife, Salvador ou Rio de Janeiro, passaram a chegar em número ainda maior, integrando missões e programas científicos, registrando com um olhar desconfiado e cheio de reserva a sociedade compósita que ia se formando na América portuguesa.

Foi então, talvez, que o Brasil começou a se fazer Brasil. No período joanino, portanto, os contornos da vida privada se desenharam com nitidez maior, sobretudo no que respeita às camadas dominantes da sociedade.[2]

Em história, contudo, nada se faz abruptamente, nem mesmo as revoluções: como os demais fenômenos de ruptura, preparam-se em processos longos, de sedimentação difícil e demorada. Os três séculos examinados neste volume lançaram as bases de uma vida privada no Brasil, e os traços que esta adquiriu posteriormente devem-lhe muito. Naquela época a insignificância do espaço público hipertrofiou dimensões odiosas do espaço privado — como já vira frei Vicente do Salvador, citado em epígrafe no capítulo 1, "Condições da privacidade na Colônia" —, sem, entretanto, propiciar o desenvolvimento de uma vida privada no sentido pleno. Se o público e o privado são conceitos polares, como frisa, mais uma vez, o capítulo 1, os espaços próprios a um e outro âmbito tornam-se interdependentes; afastada da sede do Estado português pela extensão de um oceano, a América portuguesa foi, nesse sentido, o reino da indiferenciação.

Durante todo o período inicial de nossa história, a vastidão geográfica dificultou o convívio e, ao mesmo tempo, tornou-o inevitável, como se procurou analisar no capítulo 2, "Formas provisórias de existência: a vida cotidiana nos caminhos, nas fronteiras e nas fortificações". Se as distâncias enormes retardavam os contatos, e se os aglomerados dos tempos coloniais apresentam sempre uma feição triste de isolamento e abandono — quer se trate das aldeias pintadas por Alexandre Rodrigues Ferreira, ao norte, quer dos aglomerados litorâneos registrados, a nordeste, por Barléus, ou ainda das aldeias fortificadas cujo traço nos deixou José Custódio de Sá e Faria, ao sul —, eram o próprio isolamento e abandono que obrigavam as pessoas a se manterem próximas umas das outras, contornando assim as ameaças oferecidas pelo meio natural.

Os domicílios dos mais bem situados socialmente foram talvez os espaços privilegiados da intimidade, e neles amiúde a vida privada andou de mãos dadas com a autossuficiência: boa parte da população doméstica costurava, produzia farinha de milho ou de mandioca, fabricava aguardente, trançava cestos, tecia redes e panos mais rústicos. Mas essa imagem foi especialmente dilatada por alguns dos grandes ideólogos da nossa cultura, como Gilberto Freyre e Oliveira Vianna, e os capítulos 3 e 5, "Famílias e vida doméstica" e "Moralidades brasílicas: deleites sexuais e linguagem erótica na sociedade escravista", nos mostram as limitações da intimidade em casas de paredes finas e de cômodos polivalentes, que acabavam expulsando para os matos e quintais os amantes desejosos de colóquios mais demorados. A restringir a intimidade havia ainda o olho atento do Santo Ofício, benévolo para com os denunciantes e os devassadores da vida alheia entre quatro paredes; havia, talvez mais do que qualquer outro obstáculo, a onipresença da escravidão, que impunha o convívio estreito, em cada domicílio, entre homens livres e cativos — entre brancos ou mestiços mais europeizados e negros africanos que desconheciam tanto o português quanto os códigos da cultura europeia. Em última instância, em cada domicílio habitava um inimigo em potencial dos senhores, alerta a cada passo deles, capaz de tirar-lhes a vida aos poucos, por meio de um envenenamento vagaroso, ou, de repente, numa tocaia no quintal.

Dispersão, isolamento e escravismo ditaram uma forma peculiar de viver a religiosidade, hipertrofiando-lhe o âmbito doméstico e privado, matizando-a com os tons da mestiçagem cultural, ou do sincretismo. As práticas domésticas de cultuar santos, de tratá-los como amigos ou inimigos da família, e nessa qualidade capazes de guardar segredos ou receber pancadas, são bem nossas conhecidas até hoje, integrando a espiritualidade diária dos brasileiros. Como indica o capítulo 4, "Cotidiano e vivência religiosa: entre a capela e o calundu", o isolamento próprio à América portuguesa possibilitou uma prática religiosa privada que foi do eremitismo, próprio ao cristianismo primitivo, até os encontros sabáticos em locais ermos, estes últimos surpreendentemente semelhantes aos verificados em solo europeu mais ou menos na mesma época.

As limitações advindas do isolamento poderiam ter sido minoradas se Portugal houvesse adotado política diversa para com sua colônia na América, nela permitindo a circulação de gazetas — como as que tiveram função tão importante na constituição do povo norte-americano — e a criação de universidades, presentes desde o século XVI nos dois vice-reinados hispano-americanos, o da Nova Espanha e o do Peru. Não cabe aqui discutir as razões que levaram a Metrópole a agir de maneira distinta, mas o que tal atitude acarretou para a delimitação de um modo específico de vivência privada, levando para o âmbito doméstico o ensino das primeiras letras, as discussões políticas e intelectuais, o empréstimo de livros, a organização de bibliotecas e, até, uma relação peculiar com a própria língua. Não derivaria dessa ordem de coisas a fala macia e familiar do português do Brasil, tão mais distante da língua escrita do que o português duro de nossos avós de além-mar? As relações entre as formas assumidas pela língua falada, o ensino, a leitura, as bibliotecas e, por fim, a revolta política encontram-se bem delineadas nos capítulos 7 e 8 desta obra, "O que se fala e o que se lê: língua, instrução e leitura" e "A sedução da liberdade: cotidiano e contestação política no final do século XVIII". Tal vivência dominantemente privada do espírito sedicioso foi um traço peculiar da América portuguesa; talvez em nenhuma outra região do antigo sistema colonial as reuniões escusas e as conversas secretas tenham tido o papel que lhes coube aqui, o desconforto ante a condição colonial expressando-se, primeiro, no âmbito restrito dos domicílios e colorindo, inclusive, alguns dos ritos da vida privada: afinal, "Tal é o dia do batizado" seria o mote do levante de 1789 em Minas, e foi no batizado de um dos filhos de Alvarenga Peixoto que tiveram lugar algumas das mais relevantes articulações sediciosas.

Os três séculos que antecederam a "interiorização da Metrópole" conheceram, portanto, formas descontínuas e intermitentes de intimidade.[3] Cotidiano e vida privada se entretecem durante todo este volume, e às vezes é difícil separá-los justamente por ser rarefeito o espaço específico da privacidade. Mas não é possível deixar de detectar tal espaço no apreço do coronel Costa Aguiar para com seu ambiente doméstico, no cuidado e no carinho com que cerca a prole e a esposa, lançando em seu *Caderno de assentos* as despesas com a educação do filho em

Coimbra ou com a compra dos brincos de Bárbara, a consorte (como narra o capítulo 3). Referida sobretudo à prole e à parentela, a noção de privacidade pulsa a cada linha do borrador de um curioso senhor de engenho falido, que, em meados do século, registrava com letra firme e precisa os atos diários de sua vida — documento inestimável que o capítulo 6, "Ritos da vida privada", traz à luz, entremeando-o com outros modos de ordenamento da vida cotidiana, como os lunários perpétuos. Cotidiano e privacidade, por fim, misturavam-se mais uma vez na vivência de certos rituais: o nascimento, o casamento, a morte, quando parentes e vizinhos se juntavam para partilhar dores e alegrias — e, aqui, é ainda o capítulo 6 que nos informa.

No decorrer do século XIX, muita coisa mudaria, e certamente o espaço da privacidade iria se ampliar, melhor definindo, contudo, os seus contornos. A vinda da família real seria, sem dúvida, um ponto de inflexão. Mas nunca uma ruptura, como, aliás, também não o seria a independência de 1822. Uma vida de Corte, europeus em maior número e a presença cultural mais efetiva do Velho Continente não bastariam para dar homogeneidade às normas de conduta, assim como o caráter restrito dos grupos que procederam à declaração de independência não bastaria para criar a nação. Enquanto o autocontrole e a *civilité* se espraiavam no âmbito das elites, o "teor violento da vida" — decorrência inelutável do escravismo — continuava imperando nos sertões e nas zonas fronteiriças.[4] Nosso processo civilizador, portanto, acentuou a clivagem entre o mundo mais bem-ordenado da polidez, das normas do convívio social, e os largos espaços de barbárie e violência. Nas moradas urbanas; nas fazendas das frentes pioneiras, onde se tem notícia de que chegaram pianos em lombo de burro; nos antigos engenhos de açúcar, em que a louça azul da Companhia das Índias atestava pelas riquezas passadas, persistiria a presença escrava, às vezes ombro a ombro com trabalhadores italianos, espanhóis, alemães. No século XIX, a escravidão continuaria qualificando a vida privada brasileira.

NOTAS

1. CONDIÇÕES DA PRIVACIDADE NA COLÔNIA [pp. 12-31]

1. Frei Vicente do Salvador, *História do Brasil, 1500-1627*, livro 1, cap. 2, pp. 42-3.

2. Ver *De la Renaissance aux Lumières*, org. Roger Chartier, t. 3 da *Histoire de la vie privée*, org. Philippe Ariès e George Duby.

3. Ver Michel Rouche, "Alta Idade Média ocidental", cap. 4 de *Do Império romano ao ano mil*, org. Paul Veyne, t. 1 da *História da vida privada*, org. Ph. Ariès e G. Duby; Jürgen Habermas, *Mudança estrutural da esfera pública*, pp. 13-41.

4. Luis Koshiba, "A divina colônia: contribuição à história social da literatura", p. 25.

5. Gregório de Matos, *Obras completas*, org. James Amado, vol. 2, p. 443.

6. Ver Dauril Alden, "The Population of Brazil in the Nineteenth Century: A Preliminary Survey", *Hispanic American Historical Review*, 1963, vol. 43, pp. 173-206.

7. Ver José Gentil da Silva, *Au Portugal: Structure démographique et développement économique*, separata de *Studi in onore di Amintore Fanfani*, vol. 2; Joel Serrão, *Fontes da demografia portuguesa*, pp. 67-90.

8. Ver "A marcha do povoamento e a urbanização", século XVIII, mapas de Aroldo de Azevedo, *Vilas e cidades do Brasil Colonial. Ensaio de geografia urbana retrospectiva*. Boletim n. 208, Geografia, vol. 2. São Paulo, FFLCH-USP, 1956.

9. Caio Prado Jr., *Formação do Brasil contemporâneo*, pp. 65-79.

10. *Cultura e opulência do Brasil* (1711), p. 264.

11. Roger Bastide, *Brasil, terra de contrastes*.

12. Benedict Anderson, *Imagined Communities*.

13. Luís dos Santos Vilhena, *Recopilação de notícias soteropolitanas e brasílicas* (1802), p. 289.

14. Fernando A. Novais, *Estrutura e dinâmica do antigo sistema colonial*.

15. Este não é, obviamente, o *locus* apropriado para polemizar com os críticos deste esquema interpretativo. Mas, como estou reiterando-o no texto (aliás, estas reflexões mostram, quanto a mim, a fecundidade do esquema), não posso furtar-me a algumas observações muito sucintas a respeito das críticas. Quando falamos da exploração, estamos deslindando mecanismos de conjunto do sistema colonial, isto é, das relações entre o conjunto do

mundo colonial e o mundo metropolitano em seu conjunto; o fato de que uma determinada metrópole não tenha assimilado as vantagens da exploração colonial em seu desenvolvimento não prova a inexistência dessa exploração, quer dizer apenas que perdeu a competição intermetropolitana. Acumulação para fora, externa, refere-se à tendência dominante do processo de acumulação, não evidentemente à sua exclusividade; é claro que alguma porção do excedente devia permanecer ("capital residente") na Colônia, do contrário não haveria reprodução do sistema. Não se trata, desde logo, de uma formação social capitalista que se elabora sem acumulação originária; mas com um nível baixo dessa acumulação. Externalidade de acumulação originária de capital comercial autônomo refere-se à área de produção (as colônias) em direção às metrópoles; nada tem que ver com um processo externo ao sistema, que envolve por definição metrópoles e colônias. Não cabe, portanto, a increpação de obsessão com as relações externas (porque não estamos falando de nada externo ao sistema), nem de desprezo pelas articulações internas, pois estas não são incompatíveis com aquelas; trata-se, simplesmente, de enfatizar um ou outro lado, de acordo com os objetivos da análise. Nesta mesma linha, os trabalhos recentes e de grande mérito sobre o mercado interno no fim do período colonial não refutam (como seus autores se inclinam a acreditar) de maneira nenhuma aquele esquema que gostam de apodar de "tradicional"; o crescimento do mercado interno é, pelo contrário, uma decorrência do funcionamento do sistema, ou, se quiserem, a sua dialética negadora estrutural. Uma questão que sempre me ocorre diante desses argumentos é esta: se não são essas as características (extroversão, externalidade da acumulação etc.) fundamentais e definidoras de uma economia colonial, o que, então, as define? Ou será que se não definem? Será que nada de essencial as distingue das demais formações econômicas? Não creio que seja esse o objetivo dos revisionistas.

16. Luiz Felipe de Alencastro, "O aprendizado da colonização", *Economia e Sociedade*, Revista do Instituto de Economia da Unicamp, ago. 1992, n. 1, pp. 135-63.

17. Na abundante bibliografia sobre o assunto destaquemos, para a Europa, o estudo recente de Francisco Bethencourt, *História das Inquisições*. Para o Brasil: Sônia A. Siqueira, *A Inquisição portuguesa e a sociedade colonial*; José Gonçalves Salvador, *Cristãos-novos, jesuítas e inquisição*; Anita Novisnky, *Cristãos-novos na Bahia*; Ronaldo Vainfas, *A heresia dos índios*. Para uma visão das tendências mais recentes destes estudos, ver: *Inquisição. Ensaios sobre mentalidades, heresias e artes*, org. Novinsky e Carneiro.

18. Ver Laura de Mello e Souza, *Inferno atlântico...*, pp. 21-46.

19. Lewis U. Hanke, *The Spanish Struggle for Justice in America*.

2. FORMAS PROVISÓRIAS DE EXISTÊNCIA: A VIDA COTIDIANA NOS CAMINHOS, NAS FRONTEIRAS E NAS FORTIFICAÇÕES [pp. 32-61]

1. Sérgio Buarque de Holanda, *Caminhos e fronteiras*, p. 16.

2. Id., ibid., "Iguarias de bugre", p. 56; Evaldo Cabral de Mello, *Olinda restaurada*, cap. 6, "Munição de boca", pp. 190-216, e cap. 7, "Guerra de Flandres e guerra do Brasil", pp. 217-48.

3. Padre Sousa Ferreira, "América abreviada", citado em Jaime Cortesão, *Raposo Tavares e a formação territorial do Brasil*, p. 358.

4. Sérgio Buarque de Holanda, *O Extremo Oeste*, pp. 168-9.

5. Id., "Veredas de pé posto", em *Caminhos e fronteiras*, pp. 19-35.

6. "Notícia que dá ao Padre Me. Diogo Soares o alferes José Peixoto da Silva Braga, do que passou na Primeira Bandeira, que entrou ao descobrimento das Minas do Guayases até sair na cidade de Belém do Grão-Pará", em Afonso d'E. Taunay, *Relatos sertanistas*, pp. 122-3.

7. Documento citado em Capistrano de Abreu, *Capítulos de história colonial*, pp. 121-2.

8. Montoya, citado em Jaime Cortesão, op. cit., p. 157; para o mel, Sérgio Buarque de Holanda, "A cera e o mel", em *Caminhos e fronteiras*, pp. 43-54; Afonso d' E. Taunay, "Os recursos das monções havidos da agricultura sertaneja; preços dos víveres; Camapuã, oásis civilizado; incidentes de viagem", em *Relatos monçoeiros*, p. 69.

9. Sérgio Buarque de Holanda, *Caminhos e fronteiras*, pp. 41-2.

10. "Notícias dos primeiros descobridores das primeiras minas de ouro pertencentes a estas Minas Gerais. Pessoas mais assinaladas nestas empresas e dos mais memoráveis casos acontecidos des dos seus princípios", em Afonso d'E. Taunay, *Relatos sertanistas*, p. 46; "Notícias práticas das Minas do Cuiabá e Goiases, na capitania de São Paulo e Cuiabá, que dá ao revdo. Padre Diogo Juares, o capitão João Antonio Cabral Camello, sobre a viagem que fez às Minas do Cuiabá no ano de 1727", em *Relatos monçoeiros*, pp. 114-33, 122; Sérgio Buarque de Holanda, "Uma civilização do milho", em *Caminhos e fronteiras*, p. 186.

11. "Notícia diária e individual das marchas...", *Anais da Biblioteca Nacional*, vol. 108, p. 101.

12. Teotônio José Juzarte, "Diário da navegação do rio Tietê, rio Grande, Paraná e rio Iguatemi", ibid., p. 46.

13. "Relação da viagem que em 1757 (sic) fez o Exmº. Conde de Azambuja, saindo da cidade de São Paulo para a vila de Cuiabá, cópia de uma que suponho original, havida de uma das famosas Bibliotecas nessa Corte", em Luís dos Santos Vilhena, *Recopilação de notícias da capitania de São Paulo* (1802), pp. 53, 59, 62, 73, 82, 86, 88; "Notícia que dá ao Padre Me. Diogo Soares...", p. 132; "Divertimento admirável, para os historiadores curiosos observarem as máquinas do mundo reconhecidas nos sertões da navegação das Minas do Cuiabá,

e Mato Grosso, etc." (1783), *Revista do Instituto Histórico e Geográfico Brasileiro*, vol. 77, 1914-5, pp. 125-56, 134.

14. "Diário da viagem que fez o brigadeiro José Custódio de Sá e Faria da cidade de São Paulo à praça de Nossa Senhora dos Prazeres do rio Iguatemi — 1774-1775", ibid., 1876, vol. 39, pp. 217-91, 233.

15. Sérgio Buarque de Holanda, *Monções*, pp. 61-3.

16. "Relação da viagem...", p. 55.

17. "Notícia que dá ao Padre Me. Diogo Soares...", p. 133.

18. "Diário da navegação...", p. 67; "Relação da viagem...", pp. 68, 71, 85; "Diário da navegação...", pp. 47, 72; Francisco José de Lacerda e Almeida, *Diários de viagem*, p. 90; "Notícia que dá ao Padre Me. Diogo Soares...", p. 132.

19. "Divertimento admirável, para os historiadores curiosos...", p. 144.

20. "Notícia que dá ao Padre Me. Diogo Soares...", p. 73; Sérgio Buarque de Holanda, "Botica da natureza", em *Caminhos e fronteiras*, p. 77; Afonso d'E. Taunay, "Observações climatéricas e nosológicas dos autores monçoeiros, etc.", em *Relatos monçoeiros*, p. 65; id., ibid., "Carta de um passageiro de monção (1785)", p. 214; "Divertimento admirável, para os historiadores curiosos...", pp. 135, 145; Lacerda e Almeida, op. cit., p. 91; "Notícia e relação verdadeira da derrota e a viagem que fez da cidade de São Paulo para as Minas do Cuiabá o Exmº. sr. Rodrigo César de Menezes governador e capitão-general da Capitania de São Paulo e suas minas descobertas no tempo do seu governo, e nele mesmo estabelecidas", em Afonso d'E. Taunay, *Relatos monçoeiros*, pp. 101-13, 103-4; citado em Belmonte, *No tempo dos bandeirantes*, pp. 247, 251; "Notícia diária e individual...", passim.

21. A. de Alcântara Machado, *Vida e morte do bandeirante*, pp. 265 e ss.; para o documento referente a Domingos Jorge Velho, transcrição em Capistrano de Abreu, op. cit. p. 111; "Notícia que dá ao Padre Me. Diogo Soares...", p. 125.

22. A. de Alcântara Machado, op. cit., pp. 254-6; ver também transcrições de documentos em Belmonte, op. cit., pp. 247, 251.

23. "Carta de um passageiro de monção (1785)", p. 214.

24. Lacerda e Almeida, op. cit., p. 88.

25. "Relação da chegada que teve a gente de Mato Grosso, e agora se acha em companhia do senhor D. Antonio Rolim desde o porto de Araritaguaba até esta Vila Real do senhor Bom Jesus do Cuiabá", *Anais da Biblioteca Nacional*, vol. 20, pp. 245-8.

26. "Relação da viagem...", pp. 46-7, 59, 79, 82, 89; "Relação da chegada...", p. 247; "Diário da navegação...", p. 66.

27. "Diário da jornada que fez o exmº. senhor Dom Pedro desde o Rio de Janeiro até a cidade de São Paulo, e desta até as Minas no ano de 1717", *Revista do Serviço do Patrimônio Histórico e Artístico Nacional*, n. 3, pp. 295-316, 297, 311.

28. Ibid., pp. 298-9, 308, 299; Capistrano de Abreu, op. cit., p. 228.

29. "Diário da jornada que fez o exmº. senhor Dom Pedro...", pp. 300, 305, 311, 314.

30. Lacerda e Almeida, op. cit. pp. 5, 35, 36-7, 68, 40, 66-7.

31. Id., ibid., pp. 96, 88, 97.

32. José Alípio Goulart, *Tropas e tropeiros na formação do Brasil*, pp. 120 e ss.; para os bilhetes, pp. 252-65.

33. Capistrano de Abreu, op. cit., p. 145.

34. Licurgo dos Santos Filho, *Uma comunidade rural do Brasil antigo*, p. 197.

35. "Notícias dos primeiros descobridores das primeiras minas de ouro pertencentes a estas Minas Gerais", p. 77.

36. Cláudia Maria das Graças Chaves e Vera Lúcia Dutra Vieira, "Tropas e tropeiros no abastecimento da região mineradora no período de 1693 a 1760", pp. 17, 48.

37. *Revista do Arquivo Público Mineiro*, Belo Horizonte, 1979, vol. 30 (207), citado em Chaves & Dutra Vieira, op. cit., p. 40.

38. Capistrano de Abreu, op. cit., p. 221.

39. Chaves & Dutra Vieira, op. cit., p. 41; *Revista do Arquivo Público Mineiro*, SC, "Cartas ao governador Antônio de Brito de Menezes", cód. 11, fl. 32, citado em id., ibid., pp. 41-2.

40. Sérgio Buarque de Holanda, "As estradas móveis" (2ª versão), em *Monções*, p. 278.

41. Id., ibid., p. 71; "Relação da viagem...", p. 68.

42. "Relação da viagem...", pp. 67-8.

43. Op. cit., p. 80.

44. Sérgio Buarque de Holanda, "As estradas móveis" (2ª versão), em *Monções*, p. 278.

45. Sérgio Buarque de Holanda, *O Extremo Oeste*, p. 69; "Notícia que dá ao R. P. Diogo Soares o sargento-mor José Mattos sobre os descobrimentos do famoso Rio das Mortes", em Afonso d'E. Taunay, *Relatos sertanistas*, p. 182.

46. Sérgio Buarque de Holanda, *Monções*, p. 100; José Alípio Goulart, op. cit., pp. 129 e ss.

47. "Notícia diária e individual...", pp. 56-7 e passim.

48. Ibid., pp. 57-9, 67, 70, 75, 79.

49. Ibid., p. 76.

50. "Diário da expedição de Gomes Freire de Andrade às missões do Uruguai pelo capitão Jacinto Rodrigues da Cunha — testemunha presencial", *Revista do Instituto Histórico e Geográfico Brasileiro*, n. 10 e 11, 1853, pp. 137-321; citações às páginas 162, 211-2, 250, 143-5, 320-1.

51. "Diário da navegação...", pp. 43, 49.

52. Sérgio Buarque de Holanda, *Monções*, p. 37; Enrique Peregalli, *Recrutamento militar no Brasil colonial*, pp. 139, 141-2; Heloísa Liberalli Bellotto, *Autoridade e conflito no Brasil colonial*; "Diário da viagem que fez o brigadeiro José Custódio de Sá e Faria...", pp. 218-9.

53. "Diário da navegação...", pp. 50-1.

54. Ibid., pp. 53-7.

55. Ibid., pp. 62, 60.

56. Ibid., pp. 58, 63-4.

57. Ibid., p. 97; Heloísa Liberalli Bellotto, op. cit., 150.

58. "Diário da navegação...", p. 99.

59. Ibid., pp. 100, 102, 106-7.

60. Ibid., pp. 107-8, 116.

61. Ibid., pp. 110-3.

62. Ibid., pp. 114-5.

63. Ibid., p. 118: Heloísa Liberalli Bellotto, op. cit., p. 308.

64. "Divertimento admirável, para os historiadores curiosos...", p. 150; "Diário da viagem que fez o brigadeiro José Custódio de Sá e Faria...", p. 273.

3. FAMÍLIAS E VIDA DOMÉSTICA [pp. 62-120]

1. Ver, por exemplo: Mariza Corrêa, "Repensando a amília brasileira", em *Colcha de retalhos*; Donald Ramos, "Marriage and the Family in Colonial Vila Rica", em HAHR, 1975, n. 2; Maria Beatriz Nizza da Silva, *Sistema de casamento no Brasil colonial*; Alzira Arruda Lobo Campos, "O casamento e a família em São Paulo colonial"; Luciano Raposo de Almeida Figueiredo, "Barrocas famílias"; Eni Mesquita Samara, *As mulheres, o poder e a família*.

2. Sobre casamentos de escravos, ver: Eliana Goldschmidt, "Casamentos mistos de escravos em São Paulo colonial"; Maria Beatriz Nizza da Silva, "A família escrava no Brasil colonial", *Anais da VIII Reunião da SBPH*, pp. 21-5, e "Casamentos de escravos na capitania de São Paulo", *Revista Ciência e Cultura*, pp. 816-22. Sobre dotes a jovens desvalidas, ver Leila Mezan Algranti, "A Irmandade da Santa Casa de Misericórdia do Rio de Janeiro e a concessão de dotes", *Cadernos Pagu*, vol. 1, pp. 45-66.

3. Marquês do Lavradio, *Cartas da Bahia, 1768-1769*, p. 76.

4. Parte das fontes primárias citadas neste capítulo foi consultada no *Arquivo Ernani Silva Bruno sobre o equipamento da casa brasileira* existente no Museu da Casa Brasileira em São Paulo. São aproximadamente 28 900 fichas catalogadas tematicamente sobre os mais diversos assuntos relacionados à casa brasileira, entre os séculos XVI e XIX, elaboradas a partir dos escritos de cronistas, viajantes e romancistas, além de inventários e testamentos.

5. Carlos Lemos, *História da casa brasileira*, p. 9.

6. John Luccock, *Notas sobre o Rio de Janeiro e partes meridionais do Brasil (1808-1818)*, p. 80.

7. T. von Leithold e L. von Rango, *O Rio de Janeiro visto por dois prussianos em 1819*, p. 11.

8. Carlos Lemos, op. cit., pp. 22-5.

9. *Inventários e testamentos de São Paulo*, vol. 5, p. 139.

10. Ibid., vol. 3, p. 412.

11. *Autos da devassa da Inconfidência Mineira*, vol. 5, p. 474.

12. Auguste de Saint-Hilaire, *Viagem ao Rio Grande do Sul (1820-1821)*, p. 28.

13. Spix e Martius, *Viagem pelo Brasil*, vol. 3, p. 142.

14. *Inventários e testamentos de São Paulo*, vol. 22, pp. 428-9.

15. Spix e Martius, op. cit., vol. 3, pp. 99-100.

16. L. F. de Tollenare, *Notas dominicais tomadas durante uma viagem em Portugal e no Brasil em 1816, 1817 e 1818*, p. 79.

17. Auguste de Saint-Hilaire, *Viagem pelas províncias do Rio de Janeiro e Minas Gerais*, p. 74.

18. John Mawe, *Viagens ao interior do Brasil (1807-1810)*, p. 68.

19. Auguste de Saint-Hilaire, *Viagem pelas províncias do Rio de Janeiro e Minas Gerais*, p. 96.

20. Ver Maria Beatriz Nizza da Silva, *Vida privada e quotidiano no Brasil na época de d. Maria I e d. João VI*, p. 212.

21. Sylvio de Vasconcelos, *Vila Rica: formação e desenvolvimento*, p. 179.

22. Carlos Lemos, op. cit., p. 30.

23. Id., ibid., p. 32.

24. Citado em Sylvio de Vasconcelos, op. cit., p. 133.

25. John Mawe, op. cit., p. 68.

26. Ver Carlos Lemos, op. cit., p. 26.

27. Id., ibid., pp. 32-3.

28. Ver, dentre outros, J. Luccock, op. cit., p. 80.

29. Ver Sylvio de Vasconcelos, op. cit., p. 128.

30. A Casa da Hera situa-se no município de Vassouras, à rua Dr. Fernandes Júnior, 160.

31. Referindo-se às estâncias do Rio Grande do Sul, Saint-Hilaire observou que, conforme o costume reinante em todo o Brasil, as cozinhas consistiam em pequenas choupanas erguidas à parte, no fundo das casas. Ver *Viagem ao Rio Grande do Sul (1820-1821)*, p. 28.

32. Sobre as cozinhas e sua evolução, ver Carlos Lemos, *Cozinhas etc.*

33. Ver sobre a questão Ernani Silva Bruno, *Equipamento da casa bandeirista segundo os antigos inventários e testamentos*, p. 14.

34. Vejam-se, por exemplo, os inventários de 1649 de Ana Ribeiro e João Batista: *Inventários e testamentos de São Paulo*, vol. 40, pp. 75, 90.

35. John Mawe, op. cit., p. 342.

36. Henry Koster, *Viagens ao Nordeste do Brasil (1809-1815)*, p. 98.

37. *Autos da devassa da Inconfidência Mineira*, vol. 5, p. 321.

38. Ver padre Fernão Cardim, *Tratados da terra e gente do Brasil*, p. 281; Sérgio Buarque de Holanda, *Caminhos e fronteiras*, p. 37.

39. Gabriel Soares de Sousa, *Tratado descritivo do Brasil em 1587*, p. 217.

40. Ver Jean de Léry, *Viagem à terra do Brasil (1555-1557)*, p. 52.

41. Citado em Belmonte, *No tempo dos bandeirantes*, pp. 57-64.

42. Vejam-se, especialmente, os *Inventários e testamentos de São Paulo do século XVII*.

43. Henry Koster, op. cit., p. 39.

44. D. frei João de São José Queiroz, *Visitas pastorais (1761-1763)*, p. 404.

45. *Caderno de assentos do coronel Francisco Xavier Costa Aguiar*, *Anais do Museu Paulista*, vol. 20, p. 249.

46. Luís dos Santos Vilhena, *Notícias soteropolitanas e brasílicas (1802)*, 1922, vol. 2, p. 941.

47. Ver L. F. de Tollenare, op. cit., p. 79.

48. Emanuel Araújo, *O teatro dos vícios*, pp. 71-7.

49. Id., ibid., p. 76.

50. Ver sobre a questão Murard e Zylberman, *Le petit travailleur infatigable*, pp. 229-77.

51. Ver, por exemplo, marquês do Lavradio, op. cit., pp. 102, 132, e *Cartas do Rio de Janeiro, 1769-1776*, vol. 1, pp. 87, 184.

52. Maria Graham, *Diário de uma viagem ao Brasil e uma estada nesse país durante parte dos anos de 1821, 1822 e 1823*, p. 253.

53. Padre Fernão Cardim, op. cit., pp. 282-3.

54. André João Antonil, *Cultura e opulência do Brasil*, p. 63.

55. *Inventários e testamentos de São Paulo*, vol. 30, p. 144, e *Caderno de assentos do coronel Francisco Xavier Costa Aguiar*, p. 215.

56. Citado em J. F. de Almeida Prado, *Pernambuco e as capitanias do Norte do Brasil (1530-1630)*, p. 205.

57. Ver *Autos da devassa da Inconfidência Mineira*, vol. 2, p. 463.

58. *Diálogos das grandezas do Brasil*, p. 264.

59. Henry Koster, op. cit., pp. 244-5.

60. Auguste de Saint-Hilaire, *Viagem ao Rio Grande do Sul (1820-1821)*, p. 35.

61. Leithold e Rango, op. cit., p. 28.

62. Padre Fernão Cardim, op. cit., pp. 295-6.

63. Ver Arquivo Nacional da Torre do Tombo (ANTT), Real Mesa Censória, cx. 153, 26/11/1799.

64. Ver John Luccock, op. cit., pp. 312-3.

65. Ver marquês do Lavradio, *Cartas do Rio de Janeiro, 1769-1776*, vol. 1, p. 37.

66. Ver d. frei João de São José Queiroz, op. cit., p. 152.

67. Jean-Baptiste Debret, *Viagem pitoresca e histórica ao Brasil (1816-1831)*, vol. 2, p. 164, prancha 7, e Henry Koster, op. cit., pp. 57, 414.

68. John Mawe, op. cit., pp. 72-3.

69. Ver especialmente a parte intitulada "Índios e mamelucos" em *Caminhos e fronteiras*.

70. Ver denúncia de Angela Antonia contra Inez Fernandes (22/11/1593), *Primeira Visitação do Santo Ofício às partes do Brasil pelo licenciado Heitor Furtado de Mendonça*, p. 106. Ver, também no mesmo volume, denúncia de Maria Alvares contra Beatriz Mendes, p. 111, e denúncia de Bárbara Castelhana contra Branca Mendes, p. 99, todas do mesmo teor.

71. John Mawe, op. cit., p. 204.

72. A. de Alcântara Machado, *Vida e morte do bandeirante*, passim.

73. Jean-Baptiste Debret, op. cit., vol. 2, p. 158.

74. Ver John Mawe, op. cit., p. 141.

75. Ver A. de Alcântara Machado, op. cit., p. 87.

76. Thomas Lindley, *Narrativa de uma viagem ao Brasil* (*1802-1803*), p. 63. Até hoje, na Bahia, a expressão "comer de mão" designa esse hábito, corrente.

77. *Autos da devassa da Inconfidência Mineira*, vol. 5, pp. 272, 238, 222.

78. D. frei João de São José Queiroz, op. cit., p. 33.

79. Gabriel Soares de Sousa, op. cit., p. 344.

80. *Inventários e testamentos de São Paulo*, op. cit., vol. 1, p. 34.

81. Carlos Veloso, *A alimentação em Portugal do século XVIII nos relatos dos viajantes estrangeiros*, p. 32.

82. Ver, por exemplo, Henry Koster, op. cit., pp. 203, 105.

83. Luís da Câmara Cascudo, *História da alimentação no Brasil*.

84. Citado em Licurgo dos Santos Filho, *Uma comunidade rural do Brasil antigo*, pp. 331-2.

85. José Antônio Gonsalves de Mello, *Tempo dos Flamengos*, pp. 156-7.

86. Id., ibid., p. 150.

87. Ver Aluísio de Almeida, *Vida quotidiana da capitania de São Paulo* (*1722-1822*), p. 39. Sobre o desconforto e o temor que os "bichos-de-pé" causavam, ver Gabriel Soares de Sousa, *Tratado descritivo do Brasil em 1587*, p. 274.

88. Ver a respeito, por exemplo: John Mawe, op. cit., p. 176; Auguste de Saint-Hilaire, *Viagem pelas províncias do Rio de Janeiro e Minas Gerais*, p. 97; Henry Koster, op. cit., p. 203.

89. Ver, por exemplo, Jean-Baptiste Debret, op. cit., vol. 2, p. 137; Henry Koster, op. cit., p. 270; John Luccock, op. cit., p. 312.

90. Ver, sobre o assunto, Laura de Mello e Souza, *O diabo e a Terra de Santa Cruz*, especialmente a segunda parte, pp. 166-85.

91. Citado em Licurgo dos Santos Filho, op. cit., p. 194. Segundo o mesmo autor, mel de cavalo é uma variação do mel silvestre.

92. Id., ibid., p. 196.

93. Id., ibid., p. 197.

94. Ver Simão Pinheiro Morão, *Queixas repetidas em ecos dos arrecifes de Pernambuco contra os abusos médicos que nas suas capitanias se observam tanto em dano das vidas de seus habitadores*, p. 16.

95. Arquivo da Cúria da Diocese de Mariana, Livro de Devassas e Visitas (1733), arq. 1, gav. 4.

96. Enquanto a carne de boi, mais barata, custava em Lisboa 26 réis, uma franga engordada custava 480 réis; citado em Carlos Veloso, op. cit., p. 48.

97. Belmonte, op. cit., pp. 163, 166.

98. Para alguns as tambuladeiras serviam para medir vinho, para outros era usada para bebê-lo, o que nos parece mais provável, dado o grande número delas nos inventários do século XVII. No dicionário de Caldas Aulete, contudo, lê-se: "Utensílio de prata ou louça, para se apreciar a cor ou o cheiro do vinho. Disco de prata com que se avalia a grossura do vinho"; citado em Ernani Silva Bruno, op. cit., p. 101.

99. Ver J. F. de Almeida Prado, op. cit., p. 224.

100. Ver ANTT-Lisboa, Real Mesa Censória, cx. 153.

101. John Mawe, op. cit., p. 215.

102. Padre Fernão Cardim, op. cit., p. 55.

103. Jean-Baptiste Debret, op. cit., vol. 2, p. 196.

104. D. frei João de São José Queiroz, op. cit., p. 196.

105. Auguste de Saint-Hilaire, *Viagem ao Espírito Santo e Rio Doce*, p. 88.

106. Além dos estudos citados na nota 1 deste capítulo, vejam-se também: Ronaldo Vainfas, *Trópico dos pecados*, pp. 88-101; Fernando Torres Londoño, "O crime do amor", em Maria Angela d'Incao, *Amor e família no Brasil*, pp. 17-30.

107. Sobre Garcia d'Ávila e seus descendentes, ver Pedro Calmon, *História da Casa da Torre*.

108. Sobre o cotidiano das mulheres reclusas e suas práticas de sociabilidade, ver Leila Mezan Algranti, *Honradas e devotas*: *mulheres da Colônia*, pp. 211-39.

109. *Caderno de assentos do coronel Francisco Xavier da Costa Aguiar*, p. 197.

110. Ibid., p. 241.

111. Ibid., p. 202.

112. Ibid., p. 145.

113. Ibid.

114. Ibid., p. 271.

115. Ibid., p. 241.

116. Sobre o aluguel de escravos e os negros de ganho nas cidades coloniais, ver Leila Mezan Algranti, *O feitor ausente*, pp. 65-76.

117. Jean de Léry, op. cit., pp. 85-6.

118. Pero de Magalhães Gandavo, *História da província de Santa Cruz*, pp. 35-6.

119. Id., ibid.

120. Sobre a evolução dos fogões, ver Carlos Lemos, *Cozinhas etc.*, pp. 70-1.

121. Ver Sérgio Buarque de Holanda, op. cit., pp. 186-7.

122. Id., ibid., pp. 188-203.

123. John Mawe, op. cit., p. 139.

124. Auguste de Saint-Hilaire, *Viagem pelas províncias do Rio de Janeiro e Minas Gerais*, p. 142.

125. John Loccock, op. cit., p. 79; T. Lindley, op. cit., p. 151.

126. Jean-Baptiste Debret, op. cit., t. 1, vol. 2, p. 253.

127. Ver sobre o assunto: John Mawe, op. cit., pp. 101-2, e Maximiliano, príncipe de Wied-Neuwied, *Viagem ao Brasil (1815-1817)*, pp. 383-4, 404.

128. Ver, entre outros, frei Vicente do Salvador, *História do Brasil*, p. 70; Auguste de Saint-Hilaire, *Viagem pelas províncias do Rio de Janeiro e Minas Gerais*, p. 171; Spix e Martius, op. cit., vol. 3, p. 413; Ambrósio Fernandes Brandão, op. cit., p. 191; Luccock, op. cit., p. 78.

129. Jean de Léry, op. cit., p. 181.

130. Ver Sérgio Buarque de Holanda, op. cit., p. 211.

131. Auguste de Saint-Hilaire, *Viagem pelas províncias do Rio de Janeiro e Minas Gerais*, p. 289.

132. Sobre o ofício de tecelão em Portugal quinhentista, ver Sérgio Buarque de Holanda, op. cit., pp. 216-7.

133. Ver, por exemplo: Ambrósio Fernandes Brandão, op. cit., p. 146, e Auguste de Saint-Hilaire, *Viagem pelo distrito dos diamantes e litoral do Brasil (1817-1818)*, p. 47.

134. Ver, sobre essas ocupações, padre Fernão Cardim, op. cit., p. 83, e Maximiliano, príncipe de Wied Neuwied, op. cit., p. 394.

135. Ver A. de Alcântara Machado, op. cit., pp. 134-5.

136. Sobre os índios e suas habilidades na fabricação da cerâmica, ver: Hans Staden, *Duas viagens ao Brasil (1547-1554)*, p. 165; Gabriel Soares de Sousa, op. cit., p. 312; Jean-Baptiste Debret, op. cit., t. 1, vol. 2, p. 132.

137. Ver John Luccock, op. cit., p. 74.

138. Ver John Mawe, op. cit., p. 181; Spix e Martius, op. cit., pp. 102-3.

139. Sobre o não trabalho feminino, ver Maria Beatriz Nizza da Silva, "Colonização portuguesa no Brasil. A população feminina e sua sobrevivência econômica no fim do período colonial", *Revista de Ciências Históricas da Universidade Portucalense Infante D. Henrique*. Sobre a questão do trabalho e do lazer, ver Carlos Lemos, *Cozinhas etc.*, pp. 59-60.

140. Sobre a noção de público e privado e seus significados adotados neste capítulo, ver Richard Sennett, *O declínio do homem público*, especialmente pp. 30-40.

4. COTIDIANO E VIVÊNCIA RELIGIOSA: ENTRE A CAPELA E O CALUNDU [pp. 121-75]

1. Pio Paschini, *Enciclopedia cattolica*; frei Francisco Larraga, *Promptuário da theologia moral*, tratado 37, "Da oração".

2. Padre Serafin Ausejo, OFM, *Diccionario de la Biblia*, pp. 1364 e ss.

3. Mateus 6,5-6.

4. Mateus 18,19-20.

5. Ausejo, op. cit., p. 1369.

6. Émile Durkheim, *As formas elementares da vida religiosa*. A respeito, ver também Elizabeth Nottingham, *Sociología de la religión*.

7. *Constituições primeiras do Arcebispado da Bahia*, pp. 371 e ss.

8. Frei Francisco Conceição, *Director instruído ou Breve resumo da Mistica teologia para instrução dos directores*, pp. 463 e ss.; padre Heliodoro Pires, *A paisagem espiritual do Brasil no século XVIII*.

9. Conceição, op. cit., p. 465.

10. Kátia M. Queirós Mattoso, "Religião oficial e religião do povo", em *Bahia, século XIX: uma província no Império*; Emanuel Araújo, "Festejar quanto possível", em *O teatro dos vícios*.

11. Fortunato Almeida, *História da Igreja em Portugal*; Callahan & Higgs, "The Portuguese Church", em *Church and Society in Catholic Europe of the Eighteenth Century*, pp. 51 e ss.

12. "Abusos que se têm introduzido na Bahia, 1780", Biblioteca Pública do Porto, *Memória*, n. 1105.

13. Luiz Mott, *A Inquisição em Sergipe*, citado em E. C. Almeida, *Inventário dos documentos relativos ao Brasil existentes no Arquivo da Marinha e Ultramar de Lisboa* (Rio de Janeiro, Biblioteca Nacional, 1914), doc. 128, 20/07/1751. Já em 1650, d. Francisco Manuel de Melo, na sua *Carta de guia de casados*, p. 112, assim aconselhava: "Reduza a mulher casada as beatarias em ser muito amiga de Deus, muito temerosa dele. Ouça missa no seu oratório à semana e se ao domigo quiser ir à igreja, é bem louvável. Vá e não às de maior concurso. Os dias de festa será conveniente acompanhar-se da parenta e da amiga, ir cedo e não entrar na casa de Deus com o mesmo estrondo que se entrara em uma batalha. Não seja a última que saia nem a primeira".

14. Lana Lage da Gama Lima, *Mulheres, adúlteros e padres*; Luiz Mott, "Modelos de santidade para um clero devasso: a propósito das pinturas do cabido de Mariana", *Revista de História*, UFMG, 1989, n. 9, pp. 96-120; Mary del Priore, *Ao sul do corpo*.

15. Lana Lage da Gama Lima, "A confissão pelo avesso: o crime de solicitação no Brasil colonial"; Luiz Mott, "Amores clericais em São Paulo colonial", *Diário Oficial Leitura*, São Paulo, n. 101, out. 1990, pp. 1-3.

16. *Constituições primeiras do Arcebispado da Bahia*, §§ 728-30.

17. Conceição, op. cit., p. 62.

18. Larraga, op. cit., tratado 36, "Horas canônicas"; A. G. Martimort, *L'Église em prière*.

19. Arquivo Nacional da Torre do Tombo, Inquisição de Lisboa (doravante abreviado ANTT, IL), Caderno do Promotor, n. 128, 1766.

20. Luiz Mott, *Rosa Egipcíaca*, p. 66.

21. ANTT, IL, Proc. 8172, 1730; Proc. 4058, 1733.

22. Hildergades Viana, *A Bahia já foi assim*, pp. 19 e ss.

23. Id., ibid., p. 20.

24. ANTT, IL, Proc. 1563; ver Luiz Mott, *A Inquisição no Maranhão*, p. 24.

25. ANTT, IL, Caderno do Promotor, n. 126, fl. 211; Caderno do Promotor, n. 58, 15/10/1683, fl. 31.

26. Paulo O. D. Azevedo, *Inventário de proteção do acervo cultural*, vol. 2, p. 15; ver Carlos Ott, *Povoamento do Recôncavo pelos engenhos*: *1536-1888*.

27. Arquivo da Cúria de Salvador, Breves e Oratórios, maço 4.

28. Padre André João Antonil, *Cultura e opulência do Brasil*, pp. 149 e ss.

29. D. Gaspar Leão, *Desengano de perdidos*, pp. 268-71.

30. Entende-se por pragmática o conjunto de regras ou fórmulas para cerimônias da Corte ou da Igreja.

31. Luís Palacin, *Sociedade colonial*: *1549-1599*, pp. 278 e ss. A prática da autoflagelação pública permanece ainda nos meados do século XVII: o padre Gabriel Malagrida, nosso maior taumaturgo do Norte e Nordeste, açoitava-se frequentemente nos púlpitos, diante dos fiéis; Paul Mury, *História de Gabriel Malagrida*.

32. Palacin, op. cit., p. 281.

33. Manoel Siqueira Sá, *Júbilos da América*; frei Apolinário Conceição, *Eco sonoro da clamorosa voz que deu na cidade do Rio de Janeiro no dia 18 de outubro de 1747, na saudosa despedida do irmão frei Fabiano de Cristo*.

34. O atestado das relíquias de d. Antonio do Desterro conserva-se na Biblioteca Nacional do Rio de Janeiro, Seção de Reservados, I-16, 1, 1; ver Baltazar Silva Lisboa, *Anaes do Rio de Janeiro*.

35. Anônimo, *Promessas e milagres no santuário do Bom Jesus de Matosinhos, Congonhas do Campo, Minas Gerais*.

36. Apocalipse 3,15. A propósito da pedagogia do medo na catequese colonial, ver Eduardo Hoornaert et al., *História da Igreja no Brasil*, pp. 405 e ss.

37. Leão, op. cit., “Da mortificação dos escrúpulos demasiados”, cap. 17.

38. J. M. Pereira d’Alencastro, “Memória cronológica, histórica e corográfica da província do Piauí”, *Revista do Instituto Histórico e Geográfico Brasileiro*, t. 20, 1857, pp. 140 e ss.; João José Reis, *A morte é uma festa*. Segundo informação oral do prof. Carlos Ott, uma bula papal liberou as ordens religiosas e igrejas do compromisso das missas votivas “até o final dos tempos”.

39. Pires, op. cit., pp. 53 e ss.

40. Luiz Mott, *Santos e santas no Brasil colonial*.

41. Manoel Altenfelder Silva, *Brasileiros heróis da fé*.

42. Padre Francisco Vizmanos, SJ, *Las virgenes cristianas de la Iglesia primitiva*.

43. Riolando Azzi (org.), *A vida religiosa no Brasil*; Leila M. Algranti, *Honradas e devotas*: *mulheres da Colônia*. Na Torre do Tombo de Lisboa há um processo inquisitorial particularmente interessante à espera de quem o estude e divulgue: trata-se de um manuscrito sobre a vida e milagres de Maria de Jesus, nascida no Reino em 1640, e que morou no Recife e na Bahia nas últi-

mas décadas do século XVII, aqui deixando fama de grandes virtudes, visões e santidade; ANTT, IL, Proc. 753.

44. D. Domingos Loreto Couto, *Desagravos do Brasil e glórias de Pernambuco*, pp. 500 e ss.

45. Padre Pedro Ribadeneira, SF, *História das vidas de santa Maria Egipcíaca, santa Taís e santa Teodora, penitentes.* A anacoreta é a penitente que vive retirada na solidão, enquanto a cenobita vive retirada junto com outras penitentes. Recolhida, no Brasil antigo, era tanto a mulher vivendo piedosamente como reclusa dentro de sua casa, como a que vivia de portas adentro num recolhimento.

46. Couto, op. cit., pp. 504 e ss.

47. Lisboa, op. cit., pp. 449 e ss.; frei Nicolau São José, *Vida da serva de Deus madre Jacinta de São José.*

48. ANTT, IL, Proc. 4564, Beata Luíza de Jesus, 1645; Proc. 10 198, Beata Maria Antunes, 1658; Proc. 557, Beata Joana da Cruz, 1659.

49. Algranti, op. cit., passim.

50. Luiz Mott, *Santos e santas no Brasil colonial.*

51. Id., *Rosa Egípciaca*, p. 491.

52. ANTT, IL, Proc. 1682, 1574, citado em Luiz Mott, "Maria, Virgem ou não? Quatro séculos de contestação no Brasil", em *Sexo proibido*, p. 155.

53. E. Leach, "Nascimento Virgem", em Roberto da Matta (org.), Edmund Leach; C. R. Boxer, *A mulher na expansão ultramarina ibérica.*

54. Frei Agostinho de Santa Maria, *Santuário mariano e história das imagens milagrosas de Nossa Senhora milagrosamente manifestadas e aparecidas no Arcebispado da Bahia*, p. 38.

55. Frei Antonio de Santa Maria Jaboatão, Novo orbe seráfico, vol. 2, pp. 347 e ss.

56. Padre João Batista Castro, *Mapa de Portugal*, p. 253.

57. Luiz Mott, "Santo Antônio, o divino capitão do mato", em João José Reis e Flávio dos Santos Gomes, *Liberdade por um fio.*

58. Thomas Ewbank, *Life in Brazil*, pp. 331, 339, 340.

59. Amadeu Amaral, *Tradições populares*, p. 361.

60. As ameaças e castigos aos santos fazem parte da religiosidade popular medieval: segundo Sebillot, em Minerrois, até 1850, quando se fazia o casamento, as raparigas desfilavam diante da imagem de são Sicre, dando-lhe com uma machadinha e dizendo-lhe numa fórmula rimada que o feririam com ela se não lhes desse noivo dentro de um ano. Em Ain, dirigiam-se a são Brás, ameaçando de o arremessar ao Ródano. Em Sorbey lapidavam a são Vildbrock se em determinado prazo lhes faltasse com a graça requerida. Em várias localidades do oeste da França, as imagens dos santos casamenteiros eram crivadas de alfinetes; citado em Amaral, op. cit., Laura de Mello e Souza, *O diabo e a Terra de Santa Cruz*, pp. 118 e ss.

61. Padre Antônio Vieira, *Sermões*, "Sermão de santo Antônio", Maranhão, 1657, pp. 313-4.

62. Costa Porto, "Os cristãos-novos", em *Nos tempos do visitador*, pp. 181 e ss.; Laura de Mello e Souza, op. cit., pp. 111 e ss.

63. ANTT, IL, Caderno do Promotor, n. 128, Sabará, 1762; Caderno do Promotor, n. 129, Mariana, 1770.

64. *Constituições primeiras do Arcebispado da Bahia*, pp. 227 e ss.; Ronaldo Vainfas, "Perversão e afetividade", em *Trópico dos pecados*.

65. ANTT, IL, Caderno do Promotor, n. 129, 1765.

66. D. Francisco Manoel de Melo, *Carta de guia de casados*, pp. 117 e ss.

67. Não se admire o leitor quanto à comercialização do leite em pó de Nossa Senhora nas Minas Gerais: segundo o mariólogo Sprazzi, tal relíquia ("leite em estado de pó fino com grânulos e fragmentos líticos") é venerada em mais de setenta igrejas do Oriente e Ocidente, e em Nápoles há uma ampola com o leite líquido da Virgem Maria; padre Raimundo Sprazzi, OP, *Enciclopedia mariana Theotocos*.

68. ANTT, IL, Proc. 423, Ouro Preto, 30/08/1734.

69. Simão Pinheiro Morão, *Queixas repetidas em ecos dos arrecifes de Pernambuco contra os abusos médicos que nas suas capitanias se observam tanto em dano das vidas de seus habitadores*, pp. 14-5.

70. Luiz Mott, "Dedo de anjo, osso de defunto: os restos mortais na feitiçaria afro-luso-brasileira", *Diário Oficial Leitura*, São Paulo, nov. 1989, pp. 1-3.

71. *Constituições primeiras do Arcebispado da Bahia*, §§ 894-903.

72. *No Quinto livro das ordenações e leis do Reino de Portugal*, o título 3 era o seguinte: "Dos que benzem cães ou bichos sem autoridade del Rei ou dos Prelados", estipulando que os homens infratores deveriam ser açoitados publicamente, recompensando-se com mil-réis ao delator; em se tratando de mulher, seria degredada para o Algarve pagando-se dois mil-réis de prêmio. No *Regimento do Santo Ofício da Inquisição dos Reinos de Portugal*, de autoria do cardeal da Cunha, o título 11 trata "Dos feiticeiros, sortílegos, adivinhadores, astrólogos, judiciários e maléficos".

73. ANTT, IL, Caderno do Promotor, n. 126, fls. 126 e ss., Serinhaém, 06/01/1762.

74. Laura de Mello e Souza, op. cit., pp. 210 e ss.; Luiz Mott, "Quatro mandingueiros de Jacobina na Inquisição de Lisboa", *Afro-Ásia*, CEAO; UFBa, 1995, n. 16, pp. 148-60.

75. Todas as referências em ANTT, IL, Proc. 597, 01/04/1713. Ver, a respeito, Luiz Mott, "Um dominicano feiticeiro na Bahia colonial", *Diário Oficial Leitura*, São Paulo, jun. 1985, n. 8, pp. 2-3.

76. ANTT, IL, Caderno do Promotor, livro 324.

77. *Livro da Visitação do Santo Ofício da Inquisição ao estado do Grão-Pará, 1763-1769*.

78. Ver Luiz Mott, *Rosa Egipcíaca*, p. 598.

79. Nuno Marques Pereira, *Compêndio narrativo do peregrino da América*, pp. 32 e ss.

80. ANTT, IL, Caderno do Promotor, n. 125, fl. 52, 10/03/1760.

81. ANTT, IL, Caderno do Promotor, n. 129, fl. 320, Arraial da Piedade Paraopeba, 1774.

82. ANTT, IL, Caderno do Promotor, n. 121, fl. 38, 13/12/1758. Sobre o convento de Santa Clara do Desterro, ver Susan Soeiro, "A Barroque Nunnery", e "The Feminine Orders in Colonial Brazil", em Assunción Lavin (org.), *Latin American women*.

83. ANTT, IL, proc. 8172.

84. ANTT, IL, procs. 8659 e 8912. Segundo informação do dr. Cândido da Costa e Silva, os católicos de antanho tinham por costume terminar o "padre-nosso" com "amém, Jesus" — reafirmando a crença de que Jesus Cristo era de fato o Messias e o filho de Deus encarnado —, diferentemente do que ocorria com muitos cristãos-novos convertidos apenas na fachada, que, tudo leva a crer, assimilaram a bela oração do "pai-nosso" omitindo propositadamente o "Santíssimo Nome de Jesus".

85. ANTT, IL, proc. 4058.

86. De acordo com nossos levantamentos na Torre do Tombo, nos três Tribunais da Inquisição de Portugal (Lisboa, Coimbra e Évora), depois dos cristãos-novos, que representam por volta de 80% das vítimas do Santo Ofício, seguem imediatamente os compreendidos no "abominável e nefando crime de sodomia", perfazendo um total de 4 419 denúncias, 447 processos e trinta execuções na fogueira. A intolerância inquisitorial dentro dos cárceres secretos do Rocio foi mais severa com os sodomitas, pois estima-se que 5% dos cristãos-novos presos sofreram a pena de morte, subindo para 8% o número de sodomitas queimados. Ver Luiz Mott, "Justitia et misericordia: a Inquisição portuguesa e a repressão ao nefando pecado de sodomia", em Novinsky e Carneiro, *Inquisição*, pp. 703 e ss.

87. Antônio Baião, *Episódios dramáticos da Inquisição portuguesa*, p. 109.

88. ANTT, IL, Caderno do Promotor, n. 130, 22/04/1789, freguesia de Nossa Senhora das Brotas.

89. ANTT, IL, Caderno do Promotor, n. 121, fl. 213.

90. ANTT, IL, Caderno do Promotor, n. 125, fl. 63, 1762.

91. Luiz Mott, "Acotundá: raízes setecentistas do sincretismo religioso afro-brasileiro", em *Escravidão, homossexualidade e demonologia*, pp. 87 e ss.

92. Id., ibid., pp. 90 e ss. Também os índios e mamelucos adeptos da "Santidade de Jaguaribe" primeiro reuniram-se retirados no "sertão", decerto para manterem-se protegidos da repressão senhorial; ver Ronaldo Vainfas, *A heresia dos índios*.

93. ANTT, IL, Caderno do Promotor, n. 130, fl. 469, 18/01/1790.

94. ANTT, IL, Caderno do Promotor, n. 121, fl. 13.

95. ANTT, IL, Caderno do Promotor, n. 121, 27/04/1758.

96. Jean Delumeau, *L'aveu et la confession*.

97. *Constituições primeiras do Arcebispado da Bahia*, §§ 136-48; Lana Lage da Gama Lima, "A confissão pelo avesso", "Reforma católica", pp. 163 e ss.

98. *Constituições primeiras do Arcebispado da Bahia*, § 172.

99. Ibid., § 174.

100. ANTT, Ordem de Cristo, maço 1, Bahia, 11/05/1806.

101. ANTT, IL, Caderno do Promotor, n. 130, Mariana, 1783.

102. ANTT, IL, Proc. 17 874, Rio de Janeiro, 18/01/1803.

103. *Constituições primeiras do Arcebispado da Bahia*, §§ 174 e ss.

104. ANTT, Caderno do Promotor, n. 130, 20/02/1781, fls. 82, 374; n. 125, fl. 455, 28/04/1762; n. 129, fl. 394, 09/11/1776; n. 130, fl. 170, 15/02/1779.

105. Padre Manuel Bernardes, *Pão partido em pequeninos*, p. 130.

106. ANTT, IL, Caderno do Nefando, n. 20, fls. 386 e ss., 17/03/1766, citado em Luiz Mott, "A Inquisição em Ilhéus", *Revista FESPI*, Ilhéus, ano 6, n. 10, 1987-8, pp. 73-83; cp. 126, fl. 342.

107. ANTT, IL, Proc. 8457, 1684. Curiosa declaração a deste judaizante-libertino: "Sabe ser de nação hebreia porquanto sua mãe lhe ensinou que na confissão dissesse ao padre que era da dita nação", um excesso de honestidade que não carecia obrigatoriamente ser revelado no tribunal da penitência.

108. Padre Manoel Godinho, *Vida de frei Antônio das Chagas*, OFM, p. 386.

109. ANTT, IL, Caderno dos Solicitantes, n. 26, 03/01/1748, fl. 143.

110. Lana Lage da Gama Lima, "A Confissão pelo avesso"; cardeal da Cunha, op. cit., "Dos confessores solicitantes no sacramento da confissão", p. 198.

111. ANTT, Ordem de Cristo, maço 1, Bahia, 11/05/1806.

112. ANTT, IL, Caderno dos Solicitantes, n. 143-4-20, fl. 96, 13/05/1738; fl. 48; fl. 75, 02/01/1737; n. 26, fl. 10, 20/07/1744.

113. Cardeal da Cunha, op. cit., *Constituições primeiras do Arcebispado da Bahia*, § 189: "Dos que dizem missa ou ouvem confissão não sendo sacerdotes"; "E se alguma pessoa maliciosamente se chegar aos ditos lugares para efeito de ouvir o que se confessa, ou se fingir confessor sem o ser, para assim saber os pecados alheios, incorra em excomunhão maior e mais penas que merecer ao arbítrio da autoridade eclesiástica".

114. ANTT, IL, Proc. 820, 16/03/1734; Proc. 8573, 16/03/1727; Caderno do Promotor, n. 126, fl. 102, 16/06/1760.

115. ANTT, IL, Caderno do Promotor, n. 125, fl. 455, 1760.

5. MORALIDADES BRASÍLICAS: DELEITES SEXUAIS E LINGUAGEM ERÓTICA NA SOCIEDADE ESCRAVISTA [pp. 176-220]

1. Gilberto Freyre, *Casa-grande & senzala*.

2. Ver, por exemplo: M. Luiza Marcílio, *A cidade de São Paulo: povoamento e população (1750-1850)*; Eni de M. Samara, *As mulheres, o poder e a família*; Iraci del Nero Costa, *Vila Rica: população (1719-1826)*.

3. Ver, por exemplo: Stuart Schwartz, *Segredos internos*; Renato P. Venâncio, "Infância sem destino: o abandono das crianças no Rio de Janeiro no século XVIII"; Sheila de Castro Faria, "A colônia em movimento".

4. G. Freyre, op. cit., ver encarte.

5. S. Schwartz, op. cit., p. 187.

6. G. Freyre, op. cit., p. 239.

7. Sheila de C. Faria, "Fontes textuais e vida material: observações preliminares sobre casas de moradias no Campos dos Goitacazes, séculos XVIII e XIX", *Anais do Museu Paulista* (Nova Série), São Paulo, 1993, n. 1, pp. 107-30.

8. Maria Beatriz Nizza da Silva, *Vida privada e quotidiano no Brasil na época de d. Maria I e d. João VI*, pp. 205-17.

9. Laura de Mello e Souza, *Desclassificados do ouro*, p. 144.

10. Carlo Ginzburg, "O inquisidor como antropólogo", *Revista Brasileira de História*, São Paulo, n. 21, p. 12.

11. G. Freyre, op. cit., p. 6.

12. Id., ibid., p. 92.

13. Fernando Novais, *Portugal e Brasil na crise do antigo sistema colonial (1777-1808)*, sobretudo o capítulo 2, pp. 92-105, no qual o autor discorre sobre a implantação da agricultura comercial, do escravismo e do tráfico negreiro no Brasil colonial.

14. Em Goa, por exemplo, chegou a desenvolver-se, no tempo de Afonso de Albuquerque, uma política de casamentos mistos visando a estabelecer "uma ponte sociológica entre os novos senhores e a população local" — política que resultaria no surgimento dos *casados* (portugueses que desposavam nativas, estabeleciam-se definitivamente na terra e recebiam terras agricultáveis confiscadas à aristocracia muçulmana). Mas vale dizer que tal política não prosperou além das primeiras décadas do século XVI, conforme indica Luís Filipe Thomaz, *De Ceuta a Timor*. O mesmo vale para a África, seja a do Norte, onde os portugueses se mantiveram sempre "sitiados" pelos mouros em fortalezas-empórios até o desastre final de Alcácer Quibir, seja a África Negra, onde o grande interesse sempre foi o tráfico de escravos. No Congo, por exemplo, reino africano que se "aportuguesou" de maneira notável no reinado de Afonso I (primeira metade do século XVI) — incluindo a adoção do catolicismo, das instituições de governo lusitanas etc. —, a miscigenação entre portugueses e nativos foi praticamente nula. Ver, por exemplo, António Custódio Gonçalves, "As influências do cristianismo na organização política do reino do Congo", em *Actas do Congresso Internacional Bartolomeu Dias e sua época*, pp. 523-40.

15. G. Freyre, op. cit., p. 50.

16. Alfredo Bosi, *Dialética da colonização*, p. 28.

17. J. F. de Almeida Prado, *Primeiros povoadores do Brasil (1500-1530)*.

18. Ronaldo Vainfas, *A heresia dos índios*, pp. 141 e ss.

19. Serafim Leite (org.), *Novas cartas jesuíticas*, pp. 40, 60.

20. Manuel da Nóbrega, *Cartas do Brasil (1549-1560)*, pp. 77, 84.

21. Ver, por exemplo: Luiz Mott, "Os pecados da família na Bahia de Todos os Santos (1813)", em *Escravidão, homossexualidade e demonologia*, pp. 49-85; Laura de Mello e Souza, "As devassas eclesiásticas da Arquidiocese de Mariana: fonte primária para a história das mentalidades", *Anais do Museu Paulista*, São Paulo, 1984, t. 33, pp. 65-73; Fernando Torres Londoño, "El crimen del amor: el amor ilícito em una visita pastoral del siglo XVIII".

22. Luiz Mott, "O sexo cativo: alternativas eróticas dos africanos e seus descendentes no Brasil escravista", em *Sexo proibido*, pp. 17-74.

23. Jorge Benci, *Economia cristã dos senhores no governo dos escravos*, sobretudo o segundo discurso, pp. 83-124.

24. *Constituições primeiras do Arcebispado da Bahia* (1707), livro 5, tít. 22, § 998.

25. Iraci del Nero Costa, op. cit., pp. 34-5. "O número de consórcios entre escravos e forros parece-nos altamente significativo", afirma o autor, indicando que 9,44% dos casamentos pesquisados envolveram homem e mulher escravos e 22,07% envolveram ambos os contraentes forros.

26. Ronaldo Vainfas, *Trópico dos pecados*, pp. 97-100. Interessante observar que, nos impérios coloniais de Espanha e Portugal, a bigamia tornou-se corriqueira, em boa parte, por causa do deslocamento constante de indivíduos entre a península e as possessões ultramarinas. Os casos de bigamia luso-brasileiros o indicam à farta, com centenas de exemplos de separação de casais e supressão de contatos entre esposos por anos a fio, do que resultavam novos casamentos alhures, matrimônios irregulares em que os contraentes bígamos eram majoritariamente homens. Bernard Vincent associou exatamente à grande mobilidade da população a acentuada tendência à bigamia na Espanha do Antigo Regime (e domínios coloniais), caracterizando a bigamia como prática de imigrantes e/ou vagabundos; ver "Discussion", em Augustin Redondo (org.), *Amours légitimes, amours ilégitimes en Espagne*, pp. 161-2.

27. R. Vainfas, *Trópico dos pecados*, pp. 75-92. Convém distinguir, a propósito, as visitações das visitas. O termo *visitação* era utilizado para designar as inquirições itinerantes que o Santo Ofício de Lisboa enviou ao ultramar para averiguar a ocorrência de heresias ou delitos a elas assimiláveis, sendo documentadas para o Brasil as de 1591-5 (Bahia e Pernambuco), 1618-21 (Bahia) e 1763-7 (Pará). Já o termo *visita*, no caso dos exemplos mencionados, se utilizava para designar as devassas do Juízo Eclesiástico (devassas gerais); ver *Constituições primeiras do Arcebispado da Bahia*.

28. Charles Boxer, *O império colonial português (1415-1825)*, p. 242.

29. S. Schwartz, op. cit., p. 213.

30. Ver, por exemplo: Anita Novinsky, *Cristãos-novos na Bahia*; Evaldo Cabral de Mello, *O nome e o sangue*.

31. Citado em G. Freyre, op. cit., p. 10.

32. J. Adolfo Hansen, *A sátira e o engenho*, p. 333.

33. R. Vainfas, *Trópico dos pecados*, pp. 49-68.

34. "Pecado nefando" era expressão correntemente utilizada pelos inquisidores para a sodomia. *Nefandus*: o que não pode ser dito. O sínodo reunido em Salvador, em 1707, considerou a sodomia "tão péssimo e horrendo crime", tão contrário à lei da natureza, que "era indigno de ser nomeado" e, por isso mesmo, *nefando*.

35. O mesmo apontou Raphael Carrasco em *Inquisición y represión sexual en Valencia*, p. 114. Serge Gruzinsky discutiu o assunto em "Las cenizas del deseo: homosexuales novohispanos e mediados del siglo XVII", em Sérgio Ortega (org.), *De la santidad a la perversión*, pp. 255-81.

36. R. Vainfas, *Trópico dos pecados*, pp. 274-84. Ver também Lígia Bellini, *A coisa obscura*. A Inquisição portuguesa praticamente não julgou casos de sodomia feminina nos quase trezentos anos de sua existência, exceto na Visitação ao Brasil, entre 1591 e 1595. Registre-se o grande contraste entre os processos dessas mulheres, carentes de narrativas sexuais mais detalhadas, e os processos dos sodomitas, mais diversificados e cuidadosos no registro de atos sexuais. Em *Trópico dos pecados*, relacionei o desinteresse do visitador em aprofundar a arguição das mulheres ao desconhecimento do corpo feminino, presente, aliás, em outros domínios (medicina, arte etc.) da época. No caso da Inquisição, uma vez que a sodomia era pensada, antes de tudo, como um ato sexual (a penetração fálica no ânus seguida de ejaculação), pairava a dúvida sobre se as mulheres podiam de fato cometê-la "umas com as outras". A própria nomenclatura escolástica contribuía para essa dúvida, ao definir *sodomia perfeita* como penetração anal entre pessoas do mesmo gênero (ou seja, homens) e *sodomia imperfeita* como a penetração anal heterossexual. O Santo Ofício português jamais elucidaria o assunto e retiraria de seu foro, em 1646, o crime nefando praticado entre mulheres.

37. G. Freyre, op. cit., p. 323.

38. Luiz Mott, "Da fogueira ao fogo do Inferno: a alforria do lesbianismo em Portugal, 1646", comunicação apresentada na International Conference on Lesbian and Gay History, Toronto, 1985.

39. Arquivo Nacional da Torre do Tombo (ANTT), Inquisição de Lisboa (IL), proc. 2320.

40. ANTT, IL, Procs. 1491 e 885.

41. Sônia Siqueira, *Inquisição portuguesa e sociedade colonial*, p. 170.

42. Luiz Mott, "Maria, Virgem ou não? Quatro séculos de contestação no Brasil", em *Sexo proibido*, pp. 131-85.

43. Laura de Mello e Souza, *O diabo e a Terra de Santa Cruz*, p. 108.

44. Id., ibid.

45. R. Vainfas, *A heresia dos índios*, p. 92.

46. Laura de Mello e Souza, *O diabo e a Terra de Santa Cruz*, pp. 228-30.

47. Id., ibid., p. 230; os exemplos seguintes encontram-se às páginas 231-3.

48. R. Vainfas, *Trópico dos pecados*, pp. 136-7.

49. Mikhail Bakhtin, *A cultura popular na Idade Média e no Renascimento*, p. 128.

50. Norbert Elias, *O processo civilizador*, vol. 1, p. 164.

51. Archillo Olivieri, "Erotismo e grupos sociais em Veneza no século XVI: a cortesã", em Ariès e Béjin (orgs.), *Sexualidades ocidentais*, p. 93.

52. Jacques Rossiaud, "Prostituição, sexualidade, sociedade nas cidades francesas do século XV", em *Sexualidades ocidentais*, p. 186.

53. Luciano Figueiredo, *O avesso da memória*, pp. 88-90.

54. G. Freyre, op. cit., p. 47.

55. ANTT, IL, Proc. 6366.

56. ANTT, IL, Proc. 2525. Sérgio Buarque de Holanda apresenta magnífica interpretação para o uso da rede, à guisa de cama, no período colonial: "A importância que a rede assume para nossa população colonial prende-se, de algum modo, à própria mobilidade dessa população. Em contraste com a cama e mesmo com o simples catre de madeira, trastes sedentários por natureza, e que simbolizam o repouso e a reclusão doméstica, ela pertence tanto ao recesso do lar quanto ao tumulto da praça pública, à morada da vila como ao sertão remoto e rude"; ver *Caminhos e fronteiras*, p. 297. (Na edição da Companhia da Letras, de 1994, a citação se encontra à página 247.)

57. R. Vainfas (org.), *História e sexualidade no Brasil*, pp. 89-106.

58. Lana Lage da G. Lima, "A confissão pelo avesso: o crime de solicitação no Brasil colonial".

59. Ver, por exemplo: Susan Soeiro, "The Social and Economic Role of the Convent: Women and Nuns in Colonial Bahia, 1677-1800", *Hispanic American Historical Review*, 1974, vol. 54, n. 2, pp. 209-32; Anna Amélia V. Nascimento, *Patriarcado e religião*.

60. A expressão é de Emanuel Araújo, *O teatro dos vícios*, p. 251. Ver também pp. 246-70.

61. Leila M. Algranti, *Honradas e devotas: mulheres da Colônia*, p. 234.

62. Manuel da Nóbrega, *Cartas do Brasil (1549-1560)*, pp. 49-59.

63. N. Elias, op. cit., pp. 164-5.

64. Ferdinand Denis, *Une fête brésilienne célebrée à Rouen em 1550.*

65. J. C. Bologne, *Histoire de la pudeur*, pp. 18, 34.

66. N. Elias, op. cit., p. 165.

67. Mary del Priore, "Mulher e sentimento na iconografia do século XIX", em Lana Lage da G. Lima (org.), *Mulheres, adúlteros e padres*, p. 90.

68. Observe-se, porém, que a palavra *bunda* raramente foi usada nas poucas fontes que resgatam o vocabulário "popular" no Brasil colonial. Gregório de Matos, por exemplo, que não hesitava em utilizar vocábulos chulos em suas sátiras, mencionou-a uma vez (até onde sei, o que pode ser revelador de uma presença ainda modesta do vocabulário quimbundo na Bahia seiscentista); em contrapartida, recorreu várias vezes às palavras portuguesas *cu*, *rabo* etc.,

fazendo-o quase sempre para reprovar e estigmatizar a sodomia e o próprio "vaso prepóstero". Frisando o caráter moralizante da sátira gregoriana, J. A. Hansen afirmou que, em Gregório de Matos, "o que determina a abominação da sodomia é, basicamente, a sua absoluta esterilidade" (ver as imagens de "beco", "como-em-vão" etc.); op. cit., pp. 345-6.

69. Ver, por exemplo: Júlio Dantas, *O amor em Portugal no século XVIII*, vol. 1, pp. 25 e ss.; Thales de Azevedo, *As regras do namoro à moda antiga*, pp. 3-45.

70. Citado em Leila M. Algranti, op. cit., p. 230.

71. Gilberto Freyre informa, a propósito, sobre atos sexuais praticados por casais através de colchas, informação que, apesar de imprecisa, vale registrar para o leitor: "Houve exageros verdadeiramente mórbidos de discrição ou pudor [na vida sexual do brasileiro antigo]. Cônjuges, por exemplo, que nunca se viram despidos na intimidade das alcovas, processando-se entre eles o ato sexual vedado por uma colcha com orifício no meio: evitava-se assim não só o contato direto do corpo como a revelação da nudez"; op. cit., p. 402.

72. Vale dizer, porém, que raros desses homens descreveram atos sexuais para o inquisidor, uma vez que a matéria fundamental da arguição residia na maneira como eles haviam dito que a fornicação não era pecado mortal e o que pensavam sobre o assunto.

73. *Molície* era um termo alusivo a atos sexuais *contra natura* que não envolvessem cópula anal ou vaginal, a exemplo da felação, da masturbação solitária ou a dois, da cunilíngua etc.

74. Ver Lana Lage da G. Lima, op. cit., pp. 565-78. Todos os exemplos são do século XVIII.

75. N. Elias, op. cit., p. 187; o questionamento de Lana Lima acha-se às páginas 573-4.

76. Mary del Priore, *Ao sul do corpo*, pp. 72-3. Cabe lembrar, porém, que tais casos de sedução referem-se a promessas de casamento não cumpridas, isto é, homens que tinham relações pré-nupciais com mulheres e depois desistiam de esposá-las.

77. Lana Lage da G. Lima, op. cit., pp. 594, 599.

78. Luiz Mott, "Desventuras de um sodomita português no Brasil seiscentista", em *Sexo proibido*, pp. 75-130.

79. Id., "Cupido na sala de aula: pedofilia e pederastia no Brasil antigo", *Cadernos de Pesquisa*.

80. Id., "Relações raciais entre homossexuais no Brasil colonial", em *Sexo proibido*, p. 35.

81. R. Vainfas, *Trópico dos pecados*, pp. 159-75.

82. E. Araújo, op. cit., p. 217.

83. Ph. Ariès, *História social da criança e da família*.

84. Para esse assunto, ver, por exemplo: Maria Beatriz Nizza da Silva,

"O divórcio na capitania de São Paulo", em M. C. A. Bruschini et al., *Vivência*, pp. 151-94.

85. Laura de Mello e Souza, "O padre e as feiticeiras: notas sobre sexualidade no Brasil colonial", em *História e sexualidade*, pp. 9-18.

86. Lana Lage da G. Lima (org.), op. cit., p. 595.

6. RITOS DA VIDA PRIVADA [pp. 221-57]

1. Philippe Ariès, "Por uma história da vida privada", em Ariès e Chartier (orgs.), *História da vida privada*, vol. 3: "Da Renascença ao Século das Luzes", p. 9.

2. *O teatro dos vícios*, p. 23.

3. Ver, de Arno Wehling e Maria José C. de Wehling, *Formação do Brasil colonial*, especialmente o capítulo 9, "O poder na Colônia".

4. *Vocabulário português e latino*.

5. Familiares do Santo Ofício eram oficiais leigos do aparelho inquisitorial de todo o mundo ibérico no Antigo Regime que, desfrutando de inúmeros privilégios, exerciam várias funções: espionavam, delatavam, prendiam. Ver, sobre o assunto, Daniela Buono Calainho, "Em nome do Santo Ofício: familiares da Inquisição portuguesa no Brasil colonial".

6. Durante o século XVIII surgem na Bahia e no Rio de Janeiro academias literárias e científicas fiéis ao espírito barroco. Uma das primeiras, fundada em 1725, chamou-se Brasílica dos Esquecidos; ela reaparece em 1759 com o nome de Brasílica dos Renascidos.

7. O documento em questão, manuscrito de cerca de trezentas páginas em papel linho inglês, com marca d'água sem identificação e encadernação posterior ao século XVIII, pertence à coleção particular do dr. José Mindlin, a quem sou muito grata por ter-me permitido utilizá-lo para este capítulo.

8. Thales de Azevedo, *Povoamento da cidade de Salvador*, p. 187.

9. *Cartas da Bahia, 1768-1769*, p. 188 (01/05/1769).

10. Arno Wehling e Maria José C. de Wehling, op. cit., p. 175.

11. Id., ibid.

12. Gilberto Freyre, *Casa-grande & senzala*.

13. Emi de Mesquita Samara, *As mulheres, o poder e a família*.

14. André João Antonil, *Cultura e opulência do Brasil*, p. 75.

15. Id., ibid., p. 79.

16. Arno Wehling e Maria José C. de Wehling, op. cit., pp. 204-5.

17. Na introdução de *Primeira Visitação do Santo Ofício às partes do Brasil pelo licenciado Heitor Furtado de Mendonça. Denunciações da Bahia (1591-1593)*.

18. Arno Wehling e Maria José C. de Wehling, op. cit., pp. 202-3.

19. Emanuel Araújo, op. cit., p. 109.

20. A Ordem de Santiago criada na Espanha em 1175; a de Santiago da

Espada, ou Santiago de Compostela, é um ramo da ordem espanhola. Só deixou de ser ordem de cunho religioso em 1789, quando foi secularizada.

21. *A Bahia no século XVIII*, vol. 1, p. 152.

22. Sobre o tema, ver Stuart Schwartz, *Burocracia e sociedade no Brasil colonial*.

23. Ver Thales de Azevedo, op. cit., p. 211 e passim, capítulo específico sobre "Freiras e padres".

24. Autora do capítulo 3 deste livro, escreveu *Honradas e devotas: mulheres na Colônia*; ver p. 170.

25. Anais da Biblioteca Nacional, vol. 32, p. 402. Veja-se também Anna Amélia V. Nascimento, *O Convento do Desterro da Bahia*.

26. Mme. Toussaint-Samson captou o retrato de senhoras que em camisolão e chinelas administravam a vida privada de fazendas e engenhos no século XIX: *Viagem de uma parisiense ao Brasil*, p. 116. Meu trabalho já citado confirma a mesma atividade e os mesmos trajes observados pela viajante parisiense, um século antes.

27. Sobre as relações sociais entre senhoras empobrecidas e seus escravos ver Maria Odila Leite Silva Dias, *Quotidiano e poder em São Paulo no século XIX*, especialmente o capítulo "Senhoras e ganhadeiras: elos na cadeia dos seres", p. 117.

28. Sobre as tensões entre senhores e escravos e o uso que faziam os últimos dos conflitos entre senhores e as instâncias públicas, veja-se o basilar livro de Silvia Hunold Lara, *Campos da violência*, sobretudo o capítulo 13, "O público e o privado", pp. 323-40.

29. *Economia cristã dos senhores no governo de escravos*.

30. Stuart Schwartz, op. cit., pp. 126-7.

31. Sobre roupa de escravo, ver Julita Scarano, *Cotidiano e solidariedade*, sobretudo o capítulo 7, "Imposição e prestígio: roupas de escravos e de forros", p. 94.

32. O senhor de engenho refere-se à maneira de andar do escravo.

33. O senhor de engenho refere-se ao gosto pela bebida e pelas mulheres, de quem o escravo em questão era "inseparável".

34. *Campos da violência*, p. 21.

35. Op. cit., p. 247 e passim.

36. *Cartas, informações, fragmentos históricos e sermões do Padre José de Anchieta, SJ (1554-1594)*, p. 292 (Bahia, 01/12/1592).

37. *Dicionário do folclore brasileiro*.

38. Não há, aparentemente, qualquer indicação de preocupação em adaptar as fórmulas oferecidas pelos lunários para o hemisfério Sul. Em seu título, *O non-plus-ultra do lunário e prognóstico perpétuo, geral e particular para todos os reinos e províncias*, explicita-se a sua propalada capacidade em driblar as diferenças climáticas. Se, na prática, os conselhos não davam certo, os leitores de lunários deviam debitar seus fracassos a outras injunções tidas por normais

naquele período: a ira de Deus, o descumprimento de práticas religiosas consideradas obrigatórias, um feitiço feito por um desafeto etc.

39. Veja-se o seu *Compêndio narrativo do peregrino da América*, editado por Manoel Fernandes da Costa em Lisboa, em 1728, um verdadeiro manual de etnografia brasileira *avant la lettre* que teve cinco edições apenas no século XVIII. Esses seus comentários sobre os lunários encontram-se no volume 2, cap. 6, p. 307.

40. Autor grego que cria a medicina dos humores entre os anos de 131 e 201 d.C.

41. *O non-plus-ultra do lunário e prognóstico perpétuo, geral e particular para todos os reinos e províncias, composto por Jeronimo Cortez Valenciano, emendado conforme o Expurgatório da Santa Inquisição e traduzido em português*, pp. 11-2.

42. Ibid., p. 45.

43. Ibid., pp. 220-30.

44. Ibid., pp. 115, 125.

45. Ibid., p. 104.

46. Ibid.

47. Veja-se o meu *Ao sul do corpo*, p. 152.

48. Sobre "A sujeira como hábito", ver Emanuel Araújo, op. cit., pp. 48-66.

49. A expressão é de Robert Darnton em *O beijo de Lamourette*, cap. 12, dedicado à história das mentalidades, p. 237.

50. Para as informações a seguir, sobre os cuidados que cercavam o parto, ver o capítulo "Mentalidades e práticas em torno do parto", no meu *Ao sul do corpo*, pp. 254-306.

51. *Manual do fazendeiro ou tratado doméstico sobre as enfermidades dos negros.*

52. Todas essas e mais informações no meu *A maternidade da mulher negra no período colonial brasileiro.*

53. Manuel Afonso e José Francisco de Melo, *Novo método de partejar, recopilado dos mais famigerados sábios e doutores*, p. 91. Embora publicados em Lisboa, estes e outros autores eram de conhecimento dos médicos que atuavam na Colônia, e que, quando não eram portugueses de nascimento, haviam obrigatoriamente feito seus estudos na Metrópole.

54. Guilherme Buchan, *Medicina doméstica ou tratado completo dos meios de conservar a saúde transladadas em vulgar para utilidade da nação*, p. 43.

55. Francisco de Melo Franco, *Tratado de educação física dos meninos para uso da nação portuguesa*, p. 20.

56. São as recomendações do médico inglês, morador de Lisboa, Guilherme Buchan em seu *Medicina doméstica*, p. 43.

57. Imbert, *Manual do fazendeiro*, p. 253. Embora publicada em 1839, a obra de Imbert refere-se a observações colhidas entre o fim do século XVIII e o início do XIX.

58. Bernardo Pereira, *Anacephaleosis medico theologica juridica moral e politica*, p. 98.

59. Id., ibid., p. 282.

60. Ver as *Constituições primeiras do Arcebispado da Bahia*, livro 1, tít. 21.

61. Ver o meu *Ao sul do corpo*, especialmente o capítulo 5, pp. 309-30.

62. Angelo Sequeira, *Livro do vinde e vede e do sermão do Juízo Final*, p. 561.

63. Maria Luiza Marcúlio, *Caiçara, terra e população*, p. 150 e passim.

64. Ver, sobre essa questão, Fernando Torres Londoño, *O concubinato e a Igreja no Brasil colonial*, e Luciano Raposo de Almeida Figueiredo, "Barrocas famílias: vida familiar em Minas Gerais no século XVIII".

65. *Anais do Museu Paulista*, 1961, n. 15, pp. 81-242, citação à p. 123. Para informações sobre a história do casamento no Brasil colonial, ver Maria Beatriz Nizza da Silva, *Sistema de casamento no Brasil colonial*.

66. Citado em Licurgo dos Santos Filho, *Uma comunidade rural do Brasil antigo*, p. 129.

67. A esse respeito, ver Leila M. Algranti, "Famílias e vida doméstica", capítulo 3 desta obra.

68. Jean-Baptiste Debret, *Viagem pitoresca e histórica ao Brasil*, vol. 1, p. 193.

69. Luís da Câmara Cascudo, *Dicionário do folclore brasileiro*, verbete "Casamento", pp. 203-4.

70. Id., ibid., verbete "João", pp. 404-7.

71. Gilberto Freyre, *Casa-grande & senzala*, p. 346.

72. *Constituições primeiras do Arcebispado da Bahia*, livro 5, tít. 62.

73. Sobre o namoro e frequentação sexual no Brasil colonial, ver o meu *Ao sul do corpo*, cap. 2, "Mulheres seduzidas e mães abandonadas".

74. *Regra de bem viver que as persuasões de alguns amigos deu a huns noivos que casavam*, em *Obra poética*, vol. 2, p. 826.

75. Maria Luiza Marcílio, op. cit., p. 118 e passim.

76. Van Gennep, em *The Rites of Passage*, dividiu as cerimônias funerárias em ritos de separação entre vivos e mortos e ritos de incorporação destes últimos ao seu destino no além. São exemplos do primeiro a lavagem e o transporte do morto, cerimônias de purificação, de sepultamento, de expulsão do espírito do morto da casa, enfim, o luto e os tabus em geral. Os segundos serviriam para propiciar a reunião do morto com aqueles que o antecederam. Esses rituais eram parte privados, parte públicos. Vamos tratar dos primeiros.

77. Empresto aqui ideias de João José Reis e de seu belíssimo *A morte é uma festa*, p. 89 e passim.

78. Luís da Câmara Cascudo, op. cit., verbete "Morte", p. 506.

79. Stuart Schwartz (org.), *A Governor and His Image in Baroque Brazil*.

80. João José Reis, op. cit., p. 97.

81. *Inventários e testamentos de São Paulo*, cx. 93, ordem 570.

82. Ibid.

83. *Inventários e testamentos de São Paulo*, cx. 6, ordem 604.

84. Exemplos utilizados por Alcântara Machado, *Vida e morte do bandeirante*, p. 212.

85. *Inventários e testamentos de São Paulo*, vol. 25, p. 112.

86. *Inventários e testamentos de São Paulo*, cx. 6, ordem 604.

87. Alcântara Machado, op. cit., pp. 112-3.

88. *Inventários e testamentos de São Paulo*, vol. 25, p. 112.

89. Alcântara Machado, op. cit., pp. 112-3.

90. Id., ibid.

91. Thomas Lindley, *Narrativa de uma viagem ao Brasil* (*1802-1803*), p. 45.

92. Arquivo da Cúria Metropolitana de São Paulo, Pastorais Antigas, série 2.3.26.

93. Jorge Benci, op. cit., p. 100.

94. Citado em João José Reis, op. cit., p. 106.

95. Citado em id., ibid.

96. Arquivo da Cúria Metropolitana de São Paulo, Compromisso da Irmandade do Santíssimo Sacramento, série 4.2.34, p. 65.

97. Luís da Câmara Cascudo, op. cit., verbete "Morte", p. 506. Não é à toa que a devoção a são Miguel e almas do Purgatório foi a terceira mais cultuada no Setecentos mineiro. A esse respeito, ver Adalgisa Arantes Campos, "A terceira devoção do Setecentos mineiro: são Miguel e almas do Purgatório".

98. Maria Luiza Marcílio, op. cit., p. 70. Ver também seu artigo "A morte de nossos ancestrais", em José de Souza Martins (org.), *A morte e os mortos na sociedade brasileira*, pp. 61-75.

99. Arquivo Metropolitano da Cúria de São Paulo, Proc. de Isabel Martins, não catalogado, século XVIII.

7. O QUE SE FALA E O QUE SE LÊ: LÍNGUA, INSTRUÇÃO E LEITURA [pp. 258-303]

1. Pero de Magalhães Gandavo, *Tratado da terra do Brasil*, p. 124.

2. Charles R. Boxer, *A Igreja e a expansão ibérica*, p. 99.

3. Laura de Mello e Souza, *O diabo e a Terra de Santa Cruz*.

4. Emanuel Araújo, *O teatro dos vícios*, p. 95; Philippe Ariès, "Por uma história da vida privada", em Ariès e Chartier, *História da vida privada*, p. 9.

5. Edith Pimentel Pinto, "O português no Brasil: época colonial", em Ana Pizarro (org.), *América Latina: palavra, literatura e cultura*, p. 519.

6. Aryon dall'Igna Rodrigues, *Línguas brasileiras*; Erasmo d'Almeida Magalhães, "Línguas indígenas", em Maria Beatriz Nizza da Silva (coord.), *Dicionário da história da colonização portuguesa no Brasil*, pp. 484-6.

7. Carlos Fausto, "Fragmentos de história e cultura tupinambá: da etnologia como instrumento crítico de conhecimento etno-histórico", em

Manuela Carneiro da Cunha (org.), *História dos índios no Brasil*, pp. 382, 386-7.

8. Sobre as línguas indígenas, ver também: Ângela Domingues, "A educação dos meninos índios no Norte do Brasil na segunda metade do século XVIII", em Maria Beatriz Nizza da Silva (coord.), *Cultura portuguesa na Terra de Santa Cruz*, p. 69; Darcy Ribeiro, *O povo brasileiro*, pp. 31-2, 110.

9. J. F. de Almeida Prado, *Primeiros povoadores do Brasil (1500-1530)*, pp. 65 e ss.

10. Maurice Pianzola, *Os papagaios amarelos*, pp. 14, 51; Sérgio Buarque de Holanda, *Raízes do Brasil*, p. 91.

11. Darcy Ribeiro, op. cit., pp. 410-6; John Manuel Monteiro, "Os Guarani e a história do Brasil meridional: séculos XVI-XVII", em Manuela Carneiro da Cunha (org.), op. cit., pp. 475-98.

12. Aryon dall'Igna Rodrigues, op. cit., pp. 63, 99-109; Sérgio Buarque de Holanda, op. cit., pp. 88-92; Ângela Domingues, op. cit., pp. 68-70; Darcy Ribeiro, op. cit., pp. 97-123.

13. Sobre as línguas indígenas e gerais, ver também: Serafim Leite, *Cartas dos primeiros jesuítas do Brasil*, vol. 1, pp. 279, 357-65, vol. 2, pp. 12, 339, 348, vol. 3, pp. 48; Manuel da Nóbrega, *Cartas do Brasil (1549-1560)*, p. 105; José de Anchieta, *Cartas*, pp. 68-9, 73-4, 109; Guilhermino César, *História do Rio Grande do Sul (período colonial)*, pp. 34-5.

14. Darcy Ribeiro, op. cit., pp. 97, 122-3; Aryon dall'Igna Rodrigues, op. cit., p. 102.

15. Sérgio Buarque de Holanda, op. cit., pp. 88-92.

16. Edith Pimentel Pinto, op. cit., pp. 519-20; Manuela Carneiro da Cunha, "Da Guerra das Relíquias ao Quinto Império", *Novos Estudos Cebrap*, São Paulo, mar. 1996, n. 44, pp. 81-2; Ângela Domingues, op. cit., pp. 67-70.

17. Darcy Ribeiro, op. cit., pp. 113-5.

18. Sobre as línguas e rituais africanos e indígenas na Colônia, ver: Laura de Mello e Souza, *Desclassificados do ouro*, p. 109; id., *O diabo e a Terra de Santa Cruz*, pp. 264-7; *Livro da Visitação do Santo Ofício da Inquisição ao estado do Grão-Pará, 1763-1769*, p. 159; Luiz Mott, *Escravidão, homossexualidade e demonologia*, pp. 87, 90, 96-7, 103.

19. Laura de Mello e Souza, *O diabo e a Terra de Santa Cruz*, pp. 265-6.

20. José de Anchieta, *Cartas, informações, fragmentos históricos e sermões*, p. 410; e *Primeira Visitação do Santo Ofício às partes do Brasil pelo licenciado Heitor Furtado de Mendonça* , p. 407.

21. Jean de Léry, *Viagem à terra do Brasil*, pp. 85-100, 202-3, 224; Aryon dall'Igna Rodrigues, op. cit., p. 20; Claude d'Abbeville, *História da missão dos padres capuchinhos na ilha do Maranhão*, pp. 60-1, 81; e Maurice Pianzola, op. cit., pp. 78-9, 86, 105.

22. Evaldo Cabral de Mello, *O nome e o sangue*, pp. 234-8; Gaspar Barléus, *História dos feitos recentemente praticados durante oito anos no Brasil*, pp. 47, 53-4,

70-1, 133, 135 160, 253, 326-7; Eduardo Hoornaert, "Evangelização do Brasil durante a primeira época colonial", em Hoornaert et al., *História da Igreja no Brasil*, p. 140.

23. Guilhermino César, op. cit., pp. 34-5.

24. Frei Gaspar Madre de Deus, *Memórias para a história da capitania de São Vicente*, pp. 133-4, 518.

25. Ver Tito Lívio Ferreira, "O elemento espanhol na capitania de São Vicente", *Revista do Instituto Histórico e Geográfico de São Paulo*, 1971, n. 69, pp. 151-66.

26. Rómulo de Carvalho, *História do ensino em Portugal*, pp. 334, 361.

27. *Constituições primeiras do Arcebispado da Bahia* (1707), pp. 92-7, 201; Arquivo Eclesiástico da Arquidiocese de Mariana (AEAM), "Documentos de e sobre dom frei Manuel da Cruz (1746-1751)", s. p.; Carla M. J. Anastasia, "Vassalos rebeldes: motins em Minas Gerais no século XVIII", *Varia Historia*, Belo Horizonte, jun. 1994, n. 13, pp. 36-9.

28. Antonio Candido, *Formação da literatura brasileira*, p. 53; Sérgio Buarque de Holanda, *Capítulos de literatura colonial*, Antonio Candido (org.), pp. 250-70; Fábio Lucas, "Silva Alvarenga: luzes e trevas do Setecentos", em *Autos de devassa: prisão dos letrados do Rio de Janeiro, 1794*, pp. 6-7.

29. Luís Felipe Baêta Neves, *O combate dos Soldados de Cristo na Terra dos Papagaios*, p. 142.

30. Sobre o francês como língua culta, ver: Auguste de Saint-Hilaire, *Viagem pelo distrito dos diamantes e pelo litoral do Brasil*, pp. 33, 86; *Autos de devassa: prisão dos letrados do Rio de Janeiro, 1794*, p. 38; e M. D. Moreira d'Azevedo, "Instrução pública nos tempos coloniaes do Brasil", *Revista do Instituto Histórico e Geográfico Brasileiro*, Rio de Janeiro, 1892, vol. 2, n. 55, p. 153.

31. "Libertino" era todo cidadão livre-pensador influenciado pelas novas ideias dos enciclopedistas e filósofos, que, por suas leituras, ações e omissões, punha em xeque alguns dogmas cristãos, assumindo abertamente o deísmo ou o ateísmo, ou ridicularizando o ritual e a hierarquia eclesiástica (Luiz Mott, *A Inquisição no Maranhão*, p. 21), ou, ainda, assumindo ou sendo acusado de liberalidade sexual (Leszek Kochakowicz, "Libertino", em *Enciclopédia Einaudi. Mythos/logos; sagrado/profano*, pp. 326-7).

32. Manuel da Nóbrega, "Diálogo sobre a conversão do gentio", em Serafim Leite, op. cit., vol. 2, pp. 338-9.

33. Padre Antônio Vieira, "Exortação", em Serafim Leite, "O curso de filosofia e tentativas para se criar a universidade do Brasil no século XVII", *Verbvm*, Rio de Janeiro, jun. 1948, vol. 2, n. 5, pp. 121-3.

34. Sobre a educação antes e depois das reformas pombalinas, ver: Rómulo de Carvalho, op. cit., pp. 332-454; Laerte Ramos de Carvalho, "A educação e seus métodos", em Sérgio Buarque de Holanda (coord.), *História geral da civilização brasileira*, vol. 1: *A época colonial*, pp. 76-87; Riolando Azzi,

"A instituição eclesiástica durante a primeira época colonial", em Eduardo Hoornaert et al., op. cit., pp. 192-200; M. D. Moreira d'Azevedo, op. cit., pp. 141-4; Maria Beatriz Nizza da Silva, "A cultura explícita", em Frédéric Mauro (coord.), *O Império luso-brasileiro: 1620-1750*, pp. 384-94, 452; Antonio Alberto Banha de Andrade, *A reforma pombalina dos estudos secundários no Brasil*, pp. 3-5; Caio César Boschi, "A Universidade de Coimbra e a formação intelectual das elites mineiras coloniais", *Estudos Históricos*, Rio de Janeiro, 1991, vol. 4, n. 7, pp. 100-11; Donald Ramos, "A 'voz popular' e a cultura popular no Brasil do século XVIII", em Maria Beatriz Nizza da Silva (coord.), *Cultura portuguesa na Terra de Santa Cruz*, p. 143.

35. Sobre a educação após as reformas pombalinas, ver também: Maria Beatriz Nizza da Silva, *Sistema de casamento no Brasil colonial*, pp. 174-86; Maria Odila Leite da Silva Dias, "Aspectos da ilustração no Brasil", *Revista do Instituto Histórico e Geográfico Brasileiro*, Rio de Janeiro, jan./mar. 1968, n. 278, pp. 113-48; Carlos Alberto Filgueiras, "Origens da ciência no Brasil", *Química Nova*, 1990, vol. 13, n. 3, pp. 222-9.

36. Serafim Leite, "O curso de filosofia e tentativas para se criar a universidade do Brasil no século XVII", pp. 116-20.

37. José Ferreira Carrato, *Igreja, Iluminismo e escolas mineiras coloniais*, p. 97; Jorge de Souza Araújo, "Perfil do leitor colonial", p. 86.

38. Arquivo da Casa Setecentista de Mariana (ACSM), Inventário de Manoel Pimenta, 1º ofício, cód. 21, auto 571, 1760, p. 17.

39. Grifos meus; Auguste de Saint-Hilaire, op. cit., pp. 76-7.

40. Alcântara Machado, *Vida e morte do bandeirante*, pp. 102-3; Maria Beatriz Nizza da Silva, "Educação masculina e educação feminina no Brasil colonial", *Revista de História*, São Paulo, jan./mar. 1977, vol. 55, n. 109, p. 150; Mary del Priore, *Ao sul do corpo*, p. 55; *Ordenações filipinas*, livro 1, tít. 88, §§ 13-6.

41. Darcy Ribeiro, op. cit., p. 116; Claude d'Abbeville, op. cit., pp. 115-7.

42. José de Anchieta, *Cartas*, pp. 199, 217.

43. Rómulo de Carvalho, op. cit., pp. 362-3.

44. Auguste Saint-Hilaire, *Segunda viagem do Rio de Janeiro a Minas Gerais e São Paulo*, 1822, pp. 43, 80, 103.

45. José Ferreira Carrato, op. cit., pp. 101-4.

46. ACSM, *Inventário de Manoel Pimenta*, pp. 17, 55v.

47. ACSM., 2º ofício, *Inventários*, códs. 14-36, autos 437-8, 440-9, 451, 456, 458, 461, 476-7, 482, 487-8, 492, 494-5, 529-30, 532-3, 535-46, 550-4, 572, 575-6, 580-91, 593-602, 604-6, 609-10, 615-22, 627- 8, 631-2, 659-60, 662, 670, 682, 691-6, 701, 717, 725, 740, 743, 754-5, 766, 768, 772-3, 777-86, 789-91, 793-814, 820-3, 825-34, 843, 848-9.

48. Francisco Ribeiro da Silva, "Alfabetização no Antigo Regime. O caso do Porto e sua região (1580-1650)", *Revista da Faculdade de Letras*, Porto, 1986, n. 3, pp. 141-58; Rita Marquilhas, "Níveis de alfabetização na sociedade portu-

guesa seiscentista"; Maria da Guia de Carvalho Pereira do Rio Vicente Barata, *A caminho da homogeneização dos níveis de alfabetização e da criação de um mito.*

49. Maria Beatriz Nizza da Silva, op. cit., p. 178.

50. Gilberto Freyre, *Casa-grande & senzala*, p. 412.

51. Luiz Mott, "Pedofilia e pederastia no Brasil antigo", em Mary del Priore, *História da criança no Brasil*, p. 48; e *Autos da devassa da Inconfidência Mineira*, vol. 2, pp. 409-10.

52. Maria Beatriz Nizza da Silva, "Sociedade, instituições e cultura", em Johnson e Silva (coords.), *Nova história da expansão portuguesa*, p. 529; *Autos de devassa: prisão dos letrados do Rio de Janeiro, 1794*, p. 96.

53. Evaldo Cabral de Mello, op. cit., p. 94.

54. AEAM, *Livro de autos de querelas (1764-1792)*, pp. 12v-14v, e José Ferreira Carrato, op. cit., pp. 98-101.

55. *Autos de devassa: prisão dos letrados do Rio de Janeiro, 1794*, op. cit., p. 56.

56. Carlos Alberto Filgueiras, "João Manso Pereira, químico empírico do Brasil colonial", *Química Nova*, 1993, vol. 16, n. 2, pp. 155-60; e "Origens da ciência no Brasil", p. 226.

57. Clado Ribeiro de Lessa, "As bibliotecas brasileiras dos tempos coloniais: apontamentos para um estudo histórico", *Revista do Instituto Histórico e Geográfico Brasileiro*, Rio de Janeiro, 1946, vol. 191, pp. 339-45; Rubens Borba de Moraes, *Livros e bibliotecas no Brasil colonial*, p. 23; Serafim Leite, *Cartas dos primeiros jesuítas do Brasil*, vol. 1, pp. 440-2, 447-8.

58. Jorge de Souza Araújo, "O perfil do leitor colonial", *Artes e Literatura — Revista de Cultura Vozes*, Petrópolis, jul./ago. 1989, n. 4, pp. 448-50.

59. Maria Beatriz Nizza da Silva, "Sociedade, instituições e cultura", pp. 541-2; Ronaldo Vainfas, "Sodomia, mulheres e Inquisição: notas sobre sexualidade e homossexualismo feminino no Brasil Colônia", p. 13.

60. Evaldo Cabral de Mello, op. cit., p. 180.

61. Luiz Mott, "A Inquisição em Ilhéus", *Revista FESPI*, Ilhéus, jul./dez. 1988-9, n. 10, pp. 74-5.

62. José de Anchieta, *Cartas, informações, fragmentos históricos e sermões*, p. 170; Manuel da Nóbrega, *Cartas do Brasil (1549-1560)*, p. 174.

63. Maurice Pianzola, op. cit., pp. 27, 35; Jorge de Souza Araújo, "O perfil do leitor colonial", p. 55.

64. Maria Beatriz Nizza da Silva, "A cultura explícita (1650-1750)", pp. 446, 455; padre Heliodoro Pires, *A paisagem espiritual do Brasil no século XVIII*, pp. 61-2.

65. Alcântara Machado, op. cit., pp. 103-4.

66. Rubens Borba de Moraes, op. cit., p. 25.

67. Júnia Furtado, *O livro da capa verde. O regimento diamantino de 1771 e a vida no distrito diamantino no período da Real Extração*, pp. 24, 33- 4; ACSM. 2º ofício, *Inventários* (cód., auto e ano, respectivamente: 20, 529, 1802; 21, 544, 1795; 23, 589, 1800; 25, 628, 1814; 33, 777, 1810; 34, 801, 1789; 35, 823, 1816; 45, 1012, 1722; 41,

941, 1756; 46, 1027, 1787; 51, 1162, 1798); *Autos da devassa da Inconfidência Mineira*, vol. 6, pp. 85-92, 307-22, 347-50 e 438-40; Eduardo Frieiro, *O diabo na livraria do cônego*, p. 24; Luiz Carlos Villalta, "A torpeza diversificada dos vícios: celibato, concubinato e casamento no mundo dos letrados de Minas Gerais (1748-1801)", pp. 145-79; "Os clérigos e os livros nas Minas Gerais da segunda metade do século XVIII", *Acervo*, Rio de Janeiro, jan./dez. 1995, vol. 8, n. 1-2, p. 21.

68. Essa classificação inspira-se na exposta em Evelyne Picard, "Une bibliothèque conventuelle aux XVIIIe siècle: les théatins de Sainte-Anne-La--Royale", *Revue d'Histoire Moderne et Contemporaine*, Paris, abr./jun. 1979, n. 27, pp. 235-55. A área de ciências sacras compreende: Escritura Santa (a Bíblia e os comentários que sobre ela se fizeram), os escritos dos primeiros Padres da Igreja, teologia, história sagrada, cânones, dicionários eclesiásticos e liturgia (livros especificamente litúrgicos, catecismos, textos de oratória sacra, manuais de confissão, breviários, obras devocionais e sermões). A área de ciências profanas inclui: geografia, retórica, história profana, dicionário, literatura e gramática, filosofia, política, direito e ciências naturais.

69. Olímpia Loureiro, "Bibliotecas e leituras do clero do Porto (1769--1770)", *Actas do Congresso de História no IV Centenário do Seminário de Évora*, pp. 169-77.

70. Os atricionistas entendiam que os penitentes poderiam ser absolvidos pelo padre mesmo que se mostrassem arrependidos unicamente por temor do inferno (Jean Delumeau, *A confissão e o perdão*, pp. 45-57).

71. Paulo Gomes Leite, "Revolução e heresia na biblioteca de um advogado de Mariana", *Acervo — Revista do Arquivo Nacional*, Rio de Janeiro, jan./dez. 1995, vol. 8, n. 1-2, pp. 156-61.

72. Luiz Carlos Villalta, "A torpeza diversificada dos vícios", pp. 155 e ss.

73. Sílvio Gabriel Diniz, "Biblioteca setecentista nas Minas Gerais", *Revista do Instituto Histórico e Geográfico de Minas Gerais*, Belo Horizonte, 1959, n. 6, pp. 333-44.

74. E. Bradford Burns. "O Iluminismo em duas bibliotecas do Brasil Colônia", *Universitas*, Salvador, jan./ago. 1971, n. 8-9, pp. 5-13; Luiz Carlos Villalta, "O diabo na livraria dos inconfidentes", em Adauto Novaes (org.), *Tempo e história*, p. 379.

75. Arquivo Nacional da Torre do Tombo (ANTT), Real Mesa Censória, cxs. 149 e 163.

76. Rubens Borba de Moraes, op. cit., pp. 28-30.

77. Id., ibid., pp. 31-5; ANTT, Real Mesa Censória, cx. 149.

78. ANTT, Real Mesa Censória, cx. 161.

79. *Autos de devassa*: *prisão dos letrados do Rio de Janeiro, 1794*, pp. 83, 147, 150-1.

80. Evaldo Cabral de Mello, op. cit., p. 141.

81. Maria Efigênia Lage de Resende, "Estudo crítico", em José Joaquim da Rocha, *Geografia histórica da capitania de Minas Gerais*, pp. 37-8.

82. Tomás Antônio Gonzaga, *Marília de Dirceu*, p. 83.

83. Jorge de Souza Araújo, "O perfil do leitor colonial", p. 49.

84. Maria Efigênia Lage de Resende, op. cit., pp. 47-55.

85. Laura de Mello e Souza, "Estudo crítico", em Pedro Miguel de Almeida Portugal, *Discurso histórico e político sobre a sublevação que nas Minas houve no ano de 1720*, pp. 40-1.

86. Gomes Freire de Andrade, "Instrução e norma", em Eliane Marta Teixeira Lopes, *Colonizador-colonizado: uma relação educativa no movimento da história*, pp. 252-4; BN-RJ, Seção de Manuscritos, Caetano Pinto de Miranda Montenegro. Requerimentos [1817-1830], C-0081, 028 no 0021817-1830.

87. ANTT, Real Mesa Censória, cxs. 112 (1770-2) e 113 (1773-1825).

88. ANTT, Real Mesa Censória, livros 13 e 14; e Inquisição de Lisboa, livro 319.

89. Sílvio Gabriel Diniz, "Um livreiro em Vila Rica no meado do século XVIII", *Kriterion*, Belo Horizonte, jan./jun. 1959, n. 47-8, pp. 180-198.

90. Carlos Alberto Filgueiras, "João Manso Pereira, químico empírico do Brasil colonial", pp. 155-60.

91. Laura de Mello e Souza, *O diabo e a Terra de Santa Cruz*, pp. 181-2.

92. AEAM, *Livro de autos de querela* (1764-1792), pp. 12v-14v.

93. *Constituições primeiras do Arcebispado da Bahia*, livro 1, pp. 91-4.

94. Serafim Leite, "O curso de filosofia e tentativas para se criar a universidade do Brasil no século XVII", pp. 127-8.

95. Antonio Alberto Banha de Andrade, op. cit., p. 99; *Autos de devassa: prisão dos letrados do Rio de Janeiro, 1794*, pp. 147-8, 153-4.

96. Ronaldo Vainfas, op. cit.; Luiz Mott, "A inquisição em Ilhéus", op. cit., pp. 74-5; Maria Beatriz Nizza da Silva, "Sociedade, instituições e cultura", pp. 541-2.

97. Belmonte, *No tempo dos bandeirantes*, pp. 149-59.

98. ACSM, 2º ofício, *Inventários* (cód., auto e ano, respectivamente: 21, 552, 1804; 25, 627, 1736; 25, 628, 1814; 35, 823, 1816; 39, 903, 1815; 49, 1105, 1793; 51, 1162, 1798); 1º ofício, *Inventários* (13, 430, 174); e *Autos da devassa da Inconfidência Mineira*, vol. 6, p. 118; Arquivo Nacional (AN), *Inventários* (n., cx., galeria ou maço, ano: 6690, 349, C, 1810; 456, 8904, 2295, 1791; 9215, 7162, 478, 1796; 9335, 5149, A, 1795; 1594, 1115, A, 1801).

99. Escrivaninha podia ser tanto o móvel quanto uma peça de metal, vidro, pedra ou madeira que contém tinteiro e outros aprestos para escrever.

100. Areeiro, ao que parece, era um recipiente que continha areia fina para secar a escrita.

101. Folha de massa que, umedecida, se usa para pegar papéis, fechar envelopes gomados etc.

102. *Autos da devassa da Inconfidência Mineira*, vol. 6, pp. 70, 324, 438.

103. AEAM, *Inventário de dom frei Domingos da Encarnação Pontevel*, cód. 105, 1793, arm. 1, gav. 4, pasta 17; ACSM, *Inventário de dom frei José da Santíssima Trindade*, 1º ofício, cód. 130, auto 2732, 1835.

104. *Autos da devassa da Inconfidência Mineira*, vol. 6, pp. 84, 99-101, 304-6.

105. AN, *Inventário* (22, 3629, A, 1783).

106. Luís Ferrand de Almeida, "D. João V e a Biblioteca Real", *Revista da Universidade de Coimbra*, Coimbra, 1991, n. 36, pp. 420; Márcia Abreu, "Cordéis portugueses e folhetos nordestinos em confronto", pp. 14-5; ANTT, *Inquisição de Lisboa*, livro 319, pp. 65-78 e Proc. n. 2015.

107. *Constituições primeiras do Arcebispado da Bahia*, livro 1, p. 8; ANTT, *Inquisição de Lisboa*, Proc. n. 7487. (Agradeço a Bruno Feitler por esta informação.)

108. Ibid., vol. 6, p. 225.

109. Luiz Carlos Villalta, "O diabo na livraria dos inconfidentes", p. 302; Ernesto Ennes, "Autos crimes contra os réus eclesiásticos da conspiração de Minas Gerais", *Anuário do Museu da Inconfidência*, Ouro Preto, 1952, pp. 28-35.

110. Maria Efigênia Lage de Resende, op. cit., p. 27.

111. *Autos da devassa da Inconfidência Mineira*, vol. 5, pp. 149-50, 173, 245, 410 e 417; Antônio Vieira, *Por Brasil e Portugal*, pp. 136-145.

112. ANTT, *Inquisição de Lisboa*, livros 319, 320 e 321.

113. *Autos de devassa*: *prisão dos letrados do Rio de Janeiro, 1794*, pp. 40-1, 46-7, 50, 53-5, 57-9, 61, 68, 70-1, 80, 84, 93, 96, 147-9, 170.

8. A SEDUÇÃO DA LIBERDADE: COTIDIANO E CONTESTAÇÃO POLÍTICA NO FINAL DO SÉCULO XVIII [pp. 304-45]

1. F. Novais, *Portugal e Brasil na crise do antigo sistema colonial* (*1777-1808*).

2. C. G. Mota, *Atitudes de inovação no Brasil, 1789-1801*.

3. K. Maxwell, *A devassa da devassa*.

4. A bibliografia atualizada sobre esses eventos se encontra, para os eventos de Minas Gerais, em L. Figueiredo, "Painel histórico", em D. Proença Filho (org.), *A poesia dos inconfidentes*. A respeito da devassa do Rio de Janeiro (1794), ver A. C. M. dos Santos, *No rascunho da nação*. Quanto à referente à sedição de 1798, na Bahia, vide I. Jancsó, *Na Bahia, contra o Império*, e, para a devassa de 1801, em Pernambuco, vide D. Bernardes, "Considerações em torno da repercussão da Revolução Francesa em Pernambuco", em Andrade e Fernandes (orgs.), *O Nordeste brasileiro e a Revolução Francesa*. O autor agradece o acesso às versões originais dos estudos sobre identidades políticas coletivas de Roberta G. Stumpf (Minas Gerais, 1789); André R. Inoue (Rio de Janeiro,1794); Cristina E. Velha e Débora Pupo (Bahia, 1798), e Ariane C. Martins (Pernambuco, 1801-17).

5. Arquivo do Instituto Histórico e Geográfico Brasileiro (AIHGB), L399, como parte de uma "Notícia da Bahia" manuscrita.

6. Ibid., fl. 294.

7. Ibid.

8. *Autos da devassa da Inconfidência Mineira* (ADIM), vol. 1, p. 131.

9. *Anais do Arquivo Público da Bahia* (AAPB), vol. 35, p. 132.

10. K. Mattoso, *Presença francesa no movimento democrático baiano de 1798*.

11. AAPB, vol. 36, p. 464.

12. Ver, para tanto, as observações de Thomas Lindley em *Narrativa de uma viagem ao Brasil*.

13. AAPB, vol. 36, p. 497.

14. Ibid., p. 498.

15. Ibid., p. 464.

16. Ibid., p. 475.

17. Ibid., p. 464.

18. Ibid., p. 499.

19. ADIM, vol. 1, p. 148.

20. "Devassa ordenada pelo vice-rei conde de Resende (1797)" (*Autos de devassa do Rio de Janeiro*; daqui em diante ADRJ), em *Anais da Biblioteca Nacional do Rio de Janeiro*, vol. 61, p. 308.

21. T. A. Gonzaga, *Cartas chilenas*.

22. ADIM, vol. 1, pp. 104-5.

23. Ibid., vol. 3, pp. 309-10.

24. Ibid., vol. 2, p. 251.

25. Ibid., vol. 1, pp. 94-5.

26. ADRJ, p. 388.

27. AIHGB, fl. 293.

28. ADIM, vol. 1, p. 163.

29. L. Villalta, "Livrarias e leitura nas Minas Gerais colonial: perspectivas de uma análise histórica", com coord. apresentada no XVIII Simpósio Nacional de História — História e Identidades, Recife, 23-28/07/1995.

30. T. Lindley, op. cit., p. 71.

31. I. Jancsó, op. cit., pp. 162 e ss.

32. AAPB, vol. 36, p. 416.

33. ADIM, vol. 4, p. 129.

34. Ibid., vol. 1, pp. 143-4.

35. ADRJ, p. 253.

36. Ver registro de Luís dos Santos Vilhena em *Notícias soteropolitanas e brasílicas* (*1802*).

37. J. A. Caldas, *Notícia geral de toda esta capitania da Bahia desde seu descobrimento até o presente ano de 1759*.

38. Vilhena, op. cit., p. 35.

39. A melhor edição desses textos de origem francesa está em K. Mattoso, op. cit.

40. Para uma relação dessas descrições de festas, ver Mary del Priore, *Festas e utopias no Brasil colonial*.

41. M. A. Silveira, "O universo do indistinto". A esse respeito, ver também J. A. R. de la Serna, *Arcádia: tradição e mudança*.

42. ADIM, vol. 5, p. 98.
43. Carta de 20 de outubro de 1798, em I. Accioli, *Memórias históricas e políticas da província da Bahia*, vol. 3, pp. 121-2.
44. Ibid., vol. 3, pp. 136-7.
45. Ver Antonio Candido, *Formação da literatura brasileira*, vol. 1.
46. AIHGB, L21, "Relato dos franco-maçons pela Secretaria de Lisboa". Ver também A. H. de Oliveira Marques, *História da maçonaria em Portugal*.
47. I. Jancsó, op. cit.
48. ADRJ, p. 521.
49. Ibid., p. 395.
50. Id., ibid.
51. A esse respeito, ver R. Koselleck, *Crítica y crisis del mundo burgués*.
52. AAPB, vol. 35, p. 129.
53. Id., ibid.
54. Id., ibid.
55. Ibid., vol. 36, pp. 222-3.
56. Ibid., vol. 36, p. 544.
57. Ibid., vol. 35, p. 129.
58. Ver I. Accioli, op. cit., pp. 140 e ss.
59. AAPB, vol. 36, p. 296.
60. T. Lindley, op. cit., p. 103.
61. Id., ibid., p. 117.
62. Id., ibid.
63. AAPB, vol. 35, p. 132.
64. Id., vol. 35, p. 112.
65. AIHGB, "Notícias da Bahia", fl. 294.
66. Id., ibid.
67. "A Inconfidência da Bahia — Devassas e sequestros", 2 vols., em *Anais da Biblioteca Nacional* (ABN), p. 21.
68. Ibid., p. 104.
69. AAPB, vol. 35, pp. 542-3.
70. Ibid., p. 553.
71. ABN, p. 40.
72. ADIM, vol. e, p. 203.
73. T. A. Gonzaga, op. cit.
74. ADIM, vol. 2, p. 394.
75. Ibid., vol. 1, p. 124.
76. Ibid., vol. 1, p. 112.
77. Ibid., vol. 3, pp. 434-5.
78. Ibid., vol. 1, p. 210.
79. ABN, p. 78.
80. Vilhena, op. cit., p. 352.
81. ABN, p. 50.

82. Id., ibid.

83. Ibid., p. 55.

84. Sobre os escravos envolvidos nos eventos de 1798, ver L. H. D. Tavares, "Escravos no 1798", em *Anais da XI Reunião da Sociedade Brasileira de Pesquisa Histórica.*

85. AAPB, vol. 36, p. 320.

86. Ibid., p. 319.

87. Ibid., p. 322.

88. Ibid., p. 323.

89. Ibid., vol. 35, p. 219.

90. Ibid., p. 85.

91. Ibid., p. 89.

92. Ibid., p. 179.

93. ADIM, vol. 1, p. 53.

94. Id., ibid.

95. AAPB, vol. 36, pp. 357-70.

96. Tavares, op. cit., p. 176.

97. Id., ibid.

98. ABN, pp. 96 e ss.

99. Ibid., p. 267.

100. Ibid., p. 119.

101. Ibid., p. 120.

102. Antonil, *Cultura e opulência do Brasil* (1711).

103. Ver, a respeito, Reis e Silva, *Negociação e conflito.*

104. AAPB, vol. 35, p. 184.

105. I. Accioli, op. cit., vol. 3, p. 134.

106. Embora centrado em outro período, essa questão é objeto de análise de Antonio Candido em "Radicalismos", *Estudos Avançados*, Universidade de São Paulo, jan./abr. 1990, vol. 4, n. 8.

107. Ainda que, em vários casos, as posições posteriormente defendidas por alguns deles tenham se alterado, chegando a extremos de legalismo, parcela ponderável desses homens preserva a coerência de sua trajetória política. Veja-se, a respeito, K. Maxwell, "The Generation of the 1790's and the Idea of Luso-Brazilian Empire", em D. Alden (org.), *Colonial Roots of Modern Brazil*, e, para o caso baiano de 1798, I. Jancsó, op. cit., cap. 5.

CONCLUSÃO [pp. 346-50]

1. Norbert Elias, *O processo civilizador.*

2. Sobre a vida privada no período, ver o trabalho pioneiro de Maria Beatriz Nizza da Silva, *Vida privada e quotidiano no Brasil na época de d. Maria I e d. João VI.*

3. Uso, aqui, a expressão consagrada por Maria Odila Leite da Silva Dias, "A interiorização da Metrópole (1808-1853)", em Carlos Guilherme Mota (org.), *1822: Dimensões*, pp. 160-84.

4. Utilizo, aqui, a expressão consagrada por Johan Huizinga, *El otoño de la Edad Media*, sobretudo o capítulo 1, "El tono de la vida", pp. 11-43.

BIBLIOGRAFIA

1. CONDIÇÕES DA PRIVACIDADE NA COLÔNIA

ALDEN, Dauril. "The Population of Brazil in the Nineteenth Century: A Preliminary Survey". *Hispanic American Historical Review*, 1963, vol. 43.

ALENCASTRO, Luiz Felipe de. "O aprendizado da colonização". *Economia e Sociedade*, Revista do Instituto de Economia da Unicamp, ago. 1992, n. 1.

ANDERSON, Benedict. *Imagined Communities*. Londres: Verso, 1983.

ANTONIL, padre André João. *Cultura e opulência do Brasil* (1711). Introd. e voc. Alice Canabrava. São Paulo: Nacional, 1967.

AZEVEDO, Aroldo de. "A marcha do povoamento e a urbanização", século XVIII, mapas de Aroldo de Azevedo, *Vilas e cidades do Brasil Colonial. Ensaio de geografia urbana retrospectiva*. Boletim n. 208, Geografia, vol. 2. São Paulo: FFLCH-USP, 1956. Mapa reprod. em HOLANDA, Sérgio Buarque de (coord.). *A época colonial*, vol. 1 de *História geral da civilização brasileira*. São Paulo: Difusão Europeia do Livro, 1960.

BASTIDE, Roger. *Brasil, terra de contrastes*. Trad. São Paulo: Difusão Europeia do Livro, 1959.

BETHENCOURT, Francisco. *História das Inquisições*. Lisboa: Círculo de Leitores, 1994.

CHARTIER, Roger (org.). *De la Renaissance aux Lumières*, t. 3 de *Histoire de la vie privée*. Philippe Ariès e George Duby (orgs.). Paris: Seuil, 1986, 5 vols.

HABERMAS, Jürgen. *Mudança estrutural da esfera pública*. Trad. Rio de Janeiro: Tempo Brasileiro, 1984.

HANKE, Lewis U. *The Spanish Struggle for Justice in America*. Boston: Little, Brown & Company, 1949.

KOSHIBA, Luis. "A divina colônia: contribuição à história social da literatura". Dissertação de mestrado. São Paulo: FFLCH-USP, 1981.

MATOS, Gregório de. *Obras completas de Gregório de Matos* (*Crônica do viver baiano seiscentista*). Org. James Amado. Salvador: Janaína, 1968, 7 vols., vol. 2.

NOVAIS, Fernando A. *Estrutura e dinâmica do antigo sistema colonial*. 6. ed. São Paulo: Brasiliense, 1995 [1. ed. 1974].

NOVINSKI, Anita. *Cristãos-novos na Bahia*. São Paulo: Perspectiva, 1972.

NOVINSKI, Anita & CARNEIRO, Maria Luisa Tucci (orgs.). Inquisição. *Ensaios sobre mentalidades, heresias e artes*. São Paulo: Edusp, 1992.
PRADO JR., Caio. *Formação do Brasil contemporâneo*. 4. ed. São Paulo: Brasiliense, 1953.
ROUCHE, Michel. "Alta Idade Média ocidental". In VEYNE, Paul (org.). *Do Império romano ao ano mil*, t. 1 de *História da vida privada*. Philippe Ariès e George Duby (orgs.). Trad. São Paulo: Companhia das Letras, 1991.
SALVADOR, José Gonçalves. *Cristãos-novos, jesuítas e Inquisição*. São Paulo: Pioneira, 1969.
SALVADOR, frei Vicente do. *História do Brasil, 1500-1627*. Rev. e anot. Capistrano de Abreu e Rodolfo Garcia. 4. ed. São Paulo: Melhoramentos, 1954.
SERRÃO, Joel. *Fontes da demografia portuguesa*. Lisboa: Livros Horizonte,1973.
SILVA, José Gentil da. *Au Portugal. Structure démographique et développement économique*. Sep. de *Studi in onore di Amintore Fanfani*. Milão, 1962, vol. 2.
SIQUEIRA, Sônia A. *A Inquisição portuguesa e a sociedade colonial*. São Paulo: Ática, 1978.
SOUZA, Laura de Mello e. *Inferno atlântico*: *demonologia e colonização, séculos XVI-XVIII*. São Paulo: Companhia das Letras, 1993.
VAINFAS, Ronaldo. *A heresia dos índios. Catolicismo e rebeldia no Brasil colonial*. São Paulo: Companhia das Letras, 1995.
VILHENA, Luís dos Santos. *Recopilação de notícias soteropolitanas e brasílicas* (*1802*). Ed. Braz do Amaral. Bahia: Imprensa Oficial do Estado, 1921.

2. FORMAS PROVISÓRIAS DE EXISTÊNCIA: A VIDA COTIDIANA NOS CAMINHOS, NAS FRONTEIRAS E NAS FORTIFICAÇÕES

ABREU, Capistrano de. *Capítulos de história colonial, 1500-1800*. 3. ed. [S.l.]: F. Briguiet & Cia., ed. da Sociedade Capistrano de Abreu, 1934.
ALMEIDA, Francisco José de Lacerda e. *Diários de viagem*. Nota-pref. Sérgio Buarque de Holanda. Rio de Janeiro: Imprensa Nacional, 1944.
Anais da Biblioteca Nacional. Rio de Janeiro: Biblioteca Nacional, 1988.
BELLOTTO, Heloísa Liberalli. *Autoridade e conflito no Brasíl colonial. O governo do Morgado de Mateus em São Paulo* (*1765-1775*). São Paulo: Secretaria de Estado da Cultura, 1979.
BELMONTE. *No tempo dos bandeirantes. A vila de São Paulo no século XVII*. São Paulo: Governo do Estado, 1980. Fac-sim.
CHAVES, Cláudia Maria das Graças, & DUTRA VIEIRA, Vera Lúcia. "Tropas e tropeiros no abastecimento da região mineradora no período de 1693 a 1760". Relatório de pesquisa. Belo Horizonte: UFMG, s.d.
CORTESÃO, Jaime. *Raposo Tavares e a formação territorial do Brasil*. [S.l.]: Ministério da Educação e Cultura, Serviço de Documentação, s.d.

GOULART, José Alípio. *Tropas e tropeiros na formação do Brasil.* Rio de Janeiro: Conquista, 1961.

HOLANDA, Sérgio Buarque de. *O Extremo Oeste.* São Paulo: Brasiliense; Secretaria Municipal de Cultura, 1986.

____. *Monções.* 3. ed. ampl. São Paulo: Brasiliense, 1990.

____. *Caminhos e fronteiras.* 3. ed. São Paulo: Companhia das Letras, 1995.

MACHADO, A. de Alcântara. *Vida e morte do bandeirante.* 2. ed. São Paulo: Revista dos Tribunais, 1930.

MELLO, Evaldo Cabral de. *Olinda restaurada: guerra e açúcar no Nordeste, 1630--1654.* Rio de Janeiro; São Paulo: Forense-Universitária; Edusp, 1975.

PEREGALLI, Enrique. *Recrutamento militar no Brasil colonial.* Campinas: Unicamp, 1986.

Revista do Instituto Histórico e Geográfico Brasileiro. Rio de Janeiro.

Revista do Serviço do Patrimônio Histórico e Artístico Nacional. Rio de Janeiro.

SANTOS FILHO, Licurgo dos. *Uma comunidade rural do Brasil antigo. Aspectos da vida patriarcal no sertão da Bahia nos séculos XVIII e XIX.* São Paulo: Nacional, 1956.

TAUNAY, Afonso d'E. (org., introd. e notas). *Relatos sertanistas.* São Paulo: Publicações Comemorativas do IV Centenário da Cidade de São Paulo, s.d.

____. *Relatos monçoeiros.* São Paulo: Publicações Comemorativas do IV Centenário da Cidade de São Paulo, s.d.

VILHENA, Luís dos Santos. *Recopilação de notícias da capitania de São Paulo (1802).* Bahia: Imprensa Oficial do Estado, 1935.

3. FAMÍLIAS E VIDA DOMÉSTICA

ALGRANTI, Leila Mezan. *O feitor ausente. Estudo sobre a escravidão urbana no Rio de Janeiro (1808-1822).* Petrópolis: Vozes, 1988.

____. "A Irmandade da Santa Casa de Misericórdia do Rio de Janeiro e a concessão de dotes". *Cadernos Pagu*, IFCH-Unicamp, 1993, vol. 1, pp. 45-66.

____. *Honradas e devotas: mulheres da Colônia. Estudo sobre a condição feminina nos conventos e recolhimentos do Sudeste do Brasil (1750-1822).* Rio de Janeiro; Brasília: José Olympio; UnB, 1993.

ALMEIDA, Aluísio de. *Vida quotidiana da capitania de São Paulo (1722-1822).* São Paulo: Pannartz, 1975.

ANTONIL, padre André João (João Antônio Andreoni). *Cultura e opulência do Brasil* (1711). Salvador: Progresso, 1950.

ARAÚJO, Emanuel. *O teatro dos vícios: transgressão e transigência na sociedade urbana colonial.* Rio de Janeiro; Brasília: José Olympio; UnB, 1993.

Arquivo da Cúria da Diocese de Mariana.

Arquivo Nacional da Torre do Tombo (ANTT).

Autos da devassa da Inconfidência Mineira. Rio de Janeiro: Ministério da Educação; Biblioteca Nacional, 1936.

BELMONTE. *No tempo dos bandeirantes. A vila de São Paulo no século XVII*. São Paulo: Departamento de Cultura, 1939.

BRANDÃO, Ambrósio Fernandes. *Diálogos das grandezas do Brasil (1618)*. Introd. Capistrano de Abreu; notas Rodolfo Garcia. Rio de Janeiro: Oficina Industrial Gráfica, 1930.

BRUNO, Ernani Silva. *Equipamento da casa bandeirista segundo os antigos inventários e testamentos*. São Paulo: Departamento do Patrimônio Histórico, 1977.

Caderno de assentos do coronel Francisco Xavier Costa Aguiar. Transcr. Maria José Elias. *Anais do Museu Paulista*.

CALMON, Pedro. *História da Casa da Torre*. 2. ed. Rio de Janeiro: José Olympio, 1958.

CAMPOS, Alzira Arruda Lobo. "O casamento e a família em São Paulo colonial". Tese de doutorado. São Paulo: FFLCH-USP, 1986.

CARDIM, padre Fernão. *Tratados da terra e da gente do Brasil*. São Paulo: Nacional, 1939.

CASCUDO, Luís da Câmara. *História da alimentação no Brasil*. São Paulo; Belo Horizonte: Edusp; Itatiaia, 1983. 2 vols.

CORRÊA, Mariza. *Colcha de retalhos: estudos sobre a família no Brasil*. São Paulo: Brasiliense, 1982.

DEBRET, Jean-Baptiste. *Viagem pitoresca e histórica ao Brasil (1816-1831)*. Trad. Belo Horizonte; São Paulo: Itatiaia; Edusp, 1978.

FIGUEIREDO, Luciano Raposo de Almeida. "Barrocas famílias: vida familiar em Minas Gerais no século XVIII". Dissertação de mestrado. São Paulo: FFLCH-USP, 1989.

GANDAVO, Pero de Magalhães. *História da província de Santa Cruz (1568-1570)*. São Paulo: Obelisco, 1964. Cadernos de História.

GOLDSCHMIDT, Eliana. "Casamentos mistos de escravos em São Paulo colonial". Dissertação de mestrado. São Paulo: FFLCH-USP, 1987. Mimeo.

GRAHAM, Maria. *Diário de uma viagem ao Brasil e uma estada nesse país durante parte dos anos de 1821, 1822 e 1823*. São Paulo: Nacional, 1956.

HOLANDA, Sérgio Buarque de. *Caminhos e fronteiras*. 2. ed. São Paulo: Companhia das Letras, 1994.

Inventários e testamentos de São Paulo. São Paulo: Publicação Oficial do Arquivo do Estado de São Paulo, 1920.

KOSTER, Henry. *Viagens ao Nordeste do Brasil (1809-1815)*. Trad. São Paulo: Nacional, 1936.

LAVRADIO, marquês do. *Cartas da Bahia, 1768-1769*. Rio de Janeiro: Arquivo Nacional, 1972.

——. *Cartas do Rio de Janeiro, 1769-1776*. Rio de Janeiro: Arquivo Nacional, 1975.

LEITHOLD, T. von, & RANGO, L. von. *O Rio de Janeiro visto por dois prussianos em 1819*. Trad. São Paulo: Nacional, 1966.

LEMOS, Carlos. *Cozinhas etc. Um estudo sobre as zonas de serviço da casa paulista*. São Paulo: Perspectiva, 1976.

____. *História da casa brasileira*. São Paulo: Contexto, 1989.

LÉRY, Jean de. *Viagem à terra do Brasil (1955-1957)*. Trad. São Paulo: Martins Fontes, s. d.

LINDLEY, Thomas. *Narrativa de uma viagem ao Brasil (1802-1803)*. Trad. São Paulo: Nacional, 1969.

LONDOÑO, Fernando Torres. "O crime do amor". In INCAO, Maria Angela d'. *Amor e família no Brasil*. São Paulo: Contexto, 1989.

LUCCOCK, John. *Notas sobre o Rio de Janeiro e partes meridionais do Brasil (1808-1818)*. Trad. São Paulo; Belo Horizonte: Edusp; Itatiaia, 1975.

MACHADO, A. de Alcântara. *Vida e morte do bandeirante*. São Paulo: Martins Fontes; Instituto Nacional do Livro, 1972.

MAWE, John. *Viagens ao interior do Brasil (1807-1810)*. Trad. São Paulo; Belo Horizonte: Edusp; Itatiaia, 1978.

MAXIMILIANO, príncipe de Wied-Neuwied. *Viagem ao Brasil (1815-1817)*. Trad. São Paulo: Nacional, 1940.

MELLO NETO, José Antônio Gonsalves de. *Tempo dos flamengos. Influência da ocupação holandesa na vida e na cultura do Norte do Brasil*. 3. ed. Recife: Fundação Joaquim Nabuco; Massangana, 1987.

MORÃO, Simão Pinheiro. *Queixas repetidas em ecos dos arrecifes de Pernambuco contra os abusos médicos que nas suas capitanias se observam tanto dano das vidas de seus habitadores (1677)*. Lisboa: Junta de Investigações do Ultramar, 1965.

MURARD, Louis, & ZYLBERMAN, Patrick. *Le petit travailleur infatigable. Villes-usines, habitat et intimités au XIXe siècle*. Paris: Recherches, 1976.

PRADO, J. F. de Almeida. *Pernambuco e as capitanias do Norte do Brasil (1530-1630)*. Rio de Janeiro: Nacional, 1942.

Primeira Visitação do Santo Ofício às partes do Brasil pelo licenciado Heitor Furtado de Mendonça. Denunciações de Pernambuco (1593-1595). Introd. Rodolfo Garcia. São Paulo: Paulo Prado, 1929.

QUEIROZ, d. frei João de São José. *Visitas pastorais (1761-1763)*. Rio de Janeiro: Melso, 1961.

RAMOS, Donald. "Marriage and the Family in Colonial Vila Rica". HAHR, 1975, n. 2.

SAINT-HILAIRE, Auguste de. *Viagem ao Rio Grande do Sul (1820-1821)*. São Paulo; Belo Horizonte: Edusp; Itatiaia, 1974.

____. *Viagem ao Espírito Santo e Rio Doce*. Trad. São Paulo; Belo Horizonte: Edusp; Itatiaia, 1974.

____. *Viagem pelo distrito dos diamantes e litoral do Brasil (1817-1818)*. Trad. Leonam de Azeredo Penna. Belo Horizonte; São Paulo: Itatiaia; Edusp, 1974.

SAINT-HILAIRE, Auguste de. *Viagem pelas províncias do Rio de Janeiro e Minas Gerais*. São Paulo; Belo Horizonte: Edusp; Itatiaia, 1975.

SALVADOR, frei Vicente do. *História do Brasil (1500-1627)*. Rev. e anot. Capistrano de Abreu e Rodolfo Garcia. 4. ed. São Paulo: Melhoramentos, 1954.

SAMARA, Eni de Mesquita. *As mulheres, o poder e a família. São Paulo, século XIX*. São Paulo: Marco Zero; Secretaria de Estado da Cultura, 1989.

SANTOS FILHO, Licurgo dos. *Uma comunidade rural do Brasil antigo. Aspectos da vida patriarcal no sertão da Bahia nos séculos XVIII e XIX*. São Paulo: Nacional, 1956.

SENNETT, Richard. *O declínio do homem público: as tiranias da intimidade*. Trad. São Paulo: Companhia das Letras, 1988.

SILVA, Maria Beatriz Nizza da. "Casamentos de escravos na capitania de São Paulo". *Revista Ciência e Cultura*, Universidade de São Paulo, jun. 1980, vol. 32, n. 7, pp. 816-22.

——. *Sistema de casamento no Brasil colonial*. São Paulo: Queiroz; Edusp, 1984.

——. "A família escrava no Brasil colonial". *Anais da VIII Reunião da SBPH*. São Paulo: 1989, pp. 21-5.

——. "Colonização portuguesa no Brasil. A população feminina e sua sobrevivência econômica no fim do período colonial". *Revista de Ciências Históricas da Universidade Portucalense Infante D. Henrique*, Porto, 1991.

——. *Vida privada e quotidiano no Brasil na época de d. Maria I e d. João VI*. Lisboa: Referência; Estampa, 1993.

SOUZA, Gabriel Soares de. *Tratado descritivo do Brasil em 1587*. 4. ed. São Paulo: Nacional; Edusp, 1971.

SOUZA, Laura de Mello e. *O diabo e a Terra de Santa Cruz: feitiçaria e religiosidade popular no Brasil colonial*. São Paulo: Companhia das Letras, 1986.

SPIX, B., & MARTIUS, C. F. P. von. *Viagem pelo Brasil*. Trad. Rio de Janeiro: Imprensa Nacional, 1938.

STADEN, Hans. *Duas viagens ao Brasil (1547-1554)*. Trad. São Paulo; Belo Horizonte: Edusp; Itatiaia, 1974.

TOLLENARE, L. F. de. *Notas dominicais tomadas durante uma viagem em Portugal e no Brasil em 1816, 1817 e 1818*. Trad. Salvador: Progresso, 1956.

VAINFAS, Ronaldo. *Trópico dos pecados: moral, sexualidade e Inquisição no Brasil*. Rio de Janeiro: Campus, 1989.

VASCONCELOS, Sylvio de. *Vila Rica: formação e desenvolvimento. Residências*. São Paulo: Perspectiva, 1977.

VELOSO, Carlos. *A alimentação do século XVIII nos relatos dos viajantes estrangeiros*. Coimbra: Minerva, 1992.

VILHENA, Luís dos Santos. *Notícias soteropolitanas e brasílicas (1802)*. Bahia: Imprensa Oficial do Estado: 1922.

4. COTIDIANO E VIVÊNCIA RELIGIOSA: ENTRE A CAPELA E O CALUNDU

ALENCASTRO, J. M. Pereira D'. "Memória cronológica, histórica e corográfica da província do Piauí". *Revista do Instituto Histórico e Geográfico Brasileiro*, Rio de Janeiro, 1857, t. 20.

ALGRANTI, Leila M. *Honradas e devotas: mulheres da Colônia. Estudo sobre a condição feminina nos conventos e recolhimentos do Sudeste do Brasil (1750-1822)*. Rio de Janeiro; Brasília: José Olympio; UnB, 1993.

ALMEIDA, Fortunato. *História da Igreja em Portugal*. Coimbra: Imprensa da Academia, 1910.

AMARAL, Amadeu. *Tradições populares*. São Paulo: Hucitec, 1976.

ANÔNIMO. *Promessas e milagres no Santuário do Bom Jesus de Matosinhos, Congonhas do Campo, Minas Gerais*. Brasília: Pró-Memória, 1981.

ANTONIL, padre André João. *Cultura e opulência do Brasil* (1711). São Paulo: Nacional, 1966.

ARAÚJO, Emanuel. *O teatro dos vícios: transgressão e transigência na sociedade urbana colonial*. Rio de Janeiro; Brasília: José Olympio; UnB, 1993.

Arquivo da Cúria de Salvador.

Arquivo Nacional da Torre do Tombo, Inquisição de Lisboa (ANTT, IL).

AUSEJO, padre Serafim, OFM. *Diccionário de la Biblia*. Barcelona: Herder, 1964.

AZEVEDO, Paulo O. D. *Inventário de proteção do acervo cultural. Monumentos e sítios do Recôncavo*. Salvador: IPAC, 1978.

AZZI, Riolando (org.). *A vida religiosa no Brasil*. São Paulo: Paulinas, 1983.

BAIÃO, Antônio. *Episódios dramáticos da Inquisição portuguesa*. Rio de Janeiro: Anuário do Brasil, 1924.

BARRETO, Domingos A. B. Moniz. "Abusos que se têm introduzido na Bahia, 1780". *Memória*, Biblioteca Pública do Porto, n. 1105.

BERNARDES, padre Manuel. *Pão partido em pequeninos*. Porto: Domingos Barreira, 1940.

Bíblia Sagrada. São Paulo: Ave Maria, 1985.

BOXER, Charles R. *A mulher na expansão ultramarina ibérica*. Lisboa: Horizonte, 1977.

CALLAHAN, W., & HIGGS, David. *Church and Society in Catholic Europe of the Eighteenth Century*. Cambridge: Cambridge University Press, 1979.

CASTRO, padre João Batista. *Mapa de Portugal*. Lisboa, 1863.

CONCEIÇÃO, frei Apolinário. *Eco sonoro da clamorosa voz que deu na cidade do Rio de Janeiro no dia 18 de outubro de 1747, na saudosa despedida do irmão frei Fabiano de Cristo*. Lisboa: Oficina Inácio Rois, 1748.

CONCEIÇÃO, frei Francisco. *Director instruído ou Breve resumo da Mistica teologia para instrução dos directores*. Coimbra: Real Imprensa da Universidade, 1789.

Constituições primeiras do Arcebispado da Bahia (1707). Feitas e ordenadas pelo ilustríssimo e reverendíssimo sr. d. Sebastião Monteiro da Vide, em 12 de junho de 1707. São Paulo: Tipografia Dois de Dezembro, 1853.

COUTO, d. Domingos Loreto. *Desagravos do Brasil e glórias de Pernambuco* (1757). Recife: Fundação Cultural, 1981.

CUNHA, cardeal da. *Regimento do Santo Ofício da Inquisição dos Reinos de Portugal.* Lisboa, Oficina de Miguel Menescal da Costa, 1774.

DELUMEAU, Jean. *L'Aveu et la confession.* Paris: Fayard, 1990.

DURKHEIM, Émile. *As formas elementares da vida religiosa.* São Paulo: Paulinas, 1990.

EWBANK, Thomas. *Life in Brazil.* Nova York: Harper & Brother, 1856.

GODINHO, padre Manoel. *Vida de frei Antônio das Chagas*, OFM. Lisboa: Oficina M. Deslandes, 1687.

HOORNAERT, Eduardo, et al. *História da Igreja no Brasil. Ensaio de interpretação histórica a partir do povo (primeira época).* Petrópolis: Vozes, 1977.

JABOATÃO, frei Antonio de Santa Maria. *Novo orbe seráfico.* Recife: Assembleia Legislativa, 1980.

LARRAGA, frei Francisco. *Promptuario da theologia moral.* Lisboa: Oficina de Pedro Ferreira, 1737.

LEACH, Edmund. "Nascimento da Virgem". In MATTA, Roberto da (org.). *Edmund Leach.* São Paulo: Ática, 1983.

LEÃO, d. Gaspar. Desengano de perdidos. Goa: Casa de João de Enden, 1753.

LIMA, Lana Lage da Gama. *Mulheres, adúlteros e padres. História e moral na sociedade brasileira.* Rio de Janeiro: Dois Pontos, 1987.

——. "A confissão pelo avesso: o crime de solicitação no Brasil colonial". Tese de doutorado. São Paulo: FFLCH-USP, 1990.

LISBOA, Baltazar Silva. *Anaes do Rio de Janeiro.* Rio de Janeiro: Tipografia Seignot Plancher, 1835.

Livro da Visitação do Santo Ofício da Inquisição ao estado do Grão-Pará, 1763-1769. Texto e apres. J. R. Amaral Lapa. Petrópolis: Vozes, 1978.

MARTIMORT, A. G. *L'Église en prière.* Paris: Desclée & Cie., 1961.

MATTOSO, Kátia M. Queirós. *Bahia século XIX.* Rio de Janeiro: Nova Fronteira, 1992.

MELO, d. Francisco Manuel de. *Carta de guia de casados (1650).* Porto: Renascença Portuguesa, 1916.

MOTT, Luiz. "Um dominicano feiticeiro na Bahia colonial". *Diário Oficial Leitura*, São Paulo, jun. 1985, n. 8.

——. "A Inquisição em Ilhéus". *Revista FESPI*, Ilhéus, 1987-8, ano 6, n. 10.

——. "Acotundá: raízes setecentistas do sincretismo religioso afro-brasileiro". In *Escravidão, homossexualidade e demonologia.* São Paulo: Ícone, 1988.

——. *Sexo proibido: virgens, gays e escravos nas garras da Inquisição.* Campinas: Papirus, 1988.

——. "Dedo de anjo, osso de defunto: os restos mortais na feitiçaria afro-luso-brasileira". *Diário Oficial Leitura*, São Paulo, nov. 1989.

MOTT, Luiz. *A Inquisição em Sergipe*. Aracaju: Fundesc, 1989.

____. "Modelos de santidade para um clero devasso: A propósito das pinturas do cabido de Mariana". *Revista de História*. Belo Horizonte: UFMG, 1989, n. 9, pp. 96-120.

____. "Amores clericais em São Paulo colonial". *Diário Oficial Leitura*, São Paulo, out. 1990, n. 101.

____. "Justitia et Misericordia: a Inquisição portuguesa e a repressão ao nefando pecado de sodomia". In NOVINSKY, Anita, & CARNEIRO, Maria Luiza T. *Inquisição. Ensaio sobre mentalidade, heresias e arte*. São Paulo: Edusp, 1992.

____. *Rosa Egipcíaca. Uma santa africana no Brasil*. Rio de Janeiro: Bertrand do Brasil, 1993.

____. *Santos e santas no Brasil colonial*. Fortaleza: Fundação Waldemar Alcântara, 1994. Série Histórica.

____. *A Inquisição no Maranhão*. São Luís: Edufma, 1995.

____. "Quatro mandingueiros de Jacobina na Inquisição de Lisboa". *Afro-Ásia*. Salvador: CEAO; UFBa, 1995, n. 16.

____. "Santo Antônio, o divino capitão do mato". In REIS, João José, & GOMES, Flávio dos Santos. *Liberdade por um fio: história dos quilombos no Brasil*. São Paulo: Companhia das Letras, 1996.

MORÃO, Simão Pinheiro. *Queixas repetidas em ecos dos arrecifes de Pernambuco contra os abusos médicos que nas suas capitanias se observam tanto dano das vidas de seus habitadores* (1677). Lisboa: Junta de Investigações do Ultramar, 1965.

MURY, Paul. *História de Gabriel Malagrida*. São Paulo, Loyola, 1992.

NOTTINGHAM, Elizabeth. *Sociología de la religión*. Buenos Aires: Paidós, 1964.

OTT, Carlos. *Povoamento do Recôncavo pelos engenhos: (1536-1888)*. Salvador: Biograf, 1996.

PALACIN, Luís. *Sociedade colonial: 1549-1599*. Goiânia: UFG, 1981.

PASCHINI, Pio. *Enciclopedia cattolica*. Florença: Sansoni, 1952.

PEREIRA, Nuno Marques. *Compêndio narrativo do peregrino da América*. Rio de Janeiro: Academia Brasileira de Letras, 1939.

PIRES, padre Heliodoro. *A paisagem espiritual do Brasil no século XVIII*. São Paulo: [s.n.], s.d.

PORTO, Costa. *Nos tempos do visitador*. Recife: Universidade Federal de Pernambuco, 1968.

PRIORE, Mary del. *Ao sul do corpo. Condição feminina, maternidades e mentalidades no Brasil colonial*. Rio de Janeiro; Brasília: José Olympio; UnB, 1993.

Quinto livro das ordenações e leis do Reino de Portugal. Lisboa, 1602.

REIS, João José. *A morte é uma festa: ritos fúnebres e revolta popular no Brasil do século XIX*. São Paulo: Companhia das Letras, 1991.

____, & GOMES, Flávio dos Santos. *Liberdade por um fio: história dos quilombos no Brasil*. São Paulo: Companhia das Letras, 1996.

RIBADENEIRA, padre Pedro, SF. *Histórias das vidas de santa Maria Egipcíaca, santa Taís e santa Teodora, penitentes*. Lisboa: Oficina de Felipe da Silva e Azevedo, 1673.

SÁ, Manoel Siqueira. *Júbilos da América*. Lisboa: Oficina Manoel Alvares Solano, 1754.

SANTA MARIA, frei Agostinho de. *Santuário mariano e história das imagens milagrosas de Nossa Senhora milagrosamente manifestadas e aparecidas no Arcebispado da Bahia* (1722). Salvador: Imprensa Oficial da Bahia, 1949.

SÃO JOSÉ, frei Nicolau. *Vida da serva de Deus madre Jacinta de São José*. Rio de Janeiro: Artes Gráficas C. Mendes Jr., 1935.

SILVA, Manoel Altenfelder. *Brasileiros heróis da fé*. São Paulo: Escolas Salesianas, 1928.

SOEIRO, Susan. "A Barroque Nunnery". Tese de Ph.D., 1974.

____. "The Feminine Orders in Colonial Brazil". In LAVIN, Assunción (org.). *Latin American Women: Historical Perspectives*. Westport: Greenwood Press, 1978.

SOUZA, Laura de Mello e. *O diabo e a Terra de Santa Cruz: feitiçaria e religiosidade popular no Brasil colonial*. São Paulo: Companhia das Letras, 1986.

SPRAZZI, padre Raimundo, OP. *Enciclopedia Mariana Theotocos*. Madri: Studium, 1960.

VAINFAS, Ronaldo. *Trópico dos pecados: moral, sexualidade e Inquisição no Brasil*. Rio de Janeiro: Campus, 1989.

____. *A heresia dos índios. Catolicismo e rebeldia no Brasil colonial*. São Paulo: Companhia das Letras, 1995.

VIANA, Hildergades. *A Bahia já foi assim*. São Paulo: GRD, 1979.

VIEIRA, padre Antônio. *Sermões*. Porto: Lello e Irmãos, 1959.

VIZMANOS, padre Francisco, SJ. *Las Virgenes cristianas de la Iglesia primitiva*. Madri: Biblioteca de Autores Cristianos, 1949.

5. MORALIDADES BRASÍLICAS: DELEITES SEXUAIS E LINGUAGEM ERÓTICA NA SOCIEDADE ESCRAVISTA

ALGRANTI, Leila M. *Honradas e devotas: mulheres da Colônia. Estudo sobre a condição feminina nos conventos e recolhimentos do Sudeste do Brasil (1750-1822)*. Rio de Janeiro; Brasília: José Olympio; UnB, 1993.

ARIÈS, Philippe. *História social da criança e da família*. Rio de Janeiro: Jorge Zahar, 1981.

ARAÚJO, Emanuel. *O teatro dos vícios: transgressão e transigência na sociedade urbana colonial*. Rio de Janeiro; Brasília: José Olympio; UnB, 1993.

Arquivo Nacional da Torre do Tombo (ANTT).

AZEVEDO, Thales de. *As regras do namoro à moda antiga*. São Paulo: Ática, 1986.

BAKHTIN, Mikhail. *A cultura popular na Idade Média e no Renascimento*. São Paulo: Hucitec, 1987.

BELLINI, Lígia. *A coisa obscura: mulher, sodomia e Inquisição no Brasil colonial*. São Paulo: Brasiliense, 1989.

BENCI, Jorge. *Economia cristã dos senhores no governo dos escravos (1700)*. São Paulo: Grijalbo, 1977.

BOLOGNE, J.-C. *Histoire de la pudeur*. Paris: Olivier Orban, 1986.

BOSI, Alfredo. *Dialética da colonização*. São Paulo: Companhia das Letras, 1992.

BOXER, Charles R. *O império colonial português (1415-1825)*. Lisboa: Edições 70, 1981.

CARRASCO, Raphael. *Inquisición y represión sexual em Valencia. Historia de los sodomitas (1585-1785)*. Barcelona: Laerte, 1986.

Constituições primeiras do Arcebispado da Bahia (1707). Feitas e ordenadas pelo ilustríssimo e reverendíssimo sr. d. Sebastião Monteiro da Vide, em 12 de junho de 1707. São Paulo: Tipografia Dois de Dezembro, 1853.

COSTA, Iraci del Nero. *Vila Rica: população (1719-1826)*. São Paulo: IPES-USP, 1982.

DANTAS, Júlio. *O amor em Portugal no século XVIII*. 2. ed. Porto: Chardron, 1917.

DENIS, Ferdinand. "Une fête brésilienne célebrée à Rouen en 1550". Paris: Techener, 1850.

ELIAS, Norbert. *O processo civilizador*. Rio de Janeiro: Jorge Zahar, 1990.

FARIA, Sheila de Castro. "A Colônia em movimento". Tese de doutorado. Niterói: UFF, 1994. Mimeo.

———. "Fontes textuais e vida material: observações preliminares sobre casas de moradias nos Campos dos Goitacazes, séculos XVIII e XIX". *Anais do Museu Paulista* (Nova Série). São Paulo, 1993, n. 1, pp. 107-30.

FIGUEIREDO, Luciano. *O avesso da memória*. Brasília; Rio de Janeiro: UnB; José Olympio, 1993.

FREYRE, Gilberto. *Casa-grande & senzala. Formação da família brasileira sob regime de economia patriarcal*. 16. ed. Rio de Janeiro: José Olympio, 1973.

GINZBURG, Carlo. "O inquisidor como antropólogo". *Revista Brasileira de História*. São Paulo, set. 90-fev. 91, vol. 11, n. 21, pp. 9-20.

GONÇALVES, António Custódio. "As influências do cristianismo na organização política do reino do Congo". In *Actas do Congresso Internacional Bartolomeu Dias e sua época*. Porto: Universidade do Porto, 1992, vol. 5 pp. 523-40.

GRUZINSKY, Serge. "Las senizas del deseo: homosexuales novohispanos a mediados del siglo XVII". In ORTEGA, Sérgio (org.). *De la santidad a la perversión*. México: Grijalbo, 1985.

HANSEN, J. Adolfo. *A sátira e o engenho*. São Paulo: Companhia das Letras, 1989.

HOLANDA, Sérgio Buarque de. *Caminhos e fronteiras*. Rio de Janeiro: José Olympio, 1957.

LEITE, Serafim (org.). *Novas cartas jesuíticas*. São Paulo: Nacional, 1940.

LIMA, Lana Lage da Gama. "Cupido na sala de aula: pedofilia e pederastia no Brasil antigo". *Cadernos de pesquisa*. São Paulo: Fundação Carlos Chagas, 1990.

——. "A confissão pelo avesso: o crime de solicitação no Brasil colonial". Tese de doutorado. São Paulo: FFLCH-USP, 1990.

LONDOÑO, Fernando Torres. "El crimen del amor: el amor ilícito en una visita pastoral del siglo XVIII". São Paulo, 1987. Mimeo.

MARCÍLIO, M. Luiza. *A cidade de São Paulo: povoamento e povoação (1750-1850)*. São Paulo: Pioneira; Edusp, 1974.

MELLO, Evaldo Cabral de. *O nome e o sangue: uma fraude genealógica no Pernambuco colonial*. São Paulo: Companhia das Letras, 1989.

MOTT, Luiz. "Da fogueira ao fogo do Inferno: a alforria do lesbianismo em Portugal, 1646". Comunicação apresentada na International Conference on Lesbian and Gay History. Toronto, 1985.

——. "Os pecados da família na Bahia de Todos os Santos (1813)". In *Escravidão, homossexualidade e demonologia*. São Paulo: Ícone, 1988.

——. *Sexo proibido: virgens, gays e escravos nas garras da Inquisição*. Campinas: Papirus, 1988.

NASCIMENTO, Anna Amélia V. *Patriarcado e religião: as enclausuradas clarissas do convento do Desterro da Bahia (1677-1890)*. Salvador: Secretaria de Educação e Cultura, 1994.

NÓBREGA, Manuel da. *Cartas do Brasil (1549-1560)*. Rio de Janeiro: Imprensa Nacional, 1886.

NOVAIS, Fernando. *Portugal e Brasil na crise do antigo sistema colonial (1777--1808)*. São Paulo: Hucitec, 1979.

NOVINSKY, Anita. *Cristãos-novos na Bahia*. São Paulo: Perspectiva, 1972.

OLIVIERI, Archillo. "Erotismo e grupos sociais em Veneza no século XVI: a cortesã". In ARIÈS, Philippe, & BÉJIN, André (orgs.). *Sexualidades ocidentais*. Lisboa: Contexto, 1983.

PRADO, J. F. de Almeida. *Primeiros povoadores do Brasil (1500-1530)*. São Paulo: Nacional, 1966.

PRIORE, Mary del. "Mulher e sentimento na iconografia do século XIX". In LIMA, Lana Lage da Gama (org.). *Mulheres, adúlteros e padres. História e moral na sociedade brasileira*. Rio de Janeiro: Dois Pontos, 1987.

——. *Ao sul do corpo. Condição feminina, maternidades e mentalidades no Brasil colonial*. Rio de Janeiro; Brasília: José Olympio; UnB, 1993.

ROSSIAUD, Jacques. "Prostituição, sexualidade, sociedade nas cidades francesas do século XV". In ARIÈS, Philippe, & BÉJIN, André (orgs.). *Sexualidades ocidentais*. Lisboa: Contexto, 1983.

SAMARA, Eni de Mesquita. *As mulheres, o poder e a família. São Paulo, século XIX*. São Paulo: Marco Zero; Secretaria do Estado da Cultura, 1989.

SCHWARTZ, Stuart. *Segredos internos: engenhos e escravos na sociedade colonial, 1550-1835*. São Paulo: Companhia das Letras, 1988.

SILVA, Maria Beatriz Nizza da. "O divórcio na capitania de São Paulo". In BRUSCHINI, M. C. A. et al. *Vivência*. São Paulo: Brasiliense, 1980.

____. *Vida privada e quotidiano no Brasil na época de d. Maria I e d. João VI*. Lisboa: Referência; Estampa, 1993.

SIQUEIRA, Sônia. *Inquisição portuguesa e sociedade colonial*. São Paulo: Ática, 1978.

SOEIRO, Susan. "The social and economic role of de convent: women and nuns in colonial Bahia, 1677-1800". *Hispanic American Historical Review*, 1974, vol. 54, n. 2.

SOUZA, Laura de Mello e. *Desclassificados do ouro: a pobreza mineira no século XVIII*. Rio de Janeiro: Graal, 1993.

____. "As devassas eclesiásticas da Arquidiocese de Mariana: fonte primária para a história das mentalidades". *Anais do Museu Paulista*. São Paulo, 1984, t. 33, pp. 65-73.

____. *O diabo e a Terra de Santa Cruz*. São Paulo: Companhia das Letras, 1986.

____. "O padre e as feiticeiras: notas sobre sexualidade no Brasil colonial". In VAINFAS, Ronaldo (org.). *História e sexualidade no Brasil*. Rio de Janeiro: Graal, 1986.

THOMAZ, Luís Filipe. *De Ceuta a Timor*. Lisboa: Difel, 1994.

VAINFAS, Ronaldo (org.). *História e sexualidade no Brasil*. Rio de Janeiro: Graal, 1986.

____. *Trópico dos pecados: moral, sexualidade e Inquisição no Brasil*. Rio de Janeiro: Campus, 1989.

VAINFAS, Ronaldo (org.). *A heresia dos índios: catolicismo e rebeldia no Brasil colonial*. São Paulo: Companhia das Letras, 1995.

VENÂNCIO, Renato P. "Infância sem destino: o abandono das crianças no Rio de Janeiro no século XVIII". Dissertação de mestrado. São Paulo: FFLCH-USP, 1988. Mimeo.

VINCENT, Bernard. "Discussion". In REDONDO, Augustin (org.). *Amours légitimes, amours illégitimes en Espagne*. Paris: Publications de la Sorbonne, 1985.

6. RITOS DA VIDA PRIVADA

AFONSO, Manuel, & MELO, José Francisco de. *Novo método de partejar, recopilado dos mais famigerados sábios e doutores*. Lisboa: Miguel Rodrigues, 1752.

ALGRANTI, Leila M. *Honradas e devotas: mulheres da Colônia. Estudo sobre a condição feminina nos conventos e recolhimentos do Sudeste do Brasil (1750-1822)*. Rio de Janeiro; Brasília: José Olympio; UnB, 1993.

Anais da Biblioteca Nacional.

Anais do Museu Paulista.

ANTONIL, padre André João. *Cultura e opulência do Brasil*. Trad. francesa e coment. crít. A. Mansuy. Paris: Institut des Hautes Études de l'Amérique Latine, 1968. Texto da edição de 1711.

ARAÚJO, Emanuel. *O teatro dos vícios*: *transgressão e transigência na sociedade urbana colonial*. Rio de Janeiro; Brasília: José Olympio; UnB, 1993.

ARIÈS, Philippe. "Por uma história da vida privada". In ARIÈS, Philippe, & CHARTIER, Roger (orgs.). *História da vida privada*, vol. 3: "Da Renascença ao Século das Luzes". Trad. Hildegard Feist. São Paulo: Companhia das Letras, 1991.

Arquivo da Cúria Metropolitana de São Paulo.

AZEVEDO, Thales de. *Povoamento da cidade de Salvador*. Salvador: Itapuã, 1969.

BENCI, Jorge. *Economia cristã dos senhores no governo dos escravos*. São Paulo: Grijalbo, 1977 (Roma: Antonio de Rossi, 1705 [1. ed.]).

BLUTEAU, Raphael. *Vocabulário português e latino*. Lisboa; Coimbra: Colégio da Companhia de Jesus, 1718.

BUCHAN, Guilherme. *Medicina doméstica ou tratado completo dos meios de conservar a saúde transladados em vulgar para utilidade da nação*. Lisboa: Tipografia Rollandiana, 1788.

CALAINHO, Daniela Buono. "Em nome do Santo Ofício: familiares da Inquisição portuguesa no Brasil colonial". Dissertação de mestrado. Rio de Janeiro: UFRJ, 1992.

CAMPOS, Adalgisa Arantes. "A terceira devoção do Setecentos mineiro: são Miguel e almas do Purgatório". Tese de doutorado. São Paulo: FFLCH-USP, 1994.

Cartas, informações, fragmentos históricos e sermões do padre José de Anchieta, SJ (1554-1594). Belo Horizonte; São Paulo: Itatiaia; Edusp, 1988.

CASCUDO, Luís da Câmara. *Dicionário do folclore brasileiro*. Belo Horizonte; São Paulo: Itatiaia; Edusp, 1988.

Constituições primeiras do Arcebispado da Bahia (1707). Feitas e ordenadas pelo ilustríssimo e reverendíssimo sr. d. Sebastião Monteiro da Vide. Coimbra: Real Colégio das Artes da Companhia de Jesus, 1720.

DARNTON, Robert. *O beijo de Lamourette*: *mídia, cultura e revolução*. São Paulo: Companhia das Letras, 1990.

DEBRET, Jean-Baptiste. *Viagem pitoresca e histórica ao Brasil*. Trad. e notas Sérgio Milliet. 3. ed. São Paulo: Martins Fontes, 1954.

DIAS, Maria Odila Leite da Silva. *Quotidiano e poder em São Paulo no século XIX*. São Paulo: Brasiliense, 1984 [2. ed. rev., 1995].

FIGUEIREDO, Luciano Raposo de Almeida. "Barrocas famílias: vida familiar em Minas Gerais no século XVIII". Dissertação de mestrado. São Paulo: FFLCH-USP, 1989.

FRANCO, Francisco de Melo. *Tratado de educação física dos meninos para uso da nação portuguesa*. Lisboa: Academia Real das Ciências, 1790.

FREYRE, Gilberto. *Casa-grande & senzala. Formação da família brasileira sob re-*

gime de economia patriarcal. 20. ed. Rio de Janeiro; Brasília: José Olympio; Instituto Nacional do Livro, 1980.

GENNEP, van A. *The Rites of Passage*. Trad. Monika Vizedom e Gabrielle Caffee. Introd. Solom Kimball. Londres: Routledge & Keagan Paul, 1960.

IMBERT, J. B. A. *Manual do fazendeiro ou tratado doméstico sobre as enfermidades dos negros*. Rio de Janeiro: Tipografia Nacional, 1839.

Inventários e testamentos de São Paulo. São Paulo: Publicação Oficial do Arquivo do Estado de São Paulo.

LARA, Silvia Hunold. *Campos da violência*. Rio de Janeiro: Paz e Terra, 1988.

LAVRADIO, marquês do. *Cartas da Bahia, 1768-1769*. Rio de Janeiro: Arquivo Nacional, 1972.

LINDLEY, Thomas. *Narrativa de uma viagem ao Brasil (1802-1803)*. Trad. São Paulo: Nacional, 1969.

LONDOÑO, Fernando Torres. *O concubinato e a Igreja no Brasil colonial*. São Paulo: Estudos CEDHAL-USP, 1988, Caderno n. 2.

MACHADO, Antônio de Alcântara. *Vida e morte do bandeirante*. São Paulo: Martins Fontes; Instituto Nacional do Livro, 1972.

MARCÍLIO, M. Luiza. "A morte de nossos ancestrais". In MARTINS, José de Souza (org.). *A morte e os mortos na sociedade brasileira*. São Paulo: Hucitec, 1983.

____. *Caiçara, terra e população*. São Paulo: Paulinas; CEDHAL-USP, 1986.

MATOS, Gregório de. *Regra de bem viver que as persuasões de alguns amigos deu a huns noivos que casavam*. In AMADO, James (org.). *Obra poética*. Prep. e notas Emanuel Araújo. Rio de Janeiro: Record, 1990.

NASCIMENTO, Anna Amélia V. *O convento do Desterro da Bahia*. Pref. José Calazans. Salvador: Indústria e Comunicação, 1973.

O non-plus-ultra do lunário e prognóstico perpétuo, geral e particular para todos os reinos e províncias, composto por Jeronimo Cortez Valenciano, emendado conforme o Expurgatório da Santa Inquisição e traduzido em português. Lisboa: Miguel Menescal, 1703.

PEREIRA, Bernardo. *Anacephaleosis medico, theologica, magica, juridica, moral e politica*. Coimbra: Francisco Oliveira, 1734.

PEREIRA, Nuno Marques. *Compêndio narrativo do peregrino da América*. 6. ed. Rio de Janeiro: Publicações da Academia Brasileira, 1939.

Primeira Visitação do Santo Ofício às partes do Brasil pelo licenciado Heitor Furtado de Mendonça. Denunciações da Bahia (1591-1593). Introd. Capistrano de Abreu. São Paulo: Paulo Prado, 1925.

PRIORE, Mary del. *Ao sul do corpo. Condição feminina, maternidades e mentalidades no Brasil colonial*. Rio de Janeiro; Brasília: José Olympio; UnB, 1993.

REIS, João José. *A morte é uma festa: ritos fúnebres e revolta popular no Brasil do século XIX*. São Paulo: Companhia das Letras, 1991.

SAMARA, Eni de Mesquita. *As mulheres, o poder e a família. São Paulo, século XIX*. São Paulo: Marco Zero; Secretaria do Estado da Cultura, 1989.

SANTOS FILHO, Licurgo dos. *Uma comunidade rural do Brasil antigo. Aspectos da vida patriarcal no sertão da Bahia nos séculos XVIII e XIX*. São Paulo: Nacional, 1956.

SCARANO, Julita. *Cotidiano e solidariedade. Vida diária da gente de cor nas Minas Gerais, século XVIII*. São Paulo: Brasiliense, 1994.

SCHWARTZ, Stuart. *Burocracia e sociedade no Brasil colonial*. São Paulo: Perspectiva, 1979.

____. (org.) *A Governor and His Image in Baroque Brazil: The Funeral Eulogy of Afonso Furtado de Castro do Rio de Mendonça by Juan Lopes Sierra*. Minneapolis: University of Minnesota Press, 1979.

SEQUEIRA, Angelo. *Livro do vinde e vede e do sermão do Juízo Final*. Lisboa: Antonio Vicente da Silva, 1758.

SILVA, Maria Beatriz Nizza da. *Sistema de casamento no Brasil colonial*. São Paulo: Queiroz; Edusp, 1984.

Viagem de uma parisiense ao Brasil. Estudo e crítica dos costumes brasileiros por mme. Toussaint Samson. Rio de Janeiro: J. Villeneuve, 1883.

VILHENA, Luís dos Santos. *A Bahia no século XVIII* [tít. org.; recopilado de *Notícias soteropolitanas e brasílicas*]. 2. ed. Salvador: Itapuã, 1969, 3 vols.

WEHLING, Arno, & WEHLING, Maria José C. de. *Formação do Brasil colonial*. Rio de Janeiro: Nova Fronteira, 1995.

7. O QUE SE FALA E O QUE SE LÊ: LÍNGUA, INSTRUÇÃO E LEITURA

ABBEVILLE, Claude d'. *História da missão dos padres capuchinhos na ilha do Maranhão*. Trad. Sérgio Milliet. Belo Horizonte; São Paulo: Itatiaia; Edusp, 1975.

ABREU, Márcia. "Cordéis portugueses e folhetos nordestinos em confronto". Mimeo.

ALMEIDA, Luís Fernand de. "D. João V e a Biblioteca Real". *Revista da Universidade de Coimbra*, 1991, n. 36.

ANASTÁCIA, Carla Maria Junho. "Vassalos rebeldes: motins em Minas Gerais no século XVIII". *Varia Historia*. Belo Horizonte, jun. 1994, n. 13, pp. 36-9.

ANCHIETA, José de. *Cartas: correspondência ativa e passiva*. Introd. e org. padre Hélio Abranches Viotti. São Paulo: Loyola, 1984.

____. *Cartas, informações, fragmentos históricos e sermões*. Belo Horizonte; São Paulo: Itatiaia; Edusp, 1988.

ANDRADE, Antonio Alberto Banha de. *A reforma pombalina dos estudos secundários no Brasil*. São Paulo: Saraiva; Edusp, 1978.

ANDRADE, Gomes Freire de. "Instrução e norma". In LOPES, Eliane Marta Teixeira. *Colonizador-colonizado: uma relação educativa no movimento da história*. Belo Horizonte: UFMG, 1985.

ARAÚJO, Emanuel. *O teatro dos vícios: transgressão e transigência na sociedade urbana colonial*. Rio de Janeiro; Brasília: José Olympio; UnB, 1993.

ARAÚJO, Jorge de Souza. "Perfil do leitor colonial". Tese de doutorado. Rio de Janeiro: UFRJ, 1988.

———. "O perfil do leitor colonial". *Artes e literatura — Revista de Cultura Vozes*. Petrópolis, jul./ago. 1989, n. 4.

ARIÈS, Philippe. "Por uma história da vida privada". In ARIÈS, Philippe, & CHARTIER, Roger (orgs.). *História da vida privada*, vol. 3: "Da Renascença ao Século das Luzes". Trad. Hildegard Feist. São Paulo: Companhia das Letras, 1991.

Arquivo da Casa Setecentista de Mariana (ACSM).

Arquivo Eclesiástico da Arquidiocese de Mariana (AEAM).

Arquivo Nacional (AN).

Autos da devassa da Inconfidência Mineira. 2. ed. Brasília; Belo Horizonte: Câmara dos Deputados; Imprensa Oficial de Minas Gerais, 1980.

Autos de devassa: *prisão dos letrados do Rio de Janeiro, 1794*. Niterói; Rio de Janeiro: Arquivo Público do Estado do Rio de Janeiro; UERJ, 1994.

AZEVEDO, M. D. Moreira d'. "Instrução pública nos tempos coloniaes do Brasil". *Revista do Instituto Histórico e Geográfico Brasileiro*. Rio de Janeiro, 1892, vol. 2, n. 55.

AZZI, Riolando. "A instituição eclesiástica durante a primeira época colonial". In HOORNAERT, Eduardo, et al. *História da Igreja no Brasil. Ensaio de interpretação histórica a partir do povo* (*primeira época*). 3. ed. Petrópolis; São Paulo: Vozes; Paulinas, 1983.

BARATA, Maria da Guia de C. P. R. Vicente. "A caminho da homogeneização dos níveis de alfabetização e da criação de um mito: o alfabetizado (os exemplos de Aguiar de Souza e Melres) — 1750-1820". Dissertação de mestrado. Porto: Universidade do Porto, 1993.

BARLÉUS, Gaspar. *História dos feitos recentemente praticados durante oito anos no Brasil*. Trad. Cláudio Brandão. Belo Horizonte; São Paulo: Itatiaia; Edusp, 1974.

BOSCHI, Caio César. "A Universidade de Coimbra e a formação intelectual das elites mineiras coloniais". *Estudos Históricos*. Rio de Janeiro, 1991, t. 4, n. 7.

BOXER, Charles R. *A Igreja e a expansão ibérica*. Trad. Maria de Lucena Barros e Sá Contreiras. Lisboa: Edições 70, 1989.

BURNS, E. Bradford. "O Iluminismo em duas bibliotecas do Brasil Colônia". *Universitas*. Salvador, jan./ago. 1971, n. 8-9.

CANDIDO, Antonio. *Formação da literatura brasileira*: *momentos decisivos*. 6. ed. Belo Horizonte: Itatiaia, 1981.

CARRATO, José Ferreira. *Iluminismo e escolas mineiras coloniais*. São Paulo: Nacional; Edusp, 1968.

CARVALHO, Laerte Ramos de. "A educação e seus métodos". In HOLANDA, Sérgio Buarque de (coord.). *História geral da civilização brasileira*, vol. 1: *A época colonial*. São Paulo: Difel, 1985.

CARVALHO, Rómulo de. *História do ensino em Portugal. Desde a fundação da nacionalidade até o fim do regime de Salazar-Caetano*. Lisboa: Fundação Calouste Gulbenkian, 1986.

CÉSAR, Guilhermino. *História do Rio Grande do Sul (período colonial)*. Porto Alegre: Globo, 1970.

Constituições primeiras do Arcebispado da Bahia (1707). Feitas e ordenadas pelo ilustríssimo e reverendíssimo sr. d. Sebastião Monteiro da Vide. Coimbra: Real Colégio das Artes da Companhia de Jesus, 1720.

CUNHA, Manuela Carneiro da. "Da Guerra das Relíquias ao Quinto Império". *Novos Estudos Cebrap*. São Paulo, mar. 1996, n. 44, pp. 81-2.

DELUMEAU, Jean. *A confissão e o perdão. A confissão católica dos séculos XIII a XVIII*. Trad. Paulo Neves. São Paulo: Companhia das Letras, 1991.

DIAS, Maria Odila Leite da Silva. "Aspectos da ilustração no Brasil". *Revista do Instituto Histórico e Geográfico Brasileiro*. Rio de Janeiro, jan./mar. 1968, n. 278.

DINIZ, Sílvio Gabriel. "Biblioteca setecentista nas Minas Gerais". *Revista do Instituto Histórico e Geográfico de Minas Gerais*. Belo Horizonte, 1959, n. 6.

——. "Um livreiro em Vila Rica no meado do século XVIII". *Kriterion*. Belo Horizonte, jan./jun. 1959, n. 47-8.

DOMINGUES, Ângela. "A educação dos meninos índios no Norte do Brasil na segunda metade do século XVIII". In SILVA, Maria Beatriz Nizza da (coord.). *Cultura portuguesa na Terra de Santa Cruz*. Lisboa: Estampa, 1995.

ENNES, Ernesto. "Autos crimes contra os réus eclesiásticos da conspiração de Minas Gerais". *Anuário do Museu da Inconfidência*. Ouro Preto, 1952.

FAUSTO, Carlos. "Fragmentos de história e cultura tupinambá: da etnologia como instrumento crítico do conhecimento etno-histórico". In CUNHA, Manuela Carneiro da (org.). *História dos índios no Brasil*. São Paulo: Companhia das Letras; Secretaria Municipal de Cultura; Fapesp, 1992.

FERREIRA, Tito Lívio. "O elemento espanhol na capitania de São Vicente". *Revista do Instituto Histórico e Geográfico de São Paulo*. São Paulo, 1971, n. 69.

FIGUEIRAS, Carlos Alberto. "Origens da ciência no Brasil". *Química Nova*. 1993, vol. 16, n. 2.

——. "João Manso Pereira, químico empírico do Brasil Colonial". *Química Nova*. 1993, vol. 16, n. 2.

FREYRE, Gilberto. *Casa-grande & senzala. Formação da família brasileira sob o regime de economia patriarcal*. 21. ed. Rio de Janeiro: José Olympio, 1981.

FRIEIRO, Eduardo. *O diabo na livraria do cônego*. 2. ed. rev. ampl. São Paulo; Belo Horizonte: Edusp; Itatiaia, 1981.

FURTADO, Júnia. *O livro da capa verde. O regimento diamantino de 1771 e a vida no distrito diamantino no período da Real Extração*. São Paulo: Annablume, 1996.

GANDAVO, Pero Magalhães. *Tratado da terra do Brasil. História da província de Santa Cruz*. Belo Horizonte; São Paulo: Itatiaia; Edusp, 1980.

GONZAGA, Tomás Antônio. *Marília de Dirceu*. Rio de Janeiro: Garnier, 1992.

HOLANDA, Sérgio Buarque de. *Raízes do Brasil*. 19. ed. Rio de Janeiro: José Olympio, 1987.

HOLANDA, Sérgio Buarque de. *Capítulos de literatura colonial*. Org. Antonio Candido. São Paulo: Brasiliense, 1991.

HOORNAERT, Eduardo. "Evangelização do Brasil durante a primeira época colonial". In HOORNAERT, Eduardo, et al. *História da Igreja no Brasil. Ensaio de interpretação histórica a partir do povo (primeira época)*. 3. ed. Petrópolis; São Paulo: Vozes; Paulinas, 1983.

KOCHAKOWICZ, Leszek. "Libertino". In *Enciclopédia Einaudi. Mythos/logos; sagrado/profano*. Trad. José de Carvalho. Lisboa: Imprensa Nacional; Casa da Moeda, 1987.

LOPES, Eliane Marta Teixeira. *Colonizador-colonizado: uma relação educativa no movimento da história*. Belo Horizonte: UFMG, 1985.

LEITE, Serafim. "O curso de filosofia e tentativas para se criar a universidade do Brasil no século XVII". *Verbum, revista trimestral*. Rio de Janeiro, jun. 1948, vol. 2, n. 5.

——. *Cartas dos primeiros jesuítas do Brasil*. São Paulo: Comissão do IV Centenário, 1954.

LEITE, Paulo Gomes. "Revolução e heresia na biblioteca de um advogado de Mariana". *Acervo — Revista do Arquivo Nacional*. Rio de Janeiro, jan./dez. 1995, vol. 8, n. 1-2.

LÉRY, Jean de. *Viagem à terra do Brasil*. Trad. Sérgio Milliet. Belo Horizonte; São Paulo: Itatiaia; Edusp, 1980.

LESSA, Clado Ribeiro de. "As bibliotecas brasileiras dos tempos coloniais: apontamentos para um estudo histórico". *Revista do Instituto Histórico e Geográfico Brasileiro*. Rio de Janeiro, 1946, vol. 191, pp. 339-45.

Livro da Visitação do Santo Ofício da Inquisição ao estado do Grão-Pará, 1763-1769. Texto e apr. J. R. Amaral Lapa. Petrópolis: Vozes, 1978.

LOUREIRO, Olímpia. "Bibliotecas e leituras do clero do Porto (1769-1770)". *Actas do Congresso de História no IV Centenário do Seminário de Évora*. Évora, 1994.

LUCAS, Fábio. "Silva Alvarenga: luzes e trevas do Setecentos". In *Autos de devassa: prisão dos letrados do Rio de Janeiro, 1794*. Niterói; Rio de Janeiro: Arquivo Público do Estado do Rio de Janeiro; UERJ, 1994.

MACHADO, A. de Alcântara. *Vida e morte do bandeirante*. Belo Horizonte; São Paulo: Itatiaia; Edusp, 1980.

MADRE DE DEUS, frei Gaspar. *Memórias para a história da capitania de São Vicente*. Belo Horizonte; São Paulo: Itatiaia; Edusp, 1975.

MAGALHÃES, Erasmo d'Almeida. "Línguas indígenas". In SILVA, Maria Beatriz Nizza da (coord.). *Dicionário da história da colonização portuguesa no Brasil*. Lisboa: Verbo, 1994.

MARQUILHAS, Rita. "Níveis de alfabetização na sociedade portuguesa seiscentista". 1996. Mimeo.

MELLO, Evaldo Cabral de. *O nome e o sangue: uma fraude genealógica no Pernambuco colonial*. São Paulo: Companhia das Letras, 1989.

MONTEIRO, John Manuel. "Os Guarani e a história do Brasil meridional: séculos XVI-XVII". In CUNHA, Manuela Carneiro da (org.). *História dos índios no Brasil*. São Paulo: Companhia das Letras; Secretaria Municipal de Cultura; Fapesp, 1992.

MORAES, Rubens Borba de. *Livros e bibliotecas no Brasil colonial*. São Paulo: Secretaria da Cultura do Estado, 1979.

MOTT, Luiz. *Escravidão, homossexualidade e demonologia*. São Paulo: Ícone, 1988.

____. "A Inquisição em Ilhéus". *Revista FESPI*, Ilhéus, jul./dez. 1988-9, n. 10.

____. "Pedofilia e pederastia no Brasil antigo". In PRIORE, Mary del. *História da criança no Brasil*. São Paulo: Contexto, 1991.

____. *A Inquisição no Maranhão*. São Luís: Edufma, 1985.

NEVES, Luís Felipe Baêta. *O combate dos Soldados de Cristo na Terra dos Papagaios: colonialismo e repressão cultural*. Rio de Janeiro: Forense-Universitária, 1978.

NÓBREGA, Manuel da. *Cartas do Brasil (1549-1560)*. Rio de Janeiro: Imprensa Nacional, 1886.

____. "Diálogo sobre a conversão do gentio". In LEITE, Serafim. *Cartas dos primeiros jesuítas do Brasil*. São Paulo: Comissão do IV Centenário, 1954.

Ordenações filipinas. Lisboa: Fundação Calouste Gulbenkian, 1985.

PIANZOLA, Maurice. *Os Papagaios Amarelos: os franceses na conquista do Brasil*. Trad. Rosa Freire d'Aguiar. São Luís: Secretaria da Cultura do Estado; Alhambra, 1992.

PICARD, Evelyne. "Une bibliothèque conventuelle aux XVIIIe siècle: les théatins de Sainte-Anne-la-Royale". *Revue d'Histoire Moderne et Contemporaine*. Paris, abr./jun. 1979, n. 27.

PINTO, Edith Pimentel. "O português no Brasil: época colonial". In PIZARRO, Ana (org.). *América Latina: palavra, literatura e cultura*. São Paulo; Campinas: Memorial; Unicamp, 1993.

PIRES, padre Heliodoro. *A paisagem espiritual do Brasil no século XVIII*. São Paulo, [s.n.], s.d.

PRADO, J. F. de Almeida. *Primeiros povoadores do Brasil (1500-1530)*. São Paulo: Nacional, 1935.

Primeira Visitação do Santo Ofício às partes do Brasil pelo licenciado Heitor Furtado de Mendonça. Denunciações da Bahia (1591-1593). Introd. Capistrano de Abreu. São Paulo: Paulo Prado, 1925.

PRIORE, Mary del. *Ao sul do corpo. Condição feminina, maternidades e mentalidades no Brasil colonial*. Rio de Janeiro; Brasília: José Olympio; UnB, 1993.

RAMOS, Donald. "A 'voz popular' e a cultura popular no Brasil do século XVIII". In SILVA, Maria Beatriz Nizza da (coord.). *Cultura portuguesa na Terra de Santa Cruz*. Lisboa: Estampa, 1995.

RESENDE, Maria Efigênia Lage de. "Estudo crítico". In ROCHA, José Joaquim da. *Geografia histórica da capitania de Minas Gerais*. Belo Horizonte: Fundação João Pinheiro; Centro de Estudos Históricos e Culturais, 1995.

RIBEIRO, Darcy. *O povo brasileiro: a formação e o sentido do Brasil*. São Paulo: Companhia das Letras, 1995.

RODRIGUES, Aryon dall'Igna. *Línguas brasileiras: para o conhecimento das línguas indígenas*. São Paulo: Loyola, 1986.

SANT-HILAIRE, Auguste de. *Viagem pelo distrito dos diamantes e pelo litoral do Brasil*. Trad. Leonam de Azeredo Penna. Belo Horizonte; São Paulo: Itatiaia; Edusp, 1974.

____. *Segunda viagem do Rio de Janeiro a Minas Gerais e São Paulo, 1822*. Trad. Vivaldi Moreira. Belo Horizonte; São Paulo: Itatiaia; Edusp, 1974.

SILVA, Francisco Ribeiro da. "Alfabetização no Antigo Regime: o caso do Porto e sua região (1580-1650)". *Revista da Faculdade de Letras*. Porto, 1986, n. 3.

____. "Educação masculina e educação feminina no Brasil colonial". *Revista de História*. São Paulo, jan./mar. 1977, vol. 55, n. 109.

SILVA, Francisco Ribeiro da. *Sistema de casamento no Brasil colonial*. São Paulo: Queiroz; Edusp, 1984.

SILVA, Maria Beatriz Nizza da. "A cultura explícita". In MAURO, Frédéric (coord.). *O Império luso-brasileiro: 1620-1750*. Lisboa: Estampa, 1991.

____. "Sociedade, instituições e cultura". In JOHNSON, Harold, & SILVA, Maria Beatriz Nizza da (coords.). *Nova história da expansão portuguesa. O Império brasileiro: 1500-1620*. Lisboa: Estampa, 1992.

____. (coord.). *Cultura portuguesa na Terra de Santa Cruz*. Lisboa: Estampa, 1995.

SOUZA, Laura de Mello e. *O diabo e a Terra de Santa Cruz: feitiçaria e religiosidade popular no Brasil colonial*. São Paulo: Companhia das Letras, 1986.

____. *Desclassificados do ouro: a pobreza mineira no século XVIII*. Rio de Janeiro: Graal, 1986.

____. (org.). "Estudo crítico". In PORTUGAL, Pedro Miguel de Almeida. *Discurso histórico e político sobre a sublevação que nas Minas houve no ano de 1720*. Belo Horizonte: Fundação João Pinheiro; Centro de Estudos Históricos e Culturais, 1995.

VAINFAS, Ronaldo. "Sodomia, mulheres e Inquisição: notas sobre sexualidade e homossexualismo feminino no Brasil Colônia". Mimeo.

VIEIRA, padre Antônio. "Exortação". In LEITE, Serafim. "O curso de filosofia e tentativas para se criar a universidade do Brasil no século XVII". *Verbum, revista trimestral*. Rio de Janeiro, jun. 1948, vol. 2, n. 5.

VILLALTA, Luiz Carlos. "O diabo na livraria dos inconfidentes". In NOVAES, Adauto (org.). *Tempo e história*. São Paulo: Companhia das Letras; Secretaria Municipal de Cultura, 1992.

____. "A 'torpeza diversificada dos vícios': celibato, concubinato e casamento no mundo dos letrados de Minas Gerais (1748-1801)". Dissertação de mestrado. São Paulo: FFLCH-USP, 1993.

____. "Os clérigos e os livros nas Minas Gerais da segunda metade do século

XVIII". Acervo — *Revista do Arquivo Nacional*. Rio de Janeiro, jan./dez. 1995, n. 1-2.

8. A SEDUÇÃO DA LIBERDADE: COTIDIANO E CONTESTAÇÃO POLÍTICA NO FINAL DO SÉCULO XVIII

ACCIOLI, I. *Memórias históricas e políticas da província da Bahia*. Salvador: Imprensa Oficial do Estado, 1931, 6 vols. [1. ed. anot. Braz do Amaral, 1835-52].

Anais do Arquivo Público da Bahia (AAPB).

Anais da Biblioteca Nacional do Rio de Janeiro (ABN). Rio de Janeiro: Imprensa Nacional, 1941.

ANTONIL, padre André João (João Antônio Andreoni). *Cultura e opulência do Brasil* (1711). São Paulo: Nacional, 1967.

Arquivo do Instituto Histórico e Geográfico Brasileiro (AIHGB).

Autos da devassa da Inconfidência Mineira (ADIM). Rio de Janeiro: Biblioteca Nacional, 1935.

BERNARDES, D. "Considerações em torno da repercussão da Revolução Francesa em Pernambuco". In ANDRADE, Manuel Correia de, & FERNANDES, Eliane Moury (orgs.). *O Nordeste brasileiro e a Revolução Francesa*. Recife: Fundação Joaquim Nabuco; Massangana, 1992.

CALDAS, J. A. *Notícia geral de toda esta capitania da Bahia desde seu descobrimento até o presente ano de 1759*. Salvador: Tipografia Beneditina, 1951. Fac.-sim.

CANDIDO, Antonio. *Formação da literatura brasileira: momentos decisivos*. 6. ed. Belo Horizonte: Itatiaia, 1981.

——. "Radicalismos". *Estudos Avançados*. Universidade de São Paulo, jan./abr. 1990, vol. 4, n. 8.

FIGUEIREDO, Luciano. "Painel histórico". In PROENÇA FILHO, D. (org.). *A poesia dos inconfidentes. Poesia completa de Cláudio Manuel da Costa, Tomás Antônio Gonzaga e Alvarenga Peixoto*. Rio de Janeiro: Nova Aguilar, 1966.

GONZAGA, Tomás Antônio. *Cartas chilenas*. Introd. e notas Joacy Pereira Furtado. São Paulo: Companhia das Letras, 1995.

JANCSÓ, I. *Na Bahia, contra o Império. História do ensaio de sedição de 1798*. São Paulo: Hucitec, 1966.

KOSELLECK, R. *Crítica y crisis del mundo burgués*. Madri: Rialp, 1965.

LINDLEY, Thomas. *Narrativa de uma viagem ao Brasil (1802-1803)*. Trad. São Paulo: Nacional, 1969.

MARQUES, A. H. de Oliveira. *História da maçonaria em Portugal*. Lisboa: Presença, 1986.

MATTOSO, Kátia M. Queirós. *Presença francesa no movimento democrático baiano de 1798*. Salvador: Itapuã, 1969.

MAXWELL, K. "The Generation of the 1790s and the Idea of Luso-Brazilian

Empire". In ALDEN, D. (org.). *Colonial roots of modern Brazil*. Berkeley: University of California Press, 1973.

———. *A devassa da devassa. Inconfidência Mineira: Brasil e Portugal (1750-1808)*. Rio de Janeiro: Paz e Terra, 1977.

NOVAIS, Fernando. *Portugal e Brasil na crise do antigo sistema colonial (1777--1808)*. 6. ed. São Paulo: Hucitec, 1995.

PRIORE, Mary del. *Festas e utopias no Brasil colonial*. São Paulo: Brasiliense, 1994.

REIS, João José, & SILVA, Eduardo. *Negociação e conflito: a resistência negra no Brasil escravista*. São Paulo: Companhia das Letras, 1989.

SANTOS, Afonso C. Marques dos. *No rascunho da nação: Inconfidência no Rio de Janeiro*. Rio de Janeiro: Secretaria Municipal de Cultura, 1992.

SERNA, J. A. R. de la. *Arcádia: tradição e mudança*. São Paulo: Edusp, 1995.

SILVEIRA, M. A. "O universo do indistinto: Estado e sociedade nas Minas oitocentistas (1735-1808)". Dissertação de mestrado. São Paulo: FFLCH-USP, 1995.

TAVARES, L. H. D. "Escravos no 1798". *Anais da XI Reunião da Sociedade Brasileira de Pesquisa Histórica*. São Paulo, 1991.

VILHENA, Luís dos Santos. *Notícias soteropolitanas e brasílicas (1802)*. Salvador: Imprensa Oficial do Estado, 1922.

VILLALTA. Luiz Carlos. "Livrarias e leitura nas Minas Gerais colonial: perspectivas de uma análise histórica". Com. coord. apresentada no XVIII Simpósio Nacional de História — História e Identidades. Recife, 23--28/07/1995.

CONCLUSÃO

DIAS, Maria Odila Leite da Silva. "A interiorização da Metrópole (1808--1853)". In MOTA, Carlos Guilherme (org.). *1822: Dimensões*. São Paulo: Perspectiva, 1972.

ELIAS, Norbert. *O processo civilizador*. Trad. Rio de Janeiro: Zahar, 1993, 2 vols.

HUIZINGA, Johan. *El otoño de la Edad Media*. Trad. Buenos Aires: Revista de Ocidente Argentina, 1947.

SILVA, Maria Beatriz Nizza da. *Vida privada e quotidiano no Brasil na época de d. Maria I e d. João VI*. Lisboa: Referência; Estampa, 1993.

ÍNDICE REMISSIVO

abastecimento, 76, 89, 95, 264, 304, 355
Abbeville, Claude D', 380
Abreu, João Capistrano de, 46, 225, 353, 354, 355
adultério, 105, 189, 197, 207, 219
África, 19, 31, 111, 116, 143, 144, 149, 153, 155, 158, 160, 163, 175, 177, 182-3, 186, 202, 212, 244-5, 250, 260, 262, 264, 266-9, 300, 325, 341, 343, 348, 368, 378
Alemanha, 16, 269, 350
Alembert, Jean Le Rond d', 287-8
alimentação, 36, 47, 62, 74, 94, 97-8, 112, 114, 119, 182, 230, 231
Álvares, Diogo (o Caramuru), 184
Amazônia, 262, 263
ambiguidade, 15, 17, 24, 26, 31, 326, 341
América, 29, 31-2, 46, 52, 59, 82, 145, 159, 178, 182, 221, 227, 258, 299, 304, 348, 363, 365; do Norte, 299; do Sul, 78; espanhola, 140; inglesa, 316; portuguesa, 15, 18, 21-2, 29, 31-3, 44, 61, 103, 122, 124-6, 146, 158, 165, 175, 221, 235, 241, 258, 282, 302, 305-6, 308, 316, 346-9
Anchieta, padre José de, 135, 185, 234, 263, 277-8, 374, 378, 380-1
Anderson, Benedict, 21, 351
Angola, 163, 267, 268, 342
Anhanguera (bandeirante), 36, 38, 265
Antonil, padre André João de, 18, 83, 101, 133, 178, 186, 224, 342, 358, 363, 373, 387
Argentina, 262
Ariès, Philippe, 7, 10, 219, 351
Aristóteles, 283
arraial, 50, 68, 164, 267, 340, 366
asseio "da casa", 46, 48, 72, 90, 227, 251, 313; *ver também* higiene; limpeza
Atlântico, oceano, 62, 305, 331, 346
atos públicos, 124, 294
autoflagelação, 135, 139, 143, 363

Bahia, 65, 69, 78-9, 85, 90, 93-4, 103, 114, 121, 125, 131-3, 135, 139-40, 143-6, 149, 152, 156, 158, 161-2, 167, 171-4, 178, 184, 186, 192, 197, 202, 209-10, 217, 219, 221-2, 246, 257, 261, 268, 271, 283, 288-9, 297, 299, 306-9, 311-24, 326-8, 330-1, 334, 336-7, 341, 369, 371, 373-4, 376, 379, 383, 384; conjura baiana, 325
Bakhtin, Mikhail, 203, 371
banhos, 48, 76, 96, 204, 241, 244, 256; públicos, 211
Barros, João de, 30, 283
Bastide, Roger, 21, 351
Belém, 44, 158, 170, 353
bem-estar, 39, 71, 98, 108, 203
benzeduras, 153-5, 158, 162, 243, 365
Bernardes, padre Manuel, 170, 367
biblioteca, 271, 282-5, 287-9, 291, 293-6, 301-2, 318, 349, 353, 381
bigamia, 189, 369

Borges, Jorge Luis, 10
Bosi, Alfredo, 183
Boxer, Charles R., 190, 364, 369, 377
Brasil, 8, 10, 12, 15, 20, 30, 33, 38, 40, 53, 64-5, 71, 75, 80-1, 83, 87, 95, 99, 116, 121-4, 127-8, 136-8, 140, 143-6, 148, 153, 156-7, 159, 162, 170, 175-80, 183, 186, 188, 191, 193, 195, 200-2, 204-6, 209-13, 219, 258, 260, 268-71, 279, 281, 283, 288, 293, 295, 297, 299, 300, 316, 321-2, 346, 349, 351-3, 355-8, 361-4, 368-73, 376-83, 387
Braudel, Ferdinand, 9, 16
bruxas, 201, 202, 245; *ver também* feitiçaria
Buarque de Holanda, Sérgio, 20, 25, 34, 78, 89, 113, 220, 353-5, 357, 360-1, 371, 378-9
Buffon, Georges-Marie Leclerc, 288

Cabral, Pedro Álvares, 29, 65
Câmara Cascudo, Luís da, 94, 235, 359, 376-7
Candido, Antonio, 379, 386-7
Cardim, padre Fernão, 78, 83, 86, 100, 112, 357, 358, 360-1
cargo público, 119, 270, 290
casa, 42, 44, 48-50, 52, 56-8, 66-81, 83, 85-93, 95-7, 99-101, 103-4, 106-12, 115-9, 128, 130, 132, 135, 139, 140-2, 146, 150, 159, 169, 175, 177-80, 203-7, 211, 235, 237, 242, 245, 248, 255-6, 295, 298, 310, 340, 348, 356-7, 362, 364, 368, 369, 376; arquitetura da, 66, 75-6, 282; como moradia, 22, 62, 68, 72, 80, 82, 119, 124, 128, 132, 140, 179, 368; de família, 150
casa-grande, 73, 176-8, 182, 281
casamento, 56, 63-4, 90, 104, 106-8, 132, 176, 185, 188-92, 219, 221, 242, 246-50, 269-70, 309, 311, 331, 339, 350, 356, 364, 368-9, 372, 376, 382
cativos, 69, 76, 177, 187, 193, 218, 271, 348, 369
catolicismo, 128, 134-5, 137-9, 149, 167, 191, 207, 268, 299, 368; popular, 135
Ceará, 261
celebrações religiosas, 124-5
cerimônias: públicas, 125; religiosas, 163, 263
Cícero, 275, 286, 288, 290
cidades, 66, 71, 73, 76, 81, 83, 86, 96, 111, 117-8, 120, 204-6, 211, 212, 228, 236, 280-1, 342, 351, 360, 373
ciganos, 150, 174, 247
classes abastadas, 88, 275
claustro, 140, 209
clausura, 140, 141, 146, 209
clérigo, 233, 268, 273, 285-6, 289, 291-2, 294, 301, 382
Clio (personagem), 8
Coimbra, 45, 107, 108, 273, 275, 279, 297, 333, 350, 384
Colônia, 10, 12-9, 21-7, 29, 31-2, 45, 51, 62, 64, 71-2, 77, 82, 85, 88-9, 92-3, 95, 96, 101-2, 104, 106, 110-1, 115, 118-9, 124, 126, 152, 179-81, 186-93, 197, 201, 205-7, 209-10, 212, 215, 218, 223-4, 228, 235, 244, 246-7, 259, 270-4, 278, 281-2, 289-90, 296, 299, 301, 305-7, 309, 314, 316, 318, 325, 342, 346, 351-2, 360, 363, 371, 378; formação colonial, 10, 29; sociedade colonial, 64, 70, 98, 103, 105, 119, 145, 160, 182, 188-9, 191, 204, 209, 213, 215, 217, 219, 260, 276-7, 301, 305, 343-4, 363, 370

Companhia das Índias, 95, 350
concubinato, 105, 185-90, 192, 246, 376
Condillac, Étienne Bannot de, 286, 287, 288
Contrarreforma, 28, 258
controle social, 122
conventos, 32, 44, 106, 127, 136, 140, 143, 208-9, 213, 224, 228, 230, 294
Costa, Cláudio Manuel da, 281, 287, 296, 298, 334
costumes, 42, 62, 64-5, 82, 87, 89-91, 96, 98, 101, 106, 112, 119, 184, 193, 197, 210, 245, 261, 264, 279, 346
cotidiano, 8, 9, 12, 15, 17, 19-20, 22-6, 29, 33, 37, 49, 59-60, 63, 76, 84, 95, 101-2, 104, 118, 138, 157, 222-3, 226, 230, 232, 234, 242, 257, 270-1, 275, 305, 326, 329, 337, 342, 344, 348-50, 360, 374
cozinha, 36, 67, 69, 71-5, 91, 100-1, 110, 114-5, 178, 247, 357, 360
crioulos, 124-5, 149, 154, 164, 169, 177, 186, 342
cristãos, 127, 129, 138, 149, 155, 167, 269, 379; cristãos-novos, 138, 148, 160-2, 191, 198, 352, 364, 366, 369
cronistas, 63, 65, 72, 112, 125, 258, 356
Cuiabá, 37, 40, 45, 48, 288, 353
Cuiabá (rio), 35
cultura popular, 203, 380

Debret, Jean-Baptiste, 88, 100, 114, 247, 358, 359, 376
desconforto, 26, 29, 31, 84, 139, 174, 305, 314, 349, 359
desterro, 25, 29, 31; convento do, 140, 160, 209, 228, 366, 374
devassa, 63, 80, 98, 105, 285, 298, 306-7, 309, 311, 316, 318-9, 323, 325, 332, 337, 341, 343, 356, 359, 369, 379, 381, 383, 385
Diamantina, 133, 271, 285
Dias Pais, Fernão, 35
Diderot, Denis, 287-8
domicílio, 56, 62-5, 68, 75, 80, 83-4, 88, 90, 95, 110, 128, 179, 230, 347-8; ambiente, 87, 102, 104, 349; âmbito doméstico, 49, 348, 349; animais domésticos, 241; atividades, 90, 115, 117, 230, 348; conforto, 77, 79, 81, 106; consumo, 111, 115, 117; costume doméstico, 65, 82, 89-90, 94, 96, 100-1, 106, 112, 119; economia doméstica, 115; espaço, 67, 101, 264, 282, 295; farmacopeia doméstica, 241; lazer, 84; mobiliário, 77, 79, 81, 93, 119, 248; serviço doméstico, 110; sociabilidade doméstica, 64, 82, 85, 119; utensílios, 67, 75, 89, 92-4, 99, 110, 112-3, 115, 119, 296; vida doméstica, 62, 63, 65, 68, 96, 99, 103, 104, 106, 110, 232, 348, 356, 376
Duby, Georges, 7, 9, 351
Durkheim, Émile, 122

educação, 90, 92, 106, 260, 272-6, 278-9, 281, 284, 301, 349, 375, 378-80; escolas, 266, 270, 272-3, 278, 281-2, 294, 300-1, 380; livrarias, 284-5, 287, 295, 301; pedagogia, 272, 275, 289, 363
Elias, Norbert, 203, 211, 216, 346, 371, 387
elites, 52, 86, 120, 266, 271, 274, 278-9, 295, 301-2, 305, 314-6, 334, 343-4, 346, 350, 380
enfermos, 38, 98, 153-4, 254, 328

escravidão, 19, 22-4, 27, 31, 62, 101, 110-1, 177, 182, 186-8, 190-2, 218, 310, 340-3, 348, 350, 368
Espanha, 16, 27, 51, 57, 204, 260, 262, 270, 299, 349, 369, 374; Índias de Castela, 21, 29
Espírito Santo (capitania), 100, 261
Europa, 15-6, 18, 27, 34, 51-2, 75, 92, 96, 102-3, 125, 166, 176-7, 181, 204, 205, 210-1, 234, 270, 294, 314, 316, 324, 331-2, 346, 352

família, 22, 54, 55, 60, 6-3, 65, 68, 71, 74, 75, 80, 82-4, 86, 89-90, 92, 95, 101, 103-6, 108-10, 112, 114, 118, 132, 141, 150, 155, 176-8, 188, 221-6, 230, 233-5, 242, 252, 254, 256, 314, 322, 325, 326, 332, 348, 350, 356, 360, 367, 369, 372-73; arranjos familiares, 32, 104; convívio, 71, 77, 84-5, 95; intimidade da, 55, 76, 81-2, 84, 103, 223; organização, 62-3; vida, 23, 80, 120
feitiçaria, 97, 152, 157, 194, 200, 365
festas, 22, 52, 83, 87-8, 131, 145, 167, 204, 207, 246-8, 250, 253, 284, 320, 331, 337, 341, 343, 385; banquetes, 52, 86, 88, 332; bodas, 108; folguedos, 309, 343; públicas, 83, 331; religiosas, 83, 87, 207
feudalismo, 13, 14, 26-8
França, 7, 16, 55, 204, 211, 268-9, 277, 283, 290, 299, 300, 315, 319, 322, 331, 364; Antártida, 283; corte francesa, 211; equinocial, 277
franciscanos, 123, 157, 171, 174, 233, 263, 273, 309; capuchinhos, 153
Freyre, Gilberto, 20, 22, 91, 104, 176-8, 181-3, 193, 196, 205, 207, 219, 247, 281, 348, 367, 372-3, 376, 381

Gandavo, Pero de Magalhães, 30, 112-3, 258, 360, 377
Geena, 138
gentio, 27, 28, 30, 36-7, 40-1, 57, 153, 210, 379
Goiás, 36, 49, 50, 59, 60, 221, 264, 289
Gonzaga, Tomás Antônio, 291, 298, 330, 334, 382
Guanabara, 260, 268
guaraná, 115
guarani, 260-3

heresia, 28, 157, 194, 208, 219, 297, 352, 366, 368, 370, 382, 390
hierarquias sociais, 32, 179, 181, 218, 276
higiene, 69, 72, 96, 240-2; pública, 241
historiografia, 7-8, 63, 104, 117, 140, 188; nova, 9
Holanda, 95, 268-9, 283, 296; ocupação holandesa, 268
homossexualismo, 187, 194, 199, 215, 218, 366, 369, 378, 381
Horácio, 286, 288, 290
hospitalidade, 42, 68, 82-3, 97; hóspedes, 42, 68, 73-4, 83, 88, 97, 98, 120, 204, 205

Igreja católica, 105, 122, 126, 128-9, 131-2, 152, 156, 165, 167-9, 175, 181, 185-9, 197, 203, 209, 212, 217, 239, 245-6, 248-9, 254-5, 258, 272, 275, 302, 308, 324, 326, 328-9, 362, 363, 382
Iluminismo, 380, 382
Inconfidência Mineira, 67, 78, 99, 356, 358-9, 381, 383
Índia, 134, 183
índios, 32-5, 45, 49, 51, 53, 57, 64, 89-90, 93, 101, 112, 115-8, 124, 134-5, 169, 177, 182, 184-6, 190,

191-2, 206, 210-2, 254, 256, 258, 262-6, 268-9, 276-8, 352, 361, 366, 368, 370, 378, 390
individualidade, 23, 55, 62-5, 72, 76--7, 79, 81-2, 85-6, 95, 97, 103, 111, 118-20, 179, 195-7, 214, 234, 250, 256, 259, 264-5, 269, 275-6, 280, 283, 290, 369
Inglaterra, 16, 27, 66, 147, 254, 269, 271, 286, 317, 322, 327, 346, 373, 375; anglo-saxões, 182
Inquisição, 28-9, 80, 97, 128, 143, 152-3, 156, 158, 161-2, 181, 194--5, 198, 200, 207-8, 213-7, 219, 222, 229, 268, 280, 292, 322, 352, 362-3, 365-7, 370, 373, 375, 378-9, 381, 383, 384, 389; ação inquisitorial, 32, 90, 138, 161, 163, 180, 187, 191, 208, 363, 366, 373; documentação inquisitorial 189, 200, 205, 215, 218, 298
instrução, 258-60, 269, 273-81, 291, 293, 301, 349, 362, 377
intimidade, 9, 10, 14-6, 18-9, 21, 23-4, 26, 29, 31, 33, 40, 46, 51, 54-5, 59-60, 62, 64-5, 70-2, 74, 76, 80-2, 84-5, 95, 103, 106-7, 118-20, 144-5, 167, 193, 196, 200, 223, 234-5, 237-8, 242, 245, 247, 269, 317, 347-9, 372; dos corpos, 76, 80; esfera íntima, 120; espaços de, 64-5, 70, 73, 177; manifestações da, 10-1, 14-6, 21; preservação da, 71, 74, 76; sexual, 180, 194, 196; vida íntima, 73, 76, 79-80, 82, 104, 181, 220, 225
inventários, 9, 39, 63, 67, 69, 77-9, 84-5, 91-3, 99-101, 113, 116, 178, 241, 252, 280, 284-5, 287, 293, 295, 356, 357, 360
Itália, 16, 145, 187, 204, 230, 268, 271, 283, 350

jardins (das casas), 67-72
jesuítas, 31, 135, 176, 185, 187, 210-1, 233, 251, 262-3, 272, 278, 282, 294, 352, 378, 381, 390; colégios jesuíticos, 44, 273, 274, 278, 294; Companhia de Jesus, 135, 139, 233, 252, 272; inacianos, 185, 187, 210, 263, 273
João IV, dom, 270
João V, dom, 274, 297, 384
João VI, dom, 64, 357, 387
judaísmo, 90, 148, 162, 191-2, 198, 229, 269

laços afetivos, 64
Lavoisier, Antoine Laurent de, 288
Lavradio, marquês do, 65, 81, 87, 223, 356, 358
Léry, Jean de, 78, 100, 112, 268, 357, 360-1, 378
limpeza, 76, 190; da casa, 89, 112, 117, 248
"Limpeza de sangue", 190-1, 229
Lisboa, 87, 99, 107-8, 128, 146, 156, 157-8, 160, 280, 288, 297, 304, 316, 318, 321-2, 335, 359, 362-6, 369-70, 375, 383-4, 386, 389-90
Lisboa, Antônio Francisco (o Aleijadinho), 282
lugar público, 208
luteranos, 28, 169
luxúria, 210, 215

Machado, A. de Alcântara, 91-2, 100, 105, 284, 319, 341, 354, 359, 361, 377, 380-1
Madre de Deus, frei Gaspar da, 379
Madri, 35, 51
magia, 200, 201, 219
mameluco, 33, 184-5, 264, 358, 366
Maranhão, 34, 93, 131-2, 260-2, 266, 268, 278, 289, 299, 363-4, 378-9
Mariana, 42, 149, 163, 169, 274, 279,

280, 282, 285-7, 293, 296, 303, 315, 359, 362, 365, 367, 369, 379, 380, 382
Martius, C. F. P. von, 68-9, 357, 361
Mato Grosso, 37, 40-1, 186, 221, 261, 264, 353
Matos, Gregório de, 14, 180, 192-3, 209, 217, 248, 257, 351, 371-2, 389
medicamentos, 39, 96, 97
medo, 40, 57, 138-9, 162, 181, 254, 278, 334-5, 363
Mem de Sá, 136
mentalidade, 17, 23-4, 198
mercantilismo, 13, 16, 24-6, 28, 30, 223, 264, 266
mestiçagem, 22, 151, 184, 348
Metrópole, 18-9, 21, 62, 89, 94, 96, 98, 116, 126, 176, 223, 244, 259, 265, 273, 299, 309, 349, 375, 388
México, 140, 346
Minas Gerais, 42, 67, 73, 87, 92, 94, 98, 114, 129, 131, 136, 159, 162, 170, 179, 187-8, 205, 209, 221-2, 261, 264, 278-9, 281, 284, 306-7, 309-10, 314-6, 320-1, 323, 330, 333-4, 336, 340, 342, 353, 355, 357, 359, 361, 363, 365, 376, 379--80, 382, 384-5
miscigenação, 22, 181-3, 190, 192, 223, 262-3, 368
missões, 29, 31, 37, 51, 53, 124, 134, 149, 262-3, 266, 269, 346, 355; Guairá, 263; Sete Povos, 51
Moçambique, 267
modernidade, 16, 28, 71, 76, 87, 203
Montesquieu, Charles de Secondant, barão de la Brêde e de, 287
Montoya, António Ruiz de, 35, 263, 353
moralidade, 176, 197, 199, 207, 220, 348
mouro, 191, 201, 229, 368
mulatos, 53, 109, 149, 150-1, 175, 182, 186, 191-3, 279-80, 290, 309
mulheres, 53-5, 57, 62-4, 68-71, 74, 84-7, 89-92, 97, 100, 105-6, 112-8, 125-6, 132, 135, 144-5, 150, 152-4, 164, 166, 168-71, 173-4, 177, 179, 183, 184-6, 188, 191-6, 199-201, 204-5, 212--7, 219-20, 228, 231-2, 238, 243, 246, 248, 262, 264, 269, 275, 277, 280, 286, 291, 293, 328, 330, 342, 356, 360, 363, 367, 370-4, 381; confinamento das, 70-1, 83, 106; trabalho feminino, 91, 118, 361

negros, 31-2, 43, 50, 53, 60, 62, 69, 101, 111, 124, 147, 151-2, 154, 156-7, 169, 186, 190-1, 212, 223, 229-31, 238, 252, 255, 267-8, 276-80, 340, 348, 360, 375
Nóbrega, padre Manuel da, 116, 185--6, 201-2, 210, 272, 282, 369, 378-9, 381
nobreza, 32, 93, 124, 226-7, 269, 326, 333
Novo Mundo, 12, 16, 19, 21, 23, 26--8, 30-1, 134, 149, 175, 223

obediência, 259, 275, 301
Ocidente, 13, 203, 219, 365
Oliveira Vianna, Francisco José de, 348
oratório, 75, 100-1, 124-5, 13-3, 141, 146-7, 178-9, 362
Oriente, 58, 237, 365
Ouro Preto, 70, 78, 92, 162, 298, 365, 384
Ovídio, 283, 286, 290

pagão, 149, 202
Pará, 44, 68-9, 80, 88, 93, 100, 107, 201, 218, 261-2, 267, 369;

Província do Grão-Pará, 93, 158, 170, 266, 294, 353, 365, 378
Paraguai, 34, 49, 52, 261-3
Paraná, 55, 260-3, 353
Pernambuco, 34, 69, 85-6, 88, 90, 95, 98, 129, 140, 152-3, 156, 161, 170, 178, 198-9, 206, 277, 283, 289, 292, 295, 299, 307, 316, 358-9, 364-5, 369, 384
Peru, 140, 346, 349
Piauí, 139, 165, 174, 261, 363
poder público, 44, 227; governadores, 40-2, 44, 52-3, 81, 136, 246, 250, 266, 274, 285, 291-2, 307-9, 315, 319, 326-7, 330, 336, 343, 354-5; magistrados, 40, 81, 287
Pombal, marquês de, 266, 273, 281, 284, 287, 290
Porto Seguro, 32, 135, 254
Portugal, 16-7, 26, 28, 36, 42, 48, 81, 86, 94, 98, 124, 134, 181-2, 191, 200, 208, 212, 225, 233, 259, 286, 297, 299, 300, 317, 319, 321, 326, 333, 341, 343, 348, 351, 357, 359, 361-2, 364-6, 368-70, 372, 379, 383-4, 386, 390; Coroa portuguesa, 63, 81, 123, 258-61, 266, 268, 272-4, 281, 292; família real portuguesa, 71, 83, 350
Prado Jr., Caio, 18, 25, 351
práticas religiosas, 122, 126, 150, 375; *ver também* religiosidade
precariedade, 25-6, 29, 33, 46, 62, 77, 81, 92, 182, 206, 276
preconceito racial, 182, 190-1
privacidade, 10-1, 16, 20, 33, 39-40, 44, 47, 54, 59, 68, 70-3, 88, 119, 142, 150, 163, 174, 178-81, 193, 204-7, 210, 214, 221-3, 227, 234-6, 242, 250, 257, 292, 298, 300, 310, 342, 347, 349, 350; espaço privado, 14, 128, 135, 208, 298, 301, 310, 332, 347; vida privada, 9-10, 12, 14-5, 24, 31, 39, 49, 51, 64, 103-4, 118, 120, 145, 181, 193, 203, 222, 224, 232, 237, 250, 257, 305-6, 310, 329, 332, 343, 346-7, 349-51, 373-4, 377, 387, 390
procissões, 56, 83, 123, 135, 143; *ver também* religiosidade
promiscuidade, 80, 84, 179
prostituição, 187, 204, 205
protestantes, 28, 160, 211, 269
público, 14, 53, 102, 108, 118, 135, 149-50, 159, 167-8, 170, 174, 177, 186, 206, 210, 226, 234, 238, 246, 264-5, 281, 285, 291-2, 294, 298-302, 306-7, 317, 322, 329, 346, 376; e privado, 12-5, 65, 221, 228, 258, 264-5, 294, 302, 310, 361; espaço público, 59, 124, 125, 258, 264-5, 270-1, 347

Quaresma, 153, 167, 174, 249, 256
quartos (das casas), 68, 72-7, 79, 94, 101, 122, 130, 163, 175, 178-9, 185, 203-4, 211, 233, 254
quilombolas, 49, 316
quilombos, 267

raça, 124, 182, 183, 218
"raças infectas", 190-1
Recife, 79-80, 87, 95, 131, 141, 164, 201, 221, 225, 346, 364, 385
reclusão, 74, 106, 371
refeições, 35, 42, 50, 52, 60, 68, 70, 75, 80, 92-3, 95-6, 99, 112, 246, 257, 341
Reforma, 28, 366; Concílio de Trento, 28, 167
relações: pessoais, 98, 102, 109, 111, 230; religiosas, 138-9, 283, 293; sexuais, 105, 183, 186, 188, 191,

194, 196-7, 206-7, 214, 218, 248, 286
religiosidade, 121-2, 128, 134-5, 140-1, 144, 175, 199-200, 249, 328-9, 330, 348, 364; catequese, 27, 30, 185, 262, 272, 363; confissão, 39, 57, 65, 138, 162, 167-75, 214-6, 255, 263, 283, 312, 362, 366-7, 371, 382; culto público, 122; devoção, 88, 100, 123, 125-6, 128, 130, 135-6, 145-7, 199, 250, 283, 285, 289, 326, 377; Espírito Santo, 128; inferno, 58, 139, 159, 165, 170, 172, 180, 193, 220, 233, 253, 278, 292, 328, 352, 370, 382, 390; popular, 135, 144, 199, 200, 249, 364; privada, 122, 128, 140, 141, 175; religião privada, 125, 173; romarias, 124; Santíssimo Sacramento, 107, 123, 133, 144, 377; vivência religiosa, 143, 151, 348, 361
Renascimento, 13, 371
repouso, 66, 74, 78, 84, 119, 256, 371
revoluções liberais, 10, 14
Rio de Janeiro, 66, 71, 79, 82, 86-7, 114, 136, 140, 143, 159, 162, 164, 169, 212, 221, 225, 271, 273, 282, 289, 292, 297, 299, 306-7, 310, 315-9, 321, 323, 346, 354, 356, 361-3, 368, 373, 380-2, 384; Corte no, 223, 224, 227-8, 306, 327, 350, 353
rituais públicos, 122, 124
rotina, 110, 237, 238
rua (por oposição à "casa"), 72, 83, 88, 118, 153, 167, 179, 217, 221, 227, 297
rural, mundo, 20, 62, 65, 69, 73, 80, 95, 103, 111, 119, 153, 155, 179, 276, 283, 331, 376
Sabará, 149, 158, 273, 275, 279, 365
sacrilégio, 132, 148, 198, 208
Saint-Hilaire, Auguste, 68, 70-1, 86, 100, 114, 271, 275, 277, 357-61, 379-80
Salvador, 125, 133, 160, 171, 197-8, 209, 221-2, 225, 227-8, 250-1, 309, 327, 346, 363, 370, 373
Salvador, frei Vicente do, 12, 17, 26, 29-30, 69, 347, 361
Sanguessugas, 239
Santo Ofício, 28-9, 85, 128, 132, 148-50, 153, 158-60, 162, 164-5, 172-3, 180-1, 184-5, 189, 192, 195-7, 199-200, 214, 216, 222, 229, 283, 290, 295, 348, 365-6, 369-70, 373
São João del Rei, 49, 85, 87, 173, 217, 277, 285, 287-8, 292
São Paulo, 53, 59, 61, 67, 69-70, 76-8, 84-5, 89, 91, 93-4, 114, 116, 140, 174, 217, 241, 246, 251-2, 260-2, 264-5, 270, 278, 281, 284, 289, 292-3, 300, 353, 356, 359, 362, 365, 367, 373, 377
São Vicente, 32, 184, 262
sedução, 203, 207-8, 210, 212-3, 215, 217, 220, 293, 349, 372
seminários, 266, 273, 294
senhores de engenho, 83, 86, 95, 192, 223, 232, 255, 281
senzala, 20, 68, 69, 80, 91, 177, 178, 187, 205, 367, 373, 376, 381
Sergipe, 133, 169, 173-74, 362
servidão, 13, 23, 27, 31, 232
sexo, 183, 195, 196, 199, 203, 205, 207, 217, 220, 364, 369; sexo pluriético, 186, 188, 210
sexualidade, 121, 180, 182-5, 187, 193-4, 197, 200, 202, 204, 210, 212, 216, 371, 373; erotismo, 193-4, 200-2, 204, 208, 209-11, 371; gestos eróticos, 196; gestos

obscenos, 216-7; nudez, 210, 211-4, 372; perversão sexual, 198, 365; práticas lascivas, 211; vivências sexuais, 214, 215
Silva, Luís Vieira da, 303
Smith, Adam, 288
Soares de Sousa, Gabriel, 69, 78, 93, 99-100, 210, 357, 359
sociedade medieval, 204
sodomia, 162, 170, 187, 194-6, 205-6, 213-5, 217, 219, 366, 370, 372; sodomitas, 206, 366, 370
Spix, B., 68-9, 357
Staden, Hans, 361
Suetônio, 286, 290
superstição, 152, 157, 254

Tabajara (tribo indígena), 211
Tapuia, 261
Taunay, Afonso d'E.-, 354-5
Tavares, Raposo, 34
testamentos, 39, 63, 97, 101, 120, 139, 245, 251-3, 356
Thevet, André, 268
Thompson, E. P., 10
Tollenare, L. F., 69, 80
tráfico negreiro, 19, 177, 268, 368
Tupi, 211, 259-66, 269, 300
tupinambá, 184-5, 262-3, 266, 268, 271, 377

União Ibérica, 260, 270, 300
urbano, mundo, 20, 51, 59, 62, 66, 70-1, 76, 83, 87, 116, 118, 124, 133, 285, 331
Uruguai, 262, 269, 355

Van Gennep, Arnold, 376
Velho, Domingos Jorge, 39, 261, 354
Velho Mundo, 17, 124, 176
Veyne, Paul, 9, 351
viajantes, 36, 39-40, 42-3, 48-50, 63, 65, 69-70, 72, 74, 83, 86, 91, 94, 96, 98-100, 112, 125, 212, 311, 346
Vila Rica, 42, 71, 74, 160, 180, 188, 279, 284-5, 291-2, 296, 298, 367
vilas, 49, 52, 66, 83, 96, 111, 118, 173, 179, 185, 236, 281-2
Virgílio, 286, 290
Voltaire, François Marie Arouet, dito, 287-8

Zurara, Gomes Eanes de, 30

Fernando A. Novais é professor emérito da Universidade de São Paulo e professor da Universidade Estadual de Campinas e das Faculdades de Campinas. É autor de *Portugal e Brasil na crise do Antigo Sistema Colonial* (*1777-1808*) (1979) e organizador de *Nova história em perspectiva* (2013), com Rogerio F. da Silva.

István Jancsó foi professor do Instituto de Estudos Brasileiros e do Departamento de História da Universidade de São Paulo. É autor de, entre outros, *Na Bahia, contra o Império: história do ensaio de sedição de 1798* (1996) e *Brasil: formação do Estado e da nação* (2003). Faleceu em 2010.

Laura de Mello e Souza é professora titular aposentada da Universidade de São Paulo e autora de *Desclassificados do ouro* (1982), *O diabo e a terra de Santa Cruz* (1986), *Inferno Atlântico* (1993), *Norma e conflito* (1999), *O sol e a sombra* (2006) e *Cláudio Manuel da Costa* (2011). Desde 2014 é professora na Cátedra de História do Brasil da Sorbonne Universités.

Leila mezan Algranti é professora do Departamento de História da Unicamp e autora de *O feitor ausente* (1988), *Honradas e devotas: mulheres da colônia* (1993), *D. João VI* (1993) e *Livros de devoção, atos de censura* (2004).

Luiz Carlos Villalta é professor do Departamento de História da Universidade Federal de Minas Gerais e autor de, entre outros, *1789-1808: O império luso-brasileiro e os Brasis* (2000), *Usos do livro no mundo luso-brasileiro sob as Luzes* (2015) e *O Brasil e a crise do Antigo Regime português: 1788-1822* (2016).

Luiz Mott é professor titular aposentado do Departamento de Antropologia da Universidade Federal da Bahia e autor de, entre outros, *Sergipe del Rey: população, economia e sociedade* (1986), *O sexo proibido: virgens, gays e escravos nas garras da Inquisição* (1988), *Rosa Egipcíaca: uma santa africana no Brasil* (1993), *Crônicas de um gay assumido* (2003), e *Bahia: Inquisição e sociedade* (2010).

Mary del Priore é professora de pós-graduação da Universidade Salgado de Oliveira e autora de 51 livros de história do Brasil, entre os quais *O castelo de papel* (2013) e *Histórias da gente brasileira* (2016).

Ronaldo Vainfas é professor visitante da Universidade Federal do Rio Grande do Norte, campus Natal, e autor de, entre outros, *Trópico dos pecados* (1989), *A heresia dos índios* (1995), *Traição* (2008), *Jerusalém colonial* (2010) e *Vieira, jesuíta do rei* (2011).

1ª edição Companhia das Letras [1997] 11 reimpressões
1ª edição Companhia de Bolso [2018] 1 reimpressão

Esta obra foi composta pela Verba Editorial em Janson Text e impressa em ofsete pela Gráfica Bartira sobre papel Pólen da Suzano S.A. para a Editora Schwarcz em junho de 2024

FSC
www.fsc.org
MISTO
Papel | Apoiando o manejo florestal responsável
FSC® C105484

A marca FSC® é a garantia de que a madeira utilizada na fabricação do papel deste livro provém de florestas que foram gerenciadas de maneira ambientalmente correta, socialmente justa e economicamente viável, além de outras fontes de origem controlada.